ACCESO GRATIS **a la Lectura en la Nube**

Para visualizar el libro electrónico en la nube de lectura envíe junto a su nombre y apellidos una fotografía del código de barras situado en la contraportada del libro y otra del ticket de compra a la dirección:

ebooktirant@tirant.com

En un máximo de 72 horas laborables le enviaremos el código de acceso con sus instrucciones.

La visualización del libro en **NUBE DE LECTURA** excluye los usos bibliotecarios y públicos que puedan poner el archivo electrónico a disposición de una comunidad de lectores. Se permite tan solo un uso individual y privado.

EL CONTROL EN LAS CORTES Y EL CONTROL DE LA ACTIVIDAD DE LAS CORTES

EL CONTROL EN LAS CORTES Y EL CONTROL DE LA ACTIVIDAD DE LAS CORTES

Director:
VICENTE GARRIDO MAYOL

tirant lo blanch
Valencia, 2024

En caso de erratas y actualizaciones, la Editorial Tirant lo Blanch publicará la pertinente corrección en la página web www.tirant.com.

© TIRANT LO BLANCH
EDITA: TIRANT LO BLANCH
C/ Artes Gráficas, 14 - 46010 - Valencia
TELFS.: 96/361 00 48 - 50
FAX: 96/369 41 51
Email: tlb@tirant.com
www.tirant.com
Librería virtual: www.tirant.es
DEPÓSITO LEGAL: V-4154-2023
ISBN: 978-84-1169-849-8

Si tiene alguna queja o sugerencia, envíenos un mail a: *atencioncliente@tirant.com*. En caso de no ser atendida su sugerencia, por favor, lea en *www.tirant.net/index.php/empresa/politicas-de-empresa* nuestro procedimiento de quejas.

Responsabilidad Social Corporativa: http://www.tirant.net/Docs/RSCTirant.pdf

Índice

Prólogo

EL CONTROL EN LAS CORTES Y EL CONTROL DE LA ACTIVIDAD DE LES CORTES

En un Estado social y democrático de Derecho como es España por definición constitucional, el control de la actuación de los poderes públicos se presenta como antídoto de la tendencia a la arbitrariedad. Junto con la transparencia, es esencial para que los ciudadanos conozcan en todo momento la actividad de los poderes públicos.

Les Corts Valencianes o Corts, son, de acuerdo con el Estatuto de autonomía, la institución de la Generalitat que representa al pueblo valenciano y el Consell, la institución que ejerce la potestad ejecutiva y la reglamentaria. En un sistema parlamentario de gobierno los controles entre ejecutivo y legislativo son mutuos y recíprocos. Estudiar los mecanismos de control en la actualidad, y en el ámbito circunscrito a la Comunitat Valenciana, es de gran importancia, teniendo en cuenta las innovaciones doctrinales y jurisprudenciales al respecto.

Por lo que respecta a les Corts, además de la regulación contenida en el Estatuto de autonomía de la Comunitat Valenciana, hay que tener en cuenta las disposiciones del Reglamento, norma con rango de ley aprobada por las propias Corts por mayoría absoluta de sus miembros.

Funciones propias de la democracia representativa en sede parlamentaria son, entre otras muchas, las tradicionales legislativa y de control político del gobierno.

El fruto de la función legislativa puede ser objeto de control por el Tribunal Constitucional previa interposición de un recurso de inconstitucionalidad que, en el caso de las Comunidades autónomas, es frecuente que lo formule el presidente del gobierno cuando así lo aconsejan los abogados del Estado que, desde el gabinete presidencial, examinan con lupa cuantas leyes aprueban los parlamentos autonómicos para comprobar si se ajustan al orden constitucional y estatutario de distribución de competencias.

La posibilidad de que el gobierno autonómico pueda impugnar ante el Tribunal Constitucional las leyes aprobadas por les Corts, debe ser objeto de reflexión de cara a una posible reforma de la Constitución –o de una "interpretación evolutiva", tan de moda en los tiempos actuales- y habida cuenta las opiniones –aun minoritarias pero muy razonadas y razonables- observadas en el seno de Tribunal Constitucional al respecto[1].

Si la ley –producto normativo por excelencia que emana del parlamento- puede ser controlada por un órgano externo –cual el Tribunal Constitucional- que puede declararla nula y expulsarla del ordenamiento jurídico –actuando de este modo, como se ha dicho, como legislador negativo- con igual fundamento cabe controlar cualquier producción parlamentaria. El control de los llamados *interna corporis acta*, debe ser objeto de tratamiento en un Estado en que los ámbitos de inmunidad deben ser mínimos por no decir inexistentes. Lo que no quiere decir que sea la jurisdicción contencioso-administrativa la que se encargue de fiscalizar más actuaciones que

---

1 Véanse, al respecto, los votos particulares discrepantes de la STC 176/2019. Uno firmado por la magistrada María Luisa Balaguer Callejón para quien, en la medida en que la propia jurisprudencia constitucional ha formulado una interpretación extensiva del concepto "ámbito de autonomía" que permite a los ejecutivos y a las asambleas legislativas de las comunidades autónomas instar la intervención del Tribunal Constitucional más allá de sus propias competencias, resulta coherente optar por la interpretación más amplia posible en relación con el objeto del control de constitucionalidad de los ejecutivos autonómicos contra las normas emanadas de sus propias asambleas legislativas.
El segundo voto particular fue emitido por el magistrado Pedro González-Trevijano al que se adhirió el magistrado Ricardo Enríquez Sancho. Considera que la cláusula general de legitimación que contempla el art. 162.1a) del texto constitucional no es una regla que deba ser desarrollada o precisada por la Ley Orgánica del Tribunal Constitucional sino una simple relación completa y cerrada de sujetos legitimados en todo caso. Ello es coherente con la naturaleza del recurso de inconstitucionalidad, dado que estamos ante un proceso de carácter objetivo, en el que la legitimación para intervenir no deriva de la singular posición del sujeto en relación con el objeto del proceso, sino de la facultad que la propia Constitución confiere a determinados sujetos para instar el control de constitucionalidad de las leyes. En este sentido, reconocida constitucionalmente la legitimación de los gobiernos autonómicos para interponer el recurso de inconstitucionalidad sin ninguna matización, su exclusión para formularlo en relación con las leyes de sus propios Parlamentos, no se acomoda a la propia función del recurso de inconstitucionalidad, donde el que actúa ante el Tribunal Constitucional no pretende nada para sí, sino el restablecimiento de la legalidad, y el interés general que se traduce en la defensa de la Constitución, función de la que participan los órganos autonómicos sin restricciones.
Por último, el magistrado Juan Antonio Xiol Ríos también se adhiere a los votos formulados por los indicados magistrados discrepantes.

las de naturaleza administrativa que se producen en el devenir del desarrollo institucional del Parlamento.

Por otra parte, la evolución de la institución parlamentaria ha comportado la regulación de una serie de cuestiones que hace unos años ni siquiera se planteaban, y que deben ser atentamente seguidas y controladas, como por ejemplo la posibilidad del voto telemático, que ha adquirido especial relevancia con motivo de la declaración del estado de alarma consecuencia de la pandemia por COVD-19. Incluso se han observado intentos de permitir el voto ponderado o delegado, extraño en nuestro ordenamiento jurídico.

Desde otra perspectiva, la configuración de la moción de censura al Presidente de la Generalitat –y, en general, a cualquier presidente del gobierno- es objeto de un detenido análisis a la luz de la polémica que la interpretación de regulación similar ha propiciado recientemente y del uso y abuso que de tal institución se ha hecho.

Y los mecanismos de control desde el parlamento hacia el gobierno, especialmente mediante las comparecencias de sus miembros, merece que nos fijemos en su desarrollo y eficacia e, igualmente, de las solicitudes de información provenientes de los parlamentarios con el objeto de preparar su acción de control al gobierno.

Las comisiones de investigación y su utilidad –o inutilidad- es objeto de detenido análisis como forma de control aunque en algunos casos, más que de un control al gobierno –habida cuenta que éste suele contar con una mayoría parlamentaria que lo respalda- se erigen en comisiones de control de lo que ha hecho el anterior gobierno, cuyos apoyos constituyen ahora la oposición, desvirtuándose, de este modo, el objetivo para el que fueran concebidas.

La libertad de expresión de la que debe gozar todo parlamentario para ejercer debidamente sus funciones parlamentarias está garantizada pero también sometida a límites y, como consecuencia, a control. Como lo está la composición del propia parlamento con la particularidad de las listas electorales que presentan las distintas fuerzas políticas al concurrir a las elecciones que deben observar las medidas establecidas para garantizar una composición equilibrada de mujeres y hombres.

Desde otra parte, también la ciudadanía cuenta con elementos de control de laa actividad parlamentaria mediante su participación en la elaboración de las futuras leyes y su análisis en diversos estadios de lo que se conoce como sociedad civil.

Pero, sobre todo, y habida cuenta que gran parte de las leyes que las Cortes aprueban tiene su origen en la iniciativa Legislativa gubernamental, la existencia de un depurado proceso de elaboración de los proyectos de ley predetermina, de alguna manera, la estructura e incluso el contenido de la futura norma, pues en fase de anteproyecto habrá sido analizada en una serie de trámites -informe jurídico, informe económico, de impacto de género y de juventud e infancia, de técnica normativa y de adecuación a la Constitución, al Estatuto de autonomía y la normativa europea…- lo que tiene su plasmación en el texto que llega al parlamento y que, en términos generales, es el que, finalmente, resulta probado.

Por último, cabe hacer referencia a la facultad presidencial de disolución del Parlamento que, por primera vez en España previó el Estatuto de autonomía de la Comunitat Valenciana tras su reforma de 2006, facultad presidencial que no siempre se ejerce de forma acorde a la finalidad que la caracteriza como rasgo distintivo del sistema parlamentario de gobierno,

De todo cuanto antecede hemos reflexionando en la Universitat de València en congresos y seminaruios organizados desde la Cátedra de Derecho autonómico valenciano creada por convenio entre la propia Universitat y la Fundación Profesor Manuel Broseta, enmarcados en la línea de investigación, formación y transferencia sobre *El modelo parlamentario valenciano a debate: Planteamiento de perspectivas y posibilidades de mejora e implementación democrática*, en el que venimos trabajando en los últimos años con el objetivo de contar con la exposición por parte de un panel de expertos de diferentes áreas de una serie de ponencias que abordan las principales cuestiones que se plantean al hablar del control parlamentario del Consell y de los instrumentos de control del Consell hacia les Corts.

A todos cuantos participan en esta monografía con sus aportaciones les agradezco sus estudios y reflexiones, sus propuestas y sugerencias, que estoy seguro serán útiles para mejorar nuestro sistema parlamentario de gobierno.

VICENTE GARRIDO MAYOL
Catedrático de Derecho Constitucional de la Universitat de Valencia
Director de la Cátedra de Derecho autonómico valenciano

Capítulo 1

La configuracion del sistema parlamentario de gobierno: el control al gobierno y el control del gobierno. especial referencia a la facultad presidencial de disolucion del parlamento

VICENTE GARRIDO MAYOL
Catedrático de Derecho Constitucional
Universidad de Valencia

SUMARIO. I. INTRODUCCIÓN. II. EL SISTEMA DE GOBIERNO EN ESPAÑA. III. EL CONTROL AL GOBIERNO EN EL PARLAMENTO. IV. EL CONTROL DEL GOBIERNO: LA DISOLUCIÓN DEL PARLAMENTO. REGULACIÓN EN ESPAÑA. A) EN EL ESTADO. B) EN LAS COMUNIDADES AUTÓNOMAS. A) LOS PACTOS AUTONÓMICOS DE 1981. B) LOS PACTOS AUTONÓMICOS DE 1992. C) EL RECONOCIMIENTO DE LA FACULTAD PRESIDENCIAL DE DISOLUCIÓN DE LOS PARLAMENTOS REGIONALES. D) LA DISOLUCIÓN DEL PARLAMENTO REGIONAL EN LOS ESTATUTOS REFORMADOS DE LA COMUNIDAD VALENCIANA Y DE CATALUÑA DURANTE LA VIII LEGISLATURA Y EL SINGULAR CASO DE MADRID: 1. EL ESTATUTO REFORMADO DE LA COMUNIDAD VALENCIANA. 2. EL ESTATUTO REFORMADO DE CATALUÑA. 3. EL SINGULAR CASO DE MADRID: LA DISOLUCIÓN DE MARZO DE 2021. V. LA DISOLUCIÓN DE LOS PARLAMENTOS REGIONALES EN ITALIA. A) PROCEDIMIENTO Y CAUSAS DE DISOLUCIÓN. B) REGIONES DE "ESTATUTO ESPECIAL" Y DISOLUCIÓN DEL PARLAMENTO. C) SCIOGLIMENTO (DISOLUCIÓN) Y FORMA DE GOBIERNO DE LAS REGIONES. D) IMPUGNACIÓN DEL DECRETO DE DISOLUCIÓN.

I. INTRODUCCIÓN

Siempre he sostenido que los modelos de organización política no están agotados y que no existen, en los diferentes Estados, dos idénticos. La idiosincrasia, las peculiaridades de cada territorio, su historia y tradiciones o la conveniencia política coyuntural son factores que pueden influir en la determinación de un concreto sistema de gobierno.

No obstante, es lo cierto que una serie de rasgos caracterizan, en términos generales, a los dos grandes sistemas conocidos: el parlamentario y el presidencialista, sin olvidar al semipresidencial, que comparte características de ambos.

El parlamentarismo se fundamenta en una interpretación de la separación de poderes caracterizada por la colaboración entre el poder legislativo y el ejecutivo, y es el vigente en múltiples países, singularmente de Europa, como Italia, Alemania, Bélgica, Holanda, Suecia, o más allá de nuestro continente, Australia o Japón.

Sus características esenciales son conocidas, y la primera de ellas es la elección popular del parlamento que, a su vez, elige al presidente del gobierno, esto es, le otorga su confianza a un candidato que, una vez elegido, deberá mantenerla durante todo su mandato. Él nombra a su gobierno, y políticamente él es el responsable ante el parlamento.

El parlamento puede retirar su confianza al presidente mediante la aprobación de una moción de censura que, normalmente, es constructiva: se destituye al presidente y simultáneamente se inviste a quien se ha presentado como alternativa. No hay vacío de poder ni transitoriedad en su ejercicio[1].

También el presidente puede solicitar al parlamento que le reitere su confianza presentado, para ello, una cuestión de confianza que, de no aprobarse, le obliga a dimitir.

Otro rasgo característico del sistema parlamentario de gobierno –que puede revestir la forma de Monarquía o República- es que la figura del jefe de Estado y del presidente del Gobierno no coinciden. El jefe del Estado ejerce funciones que tiene constitucionalmente asignadas pero la gobernación la ejerce el jefe del gobierno con sus ministros. De ahí que se diga, en frase célebre de Adolphe Thiers, que en una monarquía parlamentaria, el rey reina pero no gobierna[2], Además, el rey, como el

---

1 Según el Tribunal Constitucional (SSTC 81/2012 y 151/2017) la moción de censura es un instrumento clave en las formas de gobierno parlamentario -que se basan en la existencia de una relación de confianza entre el Gobierno y las Cámaras—, porque es un mecanismo a través del cual el Legislativo controla la gestión del Ejecutivo y exige responsabilidad política al mismo, configurándose como un cauce para la manifestación de la extinción de la confianza de las Cámaras en el Ejecutivo"

2 Aunque dicha expresión, en la forma *Rex regnat et non gubernat*, se atribuye al canciller polaco Jan Zamoyski durante el último cuarto del siglo XVI, cuando se enfrentó desde el parlamento de la Mancomunidad de Polonia-Lituania al rey Segismundo III, reprochándole su protagonismo político.

presidente de la república, suelen estar protegidos por la irresponsabilidad política por los actos que realiza en ejercicio de sus de sus funciones. En nuestro sistema parlamentario de los actos del rey responde el presidente del gobierno que los refrenda, o los ministros y en algunos supuestos, el presidente del Congreso de los Diputados. Ello sin entrar en el espinoso tema de si la irresponsabilidad del monarca abarca a todos sus actos, públicos y privados, realizados en ejercicio de sus funciones constitucionales o fuera de ellas, lo que excede del objeto de estas reflexiones.

II. EL SISTEMA DE GOBIERNO EN ESPAÑA

El sistema de gobierno en España es, por configuración constitucional, parlamentario.

España cuenta con un parlamento elegido democráticamente, con mandato limitado a cuatro años. El Gobierno tiene un origen parlamentario: es el Congreso de los Diputados quien elige al Presidente del Gobierno y éste, quien nombra a sus Ministros. Ha de existir, por tanto, una relación de confianza entre el Parlamento y el Presidente del Gobierno, la misma que posibilitó su nombramiento, de tal forma que, si esa relación de confianza queda alterada, muy posiblemente el Presidente caerá. En un sistema de gobierno parlamentario ha de poder censurarse la gestión del gobierno -personalizada en su presidente- y sustituir a éste por otro que en un momento determinado pueda haberse ganado la confianza del parlamento.

Las distintas Constituciones establecen la duración del mandato de los miembros de las Cámaras por tiempo que no debe ser tan breve que dificulte el ejercicio de las funciones parlamentarias y de las propias del Gobierno, ni tan largo que impida la intervención popular en la determinación de la dirección política que se estime más conveniente.

La Constitución española de 1978 establece que el Congreso y el Senado son elegidos por cuatro años, el mismo periodo que los Estatutos de autonomía con respecto a los parlamentos autonómicos. Sin embargo, en un sistema de gobierno parlamentario suele haber excepciones a la duración del mandato de los parlamentos: la disolución discrecional por parte del presidente del Gobierno -que debe gozar de la confianza del parlamento que lo ha elegido- es la más típica forma de anticipar el fin del mandato de diputados y senadores.

Y es que, como hemos visto, una de las notas que caracterizan el parlamentarismo es la igualdad, el equilibrio, entre Ejecutivo y Legislativo Ello se refleja en la existencia de un jefe distinto para el gobierno y para el parlamento, y un Jefe de Estado políticamente irresponsable; en la necesaria colaboración entre poderes; y en la posibilidad de medios de acción recíproca de cada poder sobre el otro, fundamentalmente a través de la "responsabilidad ministerial" y de la "disolución del parlamento". Sin tales medios -dice Burdeau- no hay verdadero parlamentarismo[3].

Es cierto que hay diversas manifestaciones de este sistema de gobierno. Pero para que pueda ser calificado de parlamentario es necesario que pueda constatarse la concurrencia de las características que tradicionalmente lo configuran desde mediados del S.XIX, y que lo hacen recognoscible como tal. En este sentido, y como apunta Schmitt, la facultad de disolución es la clave del actual sistema parlamentario puesto que el Ejecutivo no puede considerarse como un instrumento subordinado a la voluntad del Parlamento; antes al contrario, debe mantenerse un equilibrio entre ambos poderes[4]. El equilibrio se produce de diversos modos, entre ellos, el control al gobierno desde el parlamento y por la facultad gubernativa de disolución.

Una de las funciones relevantes de los modernos parlamentos es la de control de la actividad gubernamental. El parlamento otorga su confianza al jefe del gobierno y esa confianza se ha de mantener durante la legislatura, en la que va someterse al control parlamentario.

Como señaló Loewenstein "*el derecho de disolución del parlamento y el voto de confianza están juntos como el pistón y el cilindro en una máquina*", o "*tan unidos como anillo al dedo*"[5].

La justificación de la facultad presidencial de disolución descansa, por tanto, en la dinámica estructural del sistema parlamentario que precisa de controles mutuos y recíprocos entre poderes y trata de solucionar conflictos o disfunciones que suelen presentarse en el desarrollo de la vida gubernamental y parlamentaria permitiendo que sea el pueblo soberano quien decida en última instancia.

Piénsese, por ejemplo, en el supuesto de gobiernos minoritarios cuyo presidente recibió la confianza de la Cámara en su investidura como tal, confianza que se pone en entredicho pasado el tiempo y que por diversas circunstancias impide que cualquier otro candidato pueda asumir la función

---

3 Burdeau, G. "*Derecho Constitucional e Instituciones políticas*". E. Nacional. Madrid, 1981, pág. 200 y ss.

4 Schmitt, K. "*Teoría de la Constitución*". Alianza Universal Textos. Madrid, 1996, pág.336.

5 Loewenstein, K. "*Teoría de la Constitución*". E. Ariel. Barcelona, 1986, pág. 107 y 280.

de gobierno. Piénsese, igualmente, en el supuesto de minoría sobrevenida, como consecuencia del grave fenómeno del transfuguismo, auténtico cáncer del sistema democrático que tambalea gobiernos y genera evidentes conflictos y desestabilidad política gubernamental. Repárese, por último, en la ruptura de una coalición gubernamental que deja en minoría a uno -o a varios- de los partidos que integran el gobierno.

En todos los supuestos referidos, la facultad de disolución es el remedio oportuno y democrático, pues abre la puerta a que el pueblo decida al respecto, para que, como indica Burdeau, el electorado actúe como árbitro en el conflicto entre Ejecutivo y Legislativo, renovando o no la confianza a quienes le respaldan[6].

Desde tal perspectiva la posibilidad de disolver el parlamento no puede merecer más que un juicio positivo. Sin embargo, bien es verdad que no es infrecuente que se haga un uso abusivo o torcido de tal facultad. En efecto, la disolución se ha utilizado para convocar elecciones anticipadas cuando, no concurriendo ninguna de las situaciones antes descritas, considera el presidente que es un buen momento para que el partido al que pertenece vuelva a ganar las elecciones. Suele ello suceder tras un notable éxito en el ejercicio de las funciones propias de gobierno o en momento de manifiesto respaldo a su actuación por parte de la opinión pública debido a causas diversas. Entonces, la disolución del parlamento no tiene más justificación que la meramente partidista para obtener los mayores réditos electorales. Queda, por tanto, desvirtuada y desnaturalizada; pierde su razón de ser y actúa como una pieza que provoca que el engranaje parlamentario chirríe. Más ello no es motivo de entidad para negar su reconocimiento.

El uso indebido de un instrumento jurídico, antes que provocar su supresión debe dar lugar a la responsabilidad política, -o jurídica-, de quien lo ha utilizado para fines distintos de aquellos para los que fue concebido.

III. EL CONTROL AL GOBIERNO EN EL PARLAMENTO

Se suele decir que el parlamento controla al gobierno y para ello quedan establecidos en la Constitución y en los reglamentos parlamentarios una serie de instrumentos mediante los que las fuerzas políticas de la oposición pueden ejercer dicho control. Sin embargo, surge la pregunta de cómo el parlamento puede controlar al gobierno cuando ésta cuenta con el respaldo mayoritario

6 Burdeau, G., op. cit., pág. 225.

de la cámara, en ocasiones, con mayoría absoluta, como ha ocurrido en España durante varias legislaturas (1982, 1986, 2000 y 2011) y también en la Comunitat Valenciana (1982, 1991, 1999, 2003, 2007 y 2011). Quizás la respuesta se halle indicando, no que el parlamento controla al gobierno, sino que en el parlamento se controla al gobierno que es lo que normalmente ocurre. A ello responden las comparecencias periódicas del presidente del gobierno (en España, tanto en el Congreso como en el Senado); las preguntas, con repuesta oral o escrita, que formulan los parlamentarios; las interpelaciones que presentan y las mociones subsiguientes; las proposiciones no de ley; las solicitudes de información y documentación; y un sinfín de debates mediante los que se ejerce la función de control. Y sin olvidar a las Comisiones de investigación –de las que ampliamente se trata en un capítulo específico de este libro- que presentan el inconveniente de que, en la mayor parte de las ocasiones, no son creadas para controlar al gobierno –porque a ello se opone la mayoría parlamentaria que lo apoya- sino, insólitamente, para investigar actuaciones de gobiernos anteriores de distinto color político e, incluso, de partidos de la oposición, cuando lo lógico sería que las comisiones de investigación pudieran crearse a instancia de las fuerzas políticas de oposición al gobierno y, precisamente, para investigar acciones u omisiones de éste.

Bien es verdad que en algunos casos se puede afirmar que, efectivamente, el parlamento controla al gobierno, lo que ocurre, por ejemplo, cuando aprueba una moción de censura contra el presidente (en España, en el Congreso de los Diputados), lo que se encuadra más que en el control-fiscalización en el control-responsabilidad[7].

Pero además, no hay que olvidar que el gobierno de la Nación, como los gobiernos de las Comunidades autónomas ejercen una pluralidad de funciones de carácter normativo que, fundamentalmente, se traduce en el ejercicio de la potestad reglamentaria, típica gubernamental; en la aprobación de los Decretos-Leyes (en las Comunidades autónomas, si está reconocido en su Estatuto de autonomía); en la elaboración y aprobación de los Decretos-Legislativos (para refundir o articular normas con rango de ley); y mediante la iniciativa legislativa, en la elaboración -antecedente al proceso legislativo propiamente dicho- de los proyectos de ley para su remisión a las Cortes para su discusión y, en su caso, aprobación.

7 Sobre la naturaleza y finalidad de la moción de censura, vid. Catalá Bas, A."Uso, mal uso y abuso de la moción de censura constructiva y sus consecuencias", en este mismo libro.

Pues bien, sobre esa actividad normativa o prelegislativa, el parlamento puede ejercer un control, una vigilancia del cumplimento de los requisitos exigidos para su correcto desarrollo. Al respecto debemos recordar que la Ley 39/2015, de Procedimiento de las Administraciones públicas dispone en su art.129, intitulado "Principios de Buena Regulación", que "*En el ejercicio de la iniciativa legislativa y de la potestad reglamentaria, las Administraciones Públicas actuarán conforme a los principios de necesidad, eficacia, proporcionalidad, seguridad jurídica, transparencia y eficiencia*", cuyo contenido va concretando en los artículos siguientes, y que deben quedar justificados en la Exposición de motivos o en el preámbulo, según se trate de anteproyectos de ley o de proyectos de reglamentos, respectivamente.

Así, se exige que la iniciativa normativa responda a razones de interés general, identifique claramente los fines perseguidos y sea el instrumento más adecuado para garantizar su consecución. Y, además, la norma proyectada ha de contener "*la regulación imprescindible para atender la necesidad a cubrir con la norma, tras constatar que no existen otras medidas menos restrictivas de derechos o que impongan menos obligaciones a los destinatarios*".

Se trata de obligaciones impuestas, con carácter básico, a todas las Administraciones Públicas, singularmente al gobierno de la Nación y a los gobiernos autonómicos. Pero se habrá observado que se utilizan, para ello, conceptos jurídicos indeterminados cuyo control es hartamente complejo, pero que los parlamentarios, en ejercicio de su función de control, puede incidir en la regularidad del ejercicio de las competencias normativas gubernamentales, especialmente en relación con las prescripciones establecidas para la elaboración de los proyectos de ley pero también en la convalidación de los Decretos-Leyes y de los Decretos-legislativos[8].

En la Exposición de motivos de la Ley 39/2015, se resaltan la diversas novedades en relación con el ejercicio de la iniciativa legislativa gubernamental con el fin de incrementar la participación de los ciudadanos en el procedimiento de elaboración de normas, destacando la necesidad de recabar, con carácter previo a la elaboración de la norma, la opinión de ciudadanos y empresas acerca de los problemas que se pretenden solucionar con la iniciativa; la necesidad y oportunidad de su aprobación; los objetivos de la norma; y las posibles soluciones alternativas regulatorias y no regulatorias.

---

8 Sobre esta cuestión vid. ampliamente, mi trabajo "El control extrajudicial de la actividad normativa del gobierno", en *Corts. Anuario de Derecho Parlamentario*, nº 30, págs.. 101-143.

Además, también se puede ejercer un control sobre la observancia y el cumplimento de las reglas y exigencias en la actividad normativa del Gobierno, como la periódica revisión de la normativa vigente, el preceptivo Plan Anual Normativo y el Informe Anual de evaluación, o la Memoria del Análisis de Impacto Normativo.

Y todo ello, se puede articular por medio de los diversos instrumentos de control establecidos en el Reglamento de la correspondiente cámara parlamentaria (interpelaciones, mociones, proposiciones no de ley…).

Por último, y como veremos a continuación de forma más extensa, las cámaras pueden ser disueltas por el presidente del Gobierno de forma anticipada al fin de la legislatura, facultad que le permite resolver una crisis política que puede tener su causa en la pérdida de la confianza mayoritaria de la cámara o en la conveniencia política en un momento favorable para la fuerza política a la que pertenece.

Se suele referir a este engranaje como un sistema de *checks and balances*, traducido a veces como frenos y contrapesos, situados en la doctrina de la separación de poderes. Y es que el parlamentarismo es, en nuestros días, en sus diversas manifestaciones, el tipo más frecuente de gobierno democrático constitucional –al menos en la Europa continental- y responde al principio de gobierno respaldado por el parlamento y gobierno responsable ante él.

IV. EL CONTROL DEL GOBIERNO: LA DISOLUCIÓN DEL PARLAMENTO. REGULACIÓN EN ESPAÑA

Ya hemos señalado que la justificación de la facultad presidencial de disolución se es propia de la dinámica estructural del sistema parlamentario que precisa de controles mutuos y recíprocos entre poderes y trata de solucionar conflictos o disfunciones que suelen presentarse en el desarrollo de la vida gubernamental y parlamentaria permitiendo que sea el pueblo soberano quien decida en última instancia.

Bien es verdad que, como también he advertido, no siempre se ha hecho un uso, acorde con su finalidad, de la disolución del parlamento, lo que no puede comportar una deslegitimación de tal instrumento político de indudable utilidad para solucionar situaciones críticas[9].

[9] Sobre esta cuestión, vid mis trabajos "La facultad presidencial de disolución del parlamento", en el libro colectivo "*Assemblee legislative regionali e forma di governo*

A) En el Estado

La Constitución de 1978 en su art. 115, incluido en el Título V destinado a regular las relaciones entre el Gobierno y las Cortes Generales, reconoce al Presidente del Gobierno la facultad de proponer al Rey la disolución del Congreso, del Senado o de ambas Cámaras. Tal facultad la puede ejercer "*bajo su exclusiva responsabilidad*" y "*previa deliberación del Consejo de Ministros*". Por tanto, no necesita del parecer favorable del órgano colegiado del Gobierno. Desde luego, si así lo decide el Presidente, el Rey debe decretar la disolución, pues estamos ante un acto debido del Monarca en el que no cabe discrecionalidad alguna.

Sin embargo, hay algunos condicionantes a la facultad presidencial de disolución del parlamento, pues no puede ejercerse:

- cuando esté en trámite una moción de censura (regulada en el art. 113);
- ni antes de que haya transcurrido un año desde la anterior disolución
- ni mientras esté declarado alguno de los estados de alarma, excepción o sitio contemplados en el art. 116 (aunque este supuesto afecta sólo a la disolución del Congreso de los Diputados).

Aparte lo expuesto, las Cámaras quedarán automáticamente disueltas previa la correspondiente declaración por parte del Rey, si transcurrido el plazo de dos meses a partir de la primera votación de investidura, -tras la celebración de elecciones generales-, ningún candidato hubiese obtenido la confianza del Congreso (art. 99.5).

Se observan algunas lagunas en la regulación constitucional que aconsejan un desarrollo normativo de su art. 99. Porque no hay prevista solución para el supuesto de que, tras las consultas del Rey, nadie acepte ser candidato a la presidencia del gobierno. En enero de 2016, el candidato del partido que había obtenido mayor número de votos y de escaños –pero no la mayoría absoluta- en las elecciones generales celebradas un mes antes, Mariano Rajoy, rechazó la propuesta del Rey de someterse a la sesión de investidura, por estimar que carecía de apoyos suficientes para resultar investido presidente. Tras una nueva ronda de consultas, el Rey propuso a Pedro Sánchez, candidato

---

nei sistema decentrati", editado por CLUEB-Center for Constitutional Studies and Democratic Development (Universidad de Bolonia-Johns Hopkins University). Bolonia (2006), págs. 131-154; y "La legislatura y su terminación anticipada", en *Corts. Anuario de Derecho Parlamentario,* nº 24 (2010), pág. 157-185.

del segundo partido en número de votos y de escaños, quien sí que aceptó y se sometió a una doble sesión de investidura, que resultó fallida al no obtener el número de votos necesarios para resultar elegido. Transcurridos dos meses desde la primera sesión de investidura, las cámaras quedaron automáticamente disueltas y el Rey convocó nuevas elecciones. Lo mismo ocurrió en 2019, año en que se celebraron, por el mismo motivo, dos elecciones generales. Pero, ¿qué ocurriría si nadie aceptara someterse a la investidura y no se activara, por tanto, el proceso que acaba con la disolución automática de las Cámaras? No hay solución prevista y quizás debería reconocerse al Rey la facultad de disolución o al Congreso de la de autodisolución a fin de evitar situaciones como la apuntada. Y aprovechar para concretar un plazo dentro del cual del presidente investido debe formar su gobierno.

Por último, también se anticipa la conclusión del mandato de los diputados y senadores en el supuesto contemplado en el art. 168.1 de la Constitución que regula el complicadísimo procedimiento de "*revisión total*" de la Carta Magna o de reforma parcial que afecte al Título Preliminar, a la Sección Primera del capítulo Segundo del Título I (derechos fundamentales y libertades públicas), o al Título II (La Monarquía), que exige la aprobación de la reforma por mayoría de dos tercios de cada Cámara y la disolución inmediata de las Cortes, a fin de que el pueblo elija unas nuevas que deberán ratificar, con igual mayoría de dos tercios, la reforma.

Más estos dos últimos supuestos no cabe encuadrarlos en la decisión del Presidente del Gobierno, pues se producen *ope legis*, por así preverlo expresamente la Constitución.

B) En las Comunidades autónomas

a) Los pactos autonómicos de 1981

Uno de los acuerdos de los Pactos autonómicos de julio de 1981 –basados en el Informe de un grupo de juristas dirigidos por el profesor García de Enterría- fue que el "Consejo de gobierno" de la Comunidad autónoma no podría disolver la Asamblea (sic), aunque dejaba la puerta abierta a la disolución automática para el supuesto en que no pudiera elegirse Presidente de la Comunidad en el plazo de dos meses desde la primera votación de investidura.

Podría considerarse que aquellos Pactos autonómicos de 1981, a más de orillar el principio dispositivo, y por tanto, el texto constitucional, encerraban un recelo negativo hacia lo que podrían ser las futuras Comunidades autónomas.

Y evidenciaron una desconfianza hacia los futuros gobiernos autonómicos, que se quiso justificar en la necesidad de contrarrestar a una opinión pública que consideraba, entonces, que las "autonomías" iban a comportar la desintegración de España y, en todo caso, una multiplicación de cargos políticos y un despilfarro de fondos públicos.

b) Los pactos autonómicos de 1992

Era una aspiración de estas Comunidades autónomas completar, mejorar y, en fin, perfeccionar, su sistema de autogobierno, introduciendo, para ello, retoques en sus normas institucionales básicas, reconociendo a sus instituciones determinadas facultades de las que carecían, o suprimiendo límites de difícil justificación.

Como se ha visto, los Pactos Autonómicos de julio de 1981 encerraban cierta desconfianza o recelo en torno a la estructura y funcionamiento de las futuras Comunidades autónomas, por lo que trataron de configurarlas en base a un patrón que, en cierto modo, limitaba su plena capacidad de autoorganización. Este dato, unido a la lógica comparación con las Comunidades del 151, propició el inicio de un proceso de reformas, que comenzó en diciembre de 1996 con las de los Estatutos de Canarias y de Aragón, hasta llegar en mayo de 1999, a la del de Extremadura.

Un total de once Estatutos de autonomía se reformaron a lo largo de esos tres años. Y se amplió el ámbito competencial de Cataluña, al haberle transferido el Estado competencias ejecutivas en materia de tráfico y circulación de vehículos a motor.

c) El reconocimiento de la facultad presidencial de disolución de los parlamentos regionales

Pero, sin duda alguna, la reforma más relevante es la que afectó a la facultad de disolución de los parlamentos autonómicos por parte de los presidentes de los ejecutivos.

Ya hemos visto que una de las notas que caracterizan al sistema parlamentario de gobierno es la facultad de disolución del parlamento por parte del ejecutivo[10]. Sin embargo, los Estatutos de autonomía no preveían el acortamiento del mandato de los parlamentos, establecido en cuatro años.

Promulgados sus Estatutos sin previsión al respecto, las Comunidades de País Vasco, Cataluña, Galicia y Andalucía aprobaron leyes en las que establecieron la disolución automática del parlamento al estilo de la prevista en el art. 99.5 de la Constitución, y reconocieron a los Presidentes de sus Gobiernos la facultad de disolverlo, utilizando, de esta manera, un procedimiento dudosamente constitucional[11].

Efectivamente, la restricción del mandato parlamentario en la forma establecida en los Estatutos no puede menos que establecerse en el propio Estatuto, pues de otro modo se contrarían las propias prescripciones estatutarias. Además, la vía legislativa no es la idónea para conferir facultades no previstas en el Estatuto, y que no cabe inferir de la genérica competencia en relación con la autoorganización de las instituciones de gobierno.

El ejemplo no fue seguido por otras Comunidades autónomas (aunque algunos Estatutos sí preveían la disolución automática si transcurridos dos meses desde la primera votación de investidura, la Asamblea no había logrado elegir Presidente). Antes al contrario, en 1991 se acometió la reforma de varios aspectos relacionados con el régimen electoral general[12]. La voluntad estatal de que las elecciones autonómicas se celebraran, en la mayoría de las Comunidades autónomas, en la misma fecha, a fin de evitar una pluralidad de procesos electorales en un corto espacio de tiempo, se tradujo en la reforma de un total de siete Estatutos de autonomía[13], de tal forma que las

---

10 Vid. Loewenstein, K. "*Teoría de la Constitución*". E. Ariel. Barcelona, 1986, pág. 107 y ss. Asimismo, Bar Cendón, A. "*La disolución de las Cámaras legislativas en el ordenamiento constitucional español*". Congreso de los Diputados. Madrid, 1989.

11 Ley 7/1981, de 30 de junio, del Gobierno del País Vasco; Ley 8/1985, de 24 de mayo, de modificación de la Ley 3/1982, de 25 de marzo, del Parlamento, del Presidente y del Consejo Ejecutivo de la Generalidad de Cataluña; Ley 11/1988, de 20 de octubre, de la Junta de Galicia y de su Presidente; y Leyes 1/1990, de 30 de enero y 6/1994, de 18 de Mayo, por las que se modifica la Ley 6/1983, de 21 de julio, del Gobierno y la Administración de la Comunidad autónoma de Andalucía.

12 Ley Orgánica 8/1991, de 13 de marzo, de modificación de la Ley Orgánica 5/1985, del Régimen Electoral General.

13 Leyes Orgánicas 1 a 7 de 1991, de 13 de marzo, de modificación de los Estatutos de autonomía de Cantabria, Comunidad Valenciana, Murcia, Castilla-La Mancha, Extremadura, Asturias y Madrid.

elecciones se celebraran, en todas ellas, el cuarto domingo del mes de mayo, cada cuatro años[14].

Pero las reformas estatutarias de 1996-1999 reconocieron, en la mayor parte de los Estatutos reformados, la facultad presidencial de disolver el parlamento, bajo su exclusiva responsabilidad y previa deliberación de su Consejo de Gobierno.

Pero es una disolución que se configura con ciertos límites en cuanto a su ejercicio. Se trata de lo que Arnaldo denomina "condiciones de ejercicio"[15] y Loewenstein, "medidas de seguridad" que tienen por objeto que el control interorgánico más poderoso pueda llegar a convertirse en instrumento destructor del propio sistema[16].

Fue la reforma del Estatuto de autonomía de Aragón, de 1996, la que marcó la pauta que habrían de seguir las posteriores de Madrid, Cantabria, Asturias, Castilla-La Mancha, Murcia, La Rioja, Castilla y León y Extremadura.

---

14 La reforma no afectó a las que accedieron a la autonomía por la vía del art. 151 de la Constitución, ni a otras como La Rioja, Aragón o Castilla-León, en cuyos Estatutos se prescribía o permitía que las elecciones autonómicas coincidieran con las locales y con las de otras Comunidades autónomas. Es curioso que años después se modificó, de nuevo, la Ley Orgánica 5/1985, del Régimen Electoral General, por Ley Orgánica 3/1998, de 15 de junio, para introducir en aquélla una Disposición Adicional en virtud de la cual, en el supuesto de que en el mismo año coincidan para su celebración en un espacio de tiempo no superior a cuatro meses, elecciones locales, autonómicas y elecciones al Parlamento europeo, todas ellas se celebrarán el mismo día. Así ocurrió en 1999 en que las citadas elecciones se celebraron el 13 de junio de aquel año. Es de todo punto criticable que, mediante una reforma de la Ley del Régimen Electoral General, se obviara lo dispuesto en diversos Estatutos de autonomía, que prescribían que las elecciones autonómicas se habían de celebrar el cuarto domingo de mayo cada cuatro años. Ello dio origen al recurso contencioso-administrativo formulado por un representante de un partido político, contra el Decreto del Presidente de la Comunidad Valenciana, de convocatoria de lecciones para el citado día 13 de junio de 1999. Aunque el recurso se basaba en la infracción del art. 12.4 del Estatuto de autonomía de la Comunidad Valenciana, fue desestimado por Sentencia 489, de 10 de junio de 1999, de la Sección Primera de la Sala de lo contencioso-administrativo del Tribunal Superior de Justicia de la Comunidad Valenciana.

15 Arnaldo Alcubilla, E. "*La disolución del Parlamento y el Parlamento indisoluble*".Corts. Anuario de Derecho Parlamentario, nº 6. Valencia, 1998, pág.104.

16 Loewenstein, K., op. cit., pág. 282.

En aquel Estatuto se somete la disolución discrecional a las siguientes condiciones:

1. No puede decretarse durante el primer periodo de sesiones de la Legislatura.
2. Tampoco, cuando reste menos de un año para su terminación.
3. Ni cuando se encuentre en trámite una moción de censura.
4. Ni antes de que transcurra un año desde la última disolución discrecional.
5. Ni cuando se halle convocado un proceso electoral estatal.

En todo caso, la nueva cámara tendría un mandato limitado por el término natural de la legislatura originaria.

Ello, no obstante, algunos Estatutos (Castilla-La Mancha) continúan previendo que las elecciones autonómicas se celebren el cuarto domingo del mes de mayo cada cuatro años, en los términos previstos en la Ley de Régimen Electoral General, o que se atenderá a lo que dispongan las Cortes Generales con el fin exclusivo de coordinar el calendario de las diversas consultas electorales (Asturias[17])

La conclusión que cabe extraer de todo lo expuesto es que mediante el reconocimiento del derecho de disolución, aún con los condicionantes reseñados, se perfeccionó el sistema de autogobierno de las Comunidades autónomas, aunque queda sin respuesta convincente la pregunta de por qué esos condicionantes de ejercicio de la facultad de disolución quedaron limitados solo a algunas Comunidades, mientras que otras pudieron continuar celebrando sus elecciones independientemente de la fecha en que tengan lugar las de las demás.

---

17 Cuyo art. 25.4 dispone que" Las elecciones serán convocadas por el Presidente del Principado en los términos previstos en la Ley de Régimen Electoral General, de manera que se celebren el cuarto domingo de mayo de cada cuatro años, sin perjuicio de lo que dispongan las Cortes Generales, con el fin exclusivo de coordinar el calendario de las diversas consultas electorales".

d) La disolución del parlamento regional en los Estatutos reformados de la Comunidad Valenciana y de Cataluña durante la VIII Legislatura y el singular caso de Madrid

1) Reforma del Estatuto de la Comunidad Valenciana

Varias novedades caben destacar en el Estatuto de autonomía reformado por la Ley Orgánica 1/2006, de reforma de la Ley Orgánica 5/1982, por la que se aprobó el Estatuto de autonomía de la Comunitat Valenciana.

a) En primer lugar, se reconoce la posibilidad de disolver el Parlamento. Así, el art. 23.4 tras indicar que las Cortes Valencianas son elegidas por cuatro años dispone que *"El mandato de sus Diputados finaliza cuatro años después de las elecciones, o el día de la disolución de la Cámara por el Presidente de la Generalitat en la forma que establezca la Ley del Consell"*.

b) En segundo lugar, el ejercicio de la facultad de disolución del Parlamento por el Presidente requiere el acuerdo previo del Gobierno Valenciano (art. 28.4), lo que se aparta de lo que suele ser habitual en estos casos en que tan sólo es necesaria la previa deliberación del Gobierno, de tal manera que, según el Estatuto valenciano, quien en realidad adopta la decisión de disolver el parlamento no es el Presidente sino el Gobierno. O dicho de otro modo, el Presidente por sí solo no puede disolver, pues ha de contar con el acuerdo previo del Gobierno que preside.

   Bien es verdad que, si su gobierno no le respalda mayoritariamente, el presidente puede cesar a los miembros que se opongan a la disolución y lograr un acuerdo favorable al respecto.

c) En tercer lugar, se establece sólo un límite al ejercicio de la facultad de disolución: cuando se encuentra en tramitación una moción de censura que reúna los requisitos exigidos en el Reglamento de las Cortes (art. 28.4, in fine). No existe, por tanto, el límite establecido en la Constitución en relación con la disolución de las Cortes Generales, de que no procederá antes de que transcurra un año desde la anterior.

d) Por último, se prevé la disolución automática del Parlamento si transcurridos dos meses a partir de la primera votación de investidura, ningún candidato hubiera obtenido la confianza de las Cortes Valencianas. Lo curioso es que es el Presidente de las Cortes Valencianas quien, por acuerdo de la Mesa, disolverá la Cámara. Por tanto, es la Mesa la que decide, aunque a mi juicio se trata de un acto debido sin ningún tipo de discrecionalidad, siendo el Presidente de la Generalitat en funciones quien ha de convocar las nuevas elecciones.

Fue el primer Estatuto que reconoció esta facultad a su Presidente y fue ejercida por primera vez en 2019, para adelantar las elecciones que, en lugar del cuarto domingo de mayo, se celebraron el 28 de abril para hacerlas coincidir con las elecciones generales.

2) Reforma del Estatuto de Cataluña

El Estatuto de autonomía, reformado por Ley Orgánica 6/2006, de 19 de julio, dispone en su artículo 66 que la legislatura finaliza por expiración del mandato legal al cumplirse los cuatro años de la fecha de las elecciones. Pero también prescribe que puede finalizar anticipadamente si no tiene lugar la investidura del Presidente, o por disolución acordada por el Presidente.

En efecto, una vez transcurridos dos meses desde la primera votación de investidura sin que ningún candidato hubiera resultado elegido, el Parlamento queda disuelto automáticamente y el Presidente de la Generalitat convoca elecciones de forma inmediata (art. 67.3).

La disolución discrecional está regulada en el art. 75, de forma prácticamente idéntica a como la regula el art. 115 de la Constitución, exigiéndose la previa deliberación del Gobierno, y no pudiendo ejercerse cuando esté en trámite una moción de censura ni tampoco si no ha transcurrido un año como mínimo desde la última disolución por este procedimiento. Quiere ello decir que sí que es posible en supuestos en que la anterior disolución no haya tenido su origen en la voluntad presidencial, abriéndose la vía a una disolución antes de un año después de la pertinente para la convocatoria de elecciones o de la disolución automática ya referida.

Lo habitual en Cataluña ha sido la finalización anticipada del parlamento por disolución por parte del Presidente de la Generalitat.

3) El singular caso de Madrid: la disolución de marzo de 2021

Lo ocurrido en la Comunidad de Madrid en marzo de 2021 dio lugar a una interpretación de la normativa reguladora de la facultad de disolución del parlamento que puede servir como pauta para la existente, tanto en el Estado como en otras Comunidades autónomas.

El Estatuto de autonomía de la Comunidad de Madrid, aprobado por Ley Orgánica 3/1983, de 25 de febrero, reconoce la facultad presidencial de disolución de su Asamblea –nombre que recibe su parlamento- por así disponerlo su art. 21.1, que establece que

> *"El Presidente de la Comunidad de Madrid, previa deliberación del Gobierno y bajo su exclusiva responsabilidad, podrá acordar la disolución de la Asamblea con anticipación al término natural de la legislatura. La disolución se formalizará por Decreto, en el que se convocarán a su vez elecciones, conteniéndose en el mismo los requisitos que exija la legislación electoral aplicable".*

En el mismo sentido, Ley 5/1990, de 17 de mayo, reguladora de la facultad de disolución de la Asamblea de Madrid por el Presidente de la Comunidad.

Tal facultad está sometida a una serie de condiciones. Y así, no se puede ejercer durante el primer período de sesiones de la legislatura, cuando reste menos de un año para su terminación, cuando se encuentre en tramitación una moción de censura o cuando esté convocado un proceso electoral estatal. Tampoco procederá nueva disolución de la Asamblea antes de que transcurra un año desde la anterior. Y además, la nueva Cámara que resulte de la convocatoria electoral tendrá un mandato limitado por el término natural de la legislatura originaria.

Así las cosas, el 10 de marzo de 2021, a las 12,25 h., tras la celebración de un Consejo de Gobierno, la Presidenta firmó el Decreto de disolución y de convocatoria de elecciones para el 4 de mayo siguiente. De esta manera anticipó el fin de la Legislatura iniciada en mayo de 2019 y que debía finalizar, por tanto, en mayo de 2023. Al tener conocimiento de ello, veinte diputados del Grupo Mas Madrid presentaron una moción de censura contra la presidenta, que quedó registrada a las 13,03 h.y cuatro minutos más tarde treinta y siete Diputados del Grupo Parlamentario Socialista presentaron otra moción de censura[18].

Ocurre que la Ley Orgánica 5/1985, del Régimen Electoral General establece en su art. art. 42.1 que en los supuestos de elecciones a Asambleas Legislativas de las Comunidades Autónomas en las que los respectivos Presidentes de los Ejecutivos autonómicos hagan uso de su facultad de disolución anticipada (sic) expresamente prevista en el ordenamiento jurídico,

---

[18] Sobre esta cuestión, vid. ampliamente, Delgado Ramos, David, "Entre la validez y la eficacia. Notas sobre la reciente disolución (y mociones de censura) de la Asamblea de Madrid "*Revista de las Cortes Generales* nº 111 (2021), págs.. 345-370.

los decretos de convocatoria se publican, al día siguiente de su expedición, en el Boletín Oficial de la Comunidad Autónoma correspondiente. Entran en vigor el mismo día de su publicación.

En igual sentido, el art. 2 de la citada Ley 5/1990 de la Comunidad de Madrid, prescribe que *El Decreto de disolución se publicará en Boletín Oficial de la Comunidad de Madrid y entrará en vigor en el momento de su publicación.*

Y el conflicto surgió por la interpretación del conjunto normativo indicado. El Decreto se publicó en el Boletín Oficial de la Comunidad de Madrid el día 11 de marzo. Desde la presidencia de la Comunidad se interpretó que la disolución había surtido efecto desde el momento en que se firmó el Decreto correspondiente y que no procedía la presentación posterior de una moción de censura; desde la oposición –PSOE y Más Madrid- se argumentó que el decreto de disolución no entraba en vigor hasta su publicación en el Diario Oficial, lo que tendría lugar al día siguiente.

La Mesa de la Diputación Permanente de la Asamblea de Madrid acordó la interposición de un recurso contencioso-administrativo, *al apreciar una eventual contradicción de dicho Decreto de la Presidenta., por el que se acuerda la disolución de la Asamblea de Madrid, con las mociones de censura formalizadas por el Grupo Parlamentario Más Madrid (…), y por el Grupo Parlamentario Socialista (…),* y solicitó la adopción de la medida cautelarísima –inaudita parte- de suspensión del indicado Decreto.

En tal sentido argumentó la Mesa que *la pretensión de que el Decreto de disolución surta efectos con su mera firma o expedición, como acto de voluntad de la Presidenta de la Comunidad de Madrid, antes de su publicación oficial implicaría la vulneración del principio de publicidad de las normas, con el correlativo de seguridad jurídica así como el de interdicción de la arbitrariedad de los poderes públicos (art. 9.3 de la C.E.)*[19].

El Tribunal Superior de Justicia de Madrid –Sala de lo contencioso-administrativo- en Auto nº 48/21 de 14 de marzo denegó la medida cautelarísima de suspensión pedida –por considerar que no concurría la necesaria urgencia para ello- y anticipó su criterio sobre el fondo.

---

19 La calificación técnica que merece la actitud de la Mesa es, para Ruiz Robledo, de abuso de derecho y hubiera actuado impecablemente desde el punto de vista jurídico si no hubiera admitido a trámite las mociones de censura, por mucho que el decreto de disolución todavía no se hubiera publicado. Vid en Ruiz Robledo, A., "La disolución anticipada de Ayuso". *El País*, 11 de marzo de 2021.

Y así, señala que *la interpretación literal de lo dispuesto en el artículo 21 del Estatuto de Autonomía y en el artículo 1.1 de la Ley 5/1990 nos lleva a afirmar que lo que la facultad concedida a la Presidencia de la Comunidad de Madrid le permite realizar es, sin paliativos y por más que esté obligada a hacerlo mediante un Decreto y con los demás requisitos, "acordar" la disolución anticipada de la Asamblea de Madrid.*

Y considera, a mi juicio acertadamente, que *debe entenderse que tal facultad queda válidamente ejercitada desde el momento en que firma el Decreto de disolución y convocatoria de elecciones y sin perjuicio de que la eficacia de esta convocatoria electoral se despliegue una vez publicado el repetido Decreto en el Boletín Oficial.*

Téngase en cuenta que, de otro modo, la facultad presidencial de disolución del parlamento quedaría desfigurada y su ejercicio, entorpecido, pues fácil sería para enervarla la inmediata presentación de una moción de censura con evidente abuso de derecho, conduciendo, además al absurdo de impedir el legítimo ejercicio de tal facultad[20].

Por ello, la Sala advierte que *la validez y eficacia del correspondiente Decreto no pueden verse comprometidas por la presentación ulterior de una o varias mociones de censura. Sostener lo contrario dejaría, eventualmente, a la mera voluntad del número de diputados que ostentaran la representación exigida para presentar una moción de censura -15 por 100- el eficaz ejercicio de aquella potestad, bastando con presentarla con posterioridad a la adopción del acuerdo de disolución para privarle de virtualidad alguna.* Y añade que *no hace falta un gran esfuerzo argumental para razonar que, de interpretar los términos "acordar" y "acordarse" en sentido no literal y actual sino, como parece sostener la parte actora, con eficacia diferida al momento de publicación del Decreto firmado, el resultado sería que el ejercicio de tal facultad podría siempre quedar neutralizado, como se apuntó anteriormente, por la presentación de una moción de censura antes de la publicación del Decreto de disolución.*

---

20 Algunos colegas se apresuraron a escribir apoyando a quienes mediante la presentación de sendas mociones de censura habían logrado neutralizar la disolución del parlamento. El argumento común utilizado es que el Decreto de disolución se había de publicar en el Diario Oficial –lo que tenía que ocurrir al día siguiente de su expedición- y entraría en vigor el mismo día. Por tanto, consideran que no tiene eficacia hasta su entrada en vigor. Eficacia que se ve desvanecida por la previa presentación de una moción de censura. Así, Pérez Royo, Javier, "Disolución o moción de censura", en *Eldiario.es,* 10 de marzo de 2021; Ana Carmona Contreras, Ana "La validez jurídica de las mociones de Madrid". *El País,* 12 de marzo de 2021; y Arbós Marín, Xavier, "Una disolución imposible". *El Periódico,* 11 de marzo de 2021.

Razonamiento que Catalá Bas considera impecable, pues "de no realizar tal interpretación la disolución anticipada sería papel mojado"[21].

Por tanto, se puede sostener que la facultad presidencial de disolución de la Asamblea de Madrid quedó válidamente ejercitada desde el momento en que se firmó el Decreto de disolución y de convocatoria de elecciones, sin perjuicio de que la eficacia de tal convocatoria electoral se difiera a su publicación en el Boletín Oficial.

Y es que como ha advertido Delgado Ramos, una interpretación en sentido contrario conduciría indefectiblemente a una interpretación tan absurda como perversa: a un anuncio de disolución "aún no publicado" se le podría obstaculizar con la mera presentación de una moción de censura, haciendo así inviable cualquier disolución de la cámara no deseada por cualquiera de los grupos parlamentarios de la oposición. El equilibrio-tensión entre poderes quedaría con ello desequilibrado en favor de un Legislativo que auparía su preeminencia a lomos de la inestabilidad del Ejecutivo, minando así la gobernabilidad.

Y señala que el carácter preceptivo y necesario de la publicación no afecta a la validez del Decreto sino a su eficacia, y si bien es cierto que la publicación es un elemento constitutivo del acto de disolución, no lo es menos que es así porque lo perfecciona normativamente, permitiéndole desplegar los efectos que la validez del acto posee desde que ha sido acordado y, por lo tanto, dictado[22].

Por el contario, Rodríguez-Vergara ha señalado que sería posible una interpretación distinta del Estatuto de autonomía madrileño, que llegara a la conclusión de que las mociones de censura pueden presentarse mientras

---

21 Además, se pregunta qué tiene más valor y relevancia: ¿dirimir la crisis en el seno del parlamento o dejar que sea el pueblo soberano el que la resuelva? Y en su opinión, siempre tendrá más valor y relevancia la segunda opción.
Vid. en ."Uso, mal uso y abuso de la moción de censura constructiva y sus consecuencias", op. cit.
Por su parte, Tudela Aranda considera que de admitirse que el registro de una moción de censura enerva la disolución acordada, la facultad presidencial quedaría seriamente afectada, si no inutilizada. Vid. en Tudela Aranda, J., "Madrid, caso práctico". El País. https://agendapublica.elpais.com/noticia/17461/madrid-caso-practico. 11 de marzo de 2021.

22 Delgado Ramos, David, "Entre la validez y la eficacia. Notas sobre la reciente disolución (y mociones de censura) de la Asamblea de Madrid" *Revista de las Cortes Generales* nº 111 (2021), págs.. 358 y 354.

el acuerdo de disposición no haya adquirido eficacia mediante su publicación, pues "siempre que fuera posible, debiéramos interpretar las normas que resultaran de aplicación de manera que se prefiriera la presentación de una moción de censura si con ello se evita una disolución anticipada" [23].

V. LA DISOLUCIÓN DE LOS PARLAMENTOS REGIONALES EN ITALIA

A) Procedimiento y causas de disolución

En Italia, la disolución *(scioglímento)* de los Parlamentos Regionales se encuentra regulada en el art. 126 de su Constitución (texto modificado por ley constitucional 1/1999), principalmente como medida de control estatal sobre los órganos de las regiones (hasta hoy nunca aplicada). La disolución tiene lugar por decreto motivado del Presidente de la República, previa propuesta del Gobierno[24], oída la Comisión interparlamentaria para las cuestiones regionales, y en los siguientes casos:

1. Cuando se comentan actos contrarios a la Constitución o graves violaciones de la ley, donde cabría incluir incluso las acciones omisivas de los órganos estatales y que provocaría no sólo la disolución del *Consiglio* (Parlamento Regional), sino también la remoción del *Presidente de la Giunta* (Presidente del Ejecutivo).
2. Por razones de seguridad nacional, en el sentido de pretenderse con ello la tutela del orden público material, o servir también como cláusula general de salvaguardia frente a situaciones impredecibles.

---

[23] Rodríguez-Vergara Díaz, A. "TSJM: había una interpretación alternativa" *Agenda publica El Pais,* 15 marzo 2021.

[24] La doctrina ha dado interpretaciones diversas a esta prescripción constitucional. Para Cavaleri, el Gobierno es el órgano encargado de verificar la existencia de las causas de disolución y de valorar en el plano político las decisiones a adoptar. Vid en *Diritto Regionale,* Cedam, Padova, 2003, pág. 288. Para Meale, sin embargo, el silencio del art. 126 de la Constitución debe interpretarse en sentido negativo, esto es, se trata de un acto del Presidente de la República "sustancialmente gubernativo", al tratarse de un órgano que representa la unidad nacional y dentro del espíritu de reforma de la Ley 1/1999, que pretende reforzar la autonomía regional en cuanto forma de gobierno. Vid. En *Diritto Regionale,* Cacucci Editore, Bari, 2001, pág. 116.

En ningún caso, sin embargo, puede convertirse en instrumento para hacer valer la orientación política *(indirizzo político)* estatal sobre la regional.

3. Por remoción del Presidente de la Junta que ha cometido actos contrarios a la Constitución, graves violaciones de la ley o por razones de seguridad nacional.

4. A consecuencia de la aprobación de una moción de censura (propuesta por *1/5* de los componentes del Parlamento y aprobada por mayoría absoluta); incapacidad permanente, muerte o dimisión voluntaria del Presidente de la Junta (elegido por sufragio universal y directo); así como por dimisión de la mayoría de los componentes del Parlamento. En todos estos casos, el cese del Presidente o la dimisión de la mayor parte de los parlamentarios genera automáticamente la disolución del órgano legislativo regional. De otro lado, viene considerándose que en estos supuestos el decreto presidencial de disolución ha de ser considerado un "acto debido".

Con la reforma constitucional operada por Ley 1/1999, han sido eliminadas del art. 126 de la Constitución otras dos causas de disolución:

1. La disolución del Parlamento cuando éste no hubiera correspondido a la invitación realizada por el Gobierno central de sustituir la Junta o el Presidente que hubieran realizado actos contrarios a la Constitución o cometido graves violaciones de la ley.

2. Cuando, por imposibilidad de formar una mayoría, se constatara la imposibilidad de funcionamiento del Parlamento.

Se trata, en todo caso, de una casuística totalmente taxativa, de tal modo que ningún otro motivo puede ser utilizado para disolver los órganos legislativos de las Regiones[25].

---

25 No obstante, Paladin entiende que también la modificación extensiva o reductiva de las circunscripciones regionales en el sentido del art. 132 de la Constitución debería ser motivo de disolución de las asambleas regionales, puesto que en tal caso la misma naturaleza del Parlamento regional impone la renovación al objeto de convertirlo nuevamente en órgano representativo del nuevo cuerpo electoral. Vid. en Diritto Regional", Cedam, Padova, 2000, págs.428-429.

B) Regiones de "estatuto especial" y disolución del parlamento.

La reformulación del art. 126 de la Constitución diferenciaba en principio el régimen de disolución de los Parlamentos de las regiones de estatuto ordinario del de las de estatuto especial, ya que los estatutos especiales, que reproducen el viejo texto del art. 126, permanecían invariables tras la aprobación de la reforma constitucional. Para Paladin esta diferencia podía ser salvada si se realizaba una interpretación adecuada según la cual se podrían extender a estos ordenamientos las causas previstas en el art. 126 y no citadas en sus Estatutos de régimen especial, como así sucedería.

Efectivamente, en las regiones de estatuto especial la disolución estaba prevista en los respectivos estatutos en los términos anteriores a la reforma constitucional. Ello, no obstante, con posterioridad, el diseño de la ley constitucional 2/2001 sobre la elección directa de los presidentes de las Regiones con estatuto especial y de las provincias de Trento e Bolzano, ha modificado los estatutos e introducido las modificaciones siguientes:

- *Sicilia*: el art. 8 del Estatuto prevé la disolución del Parlamento Regional a propuesta del Comisario del Estado, por persistente violación del Estatuto, previa deliberación de la Asamblea legislativa del Estado. También está prevista, según la ley citada, la remoción por Decreto del Presidente de la República, del Presidente de la Región –elegido por sufragio universal y directo-, por actos contrarios a la Constitución, reiteradas y graves violaciones de la ley, o por razones de seguridad nacional. El art. 8 bis del Estatuto prevé la conclusión anticipada de la legislatura en caso de dimisión de más de la mitad de los diputados. Igualmente, está prevista la disolución tras la aprobación de una moción de censura, dimisión, remoción, incapacidad permanente o muerte del Presidente.
- *Valle de Aosta*: el art. 48 del Estatuto prevé la disolución del Parlamento regional por actos contrarios a la Constitución, al Estatuto, o por graves violaciones de la ley. También cuando la Asamblea, tras la advertencia del Gobierno, no proceda a sustituir a la Junta o al Presidente por análogos actos violaciones, por razones de seguridad nacional, o si no estuviera en condiciones de funcionar por dimisión u otra causa. Por último, está prevista la disolución por la remoción del Presidente de la Región, si ha sido elegido por sufragio universal y directo, por actos contrarios a la Constitución y reiteradas y graves violaciones de la ley o por razones de seguridad nacional.
- *Cerdeña:* el art. 50 del Estatuto contiene una norma similar a la anterior. Además, es causa de disolución anticipada la dimisión de la

mayor parte del Parlamento, e igualmente, si elegido el Presidente le fuera imposible gobernar por no alcanzar la mayoría requerida, o por aprobación de una moción de censura, por muerte, dimisión e incapacidad permanente.

- *rentino Alto A di ge:* su Estatuto no permite que la disolución de los Consejos Provinciales determine la del Parlamento Regional. También para los presidentes de las provincias es posible la remoción, que provoca, al igual que la dimisión, la muerte o la aprobación de la moción de censura, la disolución del Consejo Provincial.
- *Friulí-Venecia Giulia:* el art. 22 del Estatuto prevé la remoción del Presidente de la Región, la incapacidad permanente, la muerte, su dimisión, la aprobación de una moción de censura, o la dimisión de la mayoría de los miembros del Parlamento como causas de disolución anticipada. Si el Presidente es elegido por el Parlamento, este será disuelto cuando no sea posible la formación de una mayoría estable.

C) Scioglimento (disolución) y forma de gobierno de las regiones

La modificación constitucional del art. 126 se explica por la nueva forma de gobierno delineada en la citada reforma operada por Ley 1/1999.

La doctrina italiana entiende que la forma de gobierno característica de las regiones ofrece muchas razones para pensar que no puede ser claramente encajada en el modelo parlamentario (en todo caso se habla de modelo "neo-parlamentario". Para ello, se exponen varios argumentos:

1. La determinación de la función de *indirizzo político,* parece estar confiada al Presidente de la Junta y no al órgano ejecutivo colegial (preeminencia del órgano monocrático sobre el colegiado), según se deduce de sus atribuciones y del poder de nombramiento y revocación de los componentes de la Junta.
2. El Presidente es elegido directamente por el cuerpo electoral.
3. Y, por último, al voto de desconfianza expresado por el Consejo Regional (Parlamento) le sigue no sólo la caída del entero ejecutivo, sino también la disolución del citado Consejo.

No obstante, son también claras sus diferencias con el sistema Presidencialista, tanto por lo que respecta a la identificación de la Junta como órgano ejecutivo de las Regiones, como por la propia existencia de la institución de la confianza parlamentaria (aunque no exista la confianza inicial).

Por último, también resulta significativa su diferencia hacia el sistema semipresidencialista por los hechos mismos de la falta de una verdadera y propia relación de confianza entre Junta y Consejo, así como porque la votación de una moción de confianza por parte del Consejo (o su remoción) no comporta sólo la dimisión del entero ejecutivo sino también la disolución del mismo órgano parlamentario.

A pesar de que este es el marco genérico de la forma de gobierno de las regiones italianas, ha de hacerse notar que esta forma de gobierno está introducida en el texto constitucional de forma provisional, y no impuesta definitivamente, consintiéndose, pues, que en futuros Estatutos se le dé una impronta diversa de la existente.

Precisamente, respecto a la disolución de los Consejos Regionales, Cavalieri entiende a la luz del texto constitucional, que no parece prohibido a los estatutos prever en el futuro que el voto de confianza no comporte la disolución citada. Ello, básicamente, por dos motivos:

1. Por razones literales, pues el art. 126.3 de la Constitución, donde se especifica que este efecto se produce respecto al Presidente de la Junta "electo" -por sufragio universal- (ha de tenerse en cuenta en este sentido, que uno de los extremos que pueden ser objeto de tratamiento diverso por los Estatutos de las Regiones es el de la elección popular directa del Presidente de la Junta, que podría, pues, ser cambiada -art. 122 de la Constitución-).
2. Pero también en virtud de la disposición transitoria (art. 5 de la Ley Constitucional 1/1999, de reforma de los arts. 121, 122, 123 y 126), donde se establece que la confianza tiene como efecto la disolución del Consejo dentro de un espacio limitado de tiempo, es decir, "hasta el tiempo de entrada en vigor de los nuevos estatutos regionales" (a los cuales vendría dada, evidentemente, la última palabra en el caso expuesto).

En conclusión, los estatutos podrían no asociar la disolución del Parlamento a la confianza del Presidente sólo cuando hubieran escogido una modalidad de elección del Presidente diversa de la elección popular directa.

D) Impugnación del decreto de disolución

Por último, es preciso señalar que el decreto de disolución es impugnable por parte de la Junta Regional ante la Corte Constitucional mediante el planteamiento de un conflicto de atribuciones.

Capítulo 2

El parlamento en evolucion y los principios estructurales de su actividad: hacia una forma critica de repensar sus fundamentos teoricos

FÉLIX CRESPO HELLÍN
Profesor Titular de Derecho Constitucional
Universitat de València

1. INTRODUCCION: UNA REFLEXION INICIAL

Analizar la razón de ser hoy en día de las prerrogativas parlamentarias que disfrutan aquellos candidatos a ocupar un escaño en las Cámaras que tras ser proclamados candidatos electos por la Administración electoral, perfeccionan su condición jurídica como tales con la promesa o jura de acatamiento a la Constitución, no creo que nos tenga que llevar necesariamente a estudiar el Parlamento inglés y retrotraernos a finales del S. XIV para reavivar en la memoria la condena a muerte del diputado Thomas Haxley por realizar observaciones y verter opiniones críticas a la Corte Real. Si es verdad que hubo que esperar casi tres siglos para que en 1689 la famosa y universal *Bill of Rights* recogiese y blindase la libertad de expresión en las cámaras, tras una reivindicación que abanderó Thomas Moro en defensa de la figura de los parlamentarios y que desde entonces se convirtió en el escudo y la capa de protección jurídica para blindar las tareas propias del parlamentarismo en boca de sus activos ejercientes y que les permitiese como parlamentarios no verse intimidados, coaccionados o impedidos en el ejercicio de su función en las Cámaras.

Ese será tema de un inminente trabajo sobre la dimensión práctica deformada hoy en día de las prerrogativas clásicas como la inmunidad, la inviolabilidad y el aforamiento, que han llevado a una continua y constante corriente crítica al considerarlas más como auténticos privilegios que quiebran el principio de igualdad aplicable y exigible por cualquier persona en el ejercicio de sus funciones e intereses.

Pero antes de adentrarnos en esta problemática, parece casi necesario volver a recordar o traer nuevamente a colación, sobre qué valores y principios del parlamentarismo se asienta la institución en si misma, y de esta forma repasar y repensar los principios del parlamentarismo para comprobar así su evolución hasta nuestros días y percibir de esta manera las variantes que han ido generándose sobre corrientes, tanto doctrinales como políticas o ideológicas, y que ponen el acento en las razón de ser -o mejor dicho, en el indebido uso y aplicación-, de estas prerrogativas establecidas y cómo y de qué manera están reflejada en las normas fundamentales o en los mismos reglamentos parlamentarios.Una disociación que se ha ido haciendo mas notoria a medida que ha evolucionado la práctica parlamentaria al margen de los principios básicos tradicionales.

2. LA INSTITUCION PARLAMENTARIA EN LA ACTUALIDAD Y REVISION DE SUS PRINCIPIOS CLASICOS. PLANTEAMIENTO PARA UN AMPLIO DEBATE

Con la entrada en vigor de nuestra actual constitución, el 29 de Diciembre de 1978 se abría paso en nuestro país una perspectiva radicalmente opuesta a la inestabilidad política y privativa de derechos anteriormente vivida, constituyendo el culmen de todo un gran esfuerzo social, jurídico y político para poder establecer un sistema democrático consistente y sólido. Ello, con la complicación producida de antemano en su elaboración, de la falta de un auténtico sentimiento constitucional —*verfassungsgefÜhl*-, producto de un adecuado proceso de socialización política, imprescindible para la consolidación del sistema democrático.

Añadido a esto, aparece la idea de observar la Constitución, no como "una unidad sistemática ya cerrada, bien sea esta de tipo lógico axiomático o bien basada en una jerarquía de valores", sino que su marcado carácter incompleto o inacabado hará que los mecanismos de reforma constitucional cumplan una función de defensa de la propia Constitución a fin de que el Derecho Constitucional, que va más allá del propio texto escrito, pueda ir experimentando las correspondientes transformaciones; "*Si la constitución* —continúa Hesse— *quiere hacer posible la resolución de las múltiples situaciones críticas históricamente cambiantes, su contenido habrá de permanecer necesariamente abierto al tiempo*".

Desde este planteamiento inicial, y tras décadas de vigencia desde su aprobación, el carácter otorgado a la Constitución de norma jurídica ha puesto de relieve la idea de que "*la relación gobernantes—gobernados está expresada de tal modo que estos disponen de unos ámbitos reales de derechos y libertades que les permiten el control efectivo de los titulares ocasionales del poder*".

Queremos con ello destacar, desde un punto de vista amplio, la capacidad que todos los ciudadanos tenemos de convertirnos en potenciales interpretes de la norma constitucional -mención aparte del carácter vinculante o no del que carecerían dichas manifestaciones-, dependiendo del órgano o persona inicial que las realice. Todo ello quedará circunscrito al propio régimen político que la constitución diseña y que permitirá hacer efectivas ésta y otras capacidades reconocidas en el texto constitucional.

La constitucionalización de la cláusula del Estado Social y Democrático de Derecho, sentará las bases de un régimen democrático real y transformador en continua proyección. A su vez, se dará pie a un régimen pluralista, fruto de la diferente estructura social existente y de la diversidad de fuerzas políticas y sociales que esa misma estructura condiciona, y que implicaba el abandono y rechazo de las tendencias monolíticas del régimen autoritario anterior. Y el desarrollo de estos se producirá en un régimen políticamente descentralizado, siendo esta una respuesta a toda nuestra historia constitucional, donde los periodos de mayor democratización han correspondido a etapas en las que el sentimiento autonomista ha sido fuertemente acusado.

Destaca, por último, la idea de una Monarquía parlamentaria, con importantes rasgos presidencialistas, que implican el reconocimiento constitucional de la primacía del ejecutivo, especialmente a través de la figura del Presidente del Gobierno, así como el papel reservado a los Monarcas en un sistema democrático, cuya incidencia se ha puesto más de relieve entre nosotros debido al propio proceso de la transición política y de consolidación de nuestro sistema democrático.

2.1. *Principios generales en proyección y en constante interpretación en la evolución del concepto y estructura de la institución.*

Esta característica apuntada nos servirá para, en base a ella, plantear el tema objeto de nuestro trabajo e ir delimitando, no tanto la figura y contenido de la institución parlamentaria —con una existencia importante de estudios y trabajos sobre ella—, sino más bien la figura del parlamentario como teórico elemento integrador y definidor en la práctica de las funciones asignadas a las asambleas legislativas y que a día de hoy se ha ido alejando progresivamente de la esencia y principios que lo definían en su papel y función esencial.

En este sentido desempeñará una faceta importante la necesidad de interpretar la norma caso por caso, como ya aludíamos anteriormente. No hay que olvidar, como dice HESSE, que la interpretación constitucional resulta necesaria y se plantea como problema cada vez que ha de darse respuesta a una cuestión constitucional que la carta magna no permite resolver de forma concluyente. Se trata de entender, en nuestro caso, el valor constitucional de la norma en el sentido de la adquisición de la condición de parlamentario una vez prestado su acatamiento a la constitución, excluyendo así todo planteamiento opuesto. Si a ello añadimos las manifestaciones y actuaciones vertidas por otros órganos constitucionales al respecto, se determinará en consecuencia la necesidad de delimitar esta problemática en su máximo sentido en situaciones actuales donde se han ido desnaturalizando funciones y elementos definitorios.

Constituye pues esta cuestión un claro ejemplo de necesidad de interpretación o de concretización de las relaciones entre un derecho o privilegio recogido constitucionalmente y la determinación del momento en cuanto a la posibilidad de su ejercicio, que determinará la previa adquisición de la condición plena de parlamentario.

Por ello, dirá HESSE, la interpretación ya no puede reducirse a indagar la voluntad de quien tiene un cometido y unas reglas bien concretas: su cometido es el de "*hallar el resultado controlable, el fundamentar este resultado de modo igualmente racional y controlable, creando, de este modo, certeza Y previsibilidad jurídicas y no, acaso, el de la simple decisión por la decisión*".

En esta labor, HESSE no descarta los métodos tradicionales de interpretación y sólo los reconduce a una fase de la misma: la comprensión de la norma. Porque para él interpretación es concretización y esta exige, previamente, la cabal comprensión tanto de la norma como de la realidad lo que, desde luego, requiere de la teoría constitucional, su estudio y aplicación. Sólo requiere de la teoría constitucional, su estudio Y aplicación. Sólo a partir de ella cabe utilizar conceptos jurídicos suficientemente acuñados y también evitar que el intérprete ejecute las "*anticipaciones*" de su propia compresión inicial, pues ésta puede ser de gran utilidad, pero sólo si puesta a prueba resulta certera o es ratificada en la medida que el caso lo demande.

En realidad, la concretización acaba llevando a la tópica -y así es como se propone llevarla a cabo Hesse, por el método tópico-, pero advierte que no en forma pura. Si es cierto que la tópica es la técnica del pensamiento problemático, la jurisprudencia como técnica que está al servicio de una aporía o paradoja con dificultad lógica insuperable, debe corresponder con los puntos esenciales de la tópica. Es preciso, por ello, descubrir en la tópica la estructura que conviene a la jurisprudencia. Intentaremos hacerlo estableciendo los tres siguientes presupuestos:

1. La estructura total de la jurisprudencia solamente se puede determinar desde el problema.
2. Las partes integrantes de la jurisprudencia , sus conceptos y sus proposiciones, tiene que quedar ligadas de un modo específico con el problema y sólo pueden ser comprendidas desde él.
3. Los conceptos y las proposiciones de la jurisprudencia sólo pueden ser utilizados en una implicación que conserve su vinculación con el problema. Cualquiera otra es preciso evitarla.

El enfoque parece perfectamente válido para la resolución de los conflictos de derechos y en concreto, para el que aquí nos ocupa. Pero su riesgo también es evidente, ya que se trata de supuestos en el que se acude a un criterio tópico en la realización de la interpretación, pero ello -aun estableciéndose en aras de una solución más justa-, puede introducir un componente de inseguridad, en particular cuando se traslada al ámbito penal, pues hace perder a la dogmática esa función que subraya HASSEMER, de adelantar un pronóstico lo más aproximado posible sobre la solución del conflicto que se analiza.

De ahí que HESSE rechace el método tópico puro y lo someta a límites o condicionamientos, como los derivados de la función orientadora de los principios de la interpretación constitucional y la posición asumida por el texto constitucional como límite de aquella.

La resolución de los conflictos que aquí nos ocupan por la vía jurisprudencial está aportando resultados francamente interesantes, como se verá, para la construcción de un sistema de relaciones entre los dos bienes anteriormente reseñados como son las prerrogativas.

A partir de este momento, y en lógica respuesta a la importancia tanto de la institución legislativa, como del estatuto de sus miembros, han sido múltiples los trabajos y estudios que sobre esta materia se han realizado y los cuales nos han inducido a aproximarnos al problemático aspecto de la condición del parlamentario que nos encontramos hoy en día. Es indudablemente un trabajo inacabado, en cuanto que van apareciendo de forma continua nuevos elementos que servirían para ir perfilando mayormente esta cuestión —incluida la propia labor legislativa de las Cortes Generales y de las distintas cámaras autonómicas—. No obstante y a pesar de reconocer que es un tema que necesita ser trabajado en mayor profundidad, hemos tratado de delimitar la práctica totalidad de las cuestiones objeto de estudio, comenzando por la propia formación de la institución parlamentaria y la delimitación de la figura del parlamentario, hasta desembocar en le estudio de su actividad y los aspectos derivados de dicha actividad con influencia en la esfera jurídica y que hoy en día se han ido distorsionando y distanciando de sus principios básicos.

2.2. Evolución del Parlamento: principios generales estructurales, teoría general y cambios en dinámica constante.

Si partimos del sentido etimológico que tiene el término Parlamento, comprobaremos que su significado corresponde al término conversación. Fue adquiriendo sentido político, cuando con el se denominaban los contactos entre el Monarca y sus nobles —caso de Enrique III en Inglaterra, por ejemplo—. Paralelamente en Francia, y más en concreto durante la época del Antiguo Régimen, no podemos olvidar que la expresión Parlamento no designaba a las Asambleas representativas, sino a auténticos órganos judiciales. Ello nos obliga a considerar que la expresión Parlamento en su significado político y de origen británico, parte de la consideración de éste como órgano deliberante, extendiendo con posterioridad su influencia al resto del continente. Ahora bien, esta expresión no suele figurar en los textos constitucionales, sirviendo de denominación genérica para referirse al conjunto de Cámaras o Asambleas que integran la institución legislativa en un país determinado, desempeñando con carácter general su marcada función deliberante -como así desarrolla D.C. YARDLEY-.

Temporalmente suele señalarse la Baja Edad Media como el momento de origen de los Parlamentos, al menos en algunos países como Inglaterra y los antiguos Reinos españoles, con una primordial razón económica como causa de aparición. Ello se debía a la necesidad de los Monarcas de obtener periódicamente una serie de subsidios que eran suministrados por éstos, a la vez que recibían las correspondientes peticiones para la marcha de los asuntos públicos. Así pues, el principio "*there are not taxes without representation*"se convirtió en la razón de ser de estas Asambleas medievales.

Su composición inicial era simple, al aparecer tan solo los estamentos del clero y de la nobleza, aunque con el paso del tiempo y debido sobre todo al auge económico adquirido por la incipiente burguesía comercial, ésta comenzó a formar parte de las mismas como estamento separado. Así pues, la composición de estas Asambleas no era homogénea, lo cual también se producía en su funcionamiento interno, aunque pronto se comprobaría la tendencia a deliberar conjuntamente del clero y la nobleza.

Sin embargo, sería el estamento representante de la burguesía ciudadana el que adquiriría un mayor relieve, produciéndose incluso una alianza de estos con el Monarca, sobre todo en aquellos países donde el feudalis mo tuvo una mayor implantación con su consiguiente consideración posterior de la clase burguesa. De esta forma, se irían consiguiendo los recursos financieros necesarios que otros estamentos apenas podían proporcionar, derivándose en consecuencia de igual forma, una mayor petición o reclamación de parcelas de poder. Estas circunstancias, como ya indicábamos anteriormente, hacía que el hecho de constituirse la burguesía como el mayor contribuyente a las demandas económicas del Monarca, fuera cristalizando esta preeminencia en el llamado derecho de petición, formulando continuas y mayores demandas.

El desarrollo del estamento burgués que se produce como consecuencia de la obtención de la mayor parte del poder, se produce paralelamente al auge durante la Edad Media de las Asambleas. No obstante, y utilizando el momento del Renacimiento como punto de referencia aproximado, será cuando se vaya marcando la distinción entre la mayoría de países del continente e Inglaterra, dado que en ésta última continuará la evolución hasta la Revolución de 1.689, donde se consagra de forma definitiva el papel del Parlamento como centro del poder político y quedando definido éste desde el punto de vista legal como la reunión o el encuentro del Rey con "sus *Loores* y sus *Comunes*"-planteamiento diferente al concepto visual en el continente—. Por contra, en el resto de países la llegada de las Monarquías absolutas y la consiguiente formación del Estado Moderno van a suponer la práctica desaparición de estas Asambleas, ya que el Monarca dispondrá de los recursos propios suficientes para no depender de su ayuda. Será posteriormente la Revolución Francesa la que suponga un renacimiento de los Parlamentos, aunque con postulados totalmente distintos. Queda patente así la ruptura entre un modelo y otro de Asamblea, interrupción que no se produce en Inglaterra con una continuidad en su evolución histórica.

El modelo inglés ya desarrollado en tiempos de la Revolución Francesa, sirvió a ésta de base para el inicio del nuevo concepto de Parlamento moderno, junto a determinadas doctrinas políticas, como la formulación de la división de poderes que realiza Montesquieu aglutinando las diversas manifestaciones y elaboraciones realizadas hasta entonces. Se interpretó de una forma peculiar el modelo británico —más que una primacía del Parlamento, como sucedía con Locke, se establece un equilibrio entre éste y el ejecutivo—, y sería a partir de este momento cuando habrá que tener en cuenta los dos modelos fundamentales para explicar la evolución de los Parlamentos: el británico y el continental.

El modelo británico supondrá la consagración de la soberanía del Parlamento, considerando desde el punto de vista legal que el Monarca formará parte del mismo y sin llegar a producirse la oposición entre los mismos, característica hasta entonces constantemente detectada en las Monarquías absolutas. A partir de las Reformas de 1911 y 1949 la Cámara de los Comunes consolidará su papel hegemónico frente a la Cámara de los Loores, influyendo en ello, en cierta medida, la aparición del partido laborista en la escena política, recogiendo de una forma más directa las tendencias y planteamientos que de forma variada se incardinaban en el pensamiento del pueblo inglés. Igualmente, y de forma posterior, paralelamente a la primera Guerra Mundial, será la figura del Gabinete y del Primer Ministro la que irá apareciendo como eje de la política británica junto al Parlamento, sin perder este su tradicional aureola en el plano político, sino actuando de una forma coetánea.

Haciendo ahora una referencia al modelo continental, comprobamos que el Parlamento surge como reacción al Antiguo Régimen, convirtiéndose en el único depositario de la soberanía nacional y en el órgano representativo por excelencia. Durante la primera mitad del siglo XIX surgieron frecuentes conflictos ante las pretensiones reales de controlar el Parlamento y reducir su papel político, hasta el momento de dominación de los órganos constitucionales por parte de la burguesía industrial. Sería en esos momentos —y más concretamente hasta 1.914— cuando la institución parlamentaria adquiere su máximo prestigio, al ser prácticamente dominada en su totalidad por la burguesía, debido a su gran implantación en los órganos constitucionales. Al mismo tiempo, los postulados del liberalismo económico coadyuvan a que el ejecutivo tuviera un menor peso específico en la dirección de la vida política. Sin embargo, en las democracias occidentales se comenzó a hablar de la crisis del Parlamento cuando los postulados del Estado Liberal de Derecho son puestos en entredicho. La retirada o el trasvase de la burguesía hacia otras áreas del poder como era el Ejecutivo, vino en parte producida por la aparición de otras clases sociales en base a la revolución industrial y la llegada del sufragio universal. Ello, junto a la crisis de los postulados del liberalismo económico, producirá unas transformaciones en el Estado que afectarán a la posición política de sus respectivos órganos, pasando la dirección política del mismo al Ejecutivo, aun conservado por la burguesía.

2.3. La institución del Parlamento desde su fundamento histórico en crisis: postulados a debate.

Hablar pues de crisis del parlamentarismo, conlleva innecesariamente una referencia a la crisis del Estado Moderno, sin que podamos aislarla de ese contexto. Las variaciones en la composición y estructura, así corno en sus funciones, viene conectada igualmente con la crisis del concepto de representación que se distancia de los postulados elaborados a raíz de la Revolución Francesa. De ahí que la verdadera crisis tiene que centrarse en los Parlamentos tradicionales del constitucionalismo clásico, pero no en el Parlamento como institución. Una generalización de ese tipo nos llevaría a deducir erróneamente que también el sistema democrático está en crisis al ser los Parlamentos expresión de la soberanía popular. De esa forma, en la actualidad, toda defensa de los sistemas democráticos, pasa por una defensa de los Parlamentos como institución, aún a pesar de su distinto papel en las modernas democracias occidentales.

Por todo ello, debemos incidir en que los Parlamentos continúan siendo los máximos representantes de la voluntad popular. Aun habiéndose perdido la idea de representación, en parte provocada por la simple ratificación popular del elector de las candidaturas presentadas por los partidos políticos ante unas elecciones, los Parlamentos hay que considerarlos hoy en día como la institución democrática por excelencia, además de convertirse en el centro del proceso decisorio político, ya que desempeñan una función legitimadora del sistema.

No es óbice esta aseveración para reconocer el debilitamiento que en la actualidad sufre esta institución, en cuanto a competencias se refiere. La función legislativa ha perdido parte de su significado a consecuencia de las variaciones del concepto de ley: la pérdida de sus caracteres de generalidad y universalidad, así como la intervención del Gobierno en la iniciativa legislativa y la importancia adquirida por la legislación delegada y la legislación de urgencia, han supuesto una importante transformación de la posición del Parlamento. En cuanto a la función de carácter económico, es conocida la carencia de iniciativa en este tema por parte de los Parlamentos, limitándose a aprobar o rechazar los proyectos enviados por el Gobierno. Y en cuanto al control político, se ha mitigado está función en aras de conseguir una compatibilidad entre los principios de estabilidad gubernamental y de control político, estableciéndose una serie de mecanismos que hacen invisible -o cuanto menos muy difícil-, la exigencia de responsabilidad política del equipo gubernamental. Ya señalaba MANZELLA que *"el papel de los Parlamentos Modernos se mide no tanto con el parámetro de las competencias parlamentarias en sí mismas consideradas, cuanto mediante el grado de coordinación y de condicionamiento recíproco que los poderes y procedimientos parlamentarios presentan respecto a procedimientos y poderes exteriores al Parlamento"*.

Igualmente, podemos incidir en la pérdida por parte del Parlamento del carácter de institución mediadora entre las diferentes fuerzas políticas, dado que la presencia de los partidos políticos en el Parlamento ha ido minando el principio del mandato representativo de sus miembros, así como su carácter deliberante, ya que las discusiones parlamentarias se han convertido en auténticas ratificaciones -bajo disciplina férrea del grupo parlamentario-, de los acuerdos adoptados por los partidos.

Con todo Io señalado hasta ahora, es nuestra intención destacar que el Parlamento ha pasado de ser un órgano activo de la gestión estatal, a convertirse fundamentalmente en un órgano defensor del sistema democrático en base a la legitimidad que les otorga su naturaleza representativa. Y es que las crisis de los Parlamentos se han producido precisamente cuando se ha intentado profundizar en el desarrollo del sistema democrático, debido a las resistencias ofrecidas por la burguesía en el mantenimiento de su poder político. Sin olvidar además, su presencia en la dirección política del Estado que se materializa tanto en su participación en la composición de los demás órganos constitucionales, como en sus función orientadora de la actividad gubernamental.

Toda esta problemática puede trasladarse igualmente al caso de nuestro país, sin olvidar las peculiaridades propias de nuestro modelo político que determinan en cierta manera el significado de nuestras actuales Cortes Generales. Sin entrar al detalle del estudio de las citadas circunstancias, pues sería objeto de otro trabajo por su debida y compleja extensión, sí que conviene resaltar que en la actualidad, la existencia de un nuevo régimen constitucional presenta especiales problemas en relación con nuestro Parlamento.

En líneas generales, hay que partir de la existencia de una auténtica ruptura en relación con nuestras Cortes liberales. Ello se debe fundamentalmente a la presencia del principio democrático, que incide directamente en su composición y al papel desempeñado por los partidos políticos como transformadores de la actividad parlamentaria. De ello se deduce igualmente un aumento considerable de la posición constitucional del ejecutivo en relación con la actividad parlamentaria. Por todo lo señalado, la regulación constitucional parece no inspirarse directamente en nuestro Derecho histórico, sino más bien adecuarse a los planteamientos del constitucionalismo moderno surgido a partir de la Segunda Guerra Mundial. De ahí que no se tengan en cuenta las circunstancias especiales de la Segunda República y se pase directamente a un Parlamento español amoldado a la estructura de las modernas democracias industriales y a las exigencias de la vida democrática actual, sin por supuesto olvidar el papel determinante que tanto las fuerzas políticas como el mismo pueblo español tuvieron durante la transición política, al ir diseñándose y configurando el nuevo sistema democrático junto al conjunto de instituciones que lo iban a hacer posible.

De modo sucinto, dejamos apuntados los importantes problemas que plantean nuestras Cortes Generales y que afectan fundamentalmente a tres órdenes de cuestiones:

1. La propia composición, en primer lugar, donde la necesidad del actual sistema bicameral puede quedar cuestionada, al igual que algunos de los criterios de representación en que se fundamenta.
2. La propia estructura interna y funcionamiento, pues a pesar de la aprobación de los Reglamentos del Congreso y del Senado en 1982, no parece su contenido ajustado a los principios y procedimientos de un Parlamento moderno, sino mas bien en una regulación anclada en la época decimonónica como lo demuestran todas las variantes acontecidas con la pandemia de Covid-19 que ha habido que ir incorporando de forma precipitada y poco estudiada.

3. Por último, su posición en el régimen político viene condicionada tanto por la estructura descentralizada del Estado y el modelo territorial autonómico en un momento crítico, como por el sistema de partidos imperante. Es un momento clave para evitar su conversión en una asamblea receptiva y legitimadora de las decisiones adoptadas por otros centros de poder y debiera más que nunca pasar a ser un lugar adecuado para la negociación política y para ejercer la función de orientación política de la actividad estatal.

Lo visto hasta aquí nos ha servido para plantear una base sobre la cual reeditar aquellos conceptos mas directamente relacionados con el objeto de la naturaleza objetiva y jurídica de las Cámaras. Tras ser determinadas las características de las Cortes Generales como órgano constitucional del Estado, representativo, bicameral, deliberante, colegislador, permanente e inviolable, abrimos un nuevo punto de estudio como es la propia actividad interna de las Cámaras, en cuanto labor propia de legislar y que determina una serie de actividades que delimitan la figura del parlamentario y su función dentro de las Cámaras.

3. ACOTAMIENTO DE LA FIGURA DEL PARLAMENTARIO EN PARTICULAR EXTRAIDO DE LAS PRINCIPALES FUENTES DEL DERECHO PARLAMENTARIO Y DE LA ACTIVIDAD INTERNA DE LAS CAMARAS.

La estructura interna y funcionamiento de las Cámaras constituye el objeto fundamental de una disciplina como es el Derecho Parlamentario que se encuentra englobado dentro del Derecho constitucional, y que en nuestro país no parece haber adquirido todavía la suficiente entidad. Parece obligado en consecuencia, aún sin ánimo de dedicarle una reflexión actualizada a estas singulares normas, hacer una breve referencia al análisis de la naturaleza de los Reglamentos parlamentarios al ser concebidas como auténticas prerrogativas colectivas de las Cámaras, tendentes a asegurar la independencia de éstas en relación con el ejecutivo, la eficacia del trabajo parlamentario y el derecho de las minorías.

3.1. El fundamento y desarrollo de los principios parlamentarios y la singularidad del Reglamento Parlamentario.

Podríamos admitir como presupuesto generalizado la consideración de los Reglamentos de las Cámaras como un acto de potestad auto normativa de las mismas constituyendo -en términos de Nicolás PEREZ SERRANO-, el conjunto de disposiciones que "*por vía general determinan el orden y método de trabajo de las Cámaras*". No obstante, esta situación no siempre ha sido así, pues tiempo atrás era frecuente la intervención del Gobierno en la aprobación de los Reglamentos de las Cámaras, bien de modo exclusivo como sucedió en los Reglamentos de los Estamentos de Próceres y Procuradores del Estatuto Real -donde el profesor TOMAS VILLARROYA destacó el uso que del derecho de petición se realizó para introducir las prácticas parlamentarias-, bien en régimen de paridad con las propias Cámaras como sucedió en la mayoría de nuestras Constituciones.

En lo que respecta a la delimitación de su naturaleza jurídica, el hecho de que el Reglamento sea una manifestación de la potestad auto normativa de las Cámaras -como parece reconocer el art. 72.1 de nuestra constitución-, no quiere decir que tenga la consideración de ley formal, aunque sirva para la tramitación de éstas y aunque sea en nuestro Derecho positivo uno de los objetos del control de la constitucionalidad de las leyes, ya que la razón fundamental de ello radica en apreciar la presunta inconstitucionalidad formal de las leyes aprobadas por las Cortes por no seguir el trámite reglamentario oportuno. Ello no impide su consideración de actos con fuerza de ley, y no meras disposiciones reglamentarias, que transciende la vida interna de las Cámaras, ya que de su perfección depende que el Parlamento pueda cumplir o no su misión, el juego armónico de los poderes ejecutivo y legislativo el funcionamiento real del propio sistema parlamentario. Por ello, su aprobación constituirá un acto político de especial trascendencia, muchas veces superior a la mayoría de las leyes aprobadas por el Parlamento. En cuanto a su posición dentro del sistema de fuentes parece, como sucede en otras cuestiones, que no es posible acudir al principio de jerarquía sino al principio de competencia siendo una prerrogativa colectiva de las Cámaras, base de otras prerrogativas individuales.

Conviene así destacar que los Reglamentos parlamentarios no son simplemente unos actos "*interna corporis*", ni tampoco que sean unas normas de carácter estatutario que sólo vinculan a los miembros de las Cámaras, sino que su naturaleza va más allá. La propia regulación que efectúa la Ley Orgánica del Tribunal Constitucional, concibiéndolos como objeto del control de constitucionalidad de las leyes, aunque sólo a través de la vía directa del recurso de inconstitucionalidad, supone un argumento definitivo para reafirmar este planteamiento.

La misma jurisprudencia constitucional ya se ha pronunciado sobre la naturaleza de los Reglamentos parlamentarios la cual, si bien no los considera integrantes del bloque de constitucionalidad, al entender que "*los Reglamentos de las Cámaras se encuentran directamente incardinados a la Constitución (artículos 72, 79 y 80, entre otros), siendo el contenido propio de tales normas el de regular, con sujeción a la Constitución, su propia organización y funcionamiento, en el que ha de incluirse lógicamente la constitución del órgano como tal dada la función que cumplen en el sistema jurídico. Son normas cuyo contenido puede comprender la exteriorización del deber positivo de acatamiento contenido en la Constitución para los titulares de los poderes públicos...*·". En éste sentido la Sentencia del T.C. 101/1983, de 18 de noviembre, en su f.j. 3º se pronuncia sobre el recurso de amparo de los diputados de Herri Batasuna sobre el acuerdo del Congreso de los Diputados de 14 de diciembre de 1982, que declaró la suspensión de los derechos y prerrogativas parlamentarias de estos diputados ante la fórmula jurídica de aceptación de la Constitución que fue matizada por los mencionados parlamentarios y cuyo argumento de considerar al Reglamento Parlamentario una norma falta de rango para contener tal disposición, fue finalmente aceptada.

De igual forma, el principio de autonomía parlamentaria viene a sustentar la garantía de independencia de las Cortes Generales, tanto frente al Ejecutivo como a cualquiera de los poderes del Estado. Incluso la propia jurisprudencia constitucional al respecto ha venido a precisar la naturaleza de los Reglamentos parlamentarios y de los actos *interna corporis*, al indicar que "*la independencia y el aseguramiento de ésta obliga a entender que si bien sus decisiones -como sujetas que están a la Constitución y a las leyes-, no están exentas del control jurisdiccional y sólo quedan sujetas a este control cuando afecta a relaciones externas del órgano o se concretan en la redacción de normas objetivas y generales susceptibles de ser objeto del control de constitucionalidad, pero ello sólo, naturalmente, a través de las vías que para ello se ofrecen*". Así se expresaron el Auto del T.C. 183/1.984, 21 marzo, por el que se resolvió al Recurso de Amparo presentado por el Senador GUIMERA GIL, por el que se pretendía la declaración de nulidad de las normas dictadas por la Presidencia del Senado el 14 de febrero de 1.984, y entendiendo el Tribunal que dicho acto impugnado es un Acto interno de la Cámara que tiene por finalidad la regulación de las relaciones que existen entre la Cámara y sus propios miembros, se afirma no obstante que es una característica propia de las Cámaras en tanto que son órganos constitucionales -en este mismo sentido se expresaron las sentencias 90/1985, de 22 julio y 161/1988, de 20 de septiembre, y tantos otros-.

Así pues, se determina que algunos actos parlamentarios admiten la calificación de actos *interna corporis*, quedando fuera del control de los Tribunales siempre que no exista una lesión de un derecho fundamental, añadiéndose que los Reglamentos parlamentarios y las Resoluciones de las

Presidencias de las Cámaras que les son asimilables, tienen un contenido normativo, pues son disposiciones de carácter general que se integran de modo permanente en el ordenamiento parlamentario, siendo susceptibles de una pluralidad de actos de aplicación singulares. Es decir son normas jurídicas y no meros actos de aplicación o, enunciado de otra forma, son actos con fuerza de ley que únicamente se pueden impugnar a través de la vía del recurso de inconstitucionalidad, siendo sólo utilizable la vía del recurso de amparo sobre los actos singulares de aplicación de los mismos. Concluyendo en consecuencia con la consideración del Reglamento como una norma con fuerza de ley, en estricto sentido material -Sentencia T.C. 118/88, de 20 de junio-.

Para fundamentar esta idea sirva como apoyatura legal el que de la lectura del artículo 72 de la Constitución se desprenda que la autonomía referida es, en nuestro régimen constitucional, además de autonormación. Una autonormación como efecto de la independencia, pero sobre todo, autonormación como garantía del cumplimiento por el Parlamento de las funciones impuestas en el artículo 66.2 del texto constitucional.

3.2. La autonomía parlamentaria y la proyección práctica de la exclusividad de la normativa reglamentaria interna de las Cámaras.

En realidad, al recogerse en el texto constitucional el principio de autonomía parlamentaria en su artículo 72, es la propia Constitución la que ha situado el origen de la auto autonormatividad parlamentaria en su propio texto. De este modo, parece que no existe otro límite para la creación de las normas parlamentarias de autorganización, que el propio texto constitucional. Sin embargo, cuestión distinta es la de la aplicación de esas normas de autorganización. Como señala CARRETERO PEREZ, los dos puntos de vista que se encuentran en contradicción son el de la inviolabilidad de las Cortes proclamada en la constitución y el derecho a la tutela judicial efectiva de los ciudadanos, que obliga a que todo acto del Estado sea residenciable judicialmente.

El desarrollo de la limitación al principio de autonomía parlamentaria, cuestión ampliamente desarrollada por la doctrina a la cual nos remitimos, debe pasar obligatoriamente por el análisis previo, concepto y estructura del denominado Derecho Parlamentario, como consecuencia inmediata de la autonomía de las Cámaras y de su propia actividad.

Al formularse el principio de autonomía parlamentaria, se ésta admitiendo implícitamente la existencia de alguna entidad o unidad anterior, respecto de la cual el Parlamento es autónomo en algún sentido, dado que la autonomía supone la separación ordenada a un vínculo común con aquello respecto de lo que se la separa (término distinto al de independencia, la cual significa desvinculación absoluta, sin precisar referente alguno). El ordenamiento jurídico general parece ser esa unidad anterior, del cual quiere desvincularse el principio de autonomía parlamentaria, articulada por el sometimiento originario a la Constitución. La potestad de autonormación aparece como la traducción práctica de la autonomía, entendiendo en este sentido la capacidad que tendrán las Cámaras de dotarse de una organización normativa específica, expresada en un sistema propio de fuentes del derecho sometido directamente a la Constitución. En lógica, este sistema propio de organización jurídica implicará un ordenamiento jurídico separado del general, constituyendo un derecho particular y separado -que denominamos Derecho parlamentario-, refiriéndonos así a la organización de la Cámara y su funcionamiento, al estatuto de sus miembros, al procedimiento legislativo, al procedimiento de control del Gobierno y al ejercicio de las funciones que la Constitución confiere a las Cortes en sesión conjunta. De esta forma vamos delimitando el Derecho parlamentario entendiendo éste, al decir de PRELOT, como aquella parte del Derecho Constitucional que trata de las reglas seguidas en la organización, la composición, los poderes y el funcionamiento de las asambleas políticas. Desde esta concepción auto normativa del Derecho Parlamentario, defendida entre otros por ALZAGA VILLAMIL, se mantiene la idea de que si la Constitución por antonomasia es un dispositivo de control del poder, el Derecho parlamentario cuando es normativo y no solo nominal o semántico, no es sino el dispositivo que garantiza la autonomía funcional del parlamento, lo que es tanto como decir su autogobierno.

A este respecto, no está de más y conviene igualmente hacer constar la diferenciación hecha por el profesor GARCIA DE ENTERRIA, al señalar que "*un ordenamiento en cuanto a sus elementos normativos es tal en la medida en que no es un conjunto de reglas más o menos separables de alto ordenamiento global, en la medida, pues, en que su posición no es explicable desde la perspectiva de su integración jerárquica en otro ordenamiento*". Por ello, podemos concluir que el principio de autonomía parlamentaria, entendido como auténtica potestad de autonormación parlamentaria derivada de la Constitución, da lugar al ordenamiento jurídico parlamentario -diferenciado del ordenamiento jurídico general-, estructurándose en consecuencia las relaciones entre ambos ordenamientos en virtud de los principios de separación y competencia.

En conclusión pues, el principio de autonomía parlamentaria significará ciertamente autonormación parlamentaria. Ello entendido en el sentido de comprobar que es una potestad de autonormación, por cuanto es derivada directamente de la Constitución y por lo tanto, producto de una autonomía originaria y no derivada. La Constitución reserva expresamente una serie determinada de materias normativas, las cuales dan lugar en su desarrollo a un ordenamiento jurídico general a través de los mencionados principios de separación y competencia. En lógica, la existencia de un ordenamiento parlamentario, implicará la existencia de un derecho parlamentario, cuyas fuentes y objeto trataremos de delimitar seguidamente.

Ante el intento de delimitar el objeto, el contenido de la autonormación parlamentaria estaría formado por tres factores de distinta ordenación:

a) la actividad parlamentaria sobre materias en que participan las fuerzas políticas con representación parlamentaria,

b) las relaciones del Parlamento con el resto de órganos constitucionales y de las cámaras entre sí y, por último,

c) las normas que afectan a la composición, organización Y funcionamiento interno de las Cámaras.

Todo ello sin olvidar la interrelación que se produce entre la esfera jurídica y la realidad parlamentaria, que obliga a separar en cierta forma el fondo político, desde el punto de vista material. Por ello se delimita en consecuencia el objeto del Derecho parlamentario a las relaciones de las fuerzas políticas con representación parlamentaria entre sí y las del Parlamento con el resto de órganos constitucionales, en la medida en que afectan a la composición, organización y funcionamiento de las Cámaras. Se pretende bajo esta peculiaridad de carácter singular otorgada a los foros legislativos, el que estos se auto organicen como garantía de su independencia y no el que creen un derecho autónomo de sustancialidad política, pues podría ser elemento distorsionador del principio de unidad del ordenamiento jurídico.

En este sentido, coincidimos con LOPEZ GARRIDO el cual ha venido a distinguir dos objetos diferenciados en el derecho parlamentario. En un primer sentido lo que denomina "*núcleo esencial del derecho parlamentario*", entendiendo por tal el conjunto de relaciones jurídicas en las que el actor y el sujeto pasivo de la normación viene referido a un mismo elemento, como sería la asamblea legislativa y sus órganos. Por otro lado, surgirán el conjunto de relaciones jurídicas que se derivan de la relación del Parlamento con sujetos externos a él, es decir, las relaciones que se establecen con terceros, con los propios funcionarios de las Cámaras y con es resto de órganos del Estado.

De ahí que el núcleo al que hacíamos referencia antes constituya el auténtico ordenamiento jurídico general en virtud del principio de separación, el exclusivo objeto del núcleo parlamentario. De las relaciones jurídicas surgidas de la Cámara, con terceros que no pertenecen a la misma, ya no puede proclamarse esa exclusividad y únicamente podríamos hacer valer, en defensa de la autonomía parlamentaria, el principio de competencia procedimental.

Ello no debe conducirnos a la confusión de observar el hecho de que las Cámaras, como titulares que son del ejercicio de la potestad legislativa, puedan afectar a su ordenación interna en virtud de varios procedimientos. De ello podríamos deducir erróneamente que, cuando se regula la relación de un tercero con el Parlamento en forma de ley —sirva de ejemplo la ley Orgánica 5/84, de 21 de mayo, de *comparecencia ante las Comisiones de Investigación del Congreso y del Senado,* actualizada el 24 de noviembre de 1995—, lo consideremos como una facultad de autonormación, cuando realmente estamos ante la regulación por una norma general de las relaciones de los particulares con uno de los órganos constitucionales. O incluso, que consideremos autonormación el hecho de que las Cámaras dicten el Estatuto del Personal de las Cortes Generales, cuando no se da la precisa identidad entre el sujeto creador del derecho y el sujeto al que se destina ese derecho, lo que es presupuesto necesario de autonormación. En ambos supuestos, existe una reserva de procedimiento y no una reserva de autonormación —artículos 76.2 y 72.1 de la Constitución, respectivamente—.

3.3. Los sujetos y agentes productores del Derecho Parlamentario.

Delimitando pues el contenido esencial del Derecho Parlamentario, nos encontramos primeramente con que el sujeto productor del Derecho Parlamentario es al mismo tiempo, el órgano titular de la potestad legislativa del Estado —artículos 66.2 y 72 de la Constitución—. De ello se deduce la necesidad de distinguir cuando realiza la actividad normativa con efectos exclusivamente internos, de cuando la realiza con efectos generales. De ello dependerá que el Parlamento quede vinculado en virtud de su facultad de autonormación (art. 72 de la Constitución), o que lo haga en virtud de su sometimiento a la Constitución y al resto del ordenamiento jurídico (art. 9.1 en relación con el 66.2, ambos del texto constitucional), con independencia del procedimiento normativo para cada materia por la Constitución.

Esta distinción viene apoyada por el reconocimiento que de la misma ha venido haciendo el Tribunal Constitucional, como es el caso del Auto

183/84, de 21 de marzo ya referido anteriormente, y en cuyo fundamento jurídico núm. 2 afirma que "*a esta consideración se suma la que es forzoso hacer teniendo en cuenta, ya no la estructura propia del acto impugnado, sino su ámbito de validez, su origen y sus destinatarios. La norma impugnada es, en efecto, un acto interno de la Cámara, producido por las Presidencia de ésta y que tiene por finalidad la regulación de las relaciones de la Cámara con sus propios miembros. No es, por tanto, una norma que deba regular las relaciones de la Cámara con terceros vinculados con ella por relaciones contractuales o funcionariales, sino un acto puramente interno de un órgano constitucional*".

De igual forma, encontramos la misma línea de manifestación en el Auto 12/86, de 15 de enero, en el que el Tribunal no admitió a trámite la demanda de amparo formulada por el Diputado DURAN CORSANEGO, contra la Resolución del Presidente del Congreso de 24 de abril de 1985. En su fundamento jurídico núm. 2, tras especificarse que no toda violación de las normas internas de las Cámaras ha de suponer una violación de algún derecho fundamental, se sostiene que "*la organización de los debates y el procedimiento parlamentario es cuestión remitida en la constitución -como se desprende de su art. 72-, a la regulación y actuación independiente de las Cámaras legislativas y los actos puramente internos que adopten las mismas no podrían ser enjuiciados por este Tribunal, en cuanto que presuntamente lesivos de los Reglamentos parlamentarios, sin menoscabar aquella independencia*".

Enlazando pues con la delimitación del contenido que habíamos iniciado, el ordenamiento parlamentario será el único dentro de los que conforman la pluralidad de ordenamientos de nuestro régimen constitucional, en el que se produce una perfecta correspondencia entre el sujeto productor de las normas y el sujeto destinatario de las mismas en el ámbito de su denominado "núcleo esencial", sin perjuicio de los posibles efectos que se produzcan en terceras personas. Existe pues una identidad entre sujeto productor y objeto del mismo, de igual forma que es también el mismo sujeto -la Cámara-, el llamado a aplicarlo. La llamada "*jurisprudencia parlamentaria*" y la costumbre parlamentaria aparecerán como fuentes propias, donde la flexibilidad y dinamicidad caracterizarán su aplicación. Ello contribuye, como dice el profesor ALZAGA VILLAMIL entre otros, a que consideremos el Derecho Parlamentario como el dispositivo que garantiza la autonomía funcional del Parlamento, lo que es tanto como decir su autogobierno, por lo que en su perfil habrá que tener presente esta precisa funcionalidad, que de todos modos tendrá un necesario reflejo en el particular sistema de fuentes del Derecho Parlamentario.

El hacer referencia entonces a ese particular sistema de fuentes, con carácter depurativo del Derecho Parlamentario, viene a suponer en principio la existencia de un elemento más en cuanto a la expresión de su necesaria independencia, al tiempo que surgirá en base a la peculiar configuración jurídica de lo que ya hemos denominado su "núcleo esencial".

Si al abordar el tema de las fuentes entendemos por tales aquellos actos o hechos jurídicos los cuales, en virtud de las normas sobre producción jurídica vigentes en un determinado ordenamiento, tienen como efecto la creación, modificación o derogación de disposiciones o normas integradoras de aquel ordenamiento, parece evidente que la indisponibilidad del resto de poderes del Estado de la normación interna parlamentaria -requisito este preciso de su independencia—, pasa necesariamente porque las normas sobre producción jurídica de aquel ordenamiento tengan previstos, para la normación interna parlamentaria, una serie de actos y hechos jurídicos que contengan, entre sus características, su intangibilidad por ningún otro poder que no sea el de las Cámaras. Nuestra Constitución, como norma sobre producción jurídica, en nuestro ordenamiento ha realizado esta previsión en el artículo 72.1., principalmente. Lo cual permite sostener, como referencia a la funcionalidad antes apuntada, que la existencia de un sistema de fuentes privativo del Derecho Parlamentario está justificada constitucionalmente por el fin que, como garantía de la independencia de las Cámaras, debe cumplir.

De otro lado, la singular configuración del Derecho Parlamentario en su centro esencial hace que, en su configuración de las fuentes, se confundan el sujeto al que la Constitución atribuye la facultad de crear las normas parlamentarias, con el sujeto llamado a aplicarlas y el sujeto sobre el que se aplican. De ahí, la enorme flexibilidad que caracteriza la conformación de este particular sistema de fuentes. Por ello, con independencia de otras clasificaciones enunciadas, podemos considerar la ordenación de las normas parlamentarias diferenciando las que son fruto de la potestad auto normativa de las Cámaras —el Reglamento parlamentario, las Resoluciones de los presidentes de las mismas, los acuerdos de sus órganos rectores, la costumbre parlamentaria y la denominada "jurisprudencia parlamentaria"-, de las normas que son fruto de la potestad legislativa que ejercen como representantes del pueblo español y que, no obstante, inciden en la ordenación interna de éstas. Significar ante todo que, con la utilización de este criterio quedan fuera, tanto la Constitución como las sentencias del Tribunal Constitucional, sin significar ello en absoluto que no sean fuentes del Derecho parlamentario, sino que los eran respecto del parlamento en el mismo sentido y con el mismo alcance que respecto del resto del ordenamiento jurídico general. En cualquier caso, es obvio incidir en la idea de que la Constitución aparece como fuente originaria del propio Derecho Parlamentario, dado que es ella la que lo dota de existencia.

Puntualizados estos contenidos, no debemos entrar ahora en el análisis de cada una de las citadas normas o actos, dado que el estudio de cada uno de los supuestos supondría una línea específica de elaboración que nos separaría de la inicialmente propuesta. Dicho lo cual debemos en lógica dejar al menos resaltada la importancia que adquieren alguna de estas normas en concreto, como es el evidente caso del Reglamento parlamentario sobre el cual, y a través de sus preceptos, se irá delimitando el contenido, función y aplicación de las prerrogativas parlamentarias, así como la determinación de la condición jurídica del diputado para el desarrollo de dichas prerrogativas o especialidades.

4. CONCRECION EN EL DERECHO PARLAMENTARIO DE LA FIGURA DEL PARLAMENTARIO EN PARTICULAR.

El Derecho parlamentario pues, si lo entendemos como conjunto de normas que por su identidad material integran un sector específico en el seno del Derecho Constitucional que puede dar lugar a un tratamiento dogmático específico —a la vez que podrían incluirse las instituciones de las asambleas legislativas—, encontramos que su estudio y desarrollo ha venido a significar una ampliación en el conocimiento de la norma fundamental. Ello sobre todo dado que actúa de base para que junto a otras fuentes normativas, se desarrolle el conocimiento de estas instituciones, aplicando con mayor eficacia las normas y principios constitucionales que les afectan.

El sometimiento de los parlamentarios a la vigencia de la Constitución, con su establecido carácter vinculante de norma jurídica, es un postulado claro y preciso que viene a reafirmar la supremacía formal y material de la Constitución, aspecto este innecesario de desarrollar, sobre todo cuando anteriormente ya indicábamos la supeditación del Derecho parlamentario al dictado del texto constitucional. Ello parece haber alejado definitivamente la idea tan debatida de la soberanía de las Cámaras, principio este sobre el cual se argumentaba o reivindicaba, para consolidar la posición de independencia de las cámaras que le permitiese actuar libremente, sin sujeción a control alguno y en base a principios de carácter general como el de división de poderes o al de la doctrina de los *interna corporis acta.*

4.1 La justificación de los actos parlamentarios no sujetos a control.

Esta práctica de recurrir a principios de carácter general que sustente la reivindicación de actos parlamentarios no sujetos a control suele ser hecho habitual en distintos ordenamientos jurídicos. Podríamos encontrar deslindados distintos supuestos, aunque el elemento en común sería distinguir hasta qué punto pueden extenderse los controles ya establecidos, la amplitud de fiscalización y la sujeción en su actuación. El punto de apoyo restrictivo se encuentra precisamente en estos enunciados clásicos, que por supuesto no tienen por qué ser los más aceptados.

Podemos encontrar así casos como el británico, donde se argumenta la equivalencia a poder ilimitado del concepto de soberanía del parlamento -entendiéndola en su más amplio sentido, como desarrolla G. MARSHALL-. O el caso francés, con pilares básicos en su tradición constitucionalista como la soberanía parlamentaria la cual se sustentaba en la representatividad de la nación que realiza el parlamento -y a la cual no se establecía ningún control que no fuera de carácter interno, según nos aporta T. RENOUX-, se ve sin embargo en la actualidad matizado e incluso sustancialmente modificado, con el establecimiento del *Conseil Constituionnel* como órgano fiscalizador de la labor realizada, según aporta L. FAVREAU, en el caso de recurso previo contra leyes orgánicas —sin que se confunda con la labor del Tribunal constitucional—. O valga igualmente mirar hacia Italia para encontramos, posturas dispares a las planteadas, sobre todo desde que la propia jurisprudencia de la *Corte Costituzionale* ha ido entrando en valoraciones de denuncias que hasta hace poco eran inalterables, como era el supuesto de la inviolabilidad de los interna corporis –doctrina abundante con las aportaciones de A. MANZANELLA, BERTOLINI, VERGOTTINI o T. MARTINES, entre otros-, o incluso hasta el reconocimiento de la imposibilidad por parte de los tribunales ordinario de fiscalizar los actos de las comisiones parlamentarias de encuesta.

Sin embargo, es claro que en la actualidad se apunta que, es condición propia del parlamento, la consideración de este como órgano constitucional y con la consiguiente proyección que de este reconocimiento se desprende.

4.2. La consideración de las Cámaras como órgano constitucional y sus consecuencias.

Así pues comprobamos como cualquier aproximación o estudio del estatuto del parlamentario puede llevarnos primero a una cuestión previa en cuanto al análisis de los planteamientos clásico que, aunque ya superados, siguen siendo reivindicados y utilizados por sectores doctrinales para el desarrollo de estas cuestiones. No es este en principio el objeto de nuestro estudio, sino el de delimitar la posición jurídica de los miembros del parlamento y en concreto la adquisición de su condición y problemática, planteamiento este que requiere centrarse en el diseño de un estatus concreto y actual y no un replanteamiento de cuestiones ya superadas. Posturas que aparecieron en el inicio del constitucionalismo con respecto al estatuto del parlamentario, en cuanto a amplitud y contenido, chocarán con el dictado constitucional actual que tiende a concretar al máximo los privilegios otorgados, intentando incluso evitar en la medida de lo posible todo aquello que pueda parecer trato de favor o privilegio desmesurado.

No significa esto que nuestra postura pretenda ser restrictiva desde el inicio en el reconocimiento de estos privilegios de manera tajante sino que, más bien, comenzamos por indicar que ese derecho común que se establece para todos los ciudadanos en general (principio de igualdad, no discriminación, tutela judicial, etc.) no debe albergar, o al menos no generalizar, excepciones que vayan en detrimento de ese principio general. De ahí que las excepciones o privilegios que reciben los parlamentarios (garantías jurisdiccionales, ventajas derivadas del proceso político, etc.) deban esgrimirse tan solo dentro del más estricto cumplimiento de la labor parlamentaria, debiendo dejar de tener valor cuando pretendan utilizarse contra derechos fundamentales del particular o se utilicen fuera del ámbito apuntado. Un enfoque basado sobre todo en referencia a la posición jurídica del parlamentario, de representante del propio particular y que no lo elige para otorgarle más posibilidad de actuación ilimitada en el ejercicio de su función, aunque sí política, pero nunca particular o de perjuicio para los mismos representados.

Con ello se apunta, como hacen clásicos como en el caso de MONTESQUIEU, hacia la noción de equilibrio tan necesaria en el Derecho Constitucional. Se trata a fin de cuentas de no establecer ni la inmunidad plena, ni una fiscalización externa muy rígida, aunque ello no parece que permita descartar la posibilidad de adaptar a la realidad institucional actual dogmas anteriores que permitan otra interpretación o aplicación más actual. De ser así, podría incurrirse en una sujeción a la acción judicial de todas las relaciones internas y externas que establezcan las cámaras, sus órganos o sus miembros.

En cuanto pues, y en base al doble núcleo que establece toda Constitución de garantizar los derechos fundamentales y la separación de poderes, se establece un equilibrio rígido a priori pero permisivo a su vez, para el desarrollo de la labor del parlamentario —históricamente ya lo hizo el art. 16 de la Declaración de Derechos del Hombre y del Ciudadano, de 26 de agosto de 1789—. Un equilibrio, que no produzca una disfuncionalidad entre la representación ostentada y su aplicación, y que al mismo tiempo prefije de antemano su ámbito de sujeción a unas líneas de actuación que no rompan la armonía con el desarrollo de los derechos del particular.

4.3. El posicionamiento teórico inicial sobre la figura del parlamentario y su posición jurídica.

Los reglamentos de las Cámaras, junto con el carácter general definidor de la Constitución, son en un primer sentido las normas que desarrollan las distintas situaciones jurídicas activas y pasivas que en su conjunto denominamos posición jurídica del parlamentario. Dentro de esta división de posiciones activas y pasivas, hay que entender por las primeras lo que propiamente se denominan garantías parlamentarias y que desde el punto de vista de los miembros de las asambleas legislativas se concentran en la inviolabilidad, inmunidad y fuero, sin entrar en la polémica determinación de si son privilegios o prerrogativas que hoy en día se ha recrudecido dada la proyección tan negativa que se ha ido trasmitiendo por parte de sus miembros en un continuo mensaje erróneo de lo que es y de lo que no debe ser el parlamentarismo y el uso y disfrute de las prerrogativas parlamentarias. Privilegios o prerrogativas, mal usadas o usadas correctamente, una catalogación de esas características no induciría a catalogar la diferenciación genérica entre derechos y deberes según nos referimos a unas u otras, entendiendo que algunas de ellas delimitan una esfera de actuación y otras implican sujeción y restricciones. El artículo 23 de nuestra Constitución configura el derecho del sufragio como un derecho fundamental de configuración legal. No se trata ahora de analizar toda la problemática inherente a este derecho fundamental de participación política, sino únicamente poner de relieve aquellas cuestiones que consideremos más relevantes para nuestro estudio.

Como es sabido, la problemática actual del derecho de sufragio, prescindiendo ahora de precedentes doctrinales más remotos como pudiera ser en Roma la distinción entre el *ius sufragii* y el *ius civitatis*, arranca en los orígenes del liberalismo con la distinción entre el sufragio como derecho y el sufragio como función. La primera tesis parte de la concepción rousoniana que configura a la soberanía popular como una suma de soberanías individuales, concibiendo por tanto, el sufragio como un derecho preestatal que no precisa de ningún tipo de reconocimiento jurídico. La segunda tesis, la del electorado—función, es una consecuencia de la concepción de la nación como único titular de la soberanía, siendo por tanto las elecciones una mera técnica para designar a los representantes, los cuales deben de ser elegidos por y dentro de las personas más capacitadas. Ambos planteamientos teóricos se van a desarrollar en el proceso revolucionario francés, siendo la Constitución de 1.791 y de 1.793 las más representativas al respecto.

Ahora bien, como señalaba el propio CARRE DE MALBERG, uno de los grandes analistas de los postulados teóricos sobre los fundamentos del liberalismo, en su acepción precisa la palabra electoral no deja de ser una facultad individual, la facultad para el ciudadano elector de participar, por la emisión de su sufragio personal, en las operaciones por las cuales el cuerpo electoral procede a la designación de las autoridades a elegir.

Siguiendo otros postulados doctrinales, entre los cuales habría que mencionar a la doctrina alemana de Derecho Público, podemos afirmar que los ciudadanos no ejercen solo un poder o derecho subjetivo sino también, en alguna medida, cumplen una función estatal. Este planteamiento va a dar lugar a la configuración del cuerpo electoral, que en terminología del propio DUGUIT, "expresa directamente la voluntad soberana de la nación". Es decir, el cuerpo electoral que para la doctrina liberal clásica debe diferenciarse de los individuos que componen la nación, es "el órgano formado por los sujetos con capacidad electoral activa", en palabras de F. BASTIDA o, en ese misma línea argumental en expresión de F. DE CARRERAS y también de J.M. VALLES lo conciben como "*aquel conjunto de individuos que pueden votar, es decir, que tienen suficiente capacidad para ello –cumplen los requisitos previstos en la ley-, y que están inscritos en las listas electorales, en el censo electoral*".

Prescindiendo por lo tanto de una serie de cuestiones doctrinales, como podrían ser la definición del propio concepto de cuerpo electoral en cuanto si es o no un cuerpo del Estado, y de la problemática inherente a las causas de inelegibilidad y de incompatibilidad, vamos a centrarnos por cuanto a nuestro estudio se refiere, en la problemática específica del artículo 23 de la Constitución. El artículo 23 dispone: "*Los ciudadanos tienen el derecho de participar en los asuntos públicos directamente o por medio de representantes libremente elegidos en elecciones periódicas por sufragio universal. Así mismo, tienen derecho a acceder en condiciones de igualdad a las funciones y cargos públicos con los requisitos que señalen las leyes*".

La problemática de este precepto, prácticamente invocado en todos los contenciosos planteados, afecta a un elevado número de cuestiones que no van a ser analizadas por nosotros por lo excesivo y complejo de su exposición. Pensemos, a modo de ejemplo, en el propio concepto de representación y participación política que ha elaborado nuestra jurisprudencia constitucional, o las consecuencias que la misma ha deducido de este precepto en torno al significado del sistema electoral. Únicamente, vamos a centrarnos en una serie de aspectos puntuales en lo que se refiere al ámbito del derecho de participación, cuyo precepto habla del derecho a participar en "*los asuntos públicos*" y, en su párrafo segundo, contempla el derecho de acceso a "*1as funciones y cargos públicos*". Se trata, por tanto, de determinar si con estas expresiones se concretiza, en algún modo, el ámbito de este derecho fundamental.

A este respecto, las posiciones doctrinales no son unánimes. Así, mientras algunos sectores doctrinales ponen en relación estas expresiones con la noción de poderes públicos, manteniendo una concepción amplia o extensiva en torno a su ámbito, otros quizás más influídos por la orientación de nuestra jurisprudencia constitucional, optan por una concepción más restrictiva.

En efecto, nuestra jurisprudencia constitucional ya procedió a efectuar una primera delimitación manteniendo una posición sumamente restrictiva. Así, en la sentencia 51/1984, de 25 de abril, se afirma categóricamente que el derecho de participación en los asuntos públicos "*es, en primera línea la que se realiza al elegir los miembros de las Cortes Generales, que son los representantes del pueblo, según el artículo 66 de la Constitución, y puede entender asimismo que abarca también la participación en el gobierno de las entidades en que el Estado se organiza territorialmente, de acuerdo con el artículo 137 de la Constitución*".

Y más adelante, añade: "*no se trata, como es manifiesto, de un derecho a que los ciudadanos participen en todos los asuntos públicos, cualquiera que sea su índole o condición, pues para participar en los asuntos concretos, se requiere un especial llamamiento o una especial competencia, si se trata de órganos públicos, o de una especial legitimación si se trata de entidades o sujetos de derecho privado, que la ley puede en tal caso organizar*".

Es decir, parece que esta concepción jurisprudencial niega que el derecho de participación política afecte a toda la problemática de los poderes públicos, incluída la Administración Pública y la Administración de Justicia, pues únicamente afecta a determinados poderes públicos como son las Cortes Generales, las Comunidades Autónomas así como a las entidades locales, municipios y provincias.

Así pues, de esta concepción jurisprudencial, se desprende la idea de que cuestiones tales como la participación de los ciudadanos en la Administración de Justicia a través de la institución del jurado, o como el tema de la audiencia de los ciudadanos —directa o indirectamente— en el proceso de elaboración de las disposiciones administrativas que les afecten y el acceso de los mismos a los archivos y registros administrativos, no pueden deducirse directamente del derecho de participación constitucionalizado en el artículo 23, sino de otros preceptos constitucionales donde expresamente aparecen mencionados.

Por lo que se refiere a la problemática del artículo 23.2. que contiene el derecho electoral pasivo, hay que afirmar que no debe ser considerado como un compartimento estanco en relación con el artículo 23.1., sino que como ha reconocido la ya citada sentencia del T.C. 45/1.983, ambos derechos se encuentran en íntima conexión y desde una consideración objetiva del ordenamiento, se presuponen mutuamente -S.T.C. núm. 23/1.985, de 21 de junio). Ahora bien, el problema radica en determinar que se entiende por cargos públicos.

A este respecto, nuestra jurisprudencia constitucional una vez destacada la conexión del 23.2. con el artículo 103 -STC 50/1986, de 23 de abril-, establece una diferenciación entre los cargos representativos y de los que carecen de esta condición. De este modo, la sentencia 23/1.984, de 20 de febrero, afirma que el artículo 23 . 2. "*se refiere a los cargos públicos de representación política, que son los que corresponden al Estado y a los entes territoriales en que se organiza territorialmente, de acuerdo con el artículo 137 de la Constitución*".

Es decir, nuestra jurisprudencia constitucional parece establecer, partiendo de la íntima conexión existente entre los dos párrafos del artículo 23, una cierta identidad en el contenido entre el derecho a participar en los asuntos públicos y el derecho de acceso a las funciones y cargos públicos. Junto a ello, nuestra jurisprudencia ha señalado que con el artículo 23.2. no se garantiza una situación jurídica activa, así como tampoco el derecho efectivo del acceso al cargo, aunque sí reconoce que se comprende también el derecho a permanecer en los mismos. Así , la sentencia 161/1988, de 20 de septiembre, ha señalado que el artículo 23.2. garantiza, "*no sólo el acceso igualitario a las funciones y cargos públicos sino también que los que hayan accedido a los mismos se mantengan en ellos sin perturbaciones ilegítimas y las desempeñen de conformidad con lo que la ley disponga, ya que en otro caso la norma constitucional perdería toda eficacia si, respetando el acceso a la función o cargo público en condiciones de igualdad, su ejercicio pudiera resultar mediatizado o impedido sin remedio jurídico*".

Así mismo, la sentencia 47/1990, de 20 de marzo, ha señalado que el artículo 23.2. "*no configura un derecho fundamental sustantivo de acceso a las funciones y cargos públicos garantiza una situación jurídica de igualdad de los ciudadanos en el acceso a los cargos y funciones públicas, con la consecuencia que no se pueden establecer requisitos para acceder a los mismos que tengan carácter discriminatorio*".

Es decir, la remisión al legislador o al autor de la correspondiente norma reglamentaria —pues también los requisitos pueden establecerse en este tipo de normas—, no es una remisión en blanco.

Este planteamiento jurisprudencial del acceso igualitario a las funciones y estatus de los cargos públicos, que en nuestro constitucionalismo histórico aparecía tipificado con las expresiones "mérito y capacidad", plantea ahora el problema de las relaciones entre los artículos 14 y 23. Sirva a modo de ejemplo en este sentido conflictivo descrito, las sentencias del T.C. 58/1986, de 14 de mayo, 25/1987, de 26 de febrero, 12/1988, de 3 de febrero, 100/1988, de 7 de junio, 159/1989, de 6 de octubre, entre otras muchas. Y es que como reiteradamente ha señalado nuestra jurisprudencia, mientras el principio de igualdad en la ley es de carácter material, dirigido a garantizar la identidad de trato a los iguales, el principio de igualdad en la aplicación de la ley es de carácter formal, pues su finalidad no es que la ley reciba siempre la misma interpretación, sino impedir que se emitan pronunciamientos arbitrarios por incurrir en desigualdad no justificada de cambio de criterio.

Desde estas perspectivas, la naturaleza de derecho de sufragio ha adquirido un especial relieve con motivo de los contenciosos electorales planteados y que se iniciaron a partir de las elecciones generales de la década de los noventa. A este respecto, nuestro Tribunal Constitucional a seguido las orientaciones de decisiones anteriores, manteniendo los mismos postulados que se pueden resumir en los siguientes planteamientos.

Entre estas consideraciones ha afirmado que no estamos en presencia de un derecho a que los ciudadanos participen en todos los asuntos públicos, cualquiera que sea su índole o condición. Y ello, como señala la sentencia 10/1983, de 21 de febrero, porque "*el sentido democrático que en nuestra Constitución (artículo 1.2.) reviste el principio del origen popular del poder, obliga a entender que la titularidad de los cargos y oficios públicos sólo es legítima cuando puede ser referida, de manera mediata o inmediata, a un acto concreto de expresión de la voluntad popular*".

Por esta razón y a pesar de ser una concreción del artículo 14, el artículo 23.2. no contiene "*un derecho a la ocupación de cargos o al desempeño de funciones determinadas, y ni siquiera el derecho a proponerse a candidato para los unos o los otros*". Y ello, porque el artículo 23.2. al conferir un derecho de carácter reaccional, lo que prohíbe es que las reglas del procedimiento para el acceso a cargos y funciones públicas se establezcan mediante referencias individuales y concretas.

4.4. La jurisprudencia constitucional como línea interpretativa respecto al artículo 23.2. de la Constitución.

Prescindiendo ahora de las consideraciones acerca de si el derecho de sufragio aparece como un posible deber moral y político, que tuvieron una plasmación en sentencias del Tribunal Supremo a propósito del contencioso planteado en su día con motivo del referéndum sobre la OTAN, en los contenciosos electorales planteados el Constitucional se ha reiterado.

Así, su sentencia núm. 27/1990 de 22 de febrero -referida al contencioso de Avila-, se apoya en la doctrina establecida en la anterior sentencia núm. 71/1989, de 20 de abril, donde se señala que el artículo 23. 2. "*tiene como contenido esencial asegurar que accedan al cargo público aquellos candidatos que los electores, en quiénes reside la soberanía popular, hayan elegido como sus representantes, satisfaciéndose por tanto dicho derecho, siempre que se mantenga la debida correlación entre la voluntad del cuerpo electoral y la proclamación de los candidatos*". Y en este mismo sentido, añade más adelante la sentencia que "*por tanto, se vulnera el derecho de sufragio activo y pasivo —piedra angular del sistema democrático—, cuando demostrada la votación mayoritaria de un candidato respecto de otro, se hace la proclamación de este último en virtud de una argumentación que contradice abiertamente el sistema electoral y la Ley Orgánica que lo regula*".

En otra ocasión -con motivo del contencioso de la circunscripción de Murcia-, el Tribunal Constitucional en su sentencia 24/1990, de 15 de febrero, va a establecer una doctrina más detallada en torno a esta problemática. Por lo que se refiere al contenido específico del artículo 23.2., el Tribunal Constitucional parte de dos principios ya establecidos en otras fundamentaciones anteriores ya que, por un lado, y de acuerdo con lo establecido en la sentencia 23/1984, señala que el ámbito de este precepto sólo hace referencia a los cargos y funciones representativas, es decir, a los que se accede por procedimientos electivos. Por otro -teniendo en cuenta lo señalado en reiteradas sentencias constatadas-, el citado precepto es aplicable a los cargos y funciones de todo orden, siempre que se trate de cargos y funciones públicas.

Desde estas premisas, señala que "*no es el mismo el contenido de tal derecho cuando se predica de cargos funcionariales o más ampliamente, no representativos, que cuando hace relación a cargos que se alcanzan a través de la elección popular y tienen, por tanto, naturaleza representativa*". En el primer caso, tal y como señalaba la sentencia 50/1986, "*lo que como concreción del principio general de igualdad otorga el artículo 23.2 a todos los españoles, es un derecho de carácter puramente reaccional para impugnar ante la jurisdicción ordinaria y, en último término, ante este Tribunal, toda norma o aplicación concreta de una norma que quiebren la igualdad".*

Por el contrario, cuando se trata de cargos representativos, "los requisitos que señalen las leyes sólo serán admisibles en la medida que sean congruentes con su naturaleza y en consecuencia, tanto las normas que lo establecen, como los actos de aplicación de estas, pueden ser traídos ante este Tribunal, no sólo por quiebra de la igualdad, sino por cualquier otro género de inadecuación".

Es decir, mientras que en el primer caso la cuestión únicamente puede ser examinada desde la perspectiva de la violación del principio de igualdad consagrado en el artículo 14, en el supuesto de que se trate de cargos representativos es posible su examen también por una presunta violación del artículo 23.2.

Esta doctrina del Tribunal -recogida en todas las sentencias ya aludidas anteriormente-, apoyan, "*la íntima relación que, en el caso de los cargos y funciones representativas, existe entre los derechos garantizados en los dos apartados del artículo 23, esto es, simplificando, entre el derecho de sufragio activo y el pasivo, es lo que explica que al conocer un recurso de amparo, en el que se impugna una decisión judicial recaída en un proceso contencioso—electoral, no hayamos de examinar la cuestión exclusivamente desde el ángulo de la igualdad, sino de la perspectiva más amplia, que exige que tanto el legislador, al establecer los requisitos cuyo cumplimiento es necesario para acceder al cargo, como el aplicador de la norma al interpretarla, aseguren al máximo la efectividad de los derechos fundamentales que están en la base de los órganos representativos*".

Una vez establecida esta diferenciación, el Tribunal analiza la problemática del derecho de sufragio como derecho fundamental de configuración legal y a este respecto se ha hecho constar de forma explícita que "*debe precisar, si a ello es instado en vía de amparo, si la interpretación de la realidad configuradora de los derechos fundamentales se ha llevado a cabo secundum Constitutionem y en particular si, dados los hechos apreciados por el órgano judicial, la aplicación de la legalidad a podido afectar a la integridad del derecho fundamental aquí comprometido*", para añadir más adelante que, "*de no ser así, los derechos fundamentales de configuración legal quedarían degradados al plano de la legalidad ordinaria y, por esta vía, excluídos del control de amparo constitucional*".

Con ello, el Tribunal aborda una cuestión sobre la cual no podemos pronunciarnos en estas páginas, en torno a los temas de dimensión constitucional y sujetos a la competencia de simple legalidad ordinaria y por tanto, exentos de su conocimiento. A este respecto el Tribunal Constitucional siguiendo una doctrina ya consolidada, se muestra muy celoso de su competencia adoptando una posición fuertemente criticable que parece situarle fuera del ámbito competencial que le atribuye el ordenamiento jurídico. Sin embargo, el Tribunal reitera su postura adoptada en otras decisiones anteriores, en el sentido de que las resoluciones judiciales deben aplicar la normativa legal en el sentido más favorable para la efectividad de los derechos fundamentales -STC 34/1983, 17/1985 y 57/1985, entre otras muchas-, reiterando sobre todo la doctrina mantenida en las sentencia 76/1987 en la que señala que, "*la Constitución ha introducido un principio de interpretación del ordenamiento jurídico en el sentido más favorable al ejercicio y disfrute de los derecho fundamentales que ha de ser tenido en cuenta por todos los poderes públicos y muy especialmente por los órganos jurisdiccionales en su función de aplicar las leyes. Esta consideración general es de especial relevancia en el proceso electoral, en donde se ejercen de manera efectiva los derechos de sufragio activo y pasivo, que por estar en la base de la legitimación democrática del ordenamiento jurídico, han de recibir un trato especialmente respetuoso y favorable, sin perjuicio del necesario respeto a la legislación electoral y de la diligencia que los partícipes activos en las elecciones han de tener en su actuación para posibilitar un ordenado y fluido proceso electoral*".

Es decir, en la interpretación de la legalidad infraconstitucional, en este caso electoral, hay que respetar el contenido esencial del artículo 23.2. Y ello, como recuerda el Tribunal, porque si bien los derechos constitucionalizados en el artículo 23.2. son diferentes del carácter general constitucionalizado en el 23.1., y "*guardan con éste íntima relación que no debemos olvidar a la hora de interpretarlos, pues el derecho de sufragio activo y pasivo son aspectos indisociables de una misma institución, nervio y sustento de la democracia: el sufragio universal, libre, igual, directo y secreto, que hace realidad el principio de toda democracia representativa, a saber, que los sujetos de las normas sean, por vía de la representación parlamentaria, los autores de las normas, o, dicho de otro modo, que los ciudadanos sean actores y autores del ordenamiento jurídico*".

Finalmente, el tema es abordado de nuevo en el contencioso electoral de Melilla, donde la sentencia del Tribunal Constitucional núm. 25/1.990, de 19 de febrero, en relación con el artículo 23.2., señala que "si no la titularidad del derecho, si cabe reconocer a los propios partidos políticos un interés legítimo suficiente en que se respeten las adecuadas condiciones para el ejercicio del derecho de sufragio, atendida su condición de instrumento fundamental para la participación política que les atribuye el artículo 6 de la Constitución".

Y más adelante, reitera la tesis de que si bien nos encontramos en presencia de un derecho de configuración legal , no se puede olvidar que también es un derecho fundamental, no pudiendo los derecho fundamentales de configuración legal quedar degradados al plano de la legalidad ordinaria y excluídos del amparo constitucional.

Esta misma remisión hay que hacerla extensiva a los distintos reglamentos de las asambleas legislativas, normas encargadas de enumerar los determinados derechos y deberes de sus integrantes. Aquí pues encontraríamos una primera cuestión a dilucidar sobre la normativa tanto de las Cortes Generales como de los parlamentos territoriales autonómicos, con dos planteamientos iniciales:

a) Podríamos entender como manifestaciones de las potestades propias de las Cámaras, las distintas facultades que están ligadas a la función de diputados y que así se le reconocen, apareciendo de esta forma integradas en el conjunto de atribuciones propias del órgano complejo que es el parlamento. Según esta postura el tema a dilucidar sería la competencia de su asignación y atribución, siendo entonces mas bien el titular y ostentador del derecho subjetivo un órgano de la Cámara y no un individuo singularizado. Esta postura la encontraríamos en la interpretación del Tribunal Supremo en la Sentencia de la Sala Quinta, de 9 de junio de 1987 en su fundamento jurídico núm. 3, al entenderse como una declaración de voluntad emitida por un órgano de la Cámara en el ejercicio de sus competencias reglamentarias, el traslado que el Presidente de la Cámara hace al Gobierno de una iniciativa originaria de un parlamentario, sin respetar la representación de cada uno de los miembros de aquella individualmente considerados. Todo ello, sin perjuicio de encontrarnos consideraciones de distintos autores, donde aparece la calificación como derecho de los parlamentarios de la facultad que a éstos se les reconoce para recabar datos e informes de las Administraciones Públicas.

b) Otra posibilidad sería la de considerar esas facultades atribuidas a la función del parlamentario como derechos o -en un sentido mas propio en voz del Tribunal Constitucional en su sentencia 161/1988, de 20 de septiembre, f.j. 7-, como "*un específico título para el desempeño de su cargo representativo cuya actualización depende sólo, en principio, de la voluntad del Diputado*". En este sentido puede argumentarse en su favor el hecho de que estas capacidades, en dependencia directa de la voluntad de los diputados, se refuerza por el hecho de comprobar que su actuación se dirige al cumplimiento de las funciones propias del Parlamento y no de cuestiones particulares o individualizadas que colisionarían entonces con los intereses públicos y el cumplimiento del mandato constitucional asignado a la operatividad y esencia de las instituciones representativas. Incluso, la propia problemática del estatus del parlamentario viene a sustentar este planteamiento, entendidas tradicionalmente estas prerrogativas como un conjunto de medidas tendentes a preservar y salvaguardar la función de la institución y no tanto la figura personal del diputado considerado individualmente. Se fomenta la actividad de la persona que desempeña el cargo, en una proyección hacia la institución donde desarrolla su labor, por la razón de que ésta da sentido a este estatus especial. En este sentido, encontraríamos manifestaciones como las de exponentes de la doctrina italiana S. TRAVERSA, que viene a considerar las garantías del parlamentario como "derechos objetivo en relación con la función ejercitada por el órgano y con la posición que se le atribuye en el ordenamiento. No obstante, este planteamiento adolece del defecto de intentar acoplar conclusiones extraídas del régimen jurídico de las garantías constitucionales, hacia la generalidad del estatuto de los miembros de las cámaras. Postura ciertamente difícil de mantener, dado que dicha generalización nos conllevará a imprecisiones a la hora de delimitar el contenido de las citadas garantías parlamentarias.

Distintos argumentos pueden ser utilizados para entrelazar los esferas de las garantías parlamentarias y el estatuto de los miembros de las cám ras, tales corno considerar las garantías del parlamentario como derivaciones o repercusiones del establecimiento del derecho o jetivo -lo que viene a denominar el T.C. en su sentencia 9/1990, de 18 de enero, f.j. núm. 3, como derechos reflejos-, o incluso invocar o justificar el interés legítimo que sustente su aplicación, en los supuestos no previstos. En cualquier caso, siempre concluimos en la circunstancia de comprobar como facultades de garantía para el ejercicio de las funciones parlamentarias con un preeminente interés público, acaban incidiendo y sustentando el estatus del diputado.

Así pues, aún no reconociendo en la misma figura del parlamentario la existencia de los derechos especialmente atribuidos, son las normas jurídicas las que sin embargo establecen tales privilegios y las que con su aplicación limitan el poder del Estado, en beneficio de las personas que desempeñen los cargos de parlamentario. Ello permite ampliar su capacidad de acción y la actividad subsiguiente que se deriva, llega incluso a convertirse en pretensión jurídica dirigida al reconocimiento de tal ampliación de estatus y la consiguiente limitación de los actos estatales que puedan menoscabarlo.

4.5. La consideración final sobre el estatuto jurídico del parlamentario y apuntes para debates entorno a las prerrogativas parlamentarias hoy en día.

Partiendo pues de esta idea y recordando al mismo tiempo la crítica que se realiza contra la noción de interés legítimo que acaba dirigiendo dichos supuestos a la categoría de los derechos subjetivos, concluiríamos en la consideración de valorar los aspectos más problemáticos del estatuto de los parlamentarios como derechos de los mismos en último término. No habría entonces dificultad para reconocer como tales las facultades cuyo ejercicio dependa en último término de la voluntad individual del diputado. Todo ello sin entrar a cuestionar el principio de que las garantías parlamentarias sean consideradas irrenunciables, al igual que otros derechos, dado que en este supuesto hablamos de derechos funcionales en los cuales confluyen elementos objetivos y subjetivos, de intereses públicos y privados, que vienen a dar forma al derecho fundamental reconocido en el art. 23.2. de la Constitución .

Al igual que señalábamos antes en similitud con la anterior sentencia reseñada del Tribunal Supremo sobre la facultad de los miembros de las Cortes de Castilla La Mancha de recabar información a al Administración autonómica, el Tribunal Constitucional los matiza al definirlos como los *ius ad officium -STC* 161/1988 , de 20 de septiembre, f.j . núm. 7-, al referirse que "*nos encontramos, ante una función parlamentaria de posible ejercicio individual cuyo sentido propio -y como tal derecho funciona-, se encuentra en el reconocimiento por el Reglamento de nuevo en favor de todos y de cada uno de los Diputados, de facultades de control respecto de las cuales el derecho de recabar información que crea el art. 12.2. y que tiene un carácter claramente instrumental*". De esta forma el derecho de información contemplado a nivel reglamentario, es un derecho reconocido *intuitu personae* a los parlamentarios en el ejercicio de sus funciones.

Queda patente pues que en estos casos se establece una estrecha relación entre el derecho a participar en los asuntos públicos -garantizado por el art. 23.1. de la Constitución-, y el de acceder a los cargos públicos garantizado igualmente por la Constitución, así como el de acceder a los cargos públicos electivos y permanecer en ellos en condiciones de igualdad de acuerdo con las leyes. El propio Tribunal Constitucional vino a señalar que "*la norma contenida en el artículo 23.1. resulta inseparable de la del 23.2., cuando se trata de un recurso de amparo deducido por un representante parlamentario, en defensa del ejercicio de sus funciones ya que ello comporta defender el derecho mismo de los ciudadanos a participar a través de la institución de la representación en los asuntos públicos*" -Sentencias del T.C. núms. 161/1988 f.j. nº 4 y 181/1989 f.j. nº 5-.

Establecido este planteamiento, la cuestión siguiente a estudiar sería el delimitar puntualmente el contenido del estatuto del parlamentario y los elementos que los integran: derechos, deberes y garantías. Igualmente, y de forma paralela, iremos comprobando el significado histórico de la posición del parlamentario. En este abierto y ambicioso planteamiento de repensar la repercusión de los actuales principios y elementos teóricos que rigen la actividad de las cámaras, hay que dejar delineado al menos la repercusión que está teniendo en las mismas los vuelcos significativos en la interpretación, e incluso nueva elaboración, de los principios que rigen actualmente el devenir de las instituciones. Que tuviéramos que escuchar recientemente en el hemiciclo de la cámara baja, durante un Pleno del Congreso de los Diputados celebrado el 28 de septiembre de 2021, exclamar a su Presidenta Meritxell Batet que "*se ha permitido la expresión de toda posición política por parte de los grupos porque así creo que debe ser y todos debemos tener la libertad de expresar las opiniones políticas que defendemos. Pero en demasiadas ocasiones el uso de esa libertad de expresión ha sido inadecuado, proyectando insultos y ofensas a personas e instituciones y eso no lo podemos permitir como representantes de la soberanía popular y de toda la sociedad española. Los insultos y las ofensas deben quedar fuera de esta Cámara para el buen funcionamiento y la buena representación del Parlamento*".

Tal tipo de aseveraciones tan concluyentes y tan absolutamente tajantes con el incumplimiento de las mas mínimas normas de cortesía parlamentaria y de decoro en el ejercicio de las funciones propias de los parlamentarios, nos lleva a repensar igualmente si estos cambios estructurales en la sociedad actual, junto a los consiguientes principios políticos impulsores de los cambios referidos, no están conduciendo a determinados aspectos del estatus de parlamentario que necesariamente deberían replantearse. Desde el momento en que se ha abierto un uso extralimitado de prerrogativas que pueden acabar deviniendo en privilegios, las consecuencias pasan por afectar al funcionamiento de las instituciones, pues en el caso que nos ocupa el Parlamento no deja de ser también una institución a la que afectan los nuevos planteamientos políticos, el uso sin recato de procedimientos y herramientas parlamentarias como armas arrojadizas para evidenciar políticamente a la bancada contraria y un abuso de alguna de las prerrogativas para cubrir con la impunidad actitudes y acciones de imposible justificación en un ámbito social, político o cultural fuera de las paredes del parlamento.

La intervención de la Presidenta del Congreso de los Diputados que aludíamos anteriormente al inicio de la introducción, evidencia la indiscutible desconexión entre la actividad parlamentaria y el devenir cotidiano de la sociedad al proyectar y trasladar unos debates degradados en sus contenidos y formas al no cumplir con los valores y actitudes que luego sin embargo sí se le exigen al resto de la sociedad debiendo ser sus integrantes tolerantes, con voluntad de entendimiento con el diferente y con la actitud de fomentar una relación social que debe imperar por encima de los pensamientos distintos que nos separen. Es evidente que el divorcio y la ruptura de una y otra práctica es la realidad imperante en nuestros días.

Y en este sentido resulta más que difícil comprobar si la conceptualización y la posterior aplicación de las prerrogativas parlamentarias -inmunidad, inviolabilidad y aforamiento-, justifican hoy en día en una sociedad altamente sensibilizada con las acciones privilegiadas, el que a los parlamentarios, por añadidura, se les permita evitar que acaben incurriendo en los procedimientos legalmente previstos bajo la eficacia y aplicación de nuestro ordenamiento jurídico y que se aplicarían con toda contundencia en el caso de que la autoría de determinados hechos fuese llevada a cabo por parte del resto de la ciudadanía. Bien es cierto que el Tribunal Constitucional vino a especificar en su sentencia 51/1985, de 31 de octubre, f.j. 6, la interpretación restrictiva que debe aplicarse en el disfrute de las prerrogativas del parlamentario a los términos constitucionalmente previsto en el artículo 71", entendiendo que cuando los actos se realicen en calidad de ciudadanos fuera del ejercicio de competencias y funciones parlamentarias, decaen las citadas prerrogativas, al ser sólo ejercitables por quién siendo parlamentario además actúa jurídicamente como tal. Una cuestión, que abordaremos próximamente por cuanto hoy en día, esa linea fronteriza parece cada vez mas difuminada: el debate está servido.

Bibliografía

AGUIAR DE LUQUE, L. (2006): "Comentarios al artículo 23: el derecho a participar en los asuntos públicos"; MADRID: en "Comentarios a la Constitución Española" (ALZAGA, O. dir.), Tomo II".

ARAGON REYES, M. (2021): Cuarenta años de Tribunal Constitucional, en Anuario Iberoamericano de Justicia Constitucional, núm. 25 (1). Madrid: Centro de Estudios Políticos y Constitucionales.

BAR CENDON, A. (1983): El Presidente del Gobierno en España. Encuadre constitucional y práctica política. Madrid: Cuadernos Civitas.

BASTIDA, F. (1980): en la obra colectiva, "Lecciones de Derecho Constitucional. Organos constitucionales". OVIEDO: Guiastur.

BIGLINO CAMPOS, P. (1988): "La jurisprudencia constitucional sobre el derecho de participación política del artículo 23". Valladolid: en Rev. Jurídica de Castilla-La Mancha, núms. 3 y 4, páginas 593 y ss., y BIGLINO CAMPOS, P. (2003-2004): "Veinticinco años de procedimiento legislativo". Madrid: Revista de Derecho Político, núms. 58-59.

CANO BUENO, J. (1984): "El principio de autonormatividad de las Cámaras y la naturaleza jurídica del reglamento parlamentario". Madrid: Revista de Estudios Políticos, núm. 40.

CARRERAS, F. de y VALLES, J.M. (1977): "Las elecciones. Introducción a los sistemas electorales". BARCELONA: Edit. Blume

CATALA i BAS, A.H. (2007): "El futuro ¿incierto? de las prerrogativas parlamentarias. VALENCIA: Temas de las Cortes Valencianas, núm. 14.

CAZORLA PRIETO, L.M. (1987): Las Cortes Generales, ¿Parlamento contemporáneo?. Madrid: en el colectivo "Las Cortes Generales", I.E.F.

DE ESTEBAN ALONSO, J. y LOPEZ GUERRA, L. (1982): Los partidos políticos en la España actual. Barcelona: Planeta–Instituto de Estudios Económicos.

DUVERGER, M. (1980): Instituciones Políticas y Derecho Constitucional. Barcelona: Ariel.

FERNANDEZ MIRANDA Y CAMPOAMOR, A. (1989): "Inviolabilidad e inmunidad parlamentarias". MADRID: en Comentarios a las Leyes Políticas. Constitución española 1.978 de ALZAGA VILLAMIL O. (Direcc.), Edersa.

FERNANDEZ SEGADO, F. (1996): "Las prerrogativas parlamentarias en la jurisprudencia constitucional". MADRID: Revista de las Cortes Generales, núm. 38.

GARCIA DE ENTERRIA, E. (1982): La Constitución como norma jurídica y el Tribunal Constitucional. Madrid: Civitas.

GARCIA LOPEZ, E. (1989): "La inmunidad parlamentaria y Estado de partidos". MADRID: en Colecc. "Temas Clave de la Constitución Española", Tecnos.

GARCIA PELAYO, M. (1999): Derecho Constitucional Comparado. Madrid: Alianza Editorial.

GARRIDO MAYOL, V. (2010): Las garantías del procedimiento prelegislativo: la elaboración y aprobación de los proyectos de ley. VALENCIA: Tirant Lo Blanch.

GIL ROBLES y GIL-DELGADO, J.M. (1987): Los reglamentos de las cámaras. Madrid: Las Cortes Generales (coord. Dirección General del servicio Jurídico del Estado), vol. 1.

GOMEZ SANCHEZ, Y. (1986): "Sobre las garantías parlamentarias". MADRID: en Revista de Derecho Político, núm 23.

HAURIOU, M. (2003): Principios de Derecho Público y Constitucional. Granada: Comares–Colecc. Crítica del Derecho.

HESSE, K. (traducc. CRUZ VILLALON, P.) (1983): Escritos de Derecho Constitucional. Madrid: Centro Estudios Constitucionales.

JENNINGS, I.W. (1964): The law and the Constitution. Londres: University of London Press.

LOPEZ GARRIDO, D. (1985): "Constitución y estructura. Una teoría del poder constituyente". Madrid: Revista de las Cortes Generales, nº 4, págs. 73-136, y "La producción del Derecho Parlamentario: una nueva perspectiva sobre su naturaleza" (1985): en la obra colectiva "Iª Jornadas de Derecho Parlamentario". Madrid: Congreso de los Diputados-C.E.P.C.

LUCAS VERDU, P. (1985): El sentimiento constitucional. Madrid: Reus.

MACKENZIE, K.R. (1965): The English Parliament. Middlesex: Penguin Books.

MANZELLA, A. (1981): Las Cortes en el sistema constitucional español. Madrid: Civitas, en La Constitución española de 1978, coord. por GARCIA DE ENTERRIA, E. y PREDIERI, A.

MORALES ARROYO, J.M. (1987): "Las prerrogativas parlamentarias a la luz de la jurisprudencia constitucional". MADRID: Revista de las Cortes Generales, núm. 12 y MORALES ARROYO, J.M. y REVENGA SANCHEZ, M. (1988): "Prerrogativas parlamentarias y derechos fundamentales". TOLEDO: Revista Jurídica Castilla-La Mancha, núns. 3 y 4.

MUNIR, R. (1940): How Britain is governed. London: Constable&Company LTD.

PECES BARBA, G. (1988): La elaboración de la Constitución de 1978. Madrid: Centro Estudios Constitucionales.

RODRIGUEZ-ZAPATA PEREZ, J. (1984): "Los reglamentos parlamentarios y su posición en el sistema de fuentes del derecho español". Madrid: en I Jornadas de Derecho Parlamentario. Madrid: Congreso de los Diputados-C.E.P.C.

ROSADO IGLESIAS, G. (2006): "Prerrogativas parlamentarias y Tribunal Constitucional". MADRID: Revista parlamentaria de la Asamblea de Madrid, núm. 14.

RUBIO LLORENTE, F. (1980): La Constitución española de 1978. Caracas: Libro homenaje al profesor García Pelayo, volumen I.

SANCHEZ BLANCO, A. (1985): "Los derechos de participación, representación y de acceso a funciones y cargos públicos, la correlación de la unilateral perspectiva política". MADRID: en "Revista Española de Derecho Administrativo", núm. 46

SANCHEZ LOPEZ, J. (1985): "La protección jurisdiccional de los derechos de participación y asociación". GRANADA: Revista de la Facultad de Derecho de la Universidad de Granada, nún. 4

SANCHEZ MORON M. (1979): "El principio participación en la Constitución española". MADRID: Revista de Administración Pública, nún. 89

SANTAMARIA PASTOR, J.A. (1981): "Comentarios al artículo 23". MADRID: en la obra colectiva GARRIDO FALLA (Direc.) "Comentarios a la Constitución", Civitas.

SANTAOLALLA LOPEZ, F. (2019): Derecho Parlamentario Español (2ª edic.). Madrid: Dykinson.

SOLE TURA, J. y APARICIO PEREZ, M.A. (1985): "Las Cortes Generales en el sistema constitucional" en SANTAOLALLA LOPEZ, F. en Revista de las Cortes Generales, núm. 6. MADRID: Tecnos.

TOMAS VILLARROYA, J. (1979): Poder constituyente y nueva constitución. Un análisis crítico. Revista de Estudios Políticos, 10.

TORRES DEL MORAL, A. (2010): "Principios de Derecho Constitucional Español. MADRID: Editorial Universidad Complutense de Madrid.

TORRES MURO, I. (1984): "Actos internos de las Cámaras y recurso amparo. Un comentario al auto del Tribunal Constitucional de 21 de marzo de 1984". Madrid: Revista Española de Derecho Constitucional, nún. 12.

YARDLEY, D.C. (1986): Introduction to British Constitutional Law. London: Butterworths.

Capítulo 3
Reflexiones sobre las listas electorales y su control: ¿Las listas cremallera?

PILAR MARÍA ESTELLÉS PERALTA
Profesora de Derecho Civil
Universidad Católica de Valencia "San Vicente Mártir"

1. REFLEXIONES SOBRE LA MUJER Y EL RECONOCIMIENTO DE SUS DERECHOS

Reflexionar sobre la mujer y sus problemáticas resulta siempre de gran interés y, antes como ahora, se hace necesario reflexionar sobre la mujer en relación con los otros, su entorno, y su peso y relevancia en relación con la representación política lo que evidencia una desigualdad distribución del poder no sólo a nivel de los partidos políticos donde se aprecia claramente su desventaja sino de la sociedad en general.

Por ello, reflexionando sobre la mujer y sus problemáticas más allá de las ideologías imperantes en cualquier momento histórico y lugar se pone de manifiesto que ha sido -y sigue siendo- perjudicada en relación con numerosos aspectos relativos al reconocimiento de sus derechos pese a que la problemática de la mujer es la de la mitad de la especie humana pues representamos algo más de la mitad de la población mundial. Ciertamente, la situación de la mujer ha mejorado ostensiblemente en el camino de su autonomía -durante este último siglo en el mundo occidental al menos- si atendemos a los datos históricos y jurídicos, consiguiendo algunos logros importantes. Así, las mujeres han experimentado un importante avance en el reconocimiento de su equiparación jurídico-formal, que no material, con el varón en las sociedades modernas y democráticas, aunque este reconocimiento sigue pendiente todavía hoy en otras partes del planeta. En estas sociedades democráticas y más avanzadas, ciertamente se ha mejorado en el reconocimiento y equiparación de la mujer tanto en algunos derechos laborales o profesionales como en relación con los derechos sociales y políticos, como el derecho a ejercer el sufragio activo y pasivo, y aunque la representación dista mucho de ser igualitaria la mujer ha conseguido *formalmente* los mismos derechos que el hombre. No obstante, en algunos casos estos avances en la igualdad formal no siempre conllevan la consecución de la igualdad material, por lo que, si bien es cierto que se han experimentado grandes avances en la consecución de los postulados de igualdad, la meta queda todavía lejana y no sólo en el esquema social sino también en el panorama legislativo y político: todavía está por desarrollar en condiciones de plena igualdad, el acceso de las mujeres a puestos de responsabilidad política, social, cultural y económica, entre otras cuestiones[1]. En consecuencia, me propongo analizar algunos de los atentados a la igualdad efectiva de las mujeres y las paradojas que suscita centrándome fundamentalmente en los aspectos políticos relacionados con el sufragio activo y, especialmente, con el sufragio pasivo.

[1] *Vid.* al respecto P. Mª. Estellés Peralta (2022): "Reflexiones sobre la igualdad y otros derechos de la mujer del siglo XXI", en *Pensar la mujer. Más allá de las ideologías.* Lydia Jiménez (dir.), Seminario de Pensamiento «Ángel González Álvarez» de la Fundación Universitaria Española, núm. 35, diciembre, pp. 159-200.

1.1. El reconocimiento internacional a la igualdad y al derecho de sufragio de la mujer

El camino hacia el reconocimiento del sufragio activo y pasivo recorre la misma senda que la igualdad jurídica, formal y material de la mujer, y ha sido y sigue siendo, largo y engañoso. Desde el primer reconocimiento universal[2] de los derechos y libertades fundamentales como inherentes e inalienables al ser humano y aplicables en igual medida a todas las personas, nacidas libres y con la misma dignidad y derechos independientemente de su sexo, raza o cualquier otra condición, que recoge la Declaración Universal de Derechos Humanos de 1948 de manera terminante, indiscutible y expresa, sin embargo, especialmente las mujeres, habrán de esperar hasta finales de los años 70 y principio de los 80 del siglo XX para atisbar –y no en todos los países- un avance en el reconocimiento de sus derechos y la proscripción, al menos formal, de cualquier forma de discriminación hacia la mujer[3].

---

2 A nivel local, la *Declaración de los Derechos del Hombre y del Ciudadano* aprobada por la Asamblea Nacional Constituyente francesa en 1789 no condujo a un reconocimiento de los derechos de las mujeres. Tampoco la *Declaración de Derechos de Virginia* -adoptada el 12 de junio de 1776 y que está considerada como la primera declaración de derechos humanos moderna de la Historia-, evitó que Virginia se organizara como un estado esclavista ni que las mujeres fueran marginadas.

3 Véase la Convención sobre eliminación de todas las formas de discriminación contra la mujer, adoptada por la Asamblea General de las Naciones Unidas el 19 de diciembre de 1979, suscrita por España el 17 de julio de 1980 y ratificada el 1983, define en su art. 1 que constituye 'discriminación' contra la mujer "toda distinción, exclusión o restricción basada en el sexo que tenga por objeto o por resultado mermar o anular el reconocimiento, goce o ejercicio por la mujer, con independencia de su estado civil, en base a la igualdad del hombre y la mujer, de los derechos humanos y las libertades fundamentales en las esferas política, económica, social, cultural y civil o en cualquier otra esfera". A nivel europeo, el Convenio Europeo para la Protección de los Derechos Humanos y las Libertades Fundamentales de 1950, recogió en su art. 14 la igualdad y la no discriminación por razón de sexo. A nivel interno, la Constitución Española de 1978 reconoció en su art. 14 la igualdad de los españoles, hombres y mujeres, ante la ley sin que pueda prevalecer ningún tipo de discriminación por razón de sexo, entre otros; y el art. 32 reguló específicamente, la igualdad de los cónyuges. Posteriormente, la Ley Orgánica 3/2007, de 22 de marzo, para la igualdad efectiva de mujeres y hombres, aborda la consecución de la igualdad sustancial entre mujeres y hombres que reconoce insuficiente hasta la fecha. No le falta razón, todavía está pendiente, en con-

Uno de los elementos esenciales de un sistema democrático es el derecho de sufragio, como derecho a participar en los asuntos públicos directamente o a través de representantes. El reconocimiento del derecho al voto ha sido difícil para muchos colectivos, y en concreto, el reconocimiento del mismo para las mujeres se alcanzó con un notable retraso temporal respecto del atribuido a los varones. Retraso que se mantiene en la faceta pasiva del derecho al sufragio, esto es, el derecho a ocupar un cargo representativo. A día de hoy, uno de los mayores reproches que puede hacerse a la democracia representativa es, sin duda, el déficit de mujeres en el nivel de representatividad[4]. Tras numerosas leyes de igualdad, de facto, no existe todavía un acercamiento igualitario de las mujeres al espacio sociopolítico[5]. Precisamente porque uno de los derechos relacionados con la igualdad es el derecho al voto, destaca el siglo XIX como el siglo en el que las mujeres han defendido este derecho a costa de su libertad y su salud. La consecución de la equiparación de las personas en derechos y concretamente en relación con el derecho al voto (tanto del voto femenino como el de las minorías étnicas), ha supuesto la defensa de este derecho a lo largo de un extenso y dilatado camino en el que destaca la relevancia de algunas mujeres en el avance jurídico y legislativo (también de muchos hombres que defendieron el derecho de todos la elegir libremente a sus gobernantes). En este punto es necesario citar a Marie Gouze, conocida por el pseudónimo de Olympe de Gouges (1748-1793), en pleno siglo XVIII, quien ha pasado a la historia por publicar durante la Revolución Francesa en 1791, su famosa *Declaración de los Derechos de la Mujer y la Ciudadana* (que consta de 17 artículos)[6], considerada el punto de inicio oficial del movimiento feminista como tal, como reacción a la Declaración de los Derechos del Hombre y del Ciudadano que sólo reconocía la condición de ciudadanía a los hombres y dejaba a las mujeres en una situación de inferioridad. Gouges, reclamó un trato igualitario de la mujer con respecto al hombre en todos

---

diciones de plena igualdad, el acceso de las mujeres en mayor proporción a puestos de responsabilidad política, social, cultural y económica.

4 *Vid.* al respecto, R. Serra Cristóbal (2008): "La presencia de mujeres en los parlamentos autonómicos. La efectividad de las medidas de paridad adoptadas por los partidos políticos y por el legislador", Revista de Estudios Políticos, núm. 141, Madrid, julio-septiembre, p. 162.

5 En igual sentido, R. Serra Cristóbal, cit., p. 163.

6 O. De Gouges (1791): *Declaración de los Derechos de la Mujer y la Ciudadana.* Disponible en https://catedraunescodh.unam.mx/catedra/catedra/materiales/u1_cuaderno2_trabajo.pdf [consultado 4 de julio 2022].

los aspectos de la vida, públicos y privados: el derecho de voto, de ejercer cargos públicos, de hablar en público sobre asuntos políticos. Todas estas ideas políticas la llevaron al cadalso y fue guillotinada el 3 de noviembre de 1793 acusada de ser la autora de un cartel girondino. Después de ello, en un acto de *sinrazón* se prohibió a la mujer toda clase de actividad política. Destacar que a pesar del protagonismo de Olympe, o quizás debido a ello, su nombre no figuró en la famosa *Encyclopédie*[7].

En Estados Unidos, destaca la antigua esclava negra Sojourner Truth, quien defendió el voto de las mujeres y de las personas de raza negra; ya en 1872 trató de votar en las elecciones locales, pero su voto fue rechazado. Resulta igualmente interesante destacar la relevancia de Elizabeth Cady Stanton (1815-1902) que junto a Susan B. Anthony (1820-1906), son dos grandes nombres del sufragismo norteamericano, por sus campañas en favor de la igualdad de los derechos de las mujeres y su reivindicación del derecho al voto. Otra americana destacada es Lucy Stone (1818-1893), quien en 1839 fue la primera mujer de Massachusetts que obtuvo un grado académico. Destaca por su defensa en favor del voto femenino y por la abolición de la esclavitud. Luci Stone pudo dirigirse a varias cámaras legislativas para promover leyes que dieran más derechos a las mujeres y en el año de su muerte, 1893, a los 75 años, se aprobó una enmienda de la Constitución de Estados Unidos que otorgaba en algunos Estados el derecho al voto femenino. Otra defensora del voto femenino durante este convulso siglo XIX fue la americana Amelia Bloomer (1818-1894), todo un ejemplo de lo que puede influir una mujer decidida pese a sus circunstancias. En España destaca Concepción Arenal Ponte (1820-1893), pionera del feminismo en España y una de las mujeres feministas españolas más importantes y destacables. Concepción hizo frente a las prohibiciones sociales de su época que se oponían al acceso de las mujeres a la universidad y a los veintiún años de edad, tuvo que disfrazarse de hombre, se cortó el pelo, vistió levita, capa y sombrero de copa para poder ingresar como oyente en la Facultad de Derecho de la Universidad Central de Madrid. Inconformista con las injusticias de su tiempo, Concepción Arenal criticó duramente la marginación de la mujer en el siglo XIX y fue una defensora de su educación como medio para alcanzar la igualdad de derechos. Por esta época, a finales del siglo XIX y principios

7 *L'Encyclopédie ou Dictionnaire raisonné des sciences, des arts et des métiers* fue editada entre los años 1751 y 1772 en Francia bajo la dirección de Denis Diderot y Jean d'Alembert, se convirtió en un símbolo del proyecto de la Ilustración y se utilizó como arma política causando numerosos enfrentamientos entre los editores y los redactores y entre éstos y los representantes de los distintos poderes.

del siglo XX, podemos mencionar en Europa a otras defensoras del voto femenino como la política alemana Clara Zetkin (1857-1933) o a la británica Emmeline Pankhurst (1858-1928), o a la escritora Helen Keller (1880-1968), pese a sus limitaciones físicas y sociales de la época en que vivió (nacida sorda y ciega), adquirió una sólida educación a pesar de sus circunstancias y fue defensora del sufragio femenino, entre otras causas.

Hasta que las mujeres pudieron ejercer su derecho al sufragio activo por primera vez en 1933, en España destaca la figura de Clara Campoamor (1888-1972) quien fue una de las principales impulsoras del voto femenino en España. Fue diputada cuando las mujeres podían ser elegidas pero no ser electoras. Por aquel entonces, las únicas diputadas que ocupaban escaño en las Cortes Constituyentes de 1931 cuando se debatió el sufragio activo femenino se enfrentaron a la hora de reconocer el derecho de voto a las mujeres. siendo la sesión parlamentaria del 1 de octubre -en la que se aprueba definitivamente el artículo 36 que establece el voto femenino- uno de los debates más importantes en la elaboración de la Constitución de 1931. Sin embargo, el debate en Pleno enfrenta a unas fuerzas políticas muy dividas, con una derecha favorable a la concesión del voto femenino y una izquierda que "no es mayoritariamente favorable" a su concesión. Ese debate enfrentó a las dos únicas parlamentarias presentes en aquel momento en la Cámara: Clara Campoamor y Victoria Kent, ambas de izquierdas. En este caso, Clara Campoamor no siguió la disciplina de partido (partido izquierda republicana) y votó a favor del voto femenino frente a Victoria Kent (Partido Radical Socialista) que siguió la disciplina de su partido y votó en contra del voto femenino. En su defensa, Campoamor alegó defender "una postura coherente con sus propias convicciones", mientras que en Kent prevaleció la posición de la fuerza política a la que pertenecía y reconoció que "renunciaba a un ideal".

1.2. Cronología del logro del voto femenino

Por otro lado, me interesa destacar lo dispar y contradictorio que ha resultado alcanzar este derecho tan elemental para el ser humano y que todavía hoy no se ejerce plenamente en gran parte del planeta. Téngase en cuenta que el camino hacia el voto femenino fue tortuoso en muchos países del mundo y conllevó muchos sinsabores a las mujeres que lo defendieron. En esta conquista destacan los nombres de muchas mujeres, algunos ya mencionados anteriormente que consiguieron que el derecho al sufragio fuera una realidad. Así, el primer país en autorizar el voto femenino a las mayores de 21 años fue Nueva Zelanda, el 19 de septiembre de

1893, gracias al movimiento liderado por Kate Sheppard, pero no fue absoluto hasta 1919 cuando las mujeres neozelandesas pudieron presentarse también a las elecciones. En Australia hubo que esperar a 1902, aunque ni a mujeres ni a hombres aborígenes les estaba permitido votar. Aquí sexo y raza impedían el ejercicio de este derecho. En el caso de Estados Unidos, el voto femenino se consiguió en el año 1920 para las mujeres de raza blanca (y 1788 a ser elegida); sin embargo, las mujeres de raza negra no pudieron votar hasta 1967. En nuestro entorno más cercano, en Europa, las finlandesas votaron en 1906, las noruegas votarían en 1913, las danesas e islandesas en 1915 y las suecas en 1919. En los Países Bajos pudieron ser elegidas en 1917 y en 1919 obtuvieron el derecho a votar, en Alemania, Austria y Reino Unido en 1918. Las españolas pudieron votar en 1933 y ser elegidas desde 1931, las francesas debieron esperar a 1944 y las italianas a 1945; en Bélgica en 1948, en Grecia en 1952, , en Andorra a votar en 1970 y a ser candidata en 1973 pero hasta 1971 las mujeres suizas no pudieron ejercer su derecho al voto; derecho del que no gozaron en Arabia Saudí hasta 2015.

2. EL CONTROL DE LAS LISTAS ELECTORALES: EL LARGO CAMINO HACIA LA IGUALDAD MATERIAL A NIVEL ELECTORAL

Tras esta larga y costosa conquista del voto femenino, incluso con gran coste personal de sus defensores, se constata que el porcentaje de mujeres que se incluyen en las listas electorales, que luego resultan electas y que ocupan diferentes cargos en las asambleas representativas, va en aumento pero la participación igualitaria continúa siendo una batalla aún no ganada quizás porque no existe control popular sobre las listas electorales[8]. Las mujeres representan alrededor del 48% del total de candidatos al Congreso de los Diputados frente al 52% de los hombres según un análisis llevado a cabo por EpData de las listas electorales publicadas en el Boletín Oficial del Estado (BOE) para comprobar la proporción de uno y otro sexo[9]. Por tanto se puede concluir que pese a la consagración del principio formal de igualdad, la realidad socio-política española —al igual que otras democracias— demuestra que la presencia de las mujeres en las listas electorales de

[8] *Vid.* R. Serra Cristóbal, cit., p. 163.

[9] Datos INE 01/01/2021 y EpData, disponible en https://www.epdata.es/porcentaje-mujeres-listas-electorales-cada-partido/de7cae2a-a5a4-4202-9377-e6b6910153f0, (consulta: 2 noviembre 2022).

los partidos políticos y, por ende, el acceso de las mismas a cargos representativos, queda muy lejos de ser materialmente igual[10].

2.1. El derecho de sufragio y el control en la toma de decisiones políticas

Las posibilidades de control político surgen con el nacimiento de la democracia representativa, que permitía que los ciudadanos eligieran a sus representantes. Pero la democracia representativa carece de mecanismos concretos para que los ciudadanos puedan participar directamente en el control de sus representantes y en la toma de decisiones políticas; actualmente, en nuestro país es imposible el control de la elección de los candidatos a las listas electorales por parte de los electores. La elección es exclusivamente de los partidos políticos, de sus dirigentes. Ello da lugar a que (pese a las leyes de igualdad), la cultura organizativa de los partidos, incluso la de aquellos más igualitarios que contemplan la paridad en sus estatutos, interfiera en los factores que dificultan la representación de las mujeres en el escenario político, por lo que ni las leyes de igualdad ni la la reforma de la Ley Orgánica del Régimen Electoral General (en adelante LOREG) han tenido los efectos positivos esperados. Lo cierto es que las candidaturas de las distintas listas electorales suelen estar condicionadas por el sexo del cabeza de lista, normalmente lideradas por un hombre. La escasa presencia de las mujeres como cabezas de lista las invisibiliza en la vida pública y las perjudica en la configuración de las candidaturas, y pone de relieve la desigual distribución del poder en el seno de los partidos políticos [11].

En las últimas elecciones a la Comunidad de Madrid de abril 2021, se ha equilibrado la situación de cabezas de lista mujeres: tanto PP (Isabel Díaz Ayuso), Mas Madrid (Mónica García) y Vox (Rocío Monasterio) han incluido a mujeres sus candidaturas como cabeza de lista; no así los demás partidos con expectativas de tener representación en las urnas como PSOE, Podemos y Cs, siguen incluyendo a hombres como cabeza de lista: Gabilondo, Iglesias, Bal. Sin embargo, este patrón no se ha seguido en las elecciones a la Comunidad de Castilla-León de 13 de febrero de 2022 en las que mayoritariamente los cabeza de lista en general (y especial y curiosamente en el caso de los partidos de izquierda) eran hombres. Lo cierto,

---

10 R. Serra Cristóbal, cit., p. 165.

11 T. Verge Mestre (2008): "Cuotas voluntarias y legales en España. La paridad a examen", Revista española de Investigaciones Sociológicas (Reis), núm. 123, pp. 147 y ss.

es que la tendencia no se rompe: la realidad evidencia que según los datos de EpData para las elecciones de 10 de noviembre de 2109, el porcentaje de mujeres que ocupaba el primer puesto en las listas de los principales partidos políticos no alcanzaba, en el mejor de los casos, el 47%. Ello demuestra la poca voluntad de los partidos del signo que sea a que la mujeres tengan mayor representación política y plantea la cuestión de si debe existir un mayor control sobre la composición de la listas electorales para garantizar una mayor igualdad de facto en favor de la mujer ¿o no?

2.1.1. El control sobre las listas electorales y la deficiente paridad resultante

Si uno de los mecanismos para mejorar la posición de los ciudadanos antes de acudir a las urnas es el poder decidir la composición de las listas electorales antes de que queden conformadas, y no existe tal control sobre las listas electorales en las democracias actuales, lo que sí se puede exigir el electorado es la paridad en la elaboración de las listas electorales implantado por la LOREG. Estas listas garantizan la igualdad de oportunidades pero en absoluto la eficiencia de la gestión. La exclusión de las mujeres de los puestos de decisión no sólo implica una pérdida de talento, sino también una pérdida muy valiosa de experiencias en que fundamentar las políticas públicas[12].

Recientemente, la investigación sobre la representación política de las mujeres ha adquirido una importancia creciente ante la subrepresentación más que evidente en los cargos públicos. Una de las causas de la baja participación de las mujeres en la política viene determinada porque potencialmente, hay menos candidatas que candidatos, como un menor interés por la política y una eficacia política más baja[13]. Asimismo, ocupan un lugar destacado las dificultades de conciliación de la vida privada (familiar y personal) y la pública (relacionada con la política). A la doble jornada diaria de las mujeres, la laboral y la familiar, la política supone, a menudo, una tercera jornada[14].

---

12 McStravog, Denise (2006): "Barriers to female progression to senior positions within the 26 district councils in Northern Ireland, Women's Development Steering Group, Reino Unido". Disponible en http://www.womeninlocalcouncils.org.uk/research, p. 6.

13 T. Verge Mestre, cit., p. 126.

14 E. Chicano, (2004): "Conciliación de la vida personal, familiar y laboral", en AA.VV., *España en hora. Libro verde sobre la racionalización de los horarios españoles y su normalización con los demás países de la UE*, Madrid, Fundación Independiente.

Pese a ello, y en todo caso, la ley electoral exige la "composición equilibrada" de ambos sexos en las listas electorales que se presenten al Congreso, elecciones locales, consejos insulares, cabildos insulares canarios, Parlamento Europeo y asambleas legislativas de las Comunidades Autónomas. La paridad es obligatoria en las listas electorales españolas desde 2007 por la Ley 3/2007, de Igualdad. La paridad significa que ningún sexo tendrá una representación superior al 60% ni inferior al 40%. Para ello, la ley establece que el conjunto de la lista, y en todo caso en cada tramo de cinco puestos, los candidatos de uno u otro sexo no podrán estar representados en menos del 40%. Se podría componer de dos mujeres y tres hombres o viceversa, tres mujeres y dos hombres. La excepción son los municipios de menos de 3.000 habitantes e islas de menos de 5.000 habitantes.

No obstante, esa norma no obliga a que mujeres y hombres se sucedan de forma alterna en las listas y solo establece que, en cada tramo de cinco puestos haya un reparto del 60%-40%, por lo tanto, si en una candidatura los primeros tres puestos están ocupados por hombres y los dos siguientes por mujeres, la lista cumple la ley, pero después puede ocurrir que solo los tres primeros logren escaño y sean todos ellos hombres. La proporción 40-60% que establece la ley de igualdad, no se aplica equitativamente sino sesgadamente, asignando a las mujeres el rango más bajo del porcentaje (en torno al 40% y no al 60%). Téngase en cuenta, además, que la proporción del 40-60% en los cinco primeros puestos de la lista que puede suponer una de estas combinaciones: dos mujeres y tres hombres o bien tres mujeres y dos hombres y la realidad es que la combinación de tres hombres (en los 1º, 2º y 3º puestos) y dos mujeres (en 4º y 5º puesto) es la mayoritaria, curiosamente, porque la relación entre el sistema electoral y la representación de las mujeres se encuentra mediada por los partidos, por su proceso de selección de candidatos por cómo aplican en la práctica las medidas de discriminación positiva[15]. Porque no es lo mismo que los primeros puestos de las listas electorales, que probablemente alcancen representación, estén reservados de manera reiterada y preeminente a los hombres, aunque la lista contenga un elevado número de presencia femenina en los últimos puestos que no alcanzarán representación política, luego en España para ser titular del derecho de sufragio pasivo es indispensable ser candidato, pero no es suficiente con ostentar la condición de candidato para alcan-

15 *Vid*, en tal sentido, T. Verge Mestre, cit., pp. 127 y ss.

zar la representación[16]. En este sentido, la distribución de estos escasos y codiciados primeros puestos pone en evidencia el impacto de las todavía infranqueables barreras para una efectiva representación de las mujeres, dato de sobra conocido por los partidos políticos[17].

3. REFLEXIONES SOBRE LAS LISTAS CREMALLERA: ¿AVANCE O RETROCESO?

Una lista cremallera es una lista electoral en la que hombres y mujeres ocupan puestos alternos, los hombres ocupan los puestos impares y las mujeres los pares, o viceversa. De esta forma, se asegura que los hombres y mujeres de la lista tendrán una representación al menos del 50% o en caso de que el número de candidatos elegidos sea impar lo más cercana posible al 50%. Así, tanto a nivel europeo como nacional algunos partidos políticos comenzaron una transformación de las cuotas femeninas en las listas electorales a las listas cremallera dirigida a obtener una representación cuantitativamente igualitaria entre hombres y mujeres, impulsado por el desarrollo autonómico en la materia.

3. 1. Las distintas fórmulas paritarias planteadas por las CCAA

En cumplimiento del artículo 9.2 CE, que establece el mandato a los poderes públicos de «promover las condiciones... para que la igualdad del individuo y de los grupos que la integran sean reales y efectivas», así como los art. 6 y 44 bis de la LOREG, con el objetivo de acabar con esa desigual presencia de hombres y mujeres en el ámbito de la representación política, algunas CCAA adoptaron una normativa que afecta a la esfera interna de los partidos políticos para convertirse en norma de obligado y general seguimiento porque pese a que han ido surgiendo iniciativas, muchas de ellas por parte de las leyes autonómicas con el fin de potenciar la mayor presencia de las mujeres en la esfera política, es en el seno de los partidos políticos donde se han de implementar medidas internas que fomenten la participación real y efectiva de la mujer. En todo caso, por las Comunida-

---

16 En este sentido, J. Sevilla Merino (2004): *Mujeres y ciudadanía: la democracia paritaria*, Valencia, Institut Universitari d'Estudis de la Dona-Universitat de Valencia. p. 87.

17 En el mismo sentido, T. Verge Mestre, cit., pp. 140 y ss.

des autónomas se han utilizado diversas fórmulas para facilitar el acceso de las mujeres a los puestos de representación política.

3.1.1. La declaración programática de la Comunidad Foral de Navarra

La Ley Foral Navarra 17/2019, de 4 de abril, de igualdad de entre mujeres y hombres, en su art. 26 señala que "Los poderes públicos deben atenerse al principio de empoderamiento y de representación equilibrada de mujeres y hombres en el reparto del poder político, y fomentar la participación de las mujeres y niñas en los ámbitos en que están infrarrepresentadas". En su anterior regulación, el artículo 2 de la Ley Foral Navarra 33/2002, de fomento de la igualdad de oportunidades entre mujeres y hombres señalaba simplemente que "se promocionará la presencia de mujeres en los órganos de decisión de los partidos políticos, así como en las candidaturas con que concurren a las elecciones". Mediante ambas fórmulas se pretende promocionar a la mujer pero en ambos casos la norma tiene una naturaleza fundamentalmente declarativa, una declaración de intenciones, sin más.

3.1.2. La obligatoriedad de las listas cremallera en Castilla-La Mancha, Baleares y Andalucía

Otras Comunidades, sin embargo, se han inclinado por implantar verdaderas normas imperativas en cuanto a la configuración de las listas electorales autonómicas optando por una medida de acción positiva que rompiera con la dinámica generada en la confección de las listas electorales por los partidos políticos. Las Comunidades pioneras en el establecimiento de esta cuestión fueron las Illes Balears, Castilla-La Mancha y Andalucía. La Comunidad de las Illes Balears, aprobó la Ley 6/2002, de 21 de junio, de modificación de la Ley 8/1986, electoral de la Comunidad Autónoma de las Illes Balears. Por su parte, Castilla-La Mancha adoptó la Ley 11/2002, de 27 de junio, de modificación de la Ley 5/1986, electoral de dicha Comunidad. Más tarde, Andalucía aprobó la Ley 5/2005, de 8 de abril. Estas comunidades autónomas han implantado una auténtica obligatoriedad de las listas electorales "cremallera". Así el art. 16 de la Ley electoral de las Illes Balears establece que "con la finalidad de hacer efectivo el principio de igualdad en la participación política, las candidaturas electorales deberán contener una presencia equilibrada de hombres y mujeres. Las listas se integrarán por candidatos de uno y otro sexo ordenados de forma alternativa". El nuevo apartado 1 bis del art. 23 de la ley electoral de Castilla-La Mancha prevé que «para garantizar el principio de igualdad en la representación política, las candidaturas que presenten los partidos políticos... alternarán hombres y mujeres, ocupando los de un sexo los puestos pares y los del otro los impares. La Junta electoral sólo aceptará aquellas candidaturas que cumplan este precepto tanto para los candidatos como para los suplentes». El art. 2 de la Ley del Parlamento de Andalucía 5/2005, de 8 de abril, por el que se modifica el art. 23 de la Ley 1/1986, de 2 de enero, electoral de Andalucía señala que "1. La presentación de candidaturas, en la que se alternarán hombres y mujeres, habrá de realizarse entre el decimoquinto y el vigésimo día posteriores a la convocatoria, mediante listas que deben incluir tantos candidatos como escaños a elegir por cada circunscripción y, además, cuatro candidatos suplentes, expresándose el orden de colocación de todos ellos, ocupando los de un sexo los puestos impares y los del otro los pares". De esta manera estas Comunidades introducían el régimen de paridad conocido como de «listas cremallera» o de alternancia.

3.1.3. La estricta paridad del País Vasco

Siguiendo una filosofía similar a la de las dos Comunidades pioneras (Castilla-La Mancha y Baleares), pues la ley andaluza es posterior, la Ley 4/2005, de 18 de febrero, del País Vasco, para la igualdad de hombres y mujeres, estableció en la disposición final cuarta una modificación de la Ley 5/1990 de Elecciones al Parlamento Vasco, que introducía una medida electoral paritaria en el siguiente sentido: "Las candidaturas que presenten los partidos políticos, federaciones, coaliciones o agrupaciones de personas electoras estarán integradas por al menos un 50 por 100 de mujeres. Se mantendrá esta proporción en el conjunto de la lista de candidatos y candidatas y en cada tramo de seis nombres. Las juntas electorales del territorio histórico competentes sólo admitirán aquellas candidaturas que cumplan lo señalado en este artículo tanto para las personas candidatas como para las suplentes". La ley vasca es, por lo tanto, menos exigente que las de las CCAA mencionadas -no establece un sistema «cremallera»-, permitiendo un margen mayor de discrecionalidad por parte de los partidos políticos en cuanto a la configuración de dichas listas. Con todo, la cuota de mujeres en el parlamento vasco es superior al 50%.

3.1.4. La incentivación de la Comunidad Valenciana

Distinto es el modelo adoptado por la Comunidad Valenciana, cuya Ley 9/2003, de 2 de abril, para la igualdad entre mujeres y hombres, no establece reglas de obligatorio seguimiento en cuanto a la conformación de las listas electorales pero opta por favorecer activamente la presencia de mujeres en las candidaturas presentadas por los partidos políticos a través de diversas medidas incentivadoras como: a) La disposición de más tiempo gratuito en los medios de comunicación para aquellas candidaturas con presencia equilibrada de mujeres y hombres, respetando, en todo caso, las previsiones de la Ley Electoral Valenciana (artículo 11); b) El incremento en un 10% de las subvenciones electorales de la Generalitat reconocidas por Ley para los escaños obtenidos por mujeres (artículo 12), etc. El artículo 10 de esta Ley establece que "Les Corts Valencianes y el Consell de la Generalitat procurarán en el nombramiento o designación de personas, para constituir o formar parte de órganos o instituciones, que exista una presencia paritaria de mujeres y hombres". Por otro lado, la proposición de ley electoral valenciana, presentada por los grupos parlamentarios Socialista, Compromís y Unidas Podemos (RE número 24.643), noviembre 2020, BOCV número 120, 16-11-2020, pretende establecer las listas cremallera aunque tampoco establece ningún control popular sobre las listas electorales. Así el art. 31.5 "Con el fin de garantizar el principio de igualdad en la participación política, las listas de las candidaturas se deben confeccionar de forma que estén integradas, como mínimo, por un 50 % de mujeres, respetando esta proporción en cada tramo de dos puestos hasta completar el número total de personas candidatas que conforman la lista, incluyendo la relación de suplentes. Cuando el último tramo de la lista no llegue a los dos puestos, deberá ser ocupado por una mujer. En todo caso, se observará la proporción contemplada en la Ley orgánica del régimen electoral general referida a la presencia de un mínimo de 40 % de hombres en cada tramo de cinco".

3.2. La constitucionalidad de las listas cremallera

Pese a que las leyes autonómicas reconocían en sus respectivos preámbulos el importante papel de los partidos políticos en la elaboración de las candidaturas, generaron serias dudas de constitucionalidad por posible vulneración del derecho de acceso a la función pública en condiciones de igualdad, del principio de autonomía de los partidos políticos (artículo 6 CE) o incluso de las normas de reparto competencial entre el Estado y las CCAA. En Francia en 1982 y en Italia en 1995, las cuotas legales fueron anuladas por los respectivos Tribunales Constitucionales en nombre del principio de igualdad formal para todos los ciudadanos. Para evitar que la voluntad de introducir medidas de democracia paritaria, en lo sucesivo, fuera de nuevo recurrida ante sus Tribunales Constitucionales, en algunos casos, se ha llevado a cabo una modificación constitucional en Francia, Italia, Portugal y Bélgica.

3.3. La doctrina del Tribunal Constitucional español

Tras la aprobación de las leyes balear y castellano-manchega, el Gobierno español (en esos momentos del Partido Popular), ante las dudas de constitucionalidad, acabó presentando un recurso de inconstitucionalidad contra las mismas. El Tribunal Constitucional suspendió los artículos recurridos de las citadas leyes que establecían la paridad hombre-mujer en las listas a los comicios autonómicos. De ese modo, no pudieron aplicarse en las elecciones autonómicas de mayo de 2003. En un ATC de 16 de enero de 2003, el Tribunal Constitucional desestimó la pretensión del Gobierno y del Parlamento Balear que habían pedido que se levantara la suspensión de la llamada «Ley de paridad» o «Ley cremallera» para que esta pudiera aplicarse en las inminentes elecciones autonómicas. En todo caso, el Tribunal Constitucional nunca llegó a pronunciarse sobre el fondo del asunto al desistir posteriormente el nuevo Gobierno central (del PSOE) en ambos procesos, declarándose los procesos extintos por Autos del Tribunal Constitucional de 26 de septiembre de 2006 y de 10 de octubre de 2006. El Tribunal Constitucional sí se pronunció en la STC 12/2008, de 29 de enero, a propósito del art. 44 bis de la Ley Orgánica del régimen electoral general, introducido por la Ley Orgánica 3/2007, de 22 de marzo, para la igualdad efectiva de mujeres y hombres, que impone un porcentaje mínimo de representación de ambos sexos en las candidaturas electorales, y dispone que en las elecciones a las Asambleas autonómicas "las leyes reguladoras de sus respectivos regímenes electorales podrán establecer medidas que favorezcan una mayor presencia de mujeres en las candidaturas". Este nuevo precepto es de directa aplicación en las Comunidades Autónomas, (LO 5/1985, DA 1ª.2). Asimismo, en la STC 13/2009, de 19 de enero, que resolvió el recurso de inconstitucionalidad interpuesto contra determinados preceptos de la Ley del Parlamento Vasco 4/2005, de 18 de febrero, para la igualdad de mujeres y hombres. Y en la STC 40/2011, de 31 de marzo, del Pleno, contra el art. 2 de la Ley del Parlamento de Andalucía 5/2005, de 8 de abril, por el que se modifica el art. 23 de la Ley 1/1986, de 2 de enero, electoral de Andalucía.

3.4. Las causas de inconstitucionalidad

El primer reproche de inconstitucionalidad hace referencia a que las leyes autonómicas vulneran la competencia reservada al Estado en el art. 149.1.1 CE, en relación con el derecho de acceso a los cargos públicos (art. 23.2 CE) y con la reserva de ley orgánica establecida en el art. 81.1 CE.

3.4.1. Primera causa: el ius superveniens

El Tribunal Constitucional aplica la doctrina acerca del *ius superveniens* en la STC 40/2011, de 31 de marzo, contra el art. 2 de la Ley del Parlamento de Andalucía 5/2005, de 8 de abril y en la STC 13/2009, de 19 de enero, que resolvió el recurso de inconstitucionalidad interpuesto contra determinados preceptos de la Ley del Parlamento Vasco 4/2005, de 18 de febrero. Así el Tribunal Constitucional afirma que es competencia del legislador estatal la fijación inicial de las condiciones básicas en relación a la al ámbito electoral que deben ser objeto de ordenación uniforme en todo el territorio nacional, y que atribuye al Estado el art. 149.1.1 CE: condiciones que el legislador autonómico ha de respetar. En el año 2005 (fecha de aprobación leyes autonómicas) las normas enjuiciadas no tenían cobertura competencial porque en aquél entonces aún no se había aprobado la DA 2º.1, de la Ley Orgánica 3/2007, de 22 de marzo, para la igualdad efectiva de mujeres y hombres, que introdujo en la Ley Orgánica de Régimen Electoral General el art. 44 bis- 1, que impone un porcentaje mínimo de representación de ambos sexos en las candidaturas electorales y dispone que en las elecciones a las Asambleas autonómicas "las leyes reguladoras de sus respectivos regímenes electorales podrán establecer medidas que favorezcan una mayor presencia de mujeres en las candidaturas". Recordemos que este nuevo precepto que se declara, en la DA 1ª.2 de la Ley Orgánica 5/1985, es de directa aplicación en las Comunidades Autónomas. El Tribunal Constitucional aplica la doctrina del *ius superveniens* teniendo en cuenta que, en el momento de aprobarse las leyes autonómicas (2005) no respetaban el límite competencial pues aún no se había aprobado la ley de Igualdad de 2007, pero en el de enjuiciamiento por el Tribunal Constitucional, estas leyes autonómicas sí respetaban el límite competencial. Por tanto, y como consecuencia de este derecho sobrevenido no se puede estimar esta causa de inconstitucionalidad si en el momento del examen jurisdiccional la norma impugnada por el TC se respetan los límites y condiciones a los que está sometida.

3.4.2. Segunda causa: la vulneración del principio de igualdad que implica hacer del sexo una condición de elegibilidad

La segunda causa de inconstitucionalidad, la vulneración del principio de igualdad que implica hacer del sexo una condición de elegibilidad, lo que sería contrario a la prohibición de discriminación por razón de sexo (arts. 14 CE) en este caso de los varones que no podrían acceder en mayor número. El Tribunal Constitucional pone de manifiesto que la obligación legal de componer las listas de candidatos equilibrando el sexo de sus componentes no supone una restricción impuesta a los ciudadanos en el ejercicio del derecho de sufragio pasivo, sino solamente a los partidos políticos, federaciones y coaliciones de partidos, así como a las agrupaciones de electores, únicos legitimados por la legislación electoral para presentar listas de candidatos y, consecuentemente, **únicos afectados por la restricción** normativamente impuesta. La pertenencia a un sexo no se erige en una condición de elegibilidad, por tanto, el derecho de sufragio pasivo individual no resulta afectado por la previsión legal (STC 12/2008, FJ 3). Tampoco afectan al derecho de sufragio pasivo la alternancia de puestos de la lista en razón del sexo del candidato y el equilibrio numérico que de ello se deriva.

3.4.3. Tercera causa: el derecho a la igualdad en el acceso a los cargos públicos

En cuanto a la posible tercera causa de inconstitucionalidad relativa al derecho a la igualdad en el acceso a los cargos públicos en base al art. 23.2 CE. A este respecto, el Tribunal Constitucional establece que pertenece al ámbito de la libre disposición del legislador la configuración de los requisitos que ha de cumplir quien pretenda ejercitar el derecho de sufragio pasivo mediante agrupaciones electorales. El primero de estos requisitos es el de concurrir integrado en una lista con otras personas, el cual no guarda relación con la capacidad electoral stricto sensu, como tampoco lo guarda la composición equilibrada de las listas electorales sin que por ello se traspase el ámbito de libertad de configuración del que dispone el legislador. Tal doctrina es trasladable a la composición paritaria y con alternancia de candidatos de uno y otro sexo.

3.4.4. Cuarta causa: el derecho de sufragio pasivo y el concepto de ciudadanía

Se alegaba que la paridad y alternancia de sexos en las listas electorales fragmenta el conjunto de los elegibles sectorizándolos por razón del sexo en contra del criterio adoptado en el art. 68.5. CE, el cual atiende exclusivamente al concepto de ciudadanía, de modo que se vería también vulnerado el derecho de sufragio pasivo (at. 23.2 CE). A este respecto afirma el Tribunal Constitucional, que del art. 23.1 CE no puede derivarse un derecho subjetivo de los ciudadanos a una concreta composición de las listas electorales. El contenido esencial del derecho de sufragio pasivo consiste en la garantía de que "accedan al cargo público aquellos candidatos que los electores hayan elegido como sus representantes, satisfaciéndose, por tanto, dicho derecho siempre que se mantenga la debida correlación entre la voluntad del cuerpo electoral y la proclamación de los candidatos" (SSTC 154/2003, de 17 de julio, y 185/1999, de 11 de octubre). El Tribunal Constitucional también descarta la existencia de la vulneración del art. 68.5 CE, que atiende al concepto de ciudadanía, que no quiebran las medidas paritarias y de alternancia puesto que los candidatos defienden opciones políticas diversas ante el conjunto del electorado y, caso de recibir el respaldo de éste, lo representarán también en su conjunto y no sólo a los electores de su mismo sexo.

3.4.5. Quinta causa: la libertad de actuación de los partidos políticos y la quiebra de la libertad ideológica y de defensa del propio pensamiento

Se planteaba que la paridad y la alternancia de personas de uno y otro sexo, es incompatible con la libertad de actuación de los partidos políticos (art. 6 en relación con el art. 22.1 CE) porque restringe la libertad de estos a la hora de configurar las listas electorales. Incluso se produciría la quiebra de la libertad ideológica y de defensa del propio pensamiento (art. 20 CE) en la medida en que no resultaría posible que un partido feminista presentara una lista integrada únicamente por mujeres. El Tribunal Constitucional, recuerda y señala a este respecto, la naturaleza de los partidos políticos como asociaciones cualificadas para el logro de la igualdad formal propugnada por el art. 9.2 CE, y la realización efectiva de este principio tan fundamental del orden constitucional (arts. 1.1 y 14 CE), por lo que la consecución de la igualdad real y efectiva de las mujeres y los hombres en el ámbito de la representación política a través de los partidos políticos no es inconstitucional. La libertad de la que disponen los partidos políticos a la hora de configurar las listas electorales ni siquiera es un derecho fundamental, sino una atribución implícita en la Constitución (art. 6 CE), que les confiere el legislador (expresamente apoderado por dicho artículo para efectuarla). La libertad reconocida a los partidos políticos en este ámbito no es ni puede ser absoluta, de modo que el legislador, en atención a otros valores y bienes constitucionales protegidos, ha impuesto ciertas limitaciones -en relación a la elegibilidad de los candidatos, a la residencia en algunos supuestos, o incluso a que las candidaturas hayan de serlo mediante listas cerradas y bloqueadas-, entre las que se encuentra la ahora analizada de componer las listas electorales alternando en ellas a candidatos de uno y otro sexo. Esta limitación satisface las exigencias constitucionales: en primer lugar, porque es legítimo el fin de la consecución de una igualdad efectiva en el terreno de la participación política (arts. 9.2, 14 y 23 CE); en segundo término, porque resulta razonable el régimen instrumentado por el legislador que se limita a exigir una composición radicalmente igualitaria ente hombres y mujeres; y, finalmente, porque es inocuo para la actividad de los partidos políticos a quienes se dirige la norma, los cuales no son, por definición, titulares de los derechos fundamentales de sufragio activo y pasivo.

3.4.6. Sexta causa: la limitación de la libertad de presentación de candidaturas y su conexión con el derecho de asociación

En su conexión con el derecho de asociación–art. 22 CE- el precepto legal sometido a enjuiciamiento tampoco vulnera el art. 6 CE. El Tribunal Constitucional manifiesta que "el mandato de equilibrio entre sexos que se impone a los partidos, limitando una libertad de presentación de candidaturas que les es atribuida por ser específicamente partidos políticos (y no asociaciones), ha de considerarse como una limitación proporcionada y, por tanto, constitucionalmente legítima" (STC 12/2008, FJ 5); que la restricción a la libertad de los partidos políticos a la hora de componer las listas electorales que el precepto enjuiciado lleva consigo, encuentra su justificación en la remoción de la desigualdad que padecen las mujeres en el ámbito de la representación política. Se trata, en definitiva, de una medida sólo constitucionalmente aceptable en tanto que coyuntural, en cuanto responde a la apreciación por el legislador de una situación determinada: la desigualdad femenina en las listas electorales.

3.4.7. Séptima causa: vulneración de la libertad de ideario de los partidos políticos y de la libertad de expresión

Se alega que la composición de las listas electorales con alternancia exacta de personas de ambos sexos vulnera la libertad de ideario de los partidos políticos porque impide la presentación por éstos de listas integradas sólo por personas de un solo sexo, lo que vulnera la libertad de expresión reconocida por el art. 20.1 a) CE. La cuestión fue resuelta en la STC 12/2008, FJ 6, al responder a la objeción de que el art. 44 bis LOREG impedía la presentación de listas electorales compuestas únicamente por mujeres o sólo por hombres. El Tribunal Constitucional afirmó entonces que los partidos o idearios feministas son constitucionalmente legítimos, sin embargo, no es constitucionalmente lícita la posibilidad de presentar candidaturas que quieran hacer testimonio de su ideología mediante la presentación de listas integradas únicamente por mujeres (vale decir ahora, por personas de un mismo sexo), porque vulnera el mandato de igualdad formal (art. 14 CE) y de igualdad material (art. 9.2 CE).

4. A MODO DE BREVÍSIMA CONCLUSIÓN

La participación equilibrada en la toma de decisiones tanto de hombres como de mujeres favorece una mayor representatividad del sistema por lo que la adopción de medidas positivas o paritarias coadyuva a ello aunque debieran utilizarse de manera restrictiva y de manera coyuntural únicamente. El sistema de cuotas que obviamente favorece la representación de las mujeres en la vida política debe ir acompañado de otras medidas impulsoras que le permitan acceder a los puestos de decisión en todos los amitos socio-políticos.

La alternancia de sexos en las listas electorales constituye un instrumento más de promoción de la igualdad efectiva. Las listas cremallera, en virtud del art. 9.2 CE, persiguen la consecución de un equilibrio material y que éste se traslade desde la sociedad a los órganos políticos de representación ciudadana. La confección de las listas electorales aplicando la mera paridad no consigue la paridad *de facto*, ni por tanto, el resultado de incluir a las mujeres ni como cabeza de lista ni con representación política suficiente. La relación entre la distribución desigual de los primeros puestos de la lista y la representación obtenida es determinante aunque formalmente se "cumpla" la paridad.

Las listas cremallera atienden a una fórmula de paridad absoluta con la que se pretende corregir una situación histórica de discriminación de la mujer en la vida pública según señala la STC 13/2009, FJ 11 que no pretende un tratamiento diferenciado de hombres y mujeres. Se trata, más bien, de una medida legislativa formalmente neutra que se orienta a corregir el déficit de la presencia femenina en el ámbito de la representación política, ciertamente minoritario y a lograr en su seno la igualdad material entre hombres y mujeres. Se trata, en definitiva, de una medida coyuntural sólo constitucionalmente aceptable en cuanto responde a la apreciación por el legislador de una situación determinada: la desigualdad femenina en las listas electorales. Asimismo, ello no supone una discriminación masculina pues hombres y mujeres han de tener en las listas electorales, siempre y en todo caso, una presencia del 50 por 100, de manera que a los hombres (tampoco a las mujeres) no se les garantiza únicamente o tan sólo el 40 por 100 de los puestos.

En este concepto realista de la soberanía, que la identifica como el efectivo ejercicio del poder -coincidiendo poder político absoluto y titular del mismo- se determina el poder de crear, modificar y extinguir la ley por su sola voluntad o de excepcionarla, así como de la posición del Rey como última instancia de la justicia[2], pues la voluntad del Rey es la expresión del poder del Estado.

Desde el concepto clásico de soberanía como el principal atributo del Estado, propio de la teoría política del siglo XIX, se dio paso a una nueva concepción, en el Estado constitucional, donde la soberanía como poder omnipotente pasa a ser un poder otorgado por el sistema jurídico y por tanto necesariamente limitado, en el que rigen principios constitucionales que determinan quién es el soberano. Es la expresión, no de una autoridad sin límites, sino de un poder ordenado legalmente[3].

---

sujeto a las leyes o a otra persona. Por esto, se dice que el príncipe está exento de la autoridad de las leyes. El propio término latino ley implica el mandato de quien tiene la soberanía (…) Puesto que el príncipe soberano está exento de las leyes de sus predecesores, mucho menos estará obligado a sus propias leyes y ordenanzas. Cabe aceptar ley de otro, pero, por naturaleza, es imposible darse ley a sí mismo, o imponerse algo que depende de la propia voluntad. Por esto, dice la ley: Nulla obligatio consistere potest, quae a volúntate promittentis statum capit, razón necesaria que muestra evidentemente que el rey no puede estar sujeto a sus leyes". BODIN, J., "De la Soberanía", *Los seis libros de la República,* cap. VIII (1576). Trad. BRAVO GALA, P., Ed. Tecnos, 3ª edición, 1997, págs. 47 a 53.

2 *"Bajo este mismo poder de dar y anular la ley, están comprendidos todos los demás derechos y atributos de la soberanía, de modo que, hablando en propiedad, puede decirse que sólo existe este atributo de la soberanía. Todos los demás derechos están comprendidos en él: declarar la guerra o hacer la paz, conocer en última instancia de los juicios de todos los magistrados, instituir y destituir los oficiales más importantes, gravar o eximir a los súbditos con cargas y subsidios, otorgar gracias y dispensas contra el rigor de las leyes, elevar o disminuir la ley, valor o tasa de las monedas, hacer jurar a los súbditos y hombres ligios sin excepción fidelidad a quien deben juramento. Todos éstos son los verdaderos atributos de la soberanía, y están comprendidos bajo el poder de dar la ley a todos en general y a cada uno en particular (…) Pero dado que el vocablo ley es demasiado general, lo más conveniente será especificar los derechos de la soberanía, comprendidos, como he dicho, bajo la ley del soberano (…) Hablemos ahora de otro atributo de la soberanía, a saber, del derecho de última instancia, el cual constituye y siempre ha constituido uno de los principales derechos de la soberanía (…) De este atributo de la soberanía, se deriva también el poder de conceder gracia a los condenados por encima de las sentencias y contra el rigor de las leyes, por lo que se refiere a la vida, a los bienes, al honor, a la condonación del destierro. Los magistrados no tienen poder, por importantes que sean, para conceder gracia ni alterar sus propias sentencias".* BODIN, J., "De la Soberanía", *ob. cit.*, págs. 75 y ss.

3 KELSEN, H., "*Das Problem der Souveränität und die Theorie des Völkerrechts, Beitrag zu einer Reinen Rechtslehre*", Ed. *Mohr Siebeck,* Tübinge (1920), pág. 17; *Cit.* en HILL-

Bibliografía

Chicano, Enriqueta (2004): «Conciliación de la vida personal, familiar y laboral», en AA.VV., España en hora. Libro verde sobre la racionalización de los horarios españoles y su normalización con los demás países de la UE, Madrid, Fundación Independiente.

De Gouges, Olympe (1971): *Declaración de los Derechos de la Mujer y la Ciudadana.* Disponible en https://catedraunescodh.unam.mx/catedra/catedra/materiales/u1_cuaderno2_trabajo.pdf [consultado 4 de julio 2022].

Estellés Peralta, Pilar María (2022): "Reflexiones sobre la igualdad y otros derechos de la mujer del siglo XXI", en *Pensar la mujer. Más allá de las ideologías.* Lydia Jiménez (dir.), Seminario de Pensamiento «Ángel González Álvarez» de la Fundación Universitaria Española, núm. 35, diciembre, pp. 159-200.

McStravog, Denise (2006): Barriers to female progression to senior positions within the 26 district councils in Northern Ireland, Women's Development Steering Group, Reino Unido. Disponible en http://www.womeninlocalcouncils. org.uk/research.

Serra Cristóbal, Rosario (2008): "La presencia de mujeres en los parlamentos autonómicos. La efectividad de las medidas de paridad adoptadas por los partidos políticos y por el legislador", Revista de Estudios Políticos, núm. 141, Madrid, julio-septiembre, págs. 161-195.

Sevilla Merino, Júlia (2004): *Mujeres y ciudadanía: la democracia paritaria,* Valencia, Institut Universitari d'Estudis de la Dona-Universitat de Valencia.

Verge Mestre, Tania (2008): "Cuotas voluntarias y legales en España. La paridad a examen", Revista española de Investigaciones Sociológicas (Reis), núm. 123, pp. 123-150.

Capítulo 4

Los acta interna corporis frente al IUS in officium del parlamentario

ENRIQUE FLIQUETE LLISO
Vicepresidente del Consell Jurídic Consultiu de la Comunitat Valenciana
Profesor de Derecho Constitucional Universitat de València

I. EL PARLAMENTO NO ES SOBERANO

1. Soberanía y Parlamento

En el concepto clásico de soberanía, entendida como capacidad de poder absoluto, irresistible e incondicionado -formulada por HOBBES y BODIN- ésta se residencia en el monarca, como identificación del Estado, no oponible por derecho alguno. BODIN la define como "el poder absoluto y perpetuo de una república (…) La soberanía no es limitada, ni en poder, ni en responsabilidad, ni en tiempo. Este poder es absoluto y soberano, porque no está sujeto a otra condición que obedecer lo que la ley de Dios y la natural mandan (…) Sí decimos que tiene poder absoluto quien no está sujeto a las leyes, no se hallará en el mundo príncipe soberano, puesto que todos los príncipes de la tierra están sujetos a las leyes de Dios y de la naturaleza y a ciertas leyes humanas comunes a todos los pueblos"[1].

---

1 *"Es necesario que quienes son soberanos no estén de ningún modo sometidos al imperio de otro y puedan dar ley a los súbditos y anular o enmendar las leyes inútiles; por quien está*

La teoría del Estado democrático moderno, se fundamenta en la soberanía de la Constitución, en su posición jurídica, como competencia del Estado para tomar decisiones definitivas y vinculantes "Si el soberano es aquel cuya autoridad reconocida hace posible el gobierno de la nación y el derecho respaldado por la fuerza, entonces *the constitution is the sovereign*, puesto que la Constitución contiene y mantiene (*retains*) la unidad, la indivisibilidad y la supremacía que, conforme a la doctrina, constituyen la esencia de la soberanía"[4]. El Estado constitucional es un poder político organizado y soberano, capaz de crear un ordenamiento jurídico que es supremo y vinculante -supremacía- y de hacerlo exigible.

No obstante, la existencia de un poder supremo no ha supuesto, históricamente, un límite a la determinación de las facultades de los Parlamentos, y a su propia sustantividad. La necesidad de coexistencia del poder soberano con las asambleas representativas, determinada por la justificación del título habilitante del poder, es una constante desde el modelo medieval con una legitimación propia, aunque dispar según el momento histórico en el cual se efectúe el análisis. En el equilibrio entre el respeto al Parlamento, y el ejercicio del poder por parte del titular de la soberanía, se encuentra la base del reconocimiento institucional del primero y el fundamento de las prerrogativas parlamentarias. En esencia, la autonomía parlamentaria es la raíz en la cual se justifican tales prerrogativas, tanto individuales como institucionales.

No debe, empero, olvidarse que soberanía y autonomía parlamentaria son conceptos distantes y no siempre han mantenido una correlación pacífica. En la medida que el Parlamento se constituye como límite a la acción del poder del soberano, los sucesivos intentos por restringir las facultades parlamentarios, han determinado la génesis de un status propio y exento -con matices-, de la libérrima decisión del titular de la soberanía. Con claridad se advierten tales actos limitativos a lo largo de la historia, pero también se puede concluir que los mismos, en lugar de configurar un espacio restringido para la acción del Parlamento, han supuesto el fortalecimiento del Parlamento frente al Soberano.

GRUBER, C., "Soberanía. La defensa de un concepto jurídico", *INDRET, Revista para el análisis del Derecho*, Barcelona, febrero 2009, pág. 5.

4 LINDSAY, A. D., "*The modern democratic State*", Oxford University Press, 1943 (3ª ed., 1945), p. 224; *Cit.* en FROSINI, V., "Kelsen y las interpretaciones de la soberanía", *Costituzione e societá chile, Edizíoni di Comunitá*, Milán, 1975 (2ª ed., 1977), trad. RUIZ DE LA CUESTA, A. y ALAROÓN CABRERA, C., *Revista Española de Derecho Constitucional*, Año 11. Núm. 31. enero-abril 1991, pág. 67.

Obviamente, la configuración de los Parlamentos, y sus funciones, son el resultante de una larga evolución, desde las primeras Cortes de León de 1188, consecuencia de la necesidad de ingresos de la Corona y el consiguiente incremento de impuestos, que llevó a Alfonso IX de León a convocar a la Curia Regia del Reino y a los representantes de las ciudades a consultas. Y en los primeros momentos del parlamentarismo inglés[5] la Carta Magna de Juan Sin Tierra (1215), primer referente de los Documentos Ingleses, confirmatoria de los derechos feudales de la nobleza que supuso el reconocimiento del derecho del Parlamento a aprobar tributos -y del derecho a la libertad y a la seguridad personal-.

Con la aparición del Estado liberal de Derecho, la titularidad de la soberanía abandona de forma progresiva al Rey, para atribuirse a entes abstractos (nación, pueblo), que no ejercerán de forma directa las funciones soberanas. El principio de división de poderes, el imperio de la ley y el principio democrático, determinan que el sistema representativo que inspira al Parlamento, no tiene implícita la titularidad del poder de los representados. La Nación es titular de la soberanía, pero no así el Parlamento, que se configura como poder instituido. De una parte, el Parlamento ejercerá como poder las funciones legislativas. De otra parte, el Parlamento estará sometido a la norma suprema del Estado. Y, en tercer lugar, el Parlamento no es el titular de la Soberanía, pues la misma sigue residenciada en el elemento personal del Estado. Pero tal sometimiento no puede obviar la primacía del Parlamento en el sistema parlamentario.

El ejercicio del poder por parte del Parlamento va a requerir, por ello, de una serie de garantías para evitar las injerencias de los otros poderes, conformándose a tales efectos el concepto de "autonomía parlamentaria", los prerrogativas clásicas de los parlamentarios -inmunidad e inviolabilidad-, y la propia inviolabilidad de las Cortes. Garantías que tienen una premisa previa, insoslayable: el sometimiento a la Constitución y al resto del ordenamiento jurídico, en la medida que es la Constitución la única norma soberana.

2. El Parlamento no es soberano

La Constitución Española de 1978 no reconoce soberanía al Parlamento. La dicción del art. 1.2 CE sólo permite afirmar un titular de la soberanía: "la soberanía nacional reside en el pueblo español, del que emanan

5 El "Parlamento Modelo", convocado por Eduardo I en 1295.

los poderes del Estado". Una soberanía residenciada en el pueblo, y de carácter nacional, única e indivisible ex. art. 2 CE. No se puede, por ello, afirmar que el Parlamento sea soberano. Asimismo, el ejercicio de las funciones que la Constitución atribuye a las Cortes Generales está sometido a la Constitución y al resto del ordenamiento jurídico, como así proclama el art. 9.1 CE. Un deber de obediencia a los mandatos constitucionales que impide predicar la soberanía del Parlamento. Las Cortes Generales "representan al pueblo español" (art. 66.1 CE), pero no asumen la soberanía que le corresponde a éste, pues no existe una traslación de la titularidad por *mor* del principio representativo.

Tal configuración constitucional conduce inexorablemente a una conclusión: todos los actos del Parlamento se someten a la Constitución y al resto del ordenamiento jurídico. Cuando el texto constitucional afirma la inviolabilidad de las Cortes Generales (art. 66.3 CE), deberá ser entendida en términos del ejercicio sin injerencias de las funciones parlamentarias, pero no como una exención al imperio de la ley ni como ausencia de sometimiento de sus actos a la fiscalización y control de constitucionalidad. A ello deberá sumarse que el art. 53.1 de la Constitución establece una vinculación positiva de todos los poderes públicos respecto a los derechos fundamentales y libertades del Capítulo II, Título I, de la Constitución, que será límite constitucional en el ejercicio de las funciones legislativa, presupuestaria y de control al Ejecutivo[6].

---

6 *"(...) si se parte de la idea de la soberanía popular o, si se quiere, de la idea de poder constituyente, para subrayar el carácter germinal, no sólo en el tiempo, que es lo menos, sino sobre todo en orden lógico, de este poder, la incardinación en la Constitución de los derechos ciudadanos, y de los deberes del poder, o lo que es lo mismo, la afirmación de la Constitución como fuente del Derecho, adquiere una firmeza granítica. La consideración del pueblo como titular único de la soberanía fuerza, como es obvio, a atribuirle el poder constituyente. De la Constitución, que es su obra, derivan todas las instancias concretas del poder que son, por ello. poderes constituídos. No sólo se trata ya de que el haz de facultades que cada uno de ellos puede desplegar esté pre-constituído, sea limitado sino que, y esto es lo fundamental, de que esta limitación no resulta un acto libre de esas instancias concretas de poder o del Estado, del que son órganos, sino de la relación de dependencia en que esos órganos se encuentran respecto del pueblo. Esta dependencia no puede ser asegurada si el pueblo no se reserva para sí, esto es, para cada uno de los individuos que lo integran, un repertorio de derechos, un ámbito de libertad que haga posible el ejercicio real de ese control, y no estructura el poder de manera que el control tenga probabilidades de eficacia.".* RUBIO LORENTE, F. *"La Constitución como fuente de Derecho, en La forma del poder"* en "Estudios sobre la Constitución", Centro de Estudios Constitucionales, Madrid, 1993, Pág. 85

La preminencia de la posición del Parlamento como creador de la ley va a permitir que los actos legislativos sólo se sometan a la Constitución y ejerza, en consecuencia, como poder superior sobre los demás poderes del Estado[7]. Su legitimación representativa respecto al pueblo, como único titular de la soberanía, justifica esa preminencia y le dota de un estatus en su papel configurador del sistema democrático, y en su consolidación y ejercicio, que no es común con el resto de los poderes del Estado. La primacía del Parlamento en el sistema liberal hará necesaria la existencia de mecanismos de protección respecto a los demás poderes, que tiene su materialización en el principio de autonomía parlamentaria.

La función transformadora del Parlamento, tanto en la determinación del ordenamiento jurídico en el ejercicio de la función legislativa, como en su función de control sobre el poder Ejecutivo -y en términos más generales, de la propia acción política en el Estado-, y como sede de la representación del pueblo en su acepción constitucional, dotan a las Cortes Generales de un papel nuclear en el modelo democrático[8]. No obstante, su sistema de fuentes del Derecho no es dispar respecto al general del Estado, ni cabe considerar que pudiesen existir ámbitos de la actividad parlamentaria completamente exentos de control. En consecuencia, el Parlamento no es soberano, pero el ejercicio de la función legislativa, es la máxima expresión del ejercicio de la soberanía popular en el Estado democrático[9].

---

7 El imperio de la ley hay que entenderlo *"en el sentido de la primacía de la leyes en sentido formal, es decir, la ley creada precisamente por el órgano popular representativo (Parlamento) en tanto que titular del poder legislativo. El fundamento de la ley descansa sobre la decisión de un poder, el legislativo, que tiene su origen en la soberanía del pueblo hecha voluntad. Si esto es así, el equilibrio de poderes aparecerá claramente escorado en beneficio del Parlamento. Montesquieu quena evitar la concentración del poder, pero ahora se añade, igualmente, la primacía de uno de esos poderes, el legislativo, que no encuentra más frenos que la Constitución y los órganos que ésta haya previsto para efectuar el control de la constitucionalidad de las leyes"*. RAMIREZ, M., "Problemática actual del Parlamento", *Revista de Estudios Políticos*, núm. 87, Enero-Marzo 1995, pág. 61.

8 *"Plantear la posible existencia de ámbitos exentos de control parlamentario pugna con el carácter democrático en el que España se ha constituido, y por tanto no puede tolerarse"*. LÓPEZ GUERRA, L., "La posición constitucional del Gobierno" en *Gobierno y Administración en la Constitución*, vol. I, Madrid, IEF, 1988, pág. 30

9 STC 10/2016, de 1 de febrero.

II. EL PRINCIPIO DE AUTONOMÍA PARLAMENTARIA Y EL ESTATUS DEL PARLAMENTARIO

1. La autonomía parlamentaria

La Constitución de 1978 concreta el ámbito de autonomía de las Cortes Generales en su art. 72.1: "Las Cámaras establecen sus propios Reglamentos, aprueban autónomamente sus presupuestos y, de común acuerdo, regulan el Estatuto del Personal de las Cortes Generales. Los Reglamentos y su reforma serán sometidos a una votación final sobre su totalidad, que requerirá la mayoría absoluta". Se trata de una esfera de actuación que no se somete a otros poderes del Estado -salvo el control de constitucionalidad de tales Reglamentos-, que va a dotar al Parlamento de un derecho propio que le permitirá determinar las normas que disciplinaran su tres ámbitos de actuación: normativo, presupuestario y administrativo[10].

En tal misión, la autonomía parlamentaria determinará una esfera de decisión, propia y exclusiva de las Cámaras, para regular su organización interior y el ámbito de ejercicio de las funciones parlamentarias que, de una parte, regula el proceso de creación de la ley y, por otra, establece su autodeterminación organizativa, con el único límite en el ejercicio de los derechos de los parlamentarios (23.2 CE), cuando lo parlamentario excede de la esfera estrictamente interna y despliega efectos externos, adquiriendo, con ello, relevancia constitucional[11].

---

10 STC 38/2022, de 11 de marzo: "*a) El principio de autonomía parlamentaria, reconocido por el art. 72.1 CE, se fundamenta en la necesidad de sustraer el Parlamento de posibles intromisiones de otros poderes del Estado que puedan afectar al desempeño de las funciones parlamentarias. Se trata de un mecanismo protector del órgano parlamentario, tradicional en nuestra historia constitucional y común en derecho comparado, que no supone huida del derecho, sino la existencia de un derecho propio elaborado por las Cámaras, o adoptado mediante importación selectiva o remisión a otras normas. b) Este principio incluye un conjunto de atribuciones, reconocidas en el citado art. 72.1 que se extiende a tres grandes esferas de actuación: (i) la autonomía normativa, que comporta, en lo que ahora es de interés, el reglamento parlamentario, así como sus normas interpretativas y acuerdos de los órganos de las Cámaras; (ii) la autonomía presupuestaria, para la aprobación del propio presupuesto, y (iii) la autonomía administrativa, para ordenar su propia organización, su propio personal y elegir sus propios órganos de gobierno*" (FJ 3°).

11 ATC 52/1994, de 16 de febrero: "*El principio de autonomía parlamentaria dota a la Asamblea legislativa de una esfera de decisión propia que únicamente puede ser sometida a la fiscalización de este tribunal en la medida en que por un acto de la Cámara se apliquen*

No obstante, el reconocimiento de la autonomía parlamentaria, en un primer momento, sirvió como límite para la fiscalización de los actos internos parlamentarios que, según incipiente criterio del Tribunal Constitucional, gozaban de inmunidad jurisdiccional, al declararse éste incompetente para controlar la actividad interna del Parlamento y predicar su irrecurribilidad también ante la jurisdicción ordinaria. Criterio que no se compadece con el sometimiento de toda la actividad de los poderes públicos, tanto al principio de legalidad e interdicción de la arbitrariedad, como, especialmente, la defensa de los derechos fundamentales y las libertades públicas, a partir de los cuales se comienza a redefinir la teoría de los "acta interna corporis"[12].

Lo cierto es que, en el marco constitucional vigente, la necesidad de unos mecanismos de protección de la actuación del Parlamento frente a las injerencias de los demás poderes del Estado carece de la justificación que otrora amparó su existencia. La autonomía parlamentaria no sufre los embates que, históricamente, determinaron la proclamación de los mecanismos de inmunidad jurisdiccional que se consideraron necesarios para

---

de manera desigual las normas que rigen su vida interior (art. 23.2 CE), o cuando del mismo resulte una lesión de la función representativa constitucionalmente encomendada a los parlamentarios que pueda repercutir en el derecho a la participación política de sus representados (art. 23.2 CE en relación con su párrafo primero). Solo cuando esto ocurre, lo interno (interna corporis acta) produce efectos externos y lo estrictamente parlamentario adquiere relevancia constitucional. En todo lo demás, el estatuto jurídico de los parlamentarios se configura 'con arreglo a lo dispuesto en las leyes' (art. 23.2 CE), esto es, según la regulación jurídica que la propia Cámara aprueba en el ejercicio de su facultad de autonormación constitucionalmente reconocida" (FJ 2°).

12 *"Estas facultades de autodeterminación organizativa encuentran su límite en el respeto a los derechos de los parlamentarios. Como hemos reiterado en diversas ocasiones, aunque compete también a los reglamentos parlamentarios fijar y ordenar, en determinadas materias, los derechos y facultades que corresponden a los distintos cargos y funciones públicas y que integran el derecho garantizado por el art. 23.1 CE, una vez creados quedan integrados en el estatus representativo. En efecto, conforme a la doctrina de este tribunal, la Constitución veta la privación o perturbación al representante político de la práctica de su cargo, introduciendo obstáculos que puedan colocar a unos representantes en condiciones de inferioridad respecto de otros. (SSTC 10/1983, de 21 de febrero; 32/1985, de 6 de marzo, FJ 3; 227/2004, de 29 de noviembre, FJ 2). El respeto a la autonomía parlamentaria lo es, sobre todo, a unas reglas de juego que institucionalizan el debate político y sobre cuyo contenido solo de manera excepcional puede extenderse nuestra jurisdicción. Pero es también respeto a las reglas mismas, incluso frente a quienes son los protagonistas del juego político que en ellas se desarrolla, a los que no puede estar permitida su alteración fuera del margen reglamentariamente establecido (STC 227/2004, de 29 de noviembre, FJ 6)" (STC 141/2007, de 18 de junio, FJ 5; en el mismo sentido, STC 49/2008, de 9 de abril, FJ 15)"* STC 38/2022, *ob. cit.* (FJ 3°).

el cumplimiento de las altas funciones que desempeña el Parlamento. Antes al contrario. La inviolabilidad del Parlamento que se proclama en el art. 66.3 CE debe entenderse desde un plano estrictamente funcional, no como paradigma o dogma infranqueable, y sus competencias de autoorganización del art. 72.1 CE quedan sometidas a la Constitución y al resto del ordenamiento jurídico[13].

De esta forma, el sistema constitucional parte de unas premisas esenciales que determinan la actuación de los poderes públicos. De una parte, con la proclamación del Estado Social y Democrático de Derecho, en el art. 1.2 CE., el principio de imperio de la ley rige de forma indubitada como elemento nuclear del modelo. Junto a éste, la división de poderes, legalidad de los actos de la Administración -y su presunción ex art. 103.1 CE- y el reconocimiento de los derechos fundamentales, son elementos axiomáticos indispensables para el entendimiento de la posición de cualquier poder público en el marco constitucional. Igualmente, el art. 9.1 CE, al explicitar el pleno sometimiento de los poderes públicos a la Constitución y al resto del ordenamiento jurídico, y su materialización en los principios del art. 9.3 CE, en particular, la interdicción de la arbitrariedad de los poderes públicos. Junto a estos principios, y como concreción necesaria en el ámbito de los derechos fundamentales y las libertades públicas, la vinculación de todos los poderes públicos a los derechos y libertades del Capítulo II, Título I, de la Constitución, ex. art. 53.1 CE.

En este marco, resulta extravagante el mantenimiento de la inmunidad de jurisdicción que, en otros momentos históricos, exigía la autonomía del Parlamento. Ni los demás poderes pueden actuar -al menos *de iure*-, contra el ejercicio de las funciones del Parlamento, ni pueden las Cortes Generales soslayar el mandato de sometimiento pleno a la Constitución. Y, dentro

---

13 *"La autonomía parlamentaria fue entendida originalmente como un requisito para la subsistencia de las Cámaras parlamentarias frente a los peligros que representaba la Corona, en momentos, en los que, como se ha señalado, continuaba vigente el principio monárquico. Sin embargo, en la actualidad, tal situación no se presenta y, por el contrario, la explicación sobre la autonomía parlamentaria requiere de otra fundamentación. Si tomamos en consideración la importancia de las funciones que constitucionalmente le han sido otorgadas al Parlamento, la necesidad de asegurarle un ámbito de autonomía frente al poder ejecutivo y demás órganos constitucionales, que permitan el ejercicio de tales funciones con un grado suficiente de independencia, constituye una exigencia fundamental con el fin de dotar de las condiciones mínimas necesarias al Parlamento para el cumplimiento de dichas funciones".* TIRADO BARRERA, J.A., "Actos parlamentarios y control jurisdiccional", *Pensamiento Constitucional*, Año VI, núm. 6, 1999, pág. 617.

de éste, la vinculación positiva del Parlamento, como poder político, con los derechos y libertades que, en el ejercicio de su autonomía autoorganizativa, incidirá directamente en el núcleo del derecho fundamental a la participación política de los parlamentarios. La fiscalización de tales actos, ante el Tribunal Constitucional, cuando se produzca una vulneración de los derechos fundamentales de los parlamentarios -aunque no sólo-, es una exigencia constitucional que no puede, en la actualidad, ser orillada en pro de una autonomía que, de igual forma, tiene su protección a nivel Constitucional y legislativo, a través del sistema de justicia constitucional y, también, de la jurisdicción ordinaria (incluso en el orden penal).

2. El estatus del parlamentario

La Constitución se ocupa expresamente del reconocimiento del estatuto del parlamentario en el ejercicio de sus funciones a través de dos prerrogativas: la inviolabilidad y la inmunidad parlamentaria. Ambas, establecidas en el art. 71 CE, pretenden proteger al parlamentario de posibles injerencias procesales que puedan menoscabar su libertad como representante de los ciudadanos, en el seno de la Cámara respectiva. En ambos casos, la protección que se dispensa no es absoluta, sino que pretende servir de "filtro" respecto a las acciones que puedan llegar a emprenderse contra los parlamentarios, bien en cuanto al ejercicio de su derecho de libertad de expresión en sede parlamentaria (manifestaciones, sentido de los votos emitidos), bien en cuanto a la previa consideración sobre los delitos que se les puedan imputar, y la necesidad de autorización para su procesamiento, a través de la concesión del suplicatorio.

Ambas prerrogativas, por tanto, tienen como finalidad el ejercicio de las funciones por parte del parlamentario, erigiéndose la Constitución como garantía de que la misma se desarrolle sin limitaciones externas, evitando que ésta se altere de forma artificiosa o sin fundamentación jurídico-penal solvente. Sin embargo también en el ejercicio de tales funciones, la Constitución no prevé un mecanismo específico de defensa del parlamentario cuando el desempeño de sus funciones resulta constreñido por la propia Cámara. Las posibles restricciones que pudiesen producirse por decisiones de los órganos de gobierno del Parlamento, respecto al ejercicio efectivo de su función, no tienen, en la Constitución, un mecanismo *ad hoc* de defensa.

No obstante, resulta obvio que el haz de facultades que se integran en el ejercicio de la función parlamentaria, no es, simplemente, una consecuencia de la decisión del Parlamento -esto es, no son simples derechos otorgados por la Cámara, en uso de su potestad autonormativa-, sino que se configuran como un auténtico derecho fundamental de configuración legal -y también reglamentaria, entendida ésta desde las facultades reglamentarias del Parlamento-. Y si bien debe partirse de la especial configuración del parlamentario -y las consiguientes restricciones normativas en el ejercicio de su cargo que puedan proceder de los Reglamentos de la Cámara- existe un mínimo común dentro del reconocimiento de los derechos fundamentales, atendida su naturaleza como derechos de participación política.

El ejercicio del derecho de acceso al cargo público, ex. art. 23.2 CE, como es sabido, no sólo comprende dicho acceso, sino también su ejercicio sin perturbaciones ilegítimas. Un ejercicio en el que se integran un conjunto de facultades cuya restricción puede afectar al contenido esencial del derecho fundamental, pues el art. 23.2 CE "garantiza, no sólo el acceso igualitario a las funciones y cargos públicos, sino también que los que hayan accedido a los mismos se mantengan en ellos sin perturbaciones ilegítimas y los desempeñen de conformidad con lo que la ley disponga" (STC 32/1985, de 6 de marzo).

Pero además, el Tribunal Constitucional se ha encargado de señalar la conexión entre el derecho del art. 23.2 CE, con el derecho a la participación política del art. 23.1 CE, puesto que el ejercicio de las funciones parlamentarias, implica igualmente la defensa del derecho de los ciudadanos a participar, a través de sus representantes, en los asuntos públicos. De esta forma se explicita la conexión directa entre el derecho de los representantes públicos (23.2 CE) y el derecho de los ciudadanos a participar en los asuntos públicos, pues son representantes los que dan efectividad al derecho de los ciudadanos a participar[14]. Hasta el punto de afirmarse

---

14 *"El art. 23.1 consagra el derecho de los ciudadanos a participar en los asuntos públicos por medio de representantes libremente elegidos en elecciones periódicas, lo que evidencia a nuestro juicio que los representantes dan efectividad al derecho de los ciudadanos a participar -y no de ninguna organización como el partido político-, y que la permanencia de los representantes depende de la voluntad de los electores que la expresan a través de elecciones periódicas, como es propio de un Estado democrático de derecho, y no de la voluntad del partido político. En definitiva, y sin perjuicio de las incompatibilidades que pueda regular la Ley, el cese en el cargo público representativo al que se accede en virtud del sufragio no puede depender de una voluntad ajena a la de los electores, y eventualmente a la del elegido. Los partidos políticos, tal y como establece el art. 6 de la Constitución, ejercen funciones de trascendental importancia en el Estado actual, en cuanto expresan el pluralismo político, concurren a la formación y manifestación de la voluntad popular y son instrumento fun-*

que la vulneración que resulta del hecho de privar al representante de su función afecta a todos los ciudadanos simultáneamente e implica, también, una vulneración del derecho del representante a ejercer la función que le es propia, derecho sin el que, como es obvio, se vería vaciado de contenido el de los representados[15].

---

damental para la participación política. Pero, sin perjuicio de lo anterior, lo cierto es que el derecho a participar corresponde a los ciudadanos, y no a los partidos, que los representantes elegidos lo son de los ciudadanos y no de los partidos, y que la permanencia en el cargo no puede depender de la voluntad de los partidos sino de la expresada por los electores a través del sufragio expresado en elecciones periódicas" STC 5/1983, de 4 de febrero (FJ 4º). En términos similares, SSTC 208/2003, de 1 de diciembre (FJ 4º, a); 38/1999, de 22 de marzo (FJ 2º); 107/2001, de 23 de abril (FJ 3º, a); 203/2001, de 15 de octubre (FJ 2º), y 177/2002, de 14 de octubre (FJ 3º).

15 STC 10/1983, de 21 de febrero: *"El derecho que la Constitución (art. 23.1) garantiza a todos los ciudadanos de participar en los asuntos públicos mediante representantes libremente elegidos, es un derecho que corresponde a cada ciudadano y que puede ser vulnerado por actos que sólo afecten a cada uno de éstos en particular. La vulneración que resulta del hecho de privar al representante de su función les afecta sin embargo a todos simultáneamente y es también una vulneración del derecho del representante a ejercer la función que le es propia, derecho sin el que, como es obvio, se vería vaciado de contenido el de los representados. Lo propio de la representación, de cualquier modo que ésta se construya, tanto basada en el mandato libre como en el mandato imperativo, es el establecimiento de la presunción de que la voluntad del representante es la voluntad de los representados, en razón de la cual son imputados a éstos en su conjunto y no sólo a quienes votaron en su favor o formaron la mayoría, los actos de aquél. El desconocimiento o la ruptura de esa relación de imputación destruye la naturaleza misma de la institución representativa y vulnera, en consecuencia, un derecho fundamental de todos y cada uno de los sujetos que son parte de ella. En su segundo apartado, el art. 23 de nuestra Constitución consagra el derecho de todos a acceder en condiciones de igualdad a las funciones y cargos públicos con los requisitos que señalen las leyes. En lo que aquí importa este derecho (que protege a los titulares de cargos y funciones públicos de cualquier género y no sólo, como el antes considerado, a los titulares de funciones representativas) implica también el de no ser removidos de los cargos o funciones públicos a los que se accedió si no es por causas y de acuerdo con procedimientos legalmente establecidos. El legislador puede establecer libremente las condiciones que estime más adecuadas, pero su libertad tiene limitaciones que son, de una parte, las generales que imponen el principio de igualdad y los derechos fundamentales que la Constitución garantiza y, de la otra, cuando se trata de cargos o funciones cuya naturaleza esencial aparece definida por la propia Constitución, las que resultan de la necesidad de salvaguardar esta naturaleza. En el caso de los cargos y funciones públicos de carácter representativo, una regulación legal que sea contraria a la naturaleza de la representación violará también por ello el derecho del representante a permanecer en el cargo. Cuando esa violación se produce porque la regulación legal cuya aplicación origina el cese en el cargo lesiona el principio de igualdad o derechos fundamentales del propio representante como simple ciudadano, tal violación afectará también, sin duda al cuerpo electoral, cuya voluntad representa pero, a diferencia de lo que ocurre en el*

En cuanto al contenido esencial de la función del parlamentario, que integra el *ius in officium*, como parte del derecho fundamental al acceso al cargo y funciones públicas del art. 23.2 CE, el Tribunal Constitucional considera que está garantizando “no sólo el acceso igualitario a las funciones y cargos públicos, sino también que los que hayan accedido a los mismos se mantengan en ellos sin perturbaciones ilegítimas y los desempeñen de conformidad con lo que la ley disponga, ya que en otro caso la norma constitucional perdería toda eficacia si, respetado el acceso a la función o cargo público en condiciones de igualdad, su ejercicio pudiera resultar mediatizado o impedido sin remedio jurídico” (STC 161/1988, de 20 de septiembre, FJ 6°)[16].

Siguiendo a GARCÍA ROCHA[17], El *ius in officium* del parlamentario estaría legitimado por los siguientes principios:

1. El derecho de acceso a los cargos públicos representativos, ex art. 23.2 CE, el cual incluye el derecho a mantenerse en tales cargos y desempeñarlos en los términos que establece la ley. A estos efectos, y de conformidad con lo previsto en el art. 53.1 CE, el desarrollo legislativo de tal derecho no podrá afectar a su contenido esencial, por lo que vaciar, estorbar o dificultar la función del parlamentario mediante obstáculos artificiosos, o colocar a unos representantes y a otros en discriminatoria posición jurídica, supondrá una vulneración de tal derecho, así como del derecho a la igualdad jurídica ex art. 14 CE[18].

2. El pluralismo político y la forma de gobierno parlamentaria, ex art. 1 CE, en virtud del cual el parlamentario contribuye a la formación de la voluntad de la Cámara que, en el ejercicio de la función legislativa, es la máxima expresión del ejercicio de la soberanía popular en el Estado democrático. Los derechos y deberes del parlamentario,

---

caso anteriormente estudiado, el daño que los ciudadanos, como representados, padezcan, no es lesión de un derecho propio, sino reflejo de la vulneración de un derecho ajeno, pues el trato discriminatorio de que pueden ser objeto el representante o la perturbación que eventualmente sufra en el uso legítimo de sus derechos fundamentales y libertades públicas afecta en primer término a su propio ámbito protegido y sólo indirectamente, y en la medida en que lo desplace de su cargo o función, cuya naturaleza no han sido desfigurada, a la situación jurídica de los representados" (FJ 2°).

16 En los mismos términos, las SSTC 32/1985, de 6 de marzo; 177/2002, de 14 de octubre; 40/2003, de 27 de febrero; y 32/2017, de 27 de febrero.

17 GARCÍA ROCHA, M.ª P., “La vulneración del *ius in officium* en la aplicación de los arts. 150 RCD y 129 RS”, *Revista de Estudios Políticos*, núm. 187, 2020, págs. 209-231.

18 STC 32/1985, de 20 de septiembre

en la medida que se determinan para el ejercicio de tal función, son "una manifestación constitucionalmente relevante del *ius in officium* del representante"[19].

3. El derecho del art. 23.2 CE, en conexión con el art. 23.1 CE, puesto que el ejercicio de las funciones parlamentarias incide, no sólo en el derecho al acceso a las funciones representativas, sino que, además, es un medio instrumental necesario para la materialización del ejercicio del derecho a la participación de los ciudadanos en los asuntos públicos, directamente o por medio de representantes. El derecho del art. 23.1 CE quedaría "vacío de contenido, o sería ineficaz, si el representante político se viese privado del mismo o perturbado en su ejercicio"[20], integrándose ambos derechos en el denominado estatus del representante.

4. La configuración legal del *ius in officium*, por previsión constitucional en el art. 23.2 CE, que implica que son los reglamentos parlamentarios los llamados a establecer los derechos y facultades del cargo público, integrándose estos en el estatus propio del cargo. La restricción, limitación o suspensión de tales derechos por parte del poder público, podrá ser constitutiva de una vulneración del derecho fundamental al acceso al cargo público, y al ejercicio del cargo sin perturbaciones ilegítimas[21]. Es, pues, la Cámara respectiva la que tiene la habilitación para determinar a través de su reglamento el estatus del parlamentario -derechos y facultades-, y en tal misión, deberá respetar el contenido esencial del derecho, ex art. 53.1 CE.

Ello obliga a determinar cuáles son los derechos del parlamentario que se sitúan en el núcleo del ejercicio del cargo público y cuál es la entidad del acto del órgano parlamentario en cuanto a la restricción de tal derecho, a efectos de establecer si la infracción concreta de ese derecho, dentro del haz de facultades que se integran en su *ius in officium*, tiene trascendencia suficiente como para constituir una vulneración del derecho fundamental.

---

19 STC 10/2016, de 1 de febrero

20 SSTC 96/2019, de 15 de julio; 10/2018, de 5 de febrero; 38/1999, de 2 de marzo; 107/2001, de 23 de abril; 177/2002, de 14 de octubre; 202/2014, de 15 de diciembre; 40/2003, de 17 de febrero.

21 SSTC 27/2000, de 31 de enero; 36/2014, de 27 de febrero; y 224/2016, de 19 de diciembre.

Considera el Tribunal Constitucional que son derechos que pertenecen al núcleo de la función representativa, principalmente, aquellos "que tienen relación directa con el ejercicio de las potestades legislativas y de control de la acción del Gobierno"[22]. Entre otros, el ejercicio de la función legislativa a través del procedimiento parlamentario reglamentariamente establecido para la concreta iniciativa[23]; el derecho a la presentación de enmiendas[24]; la formulación de preguntas parlamentarias como acto de control al Gobierno[25]; la admisión de interpelaciones[26]; la creación de comisiones de investigación[27]; la inadmisión de proposiciones no de ley[28]; las solicitudes de información[29]; las solicitudes de comparecencia de miembros del Gobierno o de diversas administraciones[30]; o actos de calificación y admisión de iniciativas parlamentarias[31].

III. EL CONTROL DE LOS ACTA INTERNA CORPORIS

1. Concepto de *acta interna corporis*

No existe un concepto único de los *acta interna corporis*. Su traducción del latín solo permite determinar su literalidad: actos internos de las Cámaras. Tales actos internos de la institución parlamentaria, no obstante, deben ponerse en relación con el momento histórico en el cual se acuña el término *internal procedings*, en el parlamentarismo inglés. La reacción de las cámaras parlamentarias inglesas ante el intento de Los reyes Carlos I y Jacobo II de implantar un modelo absolutista a finales del S.XVII, des-

22 STC 109/2016, de 7 de junio.

23 STC 118/1999, de 28 de junio.

24 SSTC 119/2011, de 5 de julio; y 96/2019, de 15 de julio.

25 STC 107/2001, de 23 de abril.

26 STC 200/2014, de 15 de diciembre.

27 STC 88/2012, de 7 de mayo.

28 SSTC 95/1994, de 21 de marzo; 38/1999, de 22 de marzo; 40/2003, de 27 de febrero; y 11/2017, de 30 de enero.

29 SSTC 161/1988, de 20 de septiembre; 181/1989, de 29 de noviembre; y 32/2017, de 27 de febrero.

30 SSTC 208/2003, de 1 de diciembre; 89/2005, de 18 de abril; 90/2005, de 18 de abril; y 1/2015, de 19 de enero.

31 STC 38/2022, de 11 de marzo.

embocó en la Revolución Gloriosa (1688) que concluyó con la derrota del monarca, y el fortalecimiento del Parlamento: imposición del *Bill of Rights* (1689), la afirmación de la teoría de la soberanía parlamentaria y la exención de jurisdicción de los *internal procedings*[32].

La asunción de los *internal procedings* en el derecho continental por la doctrina iuspublicista alemana[33] en el S. XIX, determinó la afirmación de exención de jurisdicción de los *acta interna corporis* que, en las diferentes fases del procedimiento legislativo, no tengan relevancia externa por lo que quedarían fuera del control judicial aquellos actos que se desarrollen internamente, sin efectos *ad extra.* Se sitúa así la doctrina de los acta interna corporis en el ámbito de ejercicio de la autonomía parlamentaria, en un marco histórico concreto, y unas condiciones políticas de conflicto institucional que exigieron la adopción de medidas de salvaguarda del Parlamento frente a las intromisiones de otros poderes.

El concepto de *acta interna corporis* se alcanza a través de su delimitación, en muchos casos, negativa. Así, se puede llegar a la definición de los *acta interna corporis* -desde la premisa de ser actos emanados por los órganos decisorios de las Cámaras- a partir de su ausencia de control -actos del Parlamento exentos de jurisdicción-; de la inexistencia de efectos externos respecto a terceros ajenos a la Cámara -efectos *ad intra,* no *ad extra*-; la exclusión de su naturaleza como acto administrativo -sobre los que cabría su fiscalización jurisdiccional- y, por tanto, ejerciendo potestades dispares a las administrativas, puesto que los actos de naturaleza administrativa son los que recaen sobre materias sometidas al control de la jurisdicción contencioso-administrativa y son susceptibles de control del Tribunal Constitucional por vía del art.43 LOTC; carecen de valor de ley; y tienen naturaleza típicamente parlamentaria[34].

Los actos parlamentarios están legitimados por los Reglamentos parlamentarios, como normas de regulación de procedimientos para el ejercicio de las funciones parlamentarias, como una manifestación de su autonomía normativa[35]. Y, por ello, los *acta interna corporis* deberán delimitarse a partir

---

32 *Vid.* TIRADO BARRERA, J.A., "Actos parlamentarios y control jurisdiccional", *ob.cit.*

33 LÓPEZ DE LERMA GALÁN, J., "El control de la actividad parlamentaria como garantía del sistema constitucional", *Estudios de Deusto,* Vol. 69/1, enero-junio 2021, pág. 106.

34 STC 121/1997.

35 *"En relación con la denominada "autonomía normativa", el Tribunal ha destacado que este principio "dota a las Cámaras parlamentarias de una esfera de decisión propia (ATC 52/1994, de16 de febrero, FJ 2) que se plasma especialmente en la autonomía reglamentaria (STC234/2000, de 3 de octubre, FJ 12). Esta capacidad autoorganizativa exige que la*

de las diferentes posibilidades de decisión de los órganos de gobierno de las Cámaras, cuando tales decisiones no afecten a terceros, limiten sus efectos a la esfera interna del Parlamento, no tengan naturaleza administrativa, y no incidan en las funciones nucleares del Parlamento -legislativa, control, presupuestaria-. Por definición, tales actos comparten la naturaleza de *acta interna corporis,* y les será la aplicación la doctrina de exención de control jurisdiccional -tanto ordinaria como constitucional- de los *acta interna corporis.*

No obstante la aplicación la doctrina de los *acta interna corporis,* y por ella, su exención de fiscalización ante la jurisdicción ordinaria, podrán ser actos sometidos al control del Tribunal Constitucional, aquellos que, compartiendo la naturaleza como *acta interna corporis,* causen lesión de derechos fundamentales, en particular la función representativa constitucionalmente encomendada a los parlamentarios (23.2 CE), la cual repercute en el derecho participación política de sus representados (art. 23.1 CE), puesto que: 1°) Sus efectos trascienden la esfera estrictamente parlamentaria, pues la vulneración del derecho a participar en los asuntos públicos de un parlamentario, afecta a todos los ciudadanos simultáneamente[36]; 2°) Infringen derechos fundamentales y libertades públicas cuya tutela vincula a todos los poderes públicos ex art. 53.1 CE.

Y decimos que comparten la naturaleza de los *acta interna corporis,* y que sería aplicable la doctrina de los *acta interna corporis* porque cabe diferenciar entre tal naturaleza y la aplicación de la doctrina de exención de jurisdicción. La doctrina de los *acta interna corporis* implica la exención de la jurisdicción ordinaria en atención a la naturaleza interna del acto, y ello con independencia de si produce, o no, efectos externos. Seguiría siendo un acto interno, un *acta interna corporis,* cuando sus efectos se despliegan más allá del ámbito parlamentario, pero no cabría mantener la ausencia de todo control y fiscalización en sede constitucional, sino sólo ante la jurisdicción ordinaria. Así, el acto interno parlamentario no se define por sus efectos, sino por su naturaleza. Los efectos son una consecuencia del acto, pero no determinan al acto en sí mismo, que queda ausente de control jurisdiccional ordinario.

Todo acto interno parlamentario tiene, en abstracto y términos conceptuales, efectos externos. No es imaginable que los actos de un poder carez-

---

Cámara disponga de la posibilidad de modificar las 'reglas del juego que institucionalizan el debate político' (SSTC 226/2004 y 227/2004, de 29 de noviembre, FJ 6), siendo contraria a ella la total petrificación del ordenamiento parlamentario interno a lo largo de la legislatura". STC 38/2022, de 11 de marzo (FJ 3°).

36 STC 10/1983, de 21 de febrero.

can de trascendencia en el plano de lo político respecto a la sociedad en la que se desenvuelve un Parlamento y que es la destinataria de sus actos: la formulación de preguntas, la admisión de interpelaciones, la creación de comisiones de investigación, la inadmisión de proposiciones no de ley, las solicitudes de información, las solicitudes de comparecencia de miembros del Gobierno o de diversas administraciones; los actos de calificación y admisión de iniciativas parlamentarias, etc. Son todos actos internos, que pueden, o no, causar la vulneración del derecho fundamental al ejercicio del cargo público representativo -y, por extensión, el derecho a la participación política-.

Sin embargo, sólo cuando tales actos causan una vulneración de derechos fundamentales, cabe el pronunciamiento en amparo por parte del Tribunal Constitucional. De entender que tales actos no han alcanzado la intensidad suficiente como para incidir en el contenido esencial del derecho fundamental -el *ius in officium*-, dichos actos internos habrán sido fiscalizados por el Tribunal Constitucional, pero no alcanzaran la entidad infractora del derecho fundamental, es decir, el acto interno habrá sido objeto de control por parte del Tribunal Constitucional, pero no habrá vulnerado un derecho fundamental y el acto se mantendrá en su naturaleza y efectos.

La diferencia, pues, no se encuentra en los efectos externos del acto, sino en la intensidad del acto interno y su trascendencia respecto a los derechos fundamentales del parlamentario. Si el acto interno vulnera derechos fundamentales, la consecuencia es la declaración de la existencia de tal vulneración por parte del Tribunal Constitucional y su nulidad; el acto se declara nulo, no por crear efectos *ad extra*, sino por causar la vulneración del derecho fundamental. Es por ello que la exención de jurisdicción -doctrina de los *acta interna corporis*-, es predicable de todos los *acta interna corporis*, respecto a la jurisdicción ordinaria, no la constitucional. Y que los efectos del acto, bien sean *ad intra*, bien sea *ad extra*, no cualifican la naturaleza del acto, sino su posibilidad de fiscalización por el Tribunal Constitucional.

2. Control de los *acta interna corporis* por el Tribunal Constitucional

a. El recurso de amparo parlamentario

El llamado amparo parlamentario está previsto en el art. 42 de la Ley 2/1979, Ley Orgánica del Tribunal Constitucional (LOTC) el cual establece que "Las decisiones o actos sin valor de Ley, emanados de las Cortes o de cualquiera de sus órganos, o de las Asambleas legislativas de las Comunidades autónomas, o de sus órganos, que violen los derechos y libertades susceptibles de amparo constitucional, podrán ser recurridos dentro del plazo de tres meses desde que, con arreglo a las normas internas de las Cámaras o Asambleas, sean firmes". De esta forma, es el Tribunal Constitucional el garante de los derechos fundamentales presuntamente vulnerados por decisiones o actos sin valor de ley emanados del Parlamento. Actos que, por su naturaleza de *acta interna corporis,* están exentos del control por parte de la jurisdicción ordinaria y que, por tal motivo, son impugnables ante el Tribunal Constitucional una vez devienen firmes en el ámbito parlamentario, cuando éstos violen derechos fundamentales y libertades públicas.

El propio Tribunal Constitucional distingue entre dos tipos de actos parlamentarios sin valor de ley: los actos administrativos, sometidos a la jurisdicción contencioso-administrativa -esto es, actos de naturaleza administrativa- y los actos de contenido político de las Cámaras -actos de naturaleza parlamentaria-. Respecto a los primeros no opera aquella exención de jurisdicción propia de los *acta interna corporis,* pues no comulgan de tal naturaleza, al encuadrarse como actividad administrativa impugnable. Los segundos son los actos típicamente parlamentarios, *acta interna corporis,* excluidos del conocimiento y control de los tribunales ordinarios, y del Tribunal Constitucional, salvo, en este último caso, que afecten a derechos fundamentales que sean susceptibles de amparo constitucional[37].

El control de los actos parlamentarios sin valor de ley de naturaleza administrativa, corresponde a la jurisdicción contencioso-administrativa, y la tutela de los derechos fundamentales que se pudieran ver vulnerados por dichos actos seguirá los trámites del art. 43 LOTC, que requiere que se agote la via judicial previa para la interposición del recurso de amparo. Por su parte, el control de los actos parlamentarios sin valor de ley de naturaleza parlamentaria, los *acta interna corporis,* son directamente impugnables ante el Tribunal Constitucional, una vez hayan devenido en firmes. Con ello se advierte, *prima facie,* que el margen de control respecto a los *acta interna corporis,* es mucho más limitado, pues 1) tienen una restricción material respecto al objeto de enjuiciamiento: la posible vulneración de derechos fundamentales; 2) Sólo pueden someterse ante el Tribunal Constitucional; 3) La vía procedimental es el recurso de amparo y ninguna otra; 4) Se impide la previa depuración jurídica del acto ante la jurisdicción ordinaria; 5) Se impide el control de la legalidad ordinaria del acto.

---

[37] STC 121/1997

Se trata, por tanto, de un mecanismo de control excepcional en el ordenamiento jurídico, pues la doctrina de los *acta interna corporis* impide la posibilidad de fiscalización ordinaria de tales actos parlamentarios. Surge, de ello, la necesaria cuestión acerca de los vicios procedimentales en los que pudiera incurrir tal acto -incluso su nulidad de pleno derecho- o el contenido material del mismo -arbitrariedad, ausencia de motivación, falta de competencia, contravención de las normas habilitantes del acto- que necesariamente deberán conectarse con la vulneración de un derecho fundamental para poder ser fiscalizado. Esto es, podríamos encontrarnos ante un acto parlamentario sin valor de ley, que estuviese en abierta contravención de lo dispuesto en los Reglamentos de las Cámaras, pero que, por no vulnerar derechos fundamentales, mantendría su validez y eficacia, y desplegaría sus efectos -internos y también, en abstracto, externos-, sin reproche.

La cuestión, pues, estriba en la necesaria conexión entre el acto parlamentario -y de sus vicios material o formalmente relevantes- con un derecho fundamental, y su capacidad para vulnerar el contenido esencial de tal derecho, con el consiguiente riesgo de que, caso de no establecerse tal nexo causal-, el *acta interna corporis* resultara contrario al ordenamiento jurídico, pero no constitutivo de una vulneración de derechos fundamentales. Cuestión que plantea unos nuevos derroteros argumentales, cuales son la posibilidad de existencia, en un Estado de Derecho, de actos de los poderes públicos contrarios al ordenamiento jurídico; o la posibilidad de examen de cuestiones de estricta legalidad ordinaria por parte del Tribunal Constitucional; o incluso si nos encontraríamos ante actos ajenos al ordenamiento jurídico, con invocación de la doctrina de los actos políticos[38].

---

38 Los actos políticos, como tipología diferenciada del acto administrativo, se excluyeron del conocimiento del orden contencioso-Administrativo por la Ley de Jurisdicción de 1956 (art. 2, b). Sin embargo, el art. 2.a), Ley 29/1998, reguladora de la Jurisdicción Contencioso-administrativa, amplió el ámbito de la jurisdicción a “Las cuestiones que se susciten en relación con: La protección jurisdiccional de los derechos fundamentales, los elementos reglados y la determinación de las indemnizaciones que fueran procedentes, todo ello en relación con los actos del Gobierno o de los Consejos de Gobierno de las Comunidades Autónomas, cualquiera que fuese la naturaleza de dichos actos”, por lo que, en puridad, se pretendía someter al acto político al control por parte de la jurisdicción contenciosa, en la medida que no es admisible que en un Estado de Derecho existiesen actos del poder público exentos de todo control. *“La expresión «actos del Gobierno» se ha asociado en nuestro ordenamiento jurídico con los actos de autoridad más común y habitualmente denominados actos políticos procedentes del consejo de Ministros («los actos políticos del Gobierno» en el concepto legal del art. 2.b) de la LJCA de 1956). Se trataba de identificar*

b. Doctrina del Tribunal Constitucional

Entrando en el análisis de la doctrina del Tribunal Constitucional respecto a la vulneración de derechos fundamentales por actos parlamentarios sin valor de ley de naturaleza parlamentaria, ésta ha estado determinada por cuatro cuestiones fundamentales: 1) La exención de jurisdicción de los *acta interna corporis*; 2) La afectación del acto a situaciones externas al Parlamento; 3) La afectación del acto parlamentario al contenido esencial del derecho fundamental al ejercicio del cargo público y su configuración legal *-ius in officium-*; 3) La conexión entre tal derecho fundamental y el derecho a la participación política de los ciudadanos a través de representantes del art. 23.1 CE.

Así, inicialmente, el Auto del Tribunal Constitucional 183/1984, de 21 de marzo, restringía el control de los actos internos de las Cámaras a aquellos supuestos en los que con tales actos se afectaban relaciones externas al órgano, excluyendo con ello el control en amparo de los actos internos, con invocación del art. 50.2 b) de la LOTC en relación con el art. 27.2 d) y 42 de la misma norma. Quedaba así extramuros del control del Tribunal Constitucional la fiscalización de las posibles lesiones de los derechos fun-

---

con ese nombre, siguiendo en esencia la doctrina del móvil político desarrollada en el siglo XIX por el consejo de estado en Francia, determinadas decisiones que serían consideradas como cuestiones absolutamente políticas, inicialmente inmunes al control judicial en toda su extensión e intensidad y de la exclusiva voluntad del Gobierno" (DÍEZ SÁNCHEZ, J.J., "El control jurisdiccional de los actos del gobierno y de los consejos de gobierno", *Revista jurídica de Castilla y León,* núm. 26, enero 2012, pág. 52). Por su parte, el Tribunal Constitucional, en la Sentencia 45/1990, de 15 de marzo, y en relación con los actos políticos, dijo que "*no toda la actuación del Gobierno, cuyas funciones se enuncian en el art. 97 del Texto constitucional, está sujeta al Derecho Administrativo. Es indudable, por ejemplo, que no lo está, en general, la que se refiere a las relaciones con otros órganos constitucionales, como son los actos que regula el Título V de la Constitución, o la decisión de enviar a las Cortes un proyecto de Ley, u otras semejantes, a través de las cuales el Gobierno cumple también la función de dirección política que le atribuye el mencionado art. 97 de la Constitución. A este género de actuaciones del Gobierno, diferentes de la actuación administrativa sometida a control judicial, pertenecen las decisiones que otorgan prioridad a unas u otras parcelas de la acción que le corresponde, salvo que tal prioridad resulte obligada en ejecución de lo dispuesto por las leyes"* De tal forma que el acto político, en la medida que no está sujeto al Derecho Administrativo, conforma una tipología de acto diferente y no sometido al mismo control que el acto administrativo en sede jurisdiccional. El acto político no está sujeto al Derecho Administrativo, pero sí sometido al control jurisdiccional contencioso-administrativo en cuanto las decisiones de contenido político del Gobierno puedan lesionar derechos fundamentales y cuando existan elementos reglados que deban cumplir los actos políticos.

damentales de los parlamentarios por violación de los artículos 14 y 23 de la Constitución en el ejercicio del derecho a la participación política.

Reiterando la posición contraria a la fiscalización de actos internos parlamentarios, el Tribunal Constitucional consideró, en su Auto 12/1986, de 15 enero, que "la organización de los debates y el procedimiento parlamentario es cuestión remitida en la Constitución, como se desprende de su art. 72, a la regulación y actuación independiente de las Cámaras legislativas y a los actos puramente internos que adopten las mismas, y no podrían ser enjuiciados por este Tribunal en cuanto sean presuntamente lesivos de los Reglamentos parlamentarios, sin menoscabar aquella independencia". El Tribunal Constitucional consideraba, por tanto, que la eficacia externa del acto era un presupuesto básico inexcusable para la revisión del acto parlamentario y que los *acta interna corporis* eran, por su propia naturaleza, manifestación de la independencia de las Cámaras y, por ello, no fiscalizables[39].

Descansa así la fundamentación del Tribunal Constitucional, en esta primera etapa -temporal- de argumentación, en la preeminencia de la naturaleza del *acta interna corporis* -en su concepto histórico tradicional- sobre la garantía y protección de los derechos fundamentales. Una línea que mantiene la distinción clásica entre efectos *ad intra* y *ad extra*, de forma que identifica el *acta interna corporis* por su exclusiva naturaleza interna, sin afección a terceros externos a las Cámaras, puesto que, cuando se produce tal afección, parece entenderse de la fundamentación del Tribunal, que el acto pierde su naturaleza de *acta interna corporis* y la protección (exención de jurisdicción) que le corresponde como tal, siendo posible su enjuiciamiento y revisión.

No obstante esta posición no tardó en experimentar una profunda revisión. Comienza entonces el Tribunal a apreciar la trascendencia intrínseca de la vulneración de derechos fundamentales como motivo para la admisibilidad del recurso de amparo. Hasta ese momento, los diferentes recursos planteados habían sido inadmitidos mediante Auto, considerando que no cabía entrar a apreciar si existía la denunciada vulneración del derecho fundamental. A partir de los AATC

12/1986, de 15 de enero, 292/1987, de 11 de marzo[40] y 659/1987 de 27 de mayo, se avanza en la consideración del recurso de amparo como meca-

39 Reiteran tal posición, entre otros, los AATC 296/1985 y 292/1987, de 11 de marzo.

40 "*Sólo en cuanto lesionan un derecho fundamental reconocido en la Constitución y no por infracción pura y simple de un precepto de la Cámara, son recurribles en amparo tales actos,*

nismo tutelar de los derechos fundamentales de los parlamentarios frente a los actos que causen su vulneración. Y ello en atención a la prevalencia de la protección de los derechos fundamentales y el sometimiento de los poderes públicos a la Constitución, como fundamentos de nuestro sistema constitucional[41]. Es decir, cuando el acto parlamentario afecte a un derecho fundamental que sea susceptible de amparo constitucional, este acto quedará extramuros de la esfera irrevisable propia de los *acta interna corporis*, y podrá el Tribunal Constitucional examinar la eventual lesión de tal derecho[42].

Entrando en el examen, hasta entonces vedado, de la lesión de derechos fundamentales causada por un *acta interna corporis*, el Tribunal Constitucional confirma la posibilidad de su control, argumentando que cuando el acto parlamentario afecta a derechos fundamentales, trasciende de la esfera irrevisable propia de los *acta interna corporis*. Así las SSTC 118/1988 de 20 de junio[43], 161/1988 de 20 de septiembre, 23/1990, de 15 de febrero, 36/1990, de 1 de marzo, y otras posteriores, reiteran la primacía del principio constitucional de sometimiento de todos los poderes públicos a la Constitución, como justificación para la revisión de los actos internos del Parlamento que pudieran lesionar un derecho fundamental.

Para el Tribunal Constitucional la doctrina de los *acta interna corporis* no puede servir como escudo frente a la defensa de los derechos fundamentales y libertades públicas, puesto que en un Estado social y democrático de Derecho, nada puede quedar fuera del control y defensa de la protección de los derechos fundamentales. De tal forma que el Tribunal puede analizar si el acto parlamentario ha conculcado el derecho fundamental

---

en virtud de lo dispuesto en el art. 42 de la Ley Orgánica del Tribunal Constitucional"

41 ATC 659/1987 de 27 de mayo: "*En el ordenamiento jurídico español todos los poderes públicos están sujetos a la Constitución y a las Leyes (art. 9.1 C. E.) ... en principio cualquier acto parlamentario sin valor de Ley puede ser susceptible de control por el Tribunal Constitucional mediante el recurso de amparo por una presunta vulneración de derechos fundamentales*".

42 ATC 12/1986, de 15 de enero.

43 STC 118/1988, de 20 de junio: "*Este Tribunal ha tratado de sostener que el justiciable no podría obtener, como ha pretendido, a través del art. 42 de su Ley Orgánica, un control jurisdiccional pleno de la conformidad de tales actos a la Constitución o a la Ley (incluido el Reglamento de la Cámara). Pero ello no excluye, sin embargo, la posibilidad de examinar si aquellos actos han vulnerado en concreto los derechos fundamentales y libertades públicas incluidos en la Sección 1.ª del Capítulo Segundo del Título I de la Constitución que, según el apartado 1 del art. 53 de la misma, vinculan a todos los poderes públicos, y, por ello, a los Parlamentos y Cámaras, y para cuya protección queda abierta la vía del recurso de amparo*".

al ejercicio del cargo público a través del análisis de la afección del acto al conjunto de derechos que configuran el *ius in officium* del parlamentario, y su trascendencia respecto al contenido esencial de tal derecho[44].

Bibliografía

AMAYA, J.A., "El control jurisdiccional de los *interna corporis acta", Revista de Derecho Público*, "Control Judicial de la Jurisdicción Administrativa– II". Ed. Rubinzal Culzoni, Editores, Argentina, 2011

BODIN, J., "De la Soberanía", Los seis libros de la República, cap. VIII (1576). Trad. BRAVO GALA, P., Ed. Tecnos, 3ª edición, 1997

DÍEZ SÁNCHEZ, J.J., "El control jurisdiccional de los actos del gobierno y de los consejos de gobierno", *Revista jurídica de Castilla y León*, núm. 26, enero 2012

FROSINI, V., "Kelsen y las interpretaciones de la soberanía", *Costituzione e societá chile, Edizíoni di Comunitá,* Milán, 1975 (2ª ed., 1977), trad. RUIZ DE LA CUESTA, A. y ALAROÓN CABRERA, C., *Revista Española de Derecho Constitucional,* Año 11, núm. 31. enero-abril 1991

GARCÍA ROCHA, M.ª P., "La vulneración del ius in officium en la aplicación de los arts. 150 RCD y 129 RS", *Revista de Estudios Políticos*, núm. 187, 2020

GARRIDO MAYOL, V., *"Las garantías del procedimiento prelegislativo: la elaboración y aprobación de los proyectos de ley"*, Tirant lo Blanch, Valencia, 2010

GÓMEZ CORONA, E., "Los límites de la autonomía parlamentaria hoy. El conflicto catalán y el control de los actos parlamentarios sin valor de ley por el Tribunal Constitucional", *Teoría y Realidad Constitucional,* UNED, núm. 47, 2021

HILLGRUBER, C., "Soberanía. La defensa de un concepto jurídico", *INDRET, Revista para el análisis del Derecho,* Barcelona, febrero 2009

KELSEN, H., *"Das Problem der Souveränität und die Theorie des Völkerrechts, Beitrag zu einer Reinen Rechtslehre"*, Ed. Mohr Siebeck, Tübinge, 1920

LINDSAY, A. D., *"The modern democratic State"*, Oxford University Press, 1943 (3ª ed., 1945)

LÓPEZ DE LERMA GALÁN, J., "El control de la actividad parlamentaria como garantía del sistema constitucional", *Estudios de Deusto,* Vol. 69/1, enero-junio 2021

LÓPEZ GUERRA, L., "La posición constitucional del Gobierno", *Gobierno y Administración en la Constitución,* vol. I, Madrid, IEF, 1988

---

[44] STC 38/1999 de 22 de marzo: *"No cualquier acto del órgano parlamentario que infrinja la legalidad del ius in officium resulta lesivo del derecho fundamental. Solo poseen relevancia constitucional a estos efectos los derechos o facultades atribuidos al representante que pertenezcan al núcleo de su función representativa parlamentaria, como son, indudablemente, el ejercicio de la función legislativa o del control de la acción del Gobierno, siendo vulnerado el art. 23 C.E. si los propios órganos de las asambleas impiden o coartan su práctica o adoptan decisiones que contraríen la naturaleza de la representación o la igualdad entre representantes (SSTC 36/1990 y 220/1991)"* (FJ 2º).

MARTÍNEZ CORRAL, J.A., "La autonomía parlamentaria en el marco constitucional: una mirada crítica", *Corts: Anuario de derecho parlamentario,* núm. 31, 2018

RAMIREZ, M., "Problemática actual del Parlamento", *Revista de Estudios Políticos,* núm. 87, Enero-Marzo 1995

RUBIO LORENTE, F. "La Constitución como fuente de Derecho, en La forma del poder" en "Estudios sobre la Constitución", Centro de Estudios Constitucionales, Madrid, 1993

TIRADO BARRERA, J.A., "Actos parlamentarios y control jurisdiccional", *Pensamiento Constitucional,* Año VI, núm. 6, 1999

TORRES MURO, I., "La disciplina parlamentaria ante el Tribunal Constitucional" Revista Española de Derecho Constitucional, Año 10, núm. 28. Enero-Abril, 1990

VERA SANTOS, J.M., "El control en amparo de las resoluciones parlamentarias", *Revista de las Cortes Generales,* núm. 43, 1998

Capítulo 5

Los actos administrativos de las Corts valencianes y su control

LUIS MANENT ALONSO

Abogado de la Generalitat Valenciana

Profesor asociado de Derecho administrativo de la Universitat de València

I. INTRODUCCIÓN

Con frecuencia la reflexión y debate del Derecho parlamentario se asocia con la actividad parlamentaria, ya sea de control, ya sea presupuestaria, ya sea legislativa, ya sea de elección de los órganos constitucionales o estatutarios. Junto a ella, existe otra actividad de naturaleza administrativa, conformada por aquellos actos de carácter instrumental que hacen posible que las asambleas legislativas cumplan las funciones constitucional o estatutariamente asignadas.

A nadie se le escapa que esta actividad, -o si se prefiere el «Derecho parlamentario administrativo»[1]-, es la «gran olvidada» del Derecho parlamentario. Quizás, ello sea debido a la incardinación del Derecho parlamentario en el área de conocimiento del Derecho constitucional y el consecuente enfoque «constitucionalista» que le impregnan los estudiosos de esta rama del Derecho.

Sea como fuere, en las siguientes páginas nos adentraremos en el Derecho administrativo de Les Corts, en esa «tierra ignota» para los «constitucionalistas», con el propósito de sistematizar y dar una mínima coherencia a al «pariente pobre» del Derecho parlamentario administrativo[2]. A tal efecto comenzaremos definiendo la Administración parlamentaria y los actos administrativos que emanan de ella, para posteriormente analizar el régimen jurídico de los actos administrativo de Les Corts. Por su importancia, realizaremos una mención especial al control de su actividad administrativa. Ahora bien, dadas las características del trabajo, en este estudio nos limitaremos a efectuar una aproximación jurídica a la Administración de Les Corts.

II. LA ADMINISTRACIÓN PARLAMENTARIA

Las Cortes Generales (CCGG) y las asambleas legislativas de las Comunidades Autónomas (CCAA) ejercen una «actividad materialmente administrativa (...) muy parecida a la actividad administrativa en sentido propio, con la única diferencia aparente de no proceder de una Administración Pública», sino de la Administración parlamentaria[3]. Esta singularidad se debe a la necesaria autonomía de las cámaras legislativas, «una de cuyas

---

1 GARRIDO FALLA, Fernando (1982): «Reflexiones sobre una reconstrucción de los límites formales del Derecho administrativo español», *Revista de Administración Pública,* núm. 97, pág. 12. Para DIÉZ SÁNCHEZ, «el Derecho administrativo parlamentario, puede entenderse identificado con aquel ámbito que, a efectos del posterior control judicial contencioso-administrativo, enuncia actualmente la LJCA de 1998, en su art. 1.3 con la expresión "actos y disposiciones en materia de personal, administración y gestión patrimonial sujetos a derecho público"». DÍEZ SÁNCHEZ, Juan José (2005): «Autonomía administrativa parlamentaria: Las cuestiones relativas al personal parlamentario y su control judicial», *Corts: Anuario de Derecho Parlamentario,* núm. 16, pág. 29.

2 GARCÍA-ESCUDERO MÁRQUEZ, Piedad (1998): «Los actos de la Administración parlamentaria», *Cuadernos de Derecho Público,* núm. 4, pág. 65.

3 CID VILLAGRASA, Blanca (2000): «La Administración Parlamentaria», *Asamblea: revista parlamentaria de la Asamblea de Madrid,* núm. 3, págs. 128 y 129.

proyecciones es la existencia "de una administración propia", independiente de la de otros órganos e instituciones»[4].

El origen de la Administración parlamentaria se haya en el primer constitucionalismo, en el contexto de la protección de las sedes de las asambleas legislativas. Aunque la idea de Administración parlamentaria arranca en la Francia revolucionaria, su autonomía, tal y como la conocemos hoy en día, es el resultado de aplicar una «capa» del parlamentarismo anglosajón a aquella, y más concretamente, de la recepción de los *internal proceedings* o *interna corporis acta.*

1. Interna corporis acta

«Los *internal proceedings* comprenden la competencia exclusiva (...) de las Cámaras para regular y gestionar autónomamente, no solo el procedimiento legislativo, sino también cualquier otra cuestión relativa al fun-

4 MARTÍNEZ CORRAL, Juan Antonio y VISIEDO MAZÓN, Francisco J. (2008): «El Estatuto básico del empleado público y su posible aplicación a los Parlamentos Autonómicos», *Asamblea: revista parlamentaria de la Asamblea de Madrid,* núm. 19, pág. 94. En relación con la necesaria autonomía de las asambleas legislativas, es significativo lo escrito en la parte expositiva del acuerdo de la Mesa, de 29 de octubre de 2019, de aprobación de los Estatutos de Gobierno y Régimen Interior de las Corts Valencianes (EGRI). En su párrafo sexto se afirma lo siguiente: «para el adecuado funcionamiento del sistema constitucional, se requiere que las funciones parlamentarias sean ejercidas en condiciones de absoluta independencia, sin que se produzcan presiones ilegítimas. Así, el artículo 72 de la Constitución española viene a establecer claramente el principio de autonomía parlamentaria, permitiendo que el legislativo goce de un conjunto de facultades para regular y gestionar por sí mismo sus funciones fundamentales, y esto también se ha recogido así en los diecisiete estatutos de autonomía, entre ellos, el nuestro (artículo 21)». Adicionalmente, los EGRI expresan que «los parlamentos autonómicos precisan también, necesariamente, de un conjunto de servicios, de un aparato burocrático que les auxilie, consistente en una serie de medios tanto personales como materiales y patrimoniales, y estas necesidades, a las que debe hacerse frente, deben ser atendidas por las propias asambleas legislativas en cuanto instituciones autónomas». En caso contrario, precisan los EGRI, «si la satisfacción de las necesidades administrativas de las cámaras, de los parlamentos, se confiase al ejecutivo, este podría, manipulando las necesidades en cuestión, incidir con sus decisiones en el funcionamiento parlamentario, el cual estaría en peligro de perder su independencia. Pero hay más; quien en definitiva se interferiría sería el gobierno, ya que a él compete dirigir la administración, con lo que podría romperse, en consecuencia, a través de una vía indirecta, el equilibrio de poderes diseñado por la Constitución y los estatutos de autonomía».

cionamiento interno de las Cámaras. De esta forma se configuran los *interna corporis acta* como los guardianes de un ámbito de independencia y libertad de acción de las Cámaras, sobre todo frente a los demás poderes públicos»[5].

A partir de aquí comienzan a configurarse los «privilegios parlamentarios», en el ámbito anglosajón, y las «prerrogativas parlamentarias», en el Derecho continental[6]. Estos privilegios o prerrogativas dotan de autonomía a las asambleas legislativas, o lo que es lo mismo, le invisten de una serie «de facultades (...) para regular y gestionar por sí mismas todas las actuaciones que realizan en el cumplimiento de sus funciones, sin injerencias de otros órganos del Estado»[7]. Entre estas facultades interesa destacar aquí la autonomía funcional de las asambleas legislativas para establecer el régimen jurídico del personal a sus servicio y la gestión de sus bienes.

Este enfoque remite al centro de imputación jurídica de la actividad administrativa de las Administraciones parlamentarias, y por o tanto, a la cuestión de su personalidad jurídica.

2. Personalidad jurídica de las asambleas legislativas

La autonomía funcional, en principio, tendría que presuponer la existencia de una persona jurídica -la de la Administración parlamentaria- que se posicionase, como *potentior persona,* en una relación de asimetría tanto respecto de los representantes de los ciudadanos y el personal a su servicio como en relación con terceras personas.

Esta cuestión, sin embargo, ni ha sido pacífica, ni se encuentra resuelta en la actualidad. De hecho, como puso de manifiesto en su día SANTAMARÍA, la discrepancia doctrinal sobre la personalidad jurídica del Estado

---

5 CID VILLAGRASA, Blanca (2000): «La Administración Parlamentaria», *Asamblea: revista parlamentaria de la Asamblea de Madrid, op cit.* págs. 127 y 128.

6 Según afirma CID, «en el ámbito doctrinal de los *internal proceedings* dieron lugar en la Europa continental a la construcción teórica por los juristas alemanes de la segunda mitad del siglo XIX, y en concreto por Rudolf von Gneist, la doctrina de los *interna corporis acta,* que es también clara consecuencia de la autonomía funcional, y que se ha convertido en uno de los axiomas básicos del Derecho parlamentario europeo continental». *Ibidem* págs. 128 y 129.

7 *Ibidem* pág. 125.

o la Administración tuvo su reflejo en un silencio elocuente de la Carta Magna[8].

En nuestro ordenamiento jurídico, las soluciones son dispares. Así, mientras que los Reglamentos del Congreso de los Diputados (CD) y del Senado, de 24 de febrero de 1982 y 3 de mayo de 1994, respectivamente, guardan silencio, los reglamentos de la mayoría de asambleas legislativas de las CCAA contienen una previsión expresa.

---

[8] Para SANTAMARÍA, el silencio de la Constitución (CE) sobre la personalidad jurídica del Estado y la Administración «no puede interpretarse (...) más que como una muestra de la perplejidad del legislador constituyente que quizás no quiso terciar en el contenido teórico entre la tesis doctrinal de la personalidad jurídica del Estado, clásica en el derecho de los sistemas democráticos europeos, y la realidad legal de una personalidad jurídica de la Administración del Estado avalada por un amplio consenso del sector administrativo de la doctrina jurídico-pública». En el marco de este quehacer, GARRIDO MAYOL -apoyándose en GARRIDO FALLA- sintetiza el *status quaestionis* en 4 posturas doctrinales: «–Para el ordenamiento jurídico interno existe una única personalidad jurídica, que es la de la Administración Pública. Así, el Parlamento queda caracterizado como "órgano del pueblo" y no del Estado, siendo a su vez los jueces y tribunales órganos de derecho (García de Enterría y T. R. Fernández) – El Estado tiene personalidad jurídica y la Administración, como órgano de la persona jurídica estatal, es también ella misma persona jurídica (López Guerra). – La personalidad jurídica únicamente puede predicarse respecto de la Administración Pública. Podría, sin embargo, atribuirse personalidad jurídica parcial o sectorial a las Cortes Generales y otras organizaciones estatales no administrativas (Santamaría) – El Estado tiene personalidad jurídica en el orden interno, como puede deducirse del análisis de nuestra Constitución y de las Leyes Orgánicas del Tribunal constitucional y del Consejo General del Poder Judicial (López Rodó)». SANTAMARÍA PASTOR, Juan Alfonso (1981): «Sobre la personalidad jurídica de las Cortes Generales: una aproximación a los problemas organizativos estatales no administrativos», *Revista de Derecho Político*, núm. 9, pág. 10. GARRIDO MAYOL, Vicente (2004): *La responsabilidad patrimonial del Estado. Especial referencia a la Responsabilidad del Estado legislador*, Tirant lo Blanch, Valencia, pág. 20. GARRIDO FALLA, Fernando (1982): «Reflexiones sobre una reconstrucción de los límites formales del Derecho administrativo español», *op. cit.*, págs. 9 y 10. GARCÍA DE ENTERRÍA, Eduardo y FERNÁNDEZ, Tomás Ramón (2013): *Curso de Derecho Administrativo*, vol. I (16ª ed.), Civitas, Cizur Menor (Navarra), pág. 52. LÓPEZ GUERRA, Luis (1980): «Sobre la personalidad jurídica del Estado», *Revista de Derecho político*, núm. 6, pág. 35. SANTAMARÍA PASTOR, Juan Alfonso (1981): «Sobre la personalidad jurídica de las Cortes Generales: una aproximación a los problemas organizativos estatales no administrativos», *op. cit.* pág. 10. LÓPEZ RODÓ, Laureano (1981): «Personalidad jurídica del Estado en el Derecho interno», *Revista de Derecho Político*, núm. 11, págs. 58 y 59.

En efecto, según afirma GARCÍA-ESCUDERO, «no cabe sostener, con argumentos jurídico-positivos, la personalidad jurídica de las Cortes Generales, del Congreso, del Senado o de la propia Administración parlamentaria, ni de forma conjunta ni por separado»[9]. No puede decirse lo mismo de buena parte de las Administraciones parlamentarias autonómicas. Por poner un ejemplo, el Reglamento de Les Corts (RCV), aprobado el 18 de diciembre de 2006, afirma que las mismas «tienen personalidad jurídica y gozan de autonomía para el cumplimiento de sus fines»[10].

En sintonía con esta última solución, CID sostiene que «no aceptar (...) que las Asambleas Legislativas gocen de personalidad jurídica es un despropósito, porque supone que alguien (un órgano constitucional como son las Cortes Generales o las Asambleas Legislativas de las CCAA) que teóricamente no tiene personalidad jurídica pueda violar derechos fundamentales, tener capacidad de autonormación y sus Reglamentos puedan ser objeto de recurso de inconstitucionalidad, que sus disposiciones reglamentarias puedan afectar a terceros y éstos no puedan reaccionar jurídicamente contra ellos, que pueda tener bienes patrimoniales, o relaciones contractuales con terceros, etc.»[11]. A ello responden SOLÉ y APARICIO, que aunque las asambleas legislativas no tengan personalidad jurídica «actúan como si la tuvieran (...). Actúan produciendo efectos jurídicos determinados. Que eso se le llame personalidad jurídica o simple vía de hecho es, como decía Santamaría pastor, puro nominalismo»[12].

En cualquier caso, tengan o no tengan personalidad jurídica las asambleas legislativas, su actividad administrativa se lleva a cabo por las secretarías generales.

---

9 GARCÍA-ESCUDERO MÁRQUEZ, Piedad (1998): «Los actos de la Administración parlamentaria», *op. cit.*, 92. Esta autora, a pesar de concluir que el CD, el Senado y las CCGG carecen de personalidad jurídica, considera que estas «actúan como "sujetos" de Derecho y nadie cuestiona seriamente su capacidad para celebrar contratos o comparecer en juicio, por ejemplo; lo cual pone de relieve, por cierto, el sentido tan artificioso de la técnica de la personalidad jurídica». *Idem.*

10 Art. 2.2 RCV.

11 CID VILLAGRASA, Blanca (2000): «La Administración Parlamentaria», *Asamblea: revista parlamentaria de la Asamblea de Marid, op. cit.*, pág. 131.

12 SOLÉ TURA, Jordi y APARICIO PÉREZ, Miguel Ángel (1984): *Las Cortes Generales en el sistema constitucional,* Tecnos, Madrid, pág. 115.

3. La Secretaría General

Dentro de la Administración parlamentaria *lato sensu* tienen cabida tanto los órganos políticos como los de carácter técnico: los primeros, entre los que se encuentra el presidente y las mesas, gobiernan la cámara; los segundos, en cambio, dan soporte a los primeros[13].

Pues bien, la Administración parlamentaria *stricto sensu* incluye únicamente a los órganos técnicos, los cuales gravitan entorno a la Secretaría General como si planetas del sistema solar fueran. Así ocurre en el CD, el Senado, y particularmente, Les Corts.

Según resulta de los «Estatutos de Gobierno y Régimen Interior de las Corts Valencianes» de 29 de octubre de 2019, en adelante los EGRI, «la Secretaría General constituye la administración de las Corts Valencianes» e «integra todos los órganos, servicios y unidades». Al frente de ella se encuentra el letrado mayor, y de ella dependen la Asesoría Jurídica y la Intervención de Les Corts, así como 10 servicios, a saber: Relaciones públicas y Protocolo; Asuntos Parlamentarios; Publicaciones y Asesoramiento Lingüístico; Documentación, Biblioteca y Archivo; Tecnologías de la Información y las Comunicaciones; Recursos Humanos y Régimen Interior; Preventivo Asistencial de Medicina del Trabajo; Contratación, Convenios e Infraestructuras; Asuntos Económicos; y Seguridad [14].

---

13 El presupuesto de Les Corts para 2022 asciende a 30.706.630 euros, de los cuales 23.890.605 euros corresponden a la Secretaría General, y el resto, a retribución de diputados (5.767.097`48 euros) y personal eventual del Gabinete de Presidencia (1.048.927'49 euros). Está información se ha obtenido del portal de transparencia de Les Corts.

14 Arts. 1 y 2.1 y 2 EGRI. Los miembros del Servicio de Seguridad tienen una incardinación distinta al del resto de los empleados de la Secretaría General ya que sus integrantes no son personal de Les Corts. Este servicio está formado por miembros de la unidad del Cuerpo Nacional de Policía adscrita a la Generalitat -también conocida como la «Policía de la Generalitat»-, los cuales a su vez pueden adscribirse a Les Corts. En este sentido la disposición adicional 2.2 EPCV afirma que «dicho personal, al margen de su permanencia en el cuerpo de origen en la situación de servicio activo, dependerá jerárquicamente de la Presidencia y de la Secretaría General de Les Corts, sin perjuicio de la dependencia de la conselleria competente». También depende de la Secretaría General la Oficina de Información, la cual no está constituida formalmente como tal. A ella le corresponde responder las peticiones de información al amparo del art. 113 RCV. La Oficina está dirigida por un letrado de Les Corts y cuenta con el apoyo de la Asesoría Jurídica. Según consta en la relación de puestos de trabajo de Les Corts, de 17 de noviembre de 2022, publicada en el portal de transparencia, su plantilla cuenta 174 puestos, de los cuales 26

Al margen de la Secretaría General existe el Gabinete de Presidencia, compuesto por personal eventual que presta funciones de apoyo al presidente de Les Corts y a los miembros de la Mesa[15].

III. EL ACTO ADMINISTRATIVO-PARLAMENTARIO

La Administración parlamentaria, o lo que es lo mismo «el instrumento de trabajo de los representantes» de los ciudadanos[16], produce una actividad administrativa entendida como «aquella que desarrollan las Cámaras y Asambleas para gestionar los medios materiales y personales necesarios para cumplir con autonomía su competencia parlamentaria»[17].

A partir de aquí, y sobre la base de la noción del acto administrativo elaborada por Zanobini, PÉREZ-SERRANO define el acto de la Administración parlamentaria como aquella «declaración de voluntad, de juicio, conocimiento o deseo realizada por el Parlamento, por una de sus Cáma-

---

están vacantes. A día de hoy son 148 funcionarios los que prestan sus servicios en la Secretaría General. Por otro lado, el EGRI recoge la figura del letrado mayor adjunto. Sin embargo su puesto de trabajo está amortizado.

15 El personal eventual de la Presidencia de Les Corts no debe confundirse con los asesores de los grupos parlamentarios. Estos, a diferencia de aquel, no son personal de Les Corts. Aunque su contratación está financiada con las subvenciones otorgadas a los grupos parlamentarios por la cámara, los asesores solo se vinculan, mediante una relación laboral, con los grupos parlamentarios. A día de hoy los grupos parlamentarios cuentan con los siguientes asesores: grupo parlamentario socialista (21 personas, de las cuales 11 son trabajadores, 7 colaboradores, 2 becarios y un alumno en prácticas); Grupo Parlamentario Popular (16 personas, de las cuales 12 son trabajadores y 4 colaboradores); Grupo Parlamentario Ciudadanos (10 personas, todas ellas contratadas laboralmente); Grupo Parlamentario Compromís (15 personas, de las cuales 10 están contratadas y 5 son colaboradores); Grupo Parlamentario Vox (9 personas, todas ellas con contrato de trabajo); Grupo Parlamentario Podemos (19 personas, de las cuales 14 están contratadas, 4 son colaboradores y uno es becario). Está información se ha obtenido del portal de transparencia de Les Corts.

16 FORTIER, Jean Claude (1981): «L'indépendence administrative des Assemblées politiques», *Revue Politique et Parlamentaire*, núm. 890, pág. 41.

17 SAINZ MORENO, Fernando (1981): «Actos parlamentarios y jurisdicción contencioso-administrativa», *Revista de Administración Pública*, núm. 115, pág. 236.

ras o por los órganos de éstas en el ejercicio de una potestad constitucional [,estatutaria] o reglamentaria»[18].

Esta definición, útil para captar la esencia del acto parlamentario de naturaleza administrativa, precisa de una mayor concreción si se quiere efectuar una completa sistematización de los actos administrativos de las asambleas legislativas.

Sin embargo, esta tarea de ordenación jurídica, en la actualidad, en el «Estado de las Autonomías», sigue siendo una labor incompleta, tanto desde el punto de vista doctrinal y jurisprudencial, como –especialmente- desde el normativo. Como afirma GARCÍA-ESCUDERO, «con la señera excepción de la materia de personal, estos actos *carecen de una regulación sistemática*»[19]. Para MESTRE, esta singularidad, en un sistema como el nuestro, en el que «la Constitución establece un régimen de Derecho Administrativo caracterizado por la juridificación del ejercicio del Poder Público», esta dejadez normativa se presenta cuanto menos, anómala[20].

Teniendo en cuenta este hecho, para llevar a buen puerto el cometido que nos hemos autoimpuesto, nos serviremos de tres criterios que, *a priori*, deben servirnos para «aislar» los actos administrativos de la Administración parlamentaria: el sujeto del que emanan, el objeto del acto y la finalidad para la que se dicta.

- *Criterio subjetivo.* Permite acotar una determinada actividad a partir del órgano de la que provienen. En el caso que nos ocupa, atendiendo a la naturaleza dual de la actividad de la Administración parlamentaria –como actos parlamentarios *stricto sensu* y como actos administrativos- este criterio no es de gran utilidad.
- *Criterio objetivo.* Sirve para señalar aquellos actos identificados «pacíficamente» como administrativos. Aunque este criterio es más idóneo que el subjetivo, no resuelve de manera definitiva las singularidades del Derecho parlamentario administrativo, ya que sus «carencias normativas explican (…) la invasión por parte del Dere-

---

18 PÉREZ-SERRANO JÁUREGUI, Nicolás (1981): «Hacia una teoría de los actos parlamentarios», *Revista de Derecho parlamentario*, núm. 89, pág. 76.

19 GARCÍA-ESCUDERO MÁRQUEZ, Piedad (1998): «Los actos de la Administración parlamentaria», *op. cit.* pág. 80.

20 MESTRE DELGADO, Juan Francisco (2018): «Una reflexión sobre la regulación constitucional del Derecho administrativo», *Corts: Anuario de Derecho Parlamentario*, núm. extra 31, pág. 374.

cho administrativo, que se aplica extensivamente por analogía o que inspira las escasas normas existentes»[21].

- *Criterio teleológico.* En el Derecho parlamentario administrativo los actos administrativos son todos aquellos que dan soporte a la actividad genuinamente parlamentaria de las asambleas legislativas. Se caracterizan, pues, por su carácter instrumental.

Llegados a este punto, y sirviéndonos de los criterios objetivo y teleológico expuestos, puede afirmarse que los actos administrativo-parlamentarios son los «que se distinguen con nitidez de los actos parlamentarios por su finalidad, contenido y régimen –particularmente por su control–»[22].

Dicho esto, en las siguientes páginas expondremos *grosso modo* el régimen jurídico de los actos de naturaleza administrativa de la Administración de Les Corts, con especial mención del control, administrativo y judicial, de los mismos.

IV. RÉGIMEN JURÍDICO DE LOS ACTOS ADMINISTRATIVOS DE LAS CORTS VALENCIANES

Para salvaguardar una correcta división de poderes, «las Corts Valencianes (...) ejercen sus funciones con autonomía administrativa respecto a la organización y gestión de sus medios personales y materiales»[23]. A tal efecto, dictan los oportunos actos administrativos.

A la hora de sistematizarlos se impone diferenciar, en atención a su densidad normativa, los actos de personal del resto (*v.gr.* actos de petición de información, control interno, patrimonio, contratación, responsabilidad patrimonial y convencionales).

1. Estatuto del personal al servicio de Les Corts

La autonomía de Les Corts, reconocida en el art. 21 del Estatuto de Autonomía de la Comunitat Valenciana (EACV), también alcanza a la re-

---

21 GARCÍA-ESCUDERO MÁRQUEZ, Piedad (1998): «Los actos de la Administración parlamentaria», *op. cit.* pág. 80.

22 *Ibidem* pág. 79.

23 Art. 109.1 RCV.

gulación del régimen jurídico del personal a su servicio. A pesar de ello, el nuestro es «uno de los pocos textos [estatutarios] que carece de referencia expresa a la capacidad normativa parlamentaria en materia de personal»[24].

A ella se refiere el art. 111.1 del Reglamento de las Corts Valencianes (RCV), aprobado en la sesión plenaria de 18 de diciembre de 2006, al atribuir al «Pleno la regulación del régimen jurídico del personal al servicio de las Corts Valencianes, mediante la aprobación del oportuno estatuto del personal».

Cuatro son las cuestiones que suscita el art. 111.1 RCV: la necesidad, la naturaleza, el contenido y la competencia para aprobar el estatuto del personal al servicio de Les Corts.

A. Reserva de estatuto

El art. 111.1 RCV determina qué norma debe regular el régimen jurídico del personal al servicio de Les Corts. Esta debe ser el estatuto de personal de las Corts Valencianes (EPCV), y no otra. En este sentido puede afirmarse con el Tribunal Constitucional (TC), que el RCV establece una reserva de estatuto, «por cuanto que ninguna otra norma del ordenamiento puede proceder a la regulación que a él le ha sido reservada y en exclusiva atribuida»[25].

---

24 DÍEZ SÁNCHEZ, Juan José (2005): «Autonomía administrativa parlamentaria: Las cuestiones relativas al personal parlamentario y su control judicial», *op. cit.* págs. 53 y 54.

25 FJ 2 STC 139/1988, de 8 de julio (núm. rec 404/1987 y TOL109.343). Según pone de manifiesto esta misma sentencia, los estatutos de personal de las asambleas legislativas, son «una norma cuya posición en el actual sistema de fuentes del Derecho no puede ya explicarse en los términos del tradicional principio de jerarquía normativa, debiéndose acudir a otros criterios entre los que el de la competencia juega un papel decisivo» (FJ 2). En este sentido puede concluirse que el EPCV «no es equiparable en manera alguna a las normas reglamentarias, ya que, a diferencia de éstas, aquél no se halla subordinado a la Ley (...). [Para el TC] no se trata, en efecto, de una "disposición de categoría inferior a la Ley", sino, antes bien, de una norma que (...) goza de fuerza de Ley y que, asimismo, por proceder del Poder Legislativo, posee valor de Ley» (FJ 2).

B. Naturaleza jurídica

«La cuestión del órgano que dicta el Estatuto del Personal no es cuestión irrelevante, por cuanto presenta puntos de contacto con el tema capital de su naturaleza jurídica»[26]. De hecho, este «asunto» competencial es el que ha determinado que junto los preexistentes «Estatutos de Gobierno y Régimen Interno de las Corts Valencianes», en lo sucesivo los EGRI, el vigente RCV haya creado *ex* novo el EPCV. A ambos –EPCV de 16 de junio de 2006 y EGRI de 29 de octubre de 2019- nos referimos a continuación con el fin de delimitar su contenido[27].

a) Estatuto del Personal de las Corts Valencianes

Pese a que el art. 111.2 RCV señala que el EPCV será aprobado «de acuerdo con el procedimiento legislativo previsto (...) para la tramitación de los proyectos de ley en lectura única», esta previsión –a juicio del Tribunal Supremo (TS)- no parece ser suficiente para atribuir rango de ley a las disposiciones reguladoras de los recursos humanos las asambleas legislativas de las CCAA.

En efecto, hace ya algún tiempo, el ATS de 26 de enero de 1988 negó la fuerza de ley al Estatuto de Régimen y Gobierno Interior del Parlamento de Navarra porque fue aprobado «por un órgano rector de la Cámara, la Mesa del Parlamento y no por el Pleno o alguna de sus Comisiones, que [son los que] traducen el funcionamiento de la Cámara y en los que reside, por tanto, la potestad legislativa»[28]. Dos años después, la STS de 29 de

---

26 GARCÍA-ESCUDERO MÁRQUEZ, Piedad (1998): «Los actos de la Administración parlamentaria», *op. cit.*, pág. 84.

27 El RCV, aprobado por el pleno de Les Corts de 18 de diciembre de 2006, se publicó en el Diari Oficial de la Generalitat Valenciana (DOGV) de 10 de enero de 2007. El EPCV, aprobado por el pleno de Les Corts de 16 de junio de 2010 se publicó Boletín de les Corts Valencianes (BOCV) de 21 de junio de 2010. Los EGRI, aprobados por el acuerdo de la Mesa 275/X, de 29 de octubre de 2019, se publicaron en el DOGV de 28 de noviembre de 2019.

28 FJ 1 ATS de 26 de enero de 1988 (núm. rec. 225/1986 y TOL3.499.726). Parte de la doctrina, sin embargo, sostiene que los acuerdos de la mesa de una asamblea legislativa también pueden tener rango de ley porque «tienen una naturaleza equiparable a la del reglamento parlamentario autonómico, en cuanto que ambas normas derivan del principio de autonormacion de la Cámara». JIMÉNEZ ASENSIO, Rafael (1984): «El Estatuto de Personal del Parlamento Vasco», *I Jornadas de Derecho parlamentario* (vol II), Congreso de los Diputados, Madrid, pág. 710.

diciembre de 1990, confirmaría esta tesis al estimar un recurso de casación en el que se discutía la legalidad de un artículo del citado estatuto[29].

Pues bien, para salvaguardar la condición de disposición general con fuerza de ley del EPCV, el actual RCV exige –novedosamente- la aprobación de un estatuto del personal al servicio de Les Corts, con un contenido propio y diferenciado de el de los EGRI, que hasta aquel momento eran una «disposición sin fuerza de ley» que regulaba el estatuto del personal al servicio de Les Corts[30].

Como se ha dicho, esta novedad no es caprichosa. No puede desconocerse que si las mesas de las asambleas legislativas de las CCAA -siguiendo el ATS de 26 de enero de 1988- no pueden adoptar normas con fuerza de ley, los EGRI –cuya aprobación corresponde a la Mesa- no se ajustarían a la reserva de ley del art. 103.3 CE. Este afirma que «la ley regulará el estatuto de los funcionarios públicos», entre ellos, los de las asambleas legislativas de las CCAA[31]. De esta manera, desde 2006, «la regulación del régimen

---

29 La STS de 29 de diciembre de 1990 (TOL2.413.139), al estimar el recurso de casación casación, declaró la conformidad a derecho del acuerdo de la Mesa del Parlamento de Navarra, de 17 de octubre de 1985, por el que se modificó el art. 57.2 de su Estatuto de Régimen y Gobierno Interior.

30 Antes del RCV de 18 de diciembre de 2006, el estatuto del personal al servicio de Les Corts, cuyo contenido estaba integrado en los EGRI, era aprobado por la Mesa. Así lo estableció el art. 27.1.1° RCV de 4 de marzo de 1983 al atribuir a la Mesa la competencia para «aprobar los Estatutos de Gobierno y Régimen Interior de las Cortes Valencianas», los cuales debían regular, entre otras materias, los «derechos, deberes, situaciones, funciones y competencias dc los funcionarios al servicio de las Cortes Valencianas» (DF 4 RCV de 4 de marzo de 1983). Esta previsión se mantuvo tras la reforma del RCV de 4 de marzo de 1983 en la sesión plenaria del 24 de mayo de 1989. Posteriormente, el art. 32.1.1° y la DF 4 del RCV de 30 de junio de 1994 mantuvieron la competencia de la Mesa para aprobar los EGRI con el mismo contenido que el previsto por el RCV de 4 de marzo de 1983. No fue hasta el actual RCV de 18 de diciembre de 2006 cuando los arts. 109.6 y 111 RCV diferenciaron el EPCV de los EGRI, previendo que el primero fuera aprobado por Les Corts en pleno (art. 111.2 RC) y el segundo por la Mesa (art. 34.1.1° RC). Sobre la evolución y contenido de los RCV de 1983, 1994 y 2006 puede consultarse a AGUILÓ y RECODER. AGUILÓ LUCIA, Lluís (1990): «La reforma del reglamento de las Cortes Valencianas», *Revista de las Cortes Generales*, núm. 19, págs. 199 a 216. RECODER VALLINA, Tatiana (2017): «Comentario: Cortes Valencianas», *Asamblea: revista parlamentaria de la Asamblea de Madrid*, núm. extra 1, págs. 1275 a 1284.

31 A diferencia del EPCG, cuya existencia entronca directamente con el art. 72 CE, los estatutos de personal de las asambleas legislativas de las CCAA deben respetar la reserva de ley, prevista en el art. 103.3 CE, para establecer el «estatuto de los

del personal de Les Corts en un texto con rango de ley permite cumplir el mandato constitucional del artículo 103 de la Constitución»[32].

Por lo tanto, la única forma de poder establecer un modelo de función pública propio para el personal al servicio de Les Corts pasa por atribuir a la norma que lo regula rango de ley y, además, prever su aprobación por el pleno o una de las comisiones legislativas de Les Corts. En otro caso, en nuestra opinión, en defecto de normativa propia, regiría el Estatuto de Personal de las Cortes Generales de 27 de marzo de 2006 (EPCG). Según nuestro parecer, a falta de regulación, el recurso a la supletoriedad del Derecho estatal del art. 149.3 CE debe primar sobre la regla de la analogía. Prueba de ello es que el EPCG se adapta mejor a las singularidades del personal al servicio de les Corts que la Ley 4/2021, de 16 de abril, de la Generalitat, de la función pública valenciana (LFPV)[33].

b) Estatutos de Gobierno y Régimen Interior de las Corts Valencianes

El art. 25.1 EACV, tras la reforma de la Ley Orgánica 1/2006, de 10 de abril, afirma que Les Corts, «en la forma que determine el Reglamento, aprobarán los Estatutos de Gobierno y Régimen Interior de la Cámara».

---

funcionarios públicos». En efecto, el art. 72.1 CE expresa que «las Cámaras (...) regulan el Estatuto del Personal de las Cortes Generales». Por ello puede afirmarse, con PUNSET, que el art. 72 CE, al prever que el CD y el Senado, en sesión conjunta, aprueben el EPCG, cumple una función análoga a la del art. 103.3 CE, ya que, en relación con el personal de las CCGG, el art. 72.1 CE, por razón del principio de especialidad, desplaza al art. 103.3 CE. En cambio, la normativa reguladora del personal de las asambleas legislativas de las CCAA, al no existir un precepto de la Carta Magna que permita «puentear» el art. 103.3 CE, debe revestir fuerza de ley. La comparación entre el art. 103.3 CE y los estatutos de personal de las asambleas legislativas ha sido efectuada por PUNSET. PUNSET BLANCO, Ramón (1996): «La posición de los reglamentos parlamentarios en el ordenamiento español», en DA SILVA OCHOA, Juan Carlos (coord.), *Las fuentes del Derecho parlamentario*, Parlamento Vasco, Vitoria, pág. 76.

32 DE BARTOLOMÉ CENZANO, Carlos (2022): «Les Corts Valencianes (II), en VISIEDO MAZÓN, Francisco J. (coord.), *Instituciones políticas de la Comunitat Valenciana* (2ª ed.), Tirant lo Blanch, Valencia, pág. 152.

33 En relación con el Derecho supletorio del EPCV, se significa que a pesar de que el ATC 241/1984, de 11 de abril (núm. rec. 71/1984 y TOL242.201), consideró posible aplicar subsidiariamente a los funcionarios de los parlamentos autonómicos el EPCG, la DF 1 EPCV se remite a la LFPV.

En su desarrollo el art. 34.1.1.º RCV de 18 de diciembre de 2006 –como previamente dispusieran sus textos predecesores de 4 de marzo de 1983 y 30 de junio de 1994- atribuye a la Mesa la competencia para «elaborar y aprobar los Estatutos de Gobierno Interior de las Corts Valencianes».

Por ello, en la actualidad, el acuerdo de la mesa de Les Corts 275/X, de 29 de octubre de 2019, ha aprobado los EGRI que, según dispone el art. 110.6 RCV, regulan «la organización y el funcionamiento de la Secretaría General [de Les Corts]». Sin embargo, ya no dedican –como hicieran los EGRI de 20 de abril de 1989- un título específico para el personal al servicio de Les Corts[34]. De este modo, como exige el art. 109.6 RCV, su ámbito ha quedado reducido a «la organización y funcionamiento de la secretaría general» a la que hicimos mención en el segundo epígrafe.

Finalizada la disertación sobre la naturaleza jurídica del EPCV, es momento de enmarcar a grandes rasgos el modelo de función pública elegido por el EPCV.

C. Modelo de función pública

El EPCV debe su razón de ser, además de los motivos de legalidad que se acaban de exponer, por la conveniencia de que una norma *ad hoc* (con rango de ley) regule el estatuto del personal al servicio de Les Corts. En efecto, parece oportuno dotar al personal al servicio de Les Corts de «modelo de función pública» que contemple la especial naturaleza del trabajo parlamentario. En concreto, es preciso atender al hecho de que constituyen un reducido número de funcionarios a los que las «peculiares características de la función parlamentaria imponen (...) una mayor disponibilidad y cierta polivalencia, a la vez que disminuyen sus posibilidades de movilidad y promoción»[35].

---

34 El título III de los EGRI, dedicado al personal al servicio de Les Corts, fue derogado por la disposición derogatoria única del actual EPCV.

35 GARCÍA-ESCUDERO MÁRQUEZ, Piedad (1998): «Los actos de la Administración parlamentaria», *op. cit.*, pág. 83. En relación con la necesidad de dotar al personal al servicio de Les Corts un estatuto propio merece extractar el párrafo 23 de la parte expositiva del acuerdo de la Mesa de 29 de octubre de 2019, por el que se aprobaron los EGRI. Según expresa el citado párrafo, «el trabajo del funcionario parlamentario es un tipo de trabajo administrativo especial, que viene marcado al menos por dos notas características: por un lado, tienen escaso o nulo contacto con el ciudadano, convirtiéndose así en unos funcionarios *ad intra* y no *ad extra*,

A lo anterior hay que añadir, que el modelo de función pública del personal al servicio de las asambleas legislativas de las CCAA, a diferencia del de las CCGG, debe respetar la legislación básica en materia función pública[36]. En particular, el EPCV y los actos administrativos de Les Corts que tengan por destinatarios el personal a su servicio, deberán ajustarse, entre otras, a las siguientes leyes:

a) Estatuto Básico del Empleado Público

En principio, el texto refundido del Estatuto Básico del Empleado Público, aprobado por el Real Decreto Legislativo 5/2015, de 30 de octubre (EBEP), como norma básica, tendría que ser de aplicación directa al personal de Les Corts. Sin embargo, por disponerlo así el art. 4 a) EBEP, sus preceptos «sólo se aplicarán directamente cuando así lo disponga su legislación específica». Pues bien, en el caso de Les Cort, de acuerdo con la DF 1 del EPCV, el EBEP solo es de «aplicación subsidiaria».

---

como suele ocurrir habitualmente con el resto de las distintas administraciones del Estado. Y, de otra parte, existe una especial singularidad en su trabajo y es que sus administrados son, a su vez, sus administradores. Si a ello unimos el hecho de que en el recinto parlamentario, con la consiguiente carga ideológica multipartidaria, no se da una línea jerarquizada y generalmente monocolor como ocurre en la administración y en el gobierno, tendremos una imagen bastante real de lo que tratamos de significar» (par. 23 de la parte expositiva de los EGRI).

36 El art. 72.1 CE, al expresar que el CD y el Senado, «de común acuerdo, regulan el Estatuto del Personal de las Cortes Generales, remite a una norma especial -el EPCG- la regulación de las condiciones de trabajo del personal al servicio de las CCGG. Como consecuencia de esta salvedad, a sus empleados no se les aplica el EBEP de manera directa. No ocurre lo mismo con los empleados de las asambleas legislativas de las CCAA. A falta de un precepto análogo al art. 72 CE, que permita sortear la competencia estatal sobre la legislación básica «del régimen estatutario» de los funcionarios del art. 149.1.18 CE de la Carta, el EPCV, en principio, debe amoldarse al EBEP y demás normativa básica en materia de recursos humanos de los funcionarios públicos. En definitiva no existe, respecto del personal al servicio de las asambleas legislativas de las CCAA, una habilitación especial, efectuada por la Carta Magna, que permita sortear el sistema de reparto de competencias diseñado por la CE y que atribuye al Estado la legislación básica y a las CCAA la de desarrollo legislativo y ejecución.

b) Ley de la función pública valenciana

Misma suerte que el EBEP corre la LFPV. Al ser esta una ley de la Generalitat, emanada de Les Corts, estas han previsto -en consonancia con la «reserva de estatuto» a que hicimos referencia en el apartado A de este epígrafe- que para el personal a su servicio, la LFPV tenga «carácter supletorio»[37].

Por lo demás, a pesar de gozar de un amplio margen regulatorio, en la práctica, el EPCV reproduce el régimen jurídico previsto para el personal de la Administración del Consell en la LFPV. Este hecho evidencia una realidad, a saber: «la legislación general de funcionarios inspira la normativa que rige al personal parlamentario, y sus modificaciones provocan correlativas modificaciones en ésta»[38]. No obstante, de esta regla se exceptúa la selección del personal y la provisión de puestos de trabajo. En efecto, las singularidades más importantes del EPCV afectan al acceso, que en la práctica se lleva a cabo por concurso-oposición en todos los cuerpos, y la provisión de vacantes, las cuales se ofertan con carácter previo, y mediante un sistema de promoción interna -horizontal o vertical- a los empleados de Les Corts[39].

c) Ley Orgánica de libertad sindical

La Ley Orgánica 11/1985, de 2 de agosto, de libertad sindical (LOLS), es de obligado cumplimiento, no solo para las secretarías generales de las asambleas legislativas sino también para las del CD y el Senado. Al ser una norma que desarrolla el derecho fundamental a la libertad sindical vincula a todo empleador y trabajador porque entronca directamente con el art. 28.1 CE,[40].

---

37 Art. 4 a) LFPV.

38 GARCÍA-ESCUDERO MÁRQUEZ, Piedad (1998): «Los actos de la Administración parlamentaria», *op. cit.*, pág. 91.

39 *Cfr.* arts. 62 y 59 EPCV.

40 En relación con los límites de la autonomía parlamentaria para regular el régimen jurídico del personal, tanto de las CCGG como de las demás asambleas legislativas de las CCAA, no puede desconocerse que la LOLS vincula a todos los parlamentos de España. Esto es así, porque la LOLS es una norma que entronca directamente con el art. 28 CE. Así lo entendió la STC 121/1997, de 1 de julio (núm. rec. 442/1995 y TOL83.264), al declarar inconstitucionales los preceptos del CCGG que exigían la inscripción de los sindicatos en un registro *ad hoc*. Por ello, «al no reconocerse personalidad jurídica ni capacidad de obrar a aquellas organizaciones sindicales que, con carácter general, ya la *tenían* reconocida por las leyes y mediante su inscripción en el oportuno Registro (...) *vulneraban* el dere-

d) *Ley de incompatibilidades del personal al servicio de las Administraciones Publicas*

La Ley 53/1984, de 26 de diciembre, de incompatibilidades del personal al servicio de las Administraciones Públicas (LIPAP), como norma básica, es de aplicación al «personal al servicio de las Administraciones de las Comunidades Autónomas (...), así como de sus Asambleas Legislativas»[41].

La LIPAP tiene su correlato en los arts. 42 a 46 EPCV. Aunque la reglamentación de estos preceptos guarda similitud con la LIPAP, tiene particularidades más allá de los aspectos orgánicos. Estos «desarrollos» deben entenderse como un complemento y no como una sustitución de las incompatibilidades previstas en la LIPAP[42].

D. Órganos competentes

El tít. VIII EPCV se dedica a los órganos competentes en materia de personal. Según los casos, «las competencias en materia de personal son

---

cho fundamental a la libertad sindical que garantiza el art. 28.1 C.E., imponiendo una limitación injustificada al ejercicio del mencionado derecho fundamental» (FJ 7). Como ha puesto de manifiesto MARTÍNEZ CORRAL, las disposiciones reguladoras de los órganos de representación de funcionarios –recogida actualmente en el EBEP- no forman parte de la libertad sindical, sino que «constituyen bases del régimen estatutario de los funcionarios públicos». MARTÍNEZ CORRAL, Juan Antonio (1995): «Reflexiones sobre los Órganos de representación de funcionarios en los parlamentos de las Comunidades Autónomas», *Corts: Anuario de Derecho parlamentario*, núm. 1, pág. 93.

41 Art. 1 b) LIPAP.

42 A título de ejemplo del carácter del EPCV de legislación de desarrollo de la LIPAP, cuando el art. 44 j) EPCV incluye entre las actividades compatibles «el ejercicio del cargo de vocal de las juntas electorales», debe entenderse como un precepto «aclaratorio» y «aplicativo» de los arts. 10 y 11 de la Ley Orgánica 6/1985, de 1 de julio, de régimen electoral general (LOREG), reguladores de la composición de las juntas electorales provinciales y de zona, respectivamente. Estos preceptos de la LOREG consideran elegibles para las juntas electorales provinciales y de zona a los «juristas de reconocido prestigio» y «licenciados en Derecho o en Ciencias Políticas y en Sociología», respectivamente. En cambio, sí que innovarán el ordenamiento jurídico preceptos como el art. 43 f) EPCV que prohíben al personal al servicio de Les Corts «el asesoramiento [,tanto profesional como puntual,] a partidos políticos (...) sobre asuntos que tengan relación directa con las funciones desarrolladas por Corts Valencianes», innova el ordenamiento jurídico.

ejercidas por la Presidencia, la Mesa y el letrado mayor o letrado (...) en quien éste delegue»[43]. A su vez, el acuerdo de la Mesa 3.173, de 12 de febrero de 2019 delega ciertas competencias en materia de personal en el letrado mayor[44].

2. Actos de administración

Como se dijo, las Administraciones parlamentarias de las CCAA, a pesar de no tener por qué estar «sometidas al Derecho administrativo común o general (...), su organización y funcionamiento, y sobre todo su actividad en el tráfico jurídico refleja un acusado mimetismo respecto del régimen de las Administraciones Públicas, al que a veces se someten por remisión de sus normas»[45]. Así ocurre en la Administración de Les Corts en materia de personal, según se acaba de exponer, y de acceso a la información pública, como se verá. También hay áreas, como el control interno, en las que existe una completa regulación propia, y otras, como las de patrimonio y contratación pública, en la que la legislación general incluye en su ámbito de aplicación a Les Corts. Incluso, en algunas materias –*i.e.* responsabilidad patrimonial-, la Generalitat debe responder, vicariamente, por los actos de Les Corts.

Por otro lado, la Administración Les Corts, entre otras normas, aplica -sin ningún tipo de «habilitación» o «remisión»- las Leyes 39/2005 y 40/205, de 1 de octubre, reguladoras del procedimiento administrativo común de las Administraciones Públicas (LPAC) y del régimen jurídico sector público (LRJ)[46]. Esto evidencia la facilidad con la Administración de Les Corts recurre a la analogía para cubrir sus lagunas normativas.

---

43 Art. 87 EPCV. Así corresponde: a la Mesa «aprobar la relación de puestos de trabajo»; al presidente «el nombramiento y cese del persona eventual»; Y al letrado mayor «aprobar el plan anual de vacaciones (arts. 88 b, 89 a, 90 d EPCV).

44 De acuerdo con el Acuerdo 3.173, de 12 de febrero, de la Mesa, sobre delegación en el letrado mayor-secretario general de la competencia para dictar las resoluciones que a la Mesa le corresponda adoptar en los asuntos y expedientes en materia de personal (BOCV de 15 de febrero de 2020), desconcentra en el letrado mayor, entre otros actos: el reconocimiento de servicios previos de la Ley 70/1978, de 26 de diciembre así como el reconocimiento, modificación y progresión en la carrera profesional.

45 CID VILLAGRASA, Blanca (2000): «La Administración Parlamentaria», *Asamblea: revista parlamentaria de la Asamblea de Marid, op. cit.*, pág. 129.

46 Como excepción al silencio en la normativa de Les Corts sobre el reenvío a la LPAC y LRJ: el art. 117.2 RCV remite al art. 39 LPAC los requisitos de los escritos

A. Acceso a la información pública

La Oficina de Información es una unidad de la Administración a la que «corresponde (...) resolver las cuestiones planteadas por las solicitudes de información» del art. 113 RCV. Dicho precepto se desarrolla por la resolución del presidente de Les Corts de carácter general 3/IX, la cual atribuye al letrado mayor la competencia para «resolver las cuestiones planteadas por las solicitudes de información»[47].

Adicionalmente, esta resolución establece que «la legislación sobre transparencia, acceso a la información pública y buen gobierno se aplicará supletoriamente en relación con el derecho de acceso a la información pública sobre la actividad de Les Corts sujeta a derecho administrativo»[48]. De esta manera, para el ejercicio al derecho de acceso a la información pública, en todo lo no previsto por la citada resolución de carácter general, habrá que estar a la Ley 1/2022, de 13 de abril, de la Generalitat, de transparencia y buen gobierno de la Comunitat Valenciana.

B. Control interno

El control interno de la actividad económica de los parlamentos es aquel efectúa un órgano especializado –en nuestro caso la Intervención de Les Corts- mediante la supervisión y validación de los actos de contenido económico[49].

---

de presentación de enmiendas a los proyectos o proposiciones de ley por los ciudadanos, asociaciones y entidades; y el art. 54.5 EPCV declara aplicable las disposiciones de la LPAC en relación los derechos y deberes de su tit. III.

47 Art. 4 de la resolución de carácter general del presidente de Les Corts 3/IX sobre el Portal de Transparencia y reguladora del procedimiento de acceso a la información de Les Corts, Acceso a información pública (BOCV de 27 de mayo de 2016). En relación con esta materia interesa mencionar el acuerdo de la Mesa de 15 de marzo por el cual se aprueba la norma sobre valoración y selección de los documentos de Les Corts Valencianes (BOCV de 30 de marzo de 2011).

48 DF 1 de la resolución de carácter general del presidente de Les Corts 3/IX (BOCV de 27 de mayo de 2016).

49 En relación con los actos de contenido económico de la Administración de Les Corts, partiendo de la base de que la competencia original recae en la Mesa (art. 30.1 RCV), hay que estar al acuerdo de la Mesa 23 de diciembre de 2020 por el que se delegan determinadas funciones en los siguientes órganos unipersonales: presidente, vicepresidentes y secretarios de la Mesa; jefe de gabinete del presiden-

Esta actividad se encuentra ligada a la función presupuestaria de las asambleas legislativas. Ahora bien, si bien esta función engarza con en el principio *no taxes without representation* de las asambleas medievales, el control sus cuentas se ha independizado de la aprobación de los presupuestos y «encuentra su sentido en la época moderna dentro del esquema de la división de poderes». Así, el «control interno se convierte en un (...) elemento que sirve para potenciar la potestad de las Cámaras para poder obrar sin interferencias ajenas de ningún orden»[50].

Por esta razón, el control interno de Les Corts cuenta con una regulación propia, a saber: determinados acuerdos de su Mesa; como los de 9 de septiembre de 2014, 8 de octubre de 2018 y 2 de marzo de 2021, de aprobación, respectivamente, de las normas sobre régimen económico y presupuestario, sobre la fiscalización de gasto, y sobre contabilidad y control de las subvenciones a los grupos parlamentarios[51].

C. Patrimonio

Les Corts, como Administración parlamentaria, precisa de una sede y una serie de bienes inmuebles donde desarrollar sus funciones. Esta actividad patrimonial se somete a unas reglas, en concreto a la Ley 14/2003, de 10 de abril, de la Generalitat, de patrimonio de la Generalitat Valenciana (LPGV), la cual incluye a Les Corts en su ámbito de aplicación y les reconoce autonomía «sobre los bienes y derechos que tengan adscritos (...). Ello no obstante, la titularidad [de los mismos] será, en todo caso, de la Generalitat»[52]. Su gestión, en cambio, corresponde a la Mesa.

te; letrado mayor; y jefes de servicio. Esta información se ha obtenido del portal de transparencia de Les Corts.

50 DE LA PEÑA RODRÍGUEZ, Luis (2018): «Control interno y Parlamento; punto de partida esencial», *Presupuesto y Gasto Público*, núm. 95, págs. 76 y 77.

51 El Acuerdo 2894/IX, de 8 de octubre de 2018, de la Mesa, aprueba el texto refundido de las normas reguladoras de la fiscalización de los gastos (DOCV de 27 de mayo de 2019). El acuerdo de la mesa 1284/X, de 2 de marzo de 2021 aprueba las normas reguladoras de la contabilidad y control de las subvenciones asignadas a los grupos parlamentarios (DOCV).

52 Art. 9.1 LPGV. Les Corts tienen adscritos los siguientes inmuebles en la ciudad de Valencia: su sede, formada por los Palacios de los Borja (3.398'40 m^2) y del Conde Trénor (2.706,11 m^2), así como los edificios del hemiciclo (5.229'52 m^2), de los grupos parlamentarios (4.603,00 m^2) y de la calle Libertad (3.098'85 m^2); un bajo en el núm. 10 de la calle de la Libertad (103'38 m^2), donde se ubicaba la bibliote-

D. Contratación

Además de un patrimonio, la Administración de Les Corts, para cumplir su cometido, tiene externalizados determinados servicios y recibe suministros de ciertos bienes muebles o consumibles[53]. En esta materia, Les Corts se hayan sometida a la Ley 9/2017, de 8 de noviembre, de contratos del sector público (LCSP), por así disponerlo su DA 44 al afirmar que «los órganos competentes (...) de las Asambleas Legislativas de las Comunidades Autónomas (...) ajustarán su contratación a las normas establecidas en esta Ley para las Administraciones Públicas»[54].

Esta previsión debe su razón de ser al Derecho comunitario ya que, a los efectos de las directivas de contratación pública, Les Corts –como los demás parlamentos- cumplen los requisitos para ser consideradas poder adjudicador al estar incluidas entre «las autoridades regionales»[55].

E. Responsabilidad patrimonial

Uno de los logros del Derecho público del siglo XX es el reconocimiento de la responsabilidad de las Administraciones Públicas. Esta se regula en los arts. 32 y ss. LRJ. Esta norma, sin embargo, no parece incluir en su ámbito de aplicación a las Administraciones parlamentarias. Por ello, a juicio de un reciente pronunciamiento –de 30 de marzo de 2022- del Tribunal

---

ca de Les Corts y que actualmente está alquilado; y el solar de la calles El Salvador y Viciana. El edificio de la antigua «Casa de los Caramelos» en la calle Navellos, adquirido con la finalidad de ampliar la sede de Les Corts, ya no le está adscrito. Está información se ha obtenido del portal de transparencia de Les Corts. Como quiera que el art. 9 LPGV no señala el órgano competente, en materia de patrimonio este será la mesa (art. 30.1 RCV).

53 A día de hoy, Les Corts tienen externalizados servicios como los de limpieza, seguridad, cafetería, protección de datos, imprenta, informática, mensajería, y suministros como los de mobiliario, material de oficina, extintores y aplicaciones informáticas hechas por encargo.

54 Las competencias en materia de contratación, que corresponden a la Mesa *ex* art. 30.1 RCV, están delegadas en el presidente, los vicepresidentes y secretarios de la Mesa; el jefe de gabinete del presidente, el letrado mayor, los letrados y jefes de servicio en los términos previstos en el acuerdo 15/IX, de 23 de junio, de la Mesa. Esta información se ha obtenido del portal de transparencia de Les Corts (BOCV de 3 de julio de 2015).

55 Art. 2.1.1) Directiva 2014/24/UE del Parlamento Europeo y del Consejo, de 26 de febrero de 2014, sobre contratación pública.

Superior de Justicia de la Comunitat Valenciana (TSJ CV), las reclamaciones por daños causados por los actos no legislativos de Les Corts deben dirigirse contra la Generalitat, la cual –en su caso- responderá de los actos de aquella[56].

F. Convenios

La Administración de Les Corts también puede llegar a acuerdos con otras entidades en asuntos de interés común. A falta de previsión expresa, estos se rigen por los arts. 47 a 53 LRJ, relativos a los convenios, y en principio por el Decreto 176/2014, de 10 de octubre, del Consell, por el que se regula los convenios que suscriba la Generalitat y su registro[57]. Es competente para su aprobación la Mesa *ex* art. 30.1 RCV.

---

56 La responsabilidad vicaria de la Generalitat, por los daños causados por Les Corts por actos no legislativos ha sido declarada por la STSJ CV 250/2022, de 30 de marzo (núm. rec. 528/2019 y TOL9.106.310). En esta sentencia se enjuició la responsabilidad patrimonial de Les Corts por los daños causados a un ciudadano –en el supuesto resuelto el derecho al honor- como consecuencia de su actividad parlamentaria. Este fallo tuvo que pronunciarse sobre una reclamación del director de recursos humanos de Ferrocarrils de la Generalitat Valenciana, al que se había declarado responsable de la muerte de 43 personas, por la comisión especial de investigación de Les Corts sobre el accidente de metro de la Línea 1 de Valencia de 3 de julio de 2016. El reclamante, tras obtener el amparo del TC por haber sido vulnerado su derecho al honor, con la consecuente declaración de nulidad –por la STC 133/2019, de 13 de diciembre- de las conclusiones de la «Comisión del Metro», interpuso una reclamación de responsabilidad patrimonial el 25 de julio de 2019, la cual fuc inadmitida y desestimada por la resolución de la Mesa de 24 de septiembre de 2019. En opinión Les Corts, aun cuando la cámara había usurpado funciones al poder judicial y efectuado un pronunciamiento con vulneración del derecho de defensa, «no le *correspondí*a cuantificar reclamaciones por daños morales y económicos consecuencia de sentencias del TC» (FJ 1). Frente a dicha resolución el reclamante interpuso un recurso contencioso-administrativo que fue estimado parcialmente por la STSJ CV 250/2022. Dicho fallo declaró la responsabilidad de Les Corts por un «acto no legislativo», e instó al recurrente a dirigir la reclamación de responsabilidad patrimonial, en vez de Les Corts, contra la Generalitat. Según su parecer, lo que «no está previsto es que sea el propio poder legislativo el que hubiera eventualmente de responder; [y la cámara] no está autorizada por la ley para tramitar el procedimiento de exigencia de responsabilidad patrimonial ni dispone (...) de recursos públicos para en su caso responder por ello» (FJ 5).

57 En la actualidad la Administración de Les Corts tiene suscritos 17 convenios. De ellos: 9 son convenios de cooperación de actividades académicas con todas las universidades del Sistema Universitario Valenciano: 2 se han suscrito con la Uni-

Estos convenios, suscritos por la Administración de Les Corts, por su carácter administrativo, deben diferenciarse de los convenios de colaboración para la gestión de servicios y los acuerdos de cooperación con el Estado y demás Comunidades Autónomas del art. 59 EACV, celebrados por la Generalitat y aprobados por Les Corts.

V. REVISIÓN DE LOS ACTOS ADMINISTRATIVOS DE LAS CORTS VALENCIANES

Los actos de la Administración de Les Corts son susceptibles de revisión, tanto en vía administrativa como ante las jurisdicciones contencioso-administrativa y constitucional[58].

1. Recursos administrativos

La revisión de los actos en vía administrativa exige diferenciar aquellas áreas en las que exista una regulación –*i.e.* personal, acceso a la información pública y contratación- del resto.

versidades de València y Politécnica de Valencia, para la realización de prácticas externas con la Universitat de València y la Universidad Politécnica de Valencia. Otros convenios de la Administración de Les Corts son los suscritos con las siguientes entidades: entidades de crédito adheridas al *confirming*; Tesorería General e la Seguridad Social; Institut Valencià de Administració Pública (actualmente denominado la Escola Valenciana de Administració Pública); Cultural Institut Google; Fundación DIALNET de la Universidad de la Rioja; Escola Superior d'Art i Dissney de València; y Unió de Periodistes Valencians. Esta información se ha obtenido del portal de transparencia de Les Corts.

58 La revisión de los actos, tanto en vía administrativa como en vía judicial, exige diferenciar los actos de naturaleza parlamentaria de los de carácter administrativos. En los primeros –salvo que pueda alegarse la vulneración del derecho de participación pública u otro derecho fundamental- no cabrá recurso alguno en virtud de la doctrina de los *interna corporis acta*. Así sucederá, por ejemplo, con la convocatoria de reuniones, la retirada de la palabra o la expulsión de la cámara de los diputados, así como con la inadmisión de enmiendas o denegación de dar curso a iniciativas parlamentarias.

A. Personal

Son actos en materia de personal los que se refieren al estatuto personal de los empleados de Les Corts. De acuerdo con el art. 54 EPCV, según los casos, «las competencias en materia de personal son ejercidas por la Presidencia, la Mesa y el letrado mayor o letrado (...) en quien éste delegue». Estas resoluciones son revisables en vía administrativa por un recurso administrativo innominado y al que nosotros bautizamos como «recurso ordinario»[59].

Es un recurso ordinario por su carácter preceptivo, ya que solo cabe recurrir ante la jurisdicción contencioso-administrativa los «acuerdos de la Mesa que resuelvan reclamaciones en materia de personal»[60]. Este recurso, además: se diferencia del de alzada de la LPAC porque se interpone frente a actos no definitivos; y se distingue del de reposición de la LPAC porque no es potestativo.

Una de las singularidades del «recurso ordinario» es la que atañe a la competencia dual para resolver los recursos. El recurso será devolutivo cuando se recurran actos de competencia del presidente o del letrado mayor, y no devolutivo cuando provengan de la Mesa. Ello es así, porque «las resoluciones en materia de personal (...) serán recurribles: (...) las dictadas

---

59 Art. 54 EPCV. Este precepto, para su comprensión, precisa de una interpretación. Aunque este precepto regula los recursos contra «las resoluciones en materia de personal» (aps. 1 y 3), está ubicado en el cap. III EPCV dedicado a los derechos y deberes del personal al servicio de Les Corts. Si se realiza una interpretación sistemática del EPCV, y por tanto se limita el recurso ordinario a la revisión de actos relacionados con los derechos y deberes del personal de Les Corts regulados del cap. III, otros actos en materia de personal quedarían privados del recurso ordinario. Así sucedería con la actividad relacionada con la carrera y promoción profesional, la selección, adquisición y pérdida de la condición de empleado de Les Corts, las situaciones administrativas y el régimen disciplinario de los caps. IV a VII EPCV. De este modo se produciría un régimen dual de revisión administrativa de actos administrativo-parlamentarios en materia de personal. Mientras los actos del cap. III se regirían por el art. 54 EPCV, los de los caps. IV a VII por los recursos de alzada y reposición de los arts. 112 a 124 LPAC. Esta división, además de artificiosa, se toparía con el art. 54.4 EPCV, el cual -a diferencia de los aps. 1 y 3 del art. 54 EPCV que se refieren a resoluciones «en materia de personal»- a los efectos de la aplicación subsidiaria de la LPAC limita el reenvío a las «materias reguladas en el (...) capítulo» III EPCV. En nuestra opinión los aps. 1 y 3 del art. 54 EPCV, a pesar de estar ubicados en el capítulo III, deben interpretarse literalmente de suerte que la revisión de los actos en vía administrativa se rija por un único sistema de recursos.

60 Art. 54.3 EPCV.

por la Presidencia y el letrado mayor, ante la Mesa (...) [;] y las dictadas por la Mesa, ante el mismo órgano»[61]. Por otro lado, el plazo de interposición será «de un mes» y en todo lo demás habrá que estar a la LPAC, la cual tendrá «carácter supletorio»[62].

B. Acceso a la información pública

Como se dijo, la Oficina de Información de Les Corts es la unidad encargada de resolver las peticiones de acceso a la información. A día de hoy, esta unidad está dirigida por una letrada, la cual actúa por delegación del letrado mayor. A ella le «corresponde (...) resolver las cuestiones planteadas por las solicitudes de información» del art. 113 RCV[63].

También se señaló que el art. 113 RCV se desarrolla por la resolución de la Presidencia de carácter general 3/IX. Pues bien, esta norma regula –sin darle un *nomen iuris*– un recurso potestativo y devolutivo frente a las resoluciones de acceso a la información de Les Corts. Nosotros lo llamaremos el «recurso especial en materia de información pública». Este recuso especial: es potestativo porque «frente a toda resolución en materia de acceso a la información pública (...) sujeta a derecho administrativo podrá interponerse un recurso ante la Mesa»[64]; es devolutivo porque, como se acaba de decir, la competencia para resolver las solicitudes de derecho a la información recae sobre una letrada. A estos efectos hay que tener en cuenta que «las resoluciones administrativas que se adopten por delegación (...) se considerarán dictadas por el órgano delegante»[65]. Por lo demás, el plazo para recurrir es de un mes y para resolver 3 meses[66].

61 Art. 54.1 EPCV

62 Art. 54.2 EACV. La aplicación supletoria de la LPAC implica que, por aplicación analógica de los arts. 122.3 y 124.4 LPCAP, relativos a los recursos de alzada y reposición, el plazo para resolver será de 3 meses en los recursos devolutivos y de 1 mes en los no devolutivos.

63 Art. 4 de la resolución de Presidencia de carácter general núm. 3/IX, por la que se desarrolla el artículo 110 ter del RCV sobre el Portal de Transparencia y se establece el procedimiento de acceso a la información de Les Corts (BOCV de 27 de mayo de 2016).

64 Art. 14.1 de la resolución de la Presidencia de carácter general núm. 3/IX.

65 Art. 9.4 LRJ.

66 Art. 14.2 y 3 de la resolución de la Presidencia de carácter general núm. 3/IX.

C. Recurso especial en materia de contratación

La Administración de Les Corts contrata los servicios que no puedan ser atendidos por su personal, y los suministros de bienes fungibles y material de oficina que precise su personal, así como el personal eventual y los asesores de los grupos parlamentarios.

Como se dijo en el apartado segundo del anterior epígrafe, los contratos de la Administración de Les Corts están sujetos a la LCSP. Por esta razón los licitadores pueden recurrir ante el Tribunal Administrativo Central de Recursos Contractuales (TACRC), los actos enumerados en el art. 44.2 LCSP, siempre que superen los umbrales económicos del 44.1 LCSP. Los plazos para recurrir y resolver son de 15 días hábiles y 5 días hábiles, respectivamente[67]. De hecho, ya existen resoluciones del TACRC que se han resuelto recursos contra actos de Les Corts en materia de contratación[68].

Por el contrario, cuando no pueda utilizarse este recurso especial –ypotestativo- por no reunir los actos de la Administración de Les Corts en materia de contratación los requisitos del art. 44 LCSP, estos mismos actos podrán recurrirse en alzada y reposición en los términos establecidos por la LPAC. Así resulta del reenvío que la DF 4 LCSP realiza a la LPAC.

D. Otros actos de administración

Fuera de los actos recaídos en materia de personal, acceso a la información pública y contratación, a falta de regulación específica, la competencia para dictar actos administrativo-parlamentarios recae en la Mesa como «órgano rector de la cámara y [que] ostenta la representación de esta»[69]. Frente a ellos podrá interponerse un recurso, que en nuestra opinión –dado que la Mesa, como órgano administrativo, carece de superior jerárquico- será el potestativo de reposición previsto en los arts. 123 y 124 LPAC. En cualquier caso, este recurso no debe confundirse con el recurso de reposición del art. 34 RCV, aplicable a determinados actos genuinamen-

---

67 Arts. 49.1 y 57.1 LCSP.

68 La competencia del TACRC deriva del convenio de atribución de competencias en materia de recursos contractuales, suscrito el 25 de mayo de 2021, entre la Administración General del Estado y la Generalitat. Entre otras resoluciones, la RTACRC 300/2019, de 30 de abril, que resolvió un recurso contra los «pliegos y documentos contractuales» del contrato de limpieza del complejo de Les Corts.

69 Art. 30.1 RCV.

te parlamentarios de la Mesa relacionados con la calificación y tramitación de escritos parlamentarios.

2. Recursos contencioso-administrativos

«En España, durante años, el criterio orgánico que inspiró (...) la Ley de la Jurisdicción Contencioso-Administrativo (...) de 1956 supuso la inmunidad de jurisdicción de los actos parlamentarios sin valor de ley en materia de administración y personal»[70]. Este criterio subjetivo –al que había que añadir la falta de personalidad jurídica de las CCGG- y la doctrina de los *interna corporis acta*- fueron los principales diques de contención frente al control jurisdiccional de los actos administrativo-parlamentarios.

Se decía que «habría, de otro modo, una injerencia sobre la actividad política de los representantes populares, que *casaba* mal con la idea, tan arraigada en los sistemas democráticos, de la separación de poderes»[71]. Como afirma MESTRE, se llegó a esta conclusión, porque a la división de poderes «se añadió una regla o consecuencia añadida, conforme a la cual se imponía una suerte de compartimentalización entre funciones, que impedirían que un Poder pudiese entrometerse en el ámbito de actuación de otro»[72].

Esta situación cambia, para los actos de personal con la aprobación, el 23 de junio de 1983, de los EPCG, y para los actos de administración con la sanción de la Ley Orgánica 6/1985, de 1 de julio, del Poder Judicial (LOPJ)[73] . Esta última admite el recurso contencioso-administrativo en re-

---

70 GÓMEZ CORONA, Esperanza (2001): «El control jurisdiccional de los actos de la Administración y personal de las cámaras legislativas», *Revista Vasca de Administración* Pública, núm. 60, pág. 219.

71 MARTÍN RETORTILLO-BAQUER, Lorenzo (1985): «El control por el Tribunal Constitucional de la actividad no legislativa del Parlamento», *Revista de Administración Pública*, núm. 107, págs. 91 y 92.

72 MESTRE DELGADO, Juan Francisco (2018): «Una reflexión sobre la regulación constitucional del Derecho administrativo», *Corts: Anuario de Derecho Parlamentario, op. cit.* pág. 381.

73 Para GÓMEZ CORONA pueden establecerse tres etapas el proceso de control, por la jurisdicción contencioso-administrativa, de los actos administrativo-parlamentarios. Aprobada la CE, en un primer momento los jueces y tribunales «ordinarios» no pudieron conocer de los actos administrativo-parlamentarios ya que, como se expone en el apartado dedicado al recurso de amparo, la única vía de revisión judicial fue el recurso de amparo ante el TC. Con la aprobación del

lación con «los actos (...) en materia de personal, administración y gestión patrimonial sujetos a derecho público adoptados por los órganos competentes (...) de las Asambleas Legislativas»[74]. Desde entonces los actos de la Administración de Les Corts pueden ser recurridos ante el TSJ CV[75].

3. Recurso de amparo

«La doctrina de los *interna corporis acta* determina la inmunidad de todas aquellas actuaciones internas de las Cámaras que carecen de eficacia jurídica constitutiva a extramuros de la Asamblea Legislativa, con fundamento en la garantía de autonomía de las Cámaras; el principio de división de poderes; y las cuestiones políticas no justiciabas»[76].

Esta construcción doctrinal, arraigada en el parlamentarismo español, se agrieta a los pocos años de la entrada en vigor de la CE como consecuencia de la primacía que se da a la tutela judicial de los derechos fundamentales. Sobre este asunto queremos destacar dos cuestiones: el recurso de amparo como excepción a la teoría de los *interna corporis acta* y la polémica acerca de la necesidad de interponer, con carácter previo al recurso de amparo, un recurso contencioso-administrativo, o al menos un recurso administrativo, en este ultimo caso, aunque sea potestativo.

EPCG, de 23 de junio de 1983, y la previsión –por su art. 35.3- del sometimiento a la jurisdicción contencioso-administrativa de los actos en materia de personal, se inició la segunda etapa ya que las asambleas legislativas de las CCAA, a falta de estatutos de personal propios, comenzaron aplicando supletoriamente el de las CCG. A partir de la entrada en vigor de la LOPJ, comienza la tercera fase en la cual todos «los actos (...) de los órganos de gobierno (...) en materia de personal y los actos de administración» del CD, Senado, CCGG y asambleas legislativas de CCAA son revisables por el orden contencioso-administrativo (arts. 58.1° y 74.1 c LOPJ). GÓMEZ CORONA, Esperanza (2001): «El control jurisdiccional de los actos de la Administración y personal de las cámaras legislativas», *Revista Vasca de Administración* Pública, núm. 60, pág. 219 a 231.

74 Arts. 74.1 c) y 58.1 LOPJ y

75 Arts. 1.3 a) y 10.1 c) de la Ley 29/1998, de 23 de julio, reguladora de la jurisdicción contencioso-administrativa (LJCA).

76 AMAYA GARCÍA, Jorge Alejandro (2001): «El Control jurisdiccional de los *interna corporis acta*», *Revista de Derecho Público,* pág. 51.

A. Actos recurribles

En sus primeros pronunciamientos, el TC -asumiendo la teoría de los *interna corporis acta*- inadmitió recursos de amparo contra actos genuinamente parlamentarios porque estos, en su opinión, «sólo *quedaban* sujetos a este control [jurisdiccional] cuando *afectaban* a relaciones externas del órgano»[77]. Sin embargo, con el paso del tiempo -desde su STC 90/1985, de 22 de julio- el TC ha acabado por admitir que «en cuanto un acto parlamentario afecte a un derecho o libertad susceptible de amparo constitucional, sale o transciende de la esfera irrevisable propia de los interna corporis acta»[78].

En definitiva, a día de hoy, la doctrina jurisprudencial del TC es la siguiente: «"los actos y decisiones sin valor de Ley" emanados de las Cámaras, de naturaleza típicamente parlamentaria (...) por ser expresión ad intra de su autonomía (...) [,] resultan "excluidos del conocimiento, verificación y control, por parte de los Tribunales, tanto de los ordinarios como de este Tribunal", a no ser que afecten a un derecho o libertad susceptible de protección a través del recurso de amparo»[79].

Con independencia de lo anterior, no está de más saber que las cuestiones en materia de personal y los actos de administración de la Administración parlamentaria no pueden ser consideradas como «actos internos» de una asamblea legislativa. Así se desprende, respecto de los actos en materia de personal, de la STC 121/1997, de 1 de julio. En dicho fallo, mediante un *obiter dictum*, el TC asumió que una reclamación relacionada con los

---

77 FFJJ 2 AATC 183/1984, de 21 de marzo (núm. rec. 138/1984) y 706/1986, de 17 de diciembre (núm. rec. 220/1986 y TOL239.282). *A sensu* contrario, según dijera la STC 90/1985, de 22 de julio (núm. rec. 112/1984 y TOL79.505) era un acto era externo cuando «*afectase* a situaciones que excedan del ámbito estrictamente propio del funcionamiento interno de las Cámaras (FJ 2).

78 FJ 2 STC 118/1988, de 20 de junio (núm. rec. 351/1987). Tres años antes la STC 90/1985, de 22 de julio (núm. rec. 112/1984 y TOL79.505) ya había sentado la siguiente doctrina jurisprudencial: «cuando una Cámara ejerce la facultad que deriva del art. 71.2 de la C.E. mediante actos o acuerdos singulares sin fuerza de ley, no cabe rechazar, por principio, la posibilidad de que los mismos lleguen a vulnerar los derechos y libertades que, según el apartado 1 del art. 53 de la C.E., vinculan a todos los poderes públicos, y para cuya protección queda abierta, conforme a lo dispuesto en el apartado 2 del mismo art. 53, en el art. 161.1 b) de la misma C.E. y en los arts. 2.1 b) y 42 de la LOTC, la vía del recurso de amparo para que este TC examine las eventuales vulneraciones» (FJ 2).

79 FJ 3 SCT 121/1997 (núm. rec. 442/1995 y TOL83.264).

derechos de los funcionarios «no *era* susceptible de ser calificada como interna corporis acta, por recaer sobre una materia –la de personal- sometida a la jurisdicción contencioso-administrativa»[80]. En nuestra opinión, esta conclusión, por descansar en una razón de ser idéntica, se predica también de los actos de administración de las asambleas legislativas.

B. Recurso contencioso-administrativo previo

Aceptado que «la doctrina de los interna corporis acta sólo es aplicable en la medida en que no exista lesión de tales derechos y libertades», toca analizar si los actos administrativo-parlamentarios pueden ser recurridos directamente ante el TC mediante el recurso de amparo[81].

Como es sabido, de acuerdo con el art. 43.1 de la Ley Orgánica 2/1979, de 3 de octubre (LOTC), el recurso de amparo es un recurso subsidiario que solo puede interponerse «una vez que se haya agotado la vía judicial procedente». Sin embargo, por así disponerlo el art. 42 LOTC, «las decisiones o actos sin valor de Ley, emanados (...) de las Asambleas legislativas de las Comunidades Autonomías, o de sus órganos (...) podrán ser recurridos (...) desde que, con arreglo a las normas internas de las Cámaras o Asambleas, sean firmes».

Hasta hace unos años se discutió cómo debía interpretarse la «firmeza» del art. 42 LOTC, y en qué medida resultaba aplicable el art. 43 LOTC –que exige agotar «la vía judicial procedente»- a los recursos de amparo parlamentarios.

Para algunos autores, como GUAITA, los arts. 42 y 43 LOTC debían interpretarse como complementarios porque tanto la jurisdicción contencioso-administrativa como el recurso de amparo tenían una «misma naturaleza *ex essentia* revisora». En su opinión, «la única diferencia [del recurso de amparo respecto] de la vía contencioso-administrativa *era* meramente terminológica: lo que en ésta llama el Tribunal Supremo naturaleza revisora, es naturaleza subsidiaria del recurso de amparo para el Tribunal Constitucional»[82].

---

80 *Idem.*

81 FJ 2 STC 118/1988, de 20 de junio (núm. rec. 351/1987 y TOL79.505).

82 GUAITA MARTORELL, Aurelio (1986): «El recurso de amparo contra actos sin fuerza de ley de los órganos legislativos», *Revista de las Cortes Generales*, núm. 7, pág. 169.

En este sentido, para salvaguardar el carácter subsidiario del recurso de amparo, el TC reinterpretó la «firmeza» exigida por el art. 42 LOTC -en el sentido de privarle el significado propio del Derecho administrativo- de suerte que esta «sólo se *alcanzaba* una vez que se *hubieran* agotado las instancias internas, y si fuera procedente, las vías externas establecidas contra tales actos, esto es la jurisdicción contencioso-administrativa»[83].

En la actualidad, tras la modificación del art. 43.1 LOTC, por la Ley Orgánica 6/2007, de 24 de mayo, ya no es posible cuestionar la impugnación directa de los actos administrativo-parlamentarios. Dicho precepto, con la redacción actual, precisa que solo se exige agotar la vía judicial cuando se recurran «actos jurídicos, omisiones o simple vía de hecho (...) de los órganos ejecutivos colegiados de las comunidades autónomas o de sus autores o funcionarios o agentes».

De estas resultas, hay que admitir que la interposición de un recurso contencioso-administrativo –ya sea el procedimiento ordinario, ya sea el especial para la protección de los derechos fundamentales, regulados ambos en la Ley 29/1998, de 13 de julio, reguladora de la jurisdicción contencioso-administrativa- es potestativao y no preceptivo.

C. Recurso administrativo previo

Aunque ya no es posible exigir el agotamiento de la vía judicial que proceda antes de interponer un recurso de amparo parlamentario, tampoco puede afirmarse que el sentido que debe darse a la «firmeza» del art. 42 LOTC sea pacífico tras la LO 6/2007. En concreto, ya no se puede defender que el concepto de «firmeza» del art. 42 LOTC es sinónimo de agotamiento de la vía judicial ya no puede sostenerse. Precisamente por este motivo, surge la duda acerca de la necesidad de haber agotado los eventuales recurso administrativos, incluyendo los de carácter potestativo, como el de las peticiones de acceso a la información pública del art. 113

---

83 FJ 1 ATC 296/1985, de 8 de mayo (núm. rec. 29/1985). Para DUQUE, el silencio respecto de la vía judicial previa estribaba «en la circunstancia de que en el momento de aprobarse la LOTC en nuestro ordenamiento no existía norma alguna que explícitamente sometiese tales actos a conocimiento de los órganos jurisdiccionales ordinarios». DUQUE VILLANUEVA, Juan Carlos (1986: «El recurso de amparo contra actos parlamentarios» (La vía de amparo del art. 42 de la LOTC), *Revista de las Cortes Generales,* núm. 42, pág. 101.

RCV o el de reposición de los arts. 123 y 124 LPAC para los actos de administración de Les Corts.

Según el parecer de DUQUE, por acto jurídico-parlamentario «firme» hay que entender aquel «acto parlamentario que se pretenda recurrir [y que] no sea ya revisable internamente, esto es, por las Cámaras, o por alguno de sus órganos»[84]. Para QUINTANA la firmeza, en sentido técnico y como es entendido por el Derecho administrativo, se predica de una resolución que no puede ser revisada en vía administrativa, ya sea porque no cabe recurso alguno por ser la resolución definitiva, ya sea porque aún siendo impugnable ha transcurrido el plazo para recurrir[85].

Sin embargo, a los efectos del recurso de amparo parlamentario, este no ha sido el sentido que el TC ha dado al término «firmeza». Partiendo del carácter subsidiario del recurso de amparo, según la STC 33/2010, de 19 de julio, para que los actos administrativo-parlamentarios «con arreglo a las normas internas de las Cámaras o Asambleas, sean firmes» se requiere «exigir que se agoten previamente, y siempre que existan, las vías intraparlamentarias de impugnación»[86].

4. Representación y defensa en juicio

La comparecencia en juicio está sometida a una serie de requisitos de postulación. En el caso de la Administración de Les Corts, cuando se inter-

---

84 *Idem.*

85 QUINTANA LÓPEZ, Tomás (1991): «El control jurisdiccional de las decisiones parlamentarias», en MARTÍN RETORTILLO-BAQUER, Sebastián (coord.), *Estudios sobre la Constitución española: homenaje al profesor Eduardo García de Enterría*, Civitas, Madrid, vol. 3, págs. 2083 y 2084.

86 FJ 2 STC 33/2010, de 19 de julio (núm. rec. 4321/2005 y TOL1.917.630). En esta sentencia el TC se pronunció con ocasión de un recurso de reposición del precepto del 32.2 RCV de 30 de junio de 1994, equivalente al actual art. 34.2 RCV. Aunque resolvió a partir de una acto netamente parlamentario, lo sentenciado es perfectamente trasladable a los actos administrativo-parlamentarios porque en ambos caso lo determinante es la «subsidiariedad» del recurso de emparo. En este sentido, en dicho fallo se precisó que «la exigencia de haber agotado las instancias internas parlamentarias es, conforme a nuestra jurisprudencia, una exigencia derivada del principio de subsidiariedad y del debido respeto a la autonomía parlamentaria, de tal manera que no cabe recabar el amparo de este Tribunal Constitucional si la lesión pudo ser remediada mediante procedimientos parlamentarios que no se hayan utilizado» (FJ 2).

ponga un recurso contencioso-administrativo ante el TSJ CV o un recurso de amparo ante el TC, la representación y defensa en juicio de la Administración de Les Corts corresponde a sus letrados. Así lo establecen la Ley 10/2005, de 9 de diciembre, de la Generalitat, de asistencia jurídica a la Generalitat (LAJG) y el EPCV. La primera excluye a la Abogacía General de la Generalitat de «la representación y defensa en juicio de las Cortes Valencianas»[87]. La segunda atribuye al cuerpo de letrados de Les Corts el «asesoramiento o defensa en juicio ante los tribunales ordinarios y del Tribunal Constitucional»[88].

La razón de ser de «esta posición diferenciada [respecto de la Abogacía General de la Generalitat, entronca con la autonomía de Les Corts ya que] (...) implica la libertad de las mismas para establecer quién ha der representarlas y defenderlas» sin interferencias de la Administración del Consell[89].

VI. CONCLUSIÓN

Hasta no hace muchos años, los actos administrativos-parlamentarios se encontraban en una suerte de «limbo jurídico» en el que no era posible someter al criterio de un tercero imparcial la legalidad de los mismos. Esta singularidad –anclada en una concepción rígida de la separación de poderes, la autonomía parlamentaria y la doctrina de los *interna corporis acta*- colocaba a las personas que se relacionaban con la Administración parlamentaria en una clara situación de desventaja, y en algunas ocasiones, de desprotección.

Esta situación comienza a cambiar con la promulgación de la Constitución Española, y sobretodo, con la primacía que el Tribunal Constitucional empezó a dar a los derechos fundamentales al permitir su tutela judicial con independencia de la persona o institución que causasen la vulneración de los mismos.

Posteriormente, con la aprobación de la Ley Orgánica del Poder Judicial, los actos administrativo-parlamentarios pudieron ser recurridos ante la jurisdicción contencioso-administrativa.

87 Art. 1.3 LAJG. El art. 1.3 LAJG, no obstante, permite que los "órganos de gobierno [de Les Corts] (...) encomienden a la Abogacía General de la Generalitat [la representación y defensa en juicio de Les Corts] para algún proceso concreto o clase determinada de los mismos"

88 Art. 12 a) EPCV.

89 CID VILLAGRASA, Blanca (2000): «La Administración Parlamentaria», *Asamblea: revista parlamentaria de la Asamblea de Madrid, op. cit.*, pág. 150.

A día de hoy, aunque formalmente la Administración parlamentaria esta sujeta a Derecho, todavía existen ciertos elementos que distorsiona el efectivo control judicial de su actividad. La falta de regulación y las especialidades –sustantivas y adjetivas- convierten los recursos –contencioso-administrativos y de amparo- en un terreno de juego en el que, por desconocimiento o ausencia de reglas claras, la «igualdad de armas» de las partes dista de ser real y efectiva.

Bibliografía

AGUILÓ LUCIA, Lluís (1990): «La reforma del reglamento de las Cortes Valencianas», *Revista de las Cortes Generales*, núm. 19

AMAYA GARCÍA, Jorge Alejandro (2001): «El Control jurisdiccional de los *interna corporis acta*», *Revista de Derecho Público*

DE BARTOLOMÉ CENZANO, Carlos (2022): «Les Corts Valencianes (II), en VISIEDO MAZÓN, Francisco J. (coord.), *Instituciones políticas de la Comunitat Valenciana* (2ª ed.), Tirant lo Blanch, Valencia

DE LA PEÑA RODRÍGUEZ, Luis (2018): «Control interno y Parlamento; punto de partida esencial», *Presupuesto y Gasto Público*, núm. 95

DÍEZ SÁNCHEZ, Juan José (2005): «Autonomía administrativa parlamentaria: Las cuestiones relativas al personal parlamentario y su control judicial», *Corts: Anuario de Derecho Parlamentario*, núm. 16

DUQUE VILLANUEVA, Juan Carlos (1997): «El recurso de amparo contra actos parlamentarios (La vía de amparo del art. 42 de la LOTC)», *Revista de las Cortes Generales*, núm. 42

FORTIER, Jean Claude (1981): «L'indépendence administrative des Assemblées politi ques», *Revue Politique et Parlamentaire*, núm. 890

GARCÍA-ESCUDERO MÁRQUEZ, Piedad (1998): «Los actos de la Administración parlamentaria», *Cuadernos de Derecho Público*, núm. 4

GARCÍA DE ENTERRÍA, Eduardo y FERNÁNDEZ, Tomás Ramón (2013): *Curso de Derecho Administrativo*, vol. I (16ª ed.), Civitas, Cizur Menor (Navarra)

GARRIDO FALLA, Fernando (1982): "Reflexiones sobre una reconstrucción de los límites formales del Derecho administrativo español», *Revista de Administración Pública*, núm. 97

GARRIDO MAYOL, Vicente (2004): *La responsabilidad patrimonial del Estado. Especial referencia a la Responsabilidad del Estado legislador*, Tirant lo Blanch, Valencia

GUAITA MARTORELL, Aurelio (1986): «El recurso de amparo contra actos sin fuerza de ley de los órganos legislativos», *Revista de las Cortes Generales*, núm. 7

GÓMEZ CORONA, Esperanza (2001): «El control jurisdiccional de los actos de la Administración y personal de las cámaras legislativas», *Revista Vasca de Administración Pública*, núm. 60

JIMÉNEZ ASENSIO, Rafael (1984): «El Estatuto de Personal del Parlamento Vasco», *I Jornadas de Derecho parlamentario* (vol. II), Congreso de los Diputados, Madrid

LÓPEZ GUERRA, Luis (1980): «Sobre la personalidad jurídica del Estado», *Revista de Derecho político,* núm. 6

LÓPEZ RODÓ, Laureano (1981): «Personalidad jurídica del Estado en el Derecho interno», *Revista de Derecho Político,* núm. 11, págs. 58 y 59

MARTÍNEZ CORRAL, Juan Antonio (1995): «Reflexiones sobre los Órganos de representación de funcionarios en los parlamentos de las Comunidades Autónomas», *Corts: Anuario de Derecho parlamentario,* núm. 1

MARTÍNEZ CORRAL, Juan Antonio y VISIEDO MAZÓN, Francisco J. (2008): «El Estatuto básico del empleado público y su posible aplicación a los Parlamentos autonómicos», *Asamblea: revista parlamentaria de la Asamblea de Madrid,* núm. 19

MARTÍN-RETORTILLO, Lorenzo (1985): «El control por el Tribunal Constitucional de la actividad no legislativa del Parlamento», *Revista de Administración Pública,* núm. 107, págs. 91 y 92

MESTRE DELGADO, Juan Francisco (2018): «Una reflexión sobre la regulación constitucional del Derecho administrativo», *Corts: Anuario de Derecho Parlamentario,* núm. extra 31

PÉREZ-SERRANO JÁUREGUI, Nicolás (1981): «Hacia una teoría de los actos parlamentarios», *Revista de Derecho parlamentario,* núm. 89

PUNSET BLANCO, Ramón (1996): «La posición de los reglamentos parlamentarios en el ordenamiento español», en DA SILVA OCHOA, Juan Carlos (coord.), *Las fuentes del Derecho parlamentario,* Parlamento Vasco, Vitoria

QUINTANA LÓPEZ, Tomás (1991): «El control jurisdiccional de las decisiones parlamentarias», en MARTÍN RETORTILLO-BAQUER, Sebastián (coord.), *Estudios sobre la Constitución española: homenaje al profesor Eduardo García de Enterría,* Civitas, Madrid, vol. 3

RECODER VALLINA, Tatiana (2017): «Comentario: Cortes Valencianas», *Asamblea: revista parlamentaria de la Asamblea de Madrid,* núm. extra 1

SAINZ MORENO, Fernando (1981): «Actos parlamentarios y jurisdicción contencioso-administrativa», *Revista de Administración Pública,* núm. 115

SANTAMARÍA PASTOR, Juan Alfonso (1981): «Sobre la personalidad jurídica de las Cortes Generales: una aproximación a los problemas organizativos estatales no administrativos», *Revista de Derecho Político,* núm. 9

SOLÉ TURA, Jordi y APARICIO PÉREZ, Miguel Ángel (1984): *Las Cortes Generales en el sistema constitucional,* Tecnos, Madrid

Capítulo 6

Libertad de expresión de los parlamentarios. Limites y control

REMEDIO SANCHEZ FERRIZ
Catedrática de Derecho Constitucional
Universitat de València

SUMARIO. I.-¿TIENE LA LIBERTAD DE EXPRESIÓN UNA ESPECIAL CONDICIÓN EN EL CASO DE LOS PARLAMENTARIOS?. II.- TRADICIONALMENTE REFORZADA HASTA CONSTITUIR UN CLASICO "PRIVILEGIO".- 1. TEORÍA CLÁSICA DE LAS INMUNIDADES PARLAMENTARIAS. CONSTITUCIONALISMO DECIMONÓNICO; 2. RECONDUCCIÓN A SU LECTURA "FUNCIONAL" POR LA JURISPRUDENCIA CONSTITUCIONAL; 3. ENTRE LA LIBERTAD PÚBLICA Y LA GARANTÍA INSTITUCIONAL. III.- LIMITES Y CONTROL.- 1. MAYOR ÁMBITO PROTEGIDO EN AMBAS LIBERTADES INFORMATIVAS; 2. LEALTAD CONSTITUCIONAL Y CONTROL POLÍTICO; 3. CONTROL JURÍDICO: 4. DELIMITACIÓN DE LAS FUNCIONES QUE HALLAN COBERTURA CONSTITUCIONAL EN LA INVIOLABILIDAD DEL PARLAMENTARIO; 5. LA INVIOLABILIDAD DE LOS PARLAMENTARIOS AUTONÓMICOS; 6. VIEJAS GARANTÍAS PARA TIEMPOS MUY DIFERENTES. IV.-EL DEBER DE CONTROL DE LOS PARLAMENTARIOS A LA ACTUACIÓN DEL GOBIERNO Y SU ADMINISTRACIÓN.- 1. INSUFICIENCIA DE LA INVIOLABILIDAD PARA LLEVAR A CABO ESA FUNCIÓN ESENCIAL; 2. COMPLEMENTARIEDAD DE LAS LIBERTADES INFORMATIVAS CON EL RESTO DE MEDIOS DE CONTROL. V.- NOTA BIBLIOGRAFICA

I. ¿TIENE LA LIBERTAD DE EXPRESIÓN UNA ESPECIAL CONDICIÓN EN EL CASO DE LOS PARLAMENTARIOS?

Naturalmente, si consideramos que en el Parlamento se ha de debatir y exponer las distintas posiciones políticas hasta el punto de que ya históricamente se consideró al parlamentario inviolable por cuanto hubiera podido defender y opinar en el uso de la palabra. Aunque los cambios han sido extraordinarios no cabe olvidar que en el primer Estado Liberal el Parlamento representa el templo de la razón, aquel en el que de la discusión y contraposición de ideas surge la verdad en forma de ley que obliga a todos. Antes aun la dependencia de los medios con que el Monarca trataría de financiar sus guerras obligaba a este a reunir el parlamento sin cuyo asenso tal financiación no sería posible. A medida que se desarrolla el Estado liberal, democratizándose, y la sociedad comienza a participar a través de la ampliación del sufragio y de las libertades públicas, surge un parlamento más plural en el que el enfrentamiento por la palabra y el voto se resuelve en la categoría de mayoría-minoría. Solo faltaría la evolución progresiva hacia el asentamiento del parlamentarismo para que, además, el Gobierno y su permanencia dependerán del propio Parlamento que le designa tras haber superado la fase de la doble legitimidad.

Pues bien, no tendría sentido la función de control que ha de llevar a cabo el legislativo sobre el ejecutivo si el uso de la palabra viniera constreñido por limites o condicionamientos, más allá de los constitucionalmente impuestos, tal como vamos a ver. Y ello protege la institución representativa sin perjuicio de la concreta forma de gobierno[1].

II. TRADICIONALMENTE REFORZADA HASTA CONSTITUIR UN CLASICO "PRIVILEGIO"

En efecto, tanto el uso de la palabra, en el ejercicio de las funciones parlamentarias, como la imposibilidad de ser detenido han constituido los llamados privilegios o inmunidades de los parlamentarios aun cuando, teniendo más sentido en el constitucionalismo decimonónico, con el establecimiento de la democracia, sin dejar de ser importantes, han podido (y debido) recortarse sus respectivos contenidos.

1. Teoría clásica de las inmunidades parlamentarias. Constitucionalismo decimonónico

En el Estado Liberal, el Parlamento tenía la obligación de acometer reformas de calado político. Tal cometido hacía indispensable que sus señorías tuviesen garantizada la libertad de opinión en el ejercicio de sus

---

[1] Ello resulta de interés porque a diferencia de otros medios de control mucho más decisivos, no mantiene el equilibrio que se mantiene la censura o la confianza respecto de la capacidad de disolución presidencial. Mas adelante veremos que la deriva presidencialista de nuestras CCAA no afecta a la institución. Cfr. GARRIDO MAYOL, V., La Legislatura y su terminación anticipada…(2010) lleva a cabo un estudio de esta institución en método comparado tanto respecto los Estados de la Unión como entre las CCAA. Llama la atención sobre la primera reacción negativa a la posibilidad de disolución contenida en los pactos de 1981 (pág. 162) que sin embargo se iría estableciendo a lo largo de los años 90 a través de leyes por parte de las CCAA consideradas más avanzadas (166 y ss).

funciones, para evitar la puesta en marcha de resortes que ahogaran su voz en las Cortes. Pues en ello radica el fundamento de la inviolabilidad: en disponer de un ámbito de libertad funcional exenta de responsabilidad legal por lo que el representante hable o vote en la Asamblea. Pero pronto se constató que no era una garantía suficiente, pues se empezó a obstaculizar el desempeño de su mandato ejercitándose contra ellos acciones legales instrumentalizadas políticamente.

Tales circunstancias dieron vida a la institución de la inmunidad, que quedó regulada en la primera fase del liberalismo como la jurisdicción especial que poseen los parlamentarios para ser juzgados por el Tribunal de Cortes. Posteriormente, con la promulgación de la Constitución de 1837, la inmunidad significó, por un lado, el sometimiento de los representantes a la jurisdicción ordinaria dado que se suprimía la privilegiada y, por otro, el establecimiento de un nuevo proceso de enjuiciamiento que implicó la entrada en el derecho parlamentario y en las propias Constituciones, de la figura del suplicatorio[2]. "Observamos que el concepto de inviolabilidad regulado en el texto fundamental de 1837, concretamente en su precepto 41, no supone alteración con respecto a la regulación prevista en el artículo 128 del texto gaditano"[3], y, como recuerda Martínez Sospedra, apenas variará en las constituciones españolas siguientes[4]; mientras que el fuero especial (tras la desaparición del Tribunal de Cortes) tendrá que esperar aun a la Constitución de 1876[5]. Respecto al elemento temporal de disfrute por los senadores y diputados se mantiene, como antaño, que la inviolabilidad, a diferencia de lo que ocurre con la inmunidad, tiene un carácter perpetuo[6].

2. Reconducción a su lectura "funcional" por la jurisprudencia constitucional

Respecto a la naturaleza jurídica de esas garantías hemos de aclarar que, tal como ya se creía en el constitucionalismo decimonónico, "no son privilegios personales sino funcionales, que protegen no al diputado en cuanto tal. sino a la función representativa que desempeña, como lo manifiesta su

---

2 M.ª Dolores Álamo Martell, Los orígenes de la inviolabilidad…, 2014, pág. 203.

3 Idem, 247 y 253

4 Martínez Sospedra 1995, 79-80.

5 Idem, 88

6 Que ya es bien conocido en la época del Trienio. Alamo, p 238

señoría el conde de Bugallal cuando afirma que se conceden en interés de la Asamblea misma y de su función[7]. Es decir, que si históricamente tuvieron el carácter de privilegio subjetivo, al recaer *intuitu personae* sobre los representantes de los estamentos, cuyo mandato era imperativo, pretendiéndose así protegerles de las represalias del poder real, con los cambios institucionales y doctrinales en la etapa liberal (baste pensar en Sieyès), la aplicación del principio del mandato representativo traslada el fundamento desde la concepción del privilegio personal a la de la prerrogativa de las Cámaras, convirtiéndose en garantías reales u objetivas y no en personales o subjetivas.... Lo que se protege es la institución y su adecuado funcionamiento, no a las personas que forman parte de la misma (que ahora representan a toda la nación) o, si se les protege, es porque formando parte de la institución han de poder colaborar en el correcto cumplimiento de sus funciones. Ello, que ya formaba parte de la doctrina constitucional decimonónica, por fuerza se mantendría a medida que el proceso democratizador se desarrollaba al tiempo que la aparición de los derechos de la ciudadanía acabaría imponiendo la necesidad de su aclaración e integración en un Estado de Derecho democrático[8].

II. ENTRE LA LIBERTAD PÚBLICA (ESPECIAL) Y LA GARANTÍA INSTITUCIONAL

La democratización del sistema tenía (y la consolidación del Estado de Derecho[9]) es lógico que ha de llevar a un reforzamiento de tal carácter insti-

---

7 Idem 205

8 Entre tantas, STC 71/2021, de 18 de marzo: "La inmunidad como prerrogativa de los miembros de las Cortes Generales, que goza de idéntica legitimidad a la del resto de las instituciones constitucionales, no es, al igual que las demás prerrogativas parlamentarias, "un privilegio, es decir un derecho particular de determinados ciudadanos, que se verían, así, favorecidos respecto del resto" (STC 206/1992, FJ 3; doctrina que reitera la STC 124/2001, FJ 4), ni tampoco puede considerarse como expresión de un pretendido *ius singulare* (STC 22/1997, FJ 5). Las prerrogativas del art. 71 CE, entre ellas, la inmunidad, "se atribuyen a los miembros de las Cortes Generales no en atención a un interés privado de sus titulares, sino a causa de un interés general, cual es el de asegurar su libertad e independencia en tanto que reflejo de la que se garantiza al órgano constitucional al que pertenecen" (STC 22/1997, FJ 5)..."

9 Esta precisión en Lucas Murillo 1985, 245 que pone en él mayor acento que en el hecho de la democratización. https://doi.org/10.33426/rcg/2020/108/1484

tucional, y de la importancia cada vez mayor del Parlamento. Pero también, sería necesario aclarar las figuras jurídicas en el momento en que, como ocurre en nuestro régimen vigente, la Constitución, sobre ser normativa, contiene en su fundamento la garantía de los derechos Fundamentales de todos. Y a partir de ahí es necesario aclarar que las garantías parlamentarias no pueden confundirse con los DDFF. Estos tienen una titularidad universal, cosa que no ocurre con la inviolabilidad del parlamentario que la tiene por serlo (como tampoco se puede considerar derecho fundamental la libertad de catedra de la que solo gozan los profesores). Bien al contrario, en realidad constituyen garantías institucionales con una finalidad bien concreta y vinculada a la naturaleza y finalidad de cada institución protegida.

En realidad, estamos tratando de una libertad publica, cuyo titular es universal como en los DDFF, solo que su régimen jurídico queda modificado porque, al ser utilizada por un miembro del Parlamento e ir vinculada a las funciones de este, adquiere el régimen de garantía institucional[10]. Y aquí justamente se plantea el problema de lo que debamos entender respecto de los parlamentos autonómicos cuyos miembros, nos recuerda Sospedra, que tienen una "inmunidad incompleta"[11] en la medida en que no esta amparada por ningún precepto constitucional como es el caso de los miembros de las Corte Generales.

---

10 Lucas Murillo; P., 1985, p 242: "Se busca, por tanto, el libre ejercicio de las funciones parlamentarias,
la libertad de acción de los diputados y senadores. Para ello, la inviolabilidad les permite decir, en el ejercicio de su cargo, todo lo que crean útil sin que la amenaza de una persecución judicial promovida por el Gobierno o por los particulares pueda paralizarles. A su vez la inmunidad se encamina a impedir que sean apartados arbitrariamente de sus escaños al exigir la autorización de la Cámara para que se les pueda detener o procesar…"

11 M. Sospedra, 1995, 81, tras poner de relieve la negativa opinión que en general se tiene sobre estos institutos que contrastan con el principio de igualdad..

III. LIMITES Y CONTROL

Mas que hablar de límites[12] y de control[13],.se trata en este caso concreto, de determinar bien las funciones propias del parlamentario para así establecer el ámbito de su libertad[14] cuando actúa como representante y no cuando es un ciudadano más. Pues ya queda dicho que es una de las prerrogativas del parlamentario, junto a la inmunidad y el aforamiento concebidos como privilegios o al menos prerrogativas del mismo. No en vano una función básica de las Cámaras es la crítica política al gobierno y a sus actuaciones[15].

1. Mayor ámbito protegido en ambas libertades informativas

Desde esta perspectiva del control que se ha de llevar a cabo, y aunque la Constitución expresamente se refiera solo a la libertad de expresión, no es menos importante el derecho (a la información), estrechamente vinculado a aquella, que adquiere diversas manifestaciones como posibilidades

---

12 En realidad, de tener que juzgar los principales límites que pueda sufrir un parlamentario en el ejercicio de sus funciones, probablemente sean los peores los que derivan de la disciplina del propio partido. Desde esta perspectiva ha analizado los problemas de la inviolabilidad Alexandre H. Català i Bas, La inviolabilidad parlamentaria a la luz de la Ley de partidos…(2004, 139).

13 En realidad, esta idea de control abarcaría elementos bien diversos en función del lugar y momento en que pudiera abusar el parlamentario de su prerrogativa y también de la rama jurídica en que surtiera sus efectos; ya sea civil, penal o disciplinaria dentro de las funciones del Presidente de la Cámara sin olvidar la posible reacción de su propio partido en casos en que pueda comprometer la política o la estrategia diseñada por sus lideres.

14 Con carácter general me he referido ya en muchas ocasiones a la necesidad de "delimitar" el objetivo jurídico de estas libertades informativas que sin duda nos proporcionarían un ámbito de protección constitucional algo menos amplio del que se aplica hoy. Cfr. Sánchez Ferriz, 2004 passim.

15 No en vano se ha afirmado en distintos ámbitos que no cabe el abuso de la prerrogativa (Lucas Murillo, 2020, 143):" Ni la libertad de expresión ni la inviolabilidad parlamentaria resguardan de la comisión de delitos. Tampoco apoderan para la calumnia o la injuria, ni autorizan la desobediencia a las decisiones firmes de los tribunales de justicia o del Tribunal Constitucional", poniendo el ejemplo de la de la Sala Segunda del Tribunal Supremo n.º 459/2019, de 14 de octubre (causa especial n.º 3/20907/2017). La que fue presidenta del Parlamento de Cataluña, doña Carmen Forcadell i Lluis, la invocó a fin de excluir su responsabilidad penal por los hechos que se le imputaban y por los que fue condenada por sedición.,,

de los parlamentarios de exigir comparecencias, de preguntar e interpelar a los miembros del Gobierno y de solicitar la documentación y/o información[16] que requieran para sus estudios y preparación de los debates. En uno y otro caso, se trata del uso de las libertades informativas como instrumentos esenciales para llevar a cabo su función como miembros del Parlamento contribuyendo a conformar la voluntad del mismo. Ello justifica su carácter permanente y la intensidad de su manifestación como libertad de expresarse, de votar y decidir (en teoría, ex art. 67.2).

Ahora bien, el problema se plantea cuando esta garantía institucional cubierta por la inviolabilidad entra en conflicto con derechos fundamentales tan básicos como la intimidad honor e imagen y, en especial sobre el derecho de defensa de estos derechos cuando se entienda que han sido conculcados a terceros[17]. Planteado el problema, se ha debido interpretar cual es el ámbito de actuación propio de la inviolabilidad del parlamentario. Y, siguiendo las primeras formulaciones constitucionales, el art. 71. 1 CE establece que "Los Diputados y Senadores gozarán de inviolabilidad por las opiniones manifestadas en el ejercicio de sus funciones".

Este es hoy el verdadero fundamento de las garantías: que sea la propia Constitución la que las reconoce expresamente. Solo que exige la precisión de lo que realmente recibe tal cobertura. Se trata, por tanto, de determinar en qué consiste exactamente "el ejercicio de sus funciones". Por ello, hay que distinguir diversos ámbitos y situaciones que nos llevaran a resultados diversos debiendo rechazar el carácter absoluto y general de la inviolabilidad[18]: por ejmplo, la citada STS de 2019:

---

16 STC 32/2017, de 27 de febrero, sobre no caducidad del mismo en la solicitud de información relacionada con comparecencias. Una completa información de jurisprudencia en DURBÁN MARTÍN 2019, *passim*.

17 Catalá (2020, 130) cita acertadamente la STEDH Irlanda C. Reino Unido, en la que el Tribunal de Estrasburgo afirma que son tratos degradantes los que «podían crear en las víctimas sentimientos de temor, angustia, y de inferioridad, susceptibles de humillarles, envilecerles y de quebrantar, en su caso, su resistencia física y moral». Todos estos sentimientos, como reconoce también el propio Tribunal en la STEDH Lehideux e Isorni de 23 de septiembre de 1998, están presentes en las víctimas de la difusión de los mensajes de los intolerantes. La cuestión adquiere tal gravedad que podría llegar a afectar a los partidos políticos (IBIDEM, 126) salvo en nuestro caso en que la correspondiente Ley de Partidos solo sanciona los hechos...

18 Si acaso, sí resulta indiscutible su permanencia en el tiempo no limitada al tiempo del ejercicio de las funciones (a diferencia de lo que ocurre con la inmunidad) siempre que se hubiera hecho uso apropiado y constitucional de la misma.

> "...el acto parlamentario que se aparta de su genuina funcionalidad y se convierte en el vehículo para desobedecer lo resuelto por el Tribunal Constitucional no es un acto amparado por el derecho, no es un acto que pueda cobijarse bajo la prerrogativa constitucional de inviolabilidad..."

2. Lealtad constitucional y control político

Naturalmente el más lógico es el resultante del adecuado ejercicio de la función "regular" que al parlamentario corresponde, es decir, el cumplimiento de sus funciones en el marco del respeto a la Constitución y al ordenamiento jurídico muy especialmente a los reglamentos parlamentarios: "En realidad, cuando los Reglamentos de las Cámaras (RCD, art. 20; RS, art. 12) hacen depender de la prestación del juramento o promesa de acatar la Constitución el goce de los derechos y prerrogativas que corresponden a diputados y senadores, ponen de manifiesto este problema. La condición de parlamentario no exime del deber de cumplir la Constitución. Es más, dice el Tribunal Constitucional (STC, 101/1983, de 18 de noviembre, fundamento 3.°), refiriéndose precisamente a este juramento, que «los titulares de los poderes públicos tienen —además del deber de abstenerse de cualquier actuación que la vulnere— un deber general positivo de realizar sus funciones de acuerdo con la Constitución»"[19].

El control "político" por el propio partido y el contexto respecto de los contendientes es sin duda el que plantea las cuestiones más complejas a la hora de resolver conflictos de este tipo. Ya he apuntado que tal vez como limites los impuestos por el propio partido sean los más tajantes. Sin embargo, en la forma que de algún modo se van degradando cada vez más los parlamentos, o al menos sus comportamientos y en la medida en que las *aulas* conforman el principal terreno de enfrentamiento, sin duda las afirmaciones respecto de los partidos opuestos suelen ser las más duras y no siempre apropiadas para la tradicional cortesía y actuación propia de las Cámaras. En estos casos, más allá del ejercicio de la disciplina cuyo ejercicio corresponde al Presidente, resulta difícil determinar los limites en la medida en que solemos asistir a ataques y respuestas continuadas y

---

[19] Lucas Murillo, 1995, 251. El propio autor (en 2020, 138 y ss) explica los problemas generados recientemente por los imputados en el caso del *Proces* catalán al no poder acudir personalmente a jurar o prometer por hallarse en prisión y algún otro en el extranjero, cuestión prejudicial que fue plateada por el TS ante el TJUE que dictó sentencia el de 19 de diciembre de 2019.

entrecruzadas entre los propios intervinientes. Sin duda, el ámbito resulta mucho mas amplio del que protegería discusiones de particulares pues es "test" o criterio del "contexto" ha sido utilizado por el TC para justificar (a modo de respuesta con amplios márgenes) ciertas expresiones ofensivas en el marco de un debate o discusión abierta[20].

3.Control jurídico

Distintas serían las manifestaciones que, más allá de la directa confrontación política, afectan a terceros que no forman parte de dicho debate político. En este sentido, la Ley orgánica 1/1982, de 5 de mayo, sobre protección civil del derecho al honor, a la intimidad personal y familiar y a la propia imagen, fue reformada por la Ley Orgánica 3/1985, de 29 de mayo. Su finalidad era la de desarrollar en ese campo la aplicación del art. 71, con ánimo de proteger mas a los parlamentarios, según la propia Exposición de Motivos[21]. Para ello, se adiciona, mediante un artículo único,. un inciso final al artículo 2.°, párrafo 2.°, de la Ley orgánica 1/1982, de 5 de mayo, en cuya virtud quedaría redactado dicho párrafo en los siguientes términos:

> "2. No se apreciará la existencia de intromisión ilegítima en el ámbito protegido cuando estuviere expresamente autorizada por Ley o cuando el titular del derecho hubiere otorgado al efecto su consentimiento expreso, *o, por*

---

20 Sánchez Ferriz, 2004, 130 y ss. Entre tantas SSTC, la. 49/2001, de 26 de febrero, y la 204/2001, de 15 de octubre de 2001.

21 "El artículo 71 de la Constitución, en sus números 1 y 2, garantiza la inviolabilidad e inmunidad de los Diputados y Senadores por las opiniones manifestadas en el ejercicio de sus funciones y actividades realizadas durante el periodo de su mandato, garantías que recogen también los Reglamentos vigentes del Congreso de los Diputados (artículos 10 y 11), y del Senado (artículos 21 y 22). Tales garantías pueden resultar afectadas por lo dispuesto en la Ley orgánica 1/1982, de 5 de mayo, sobre protección del derecho al honor, a la intimidad personal y familiar y a la propia imagen, cuando los Diputados o Senadores expresen opiniones que están estrechamente conectadas con sus funciones parlamentarias, pero no se producen dentro de las sedes de las Cámaras, y a las que no alcanzaría el principio de inviolabilidad ya referido. Al amparo de esta Ley, los parlamentarios podrían verse constantemente amenazados por la iniciación de procesos civiles que menoscabasen su necesaria libertad para el ejercicio de sus funciones. Es preciso, pues, solucionar este problema mediante una Ley que, por un lado, respete el principio de igualdad entre todos los ciudadanos, garantizado por la Constitución, así como su derecho al honor, a la intimidad y a la propia imagen, pero, al mismo tiempo, evite que una aplicación excesiva de la Ley orgánica 1/1982, de 5 de mayo, limite la libertad de expresión política de Diputados y Senadores".

> *imperativo del artículo 71 de la Constitución,* cuando se trate de opiniones manifestadas por Diputados o Senadores en el ejercicio de sus funciones. Iniciado un proceso civil en aplicación de la presente Ley, no podrá seguirse contra un Diputado o Senador sin la previa autorización del Congreso de los Diputados o del Senado. La previa autorización será tramitada por el procedimiento previsto para los suplicatorios".

Es decir, que con esta última expresión se introduce una exigencia de suplicatorio propia de la garantía de inmunidad, pero que en absoluto figura en la Constitución para la cuestión que estamos tratando. Y, siendo ello así, era fácil vulnerar la tutela judicial de terceros como se lee en STC 243/1988, de 19 de diciembre F j 4 que acabará declarando la nulidad de tal pretensión contenida en la reforma.

> "En el presente supuesto, los demandantes han visto fracasada la tramitación de su demanda civil y, por ello, la realización del contenido normal de su derecho a la tutela judicial, no por haber omitido el cumplimiento de requisitos y presupuestos generales del proceso que intentaron, sino porque, al ser dirigida la demanda contra un parlamentario, el órgano judicial entendió, en aplicación del art. 2.2 de la L.O. 1/1982, en la redacción dada por la L.O. 3/1985, que no podía dar curso a la demanda sin obtener previamente la autorización de la Cámara, condicionando, así la viabilidad de la pretensión a un requisito excepcional y privilegiado que sólo será conforme al derecho invocado si cuenta con un fundamento constitucional positivo, pues sólo en la Constitución podrá hallarse la razón jurídica de una restricción semejante a la obtención de la tutela judicial, la cual obviamente, hay que buscar en el art. 71 de la Constitución... Conforme a lo dispuesto en este precepto, la única prerrogativa parlamentaria que puede justificar la suspensión de las actuaciones judiciales, en tanto la Cámara se pronuncia concediendo o denegando la «previa autorización», es la de la inmunidad, pues únicamente es esta institución la que constitucionalmente permite la exigencia de dicho presupuesto procesal".

En definitiva, aun sin ser privilegios, y debiendo respetarse como garantías constitucionales lo que procede es delimitar bien cada una de las figuras sin que el régimen jurídico de la inmunidad pueda coincidir con el de la inviolabilidad que, siendo una forma especial o extraordinaria del ejercicio de la libertad de expresión, deberá "delimitarse" en torno a la determinación de las funciones propiamente parlamentarias.

4. Delimitación de las funciones que hallan cobertura constitucional en la inviolabilidad del parlamentario.

Así, pues, aclarada la imposibilidad de introducir elementos que no contempla expresamente la Constitución, la cuestión ha girado en torno a la debida delimitación de lo que sean "funciones propias" del parlamentario. Lógicamente, no cabe duda de que lo son las que desempeña "en aula", es decir en el seno de la Cámara constitucionalmente constituida y desempeñando sus diversas actividades. Pero también lo serían las que, incluso fuera del Parlamento, no añadan nada novedoso a lo ya expresado, sino que consisten en la reproducción de las allí manifestadas en uso de sus funciones (SSTC 51/1985, 243/1988 y 206/1992)[22]. Por último, también se pueden considerar funciones propias las que desarrolle en relación directa con sus representados. En este último caso, sin embargo, es bien sabido que la relación de nuestros representantes no es, fuera del periodo electoral, algo con lo que no se prodigan, a diferencia de lo que sí hallamos en Inglaterra[23].

Sostiene Catalá i Bas (2004, 138) que hay un ámbito, el parlamentario, en el que la libertad de expresión del representante popular goza de la impunidad más absoluta. La prerrogativa de la inviolabilidad impide perseguir al parlamentario por las opiniones manifestadas, sean las que sean, en el ejercicio de sus funciones, lo que supone que un parlamentario, en el ejercicio de sus funciones puede defender el terrorismo como método político, la superioridad de la raza blanca como dogma, la limpieza étnica de un territorio como política, etc. sin que nadie, salvo la Cámara pueda sancionarlo de acuerdo con su reglamento por este tipo de manifestaciones. Sin duda este es un reflejo de la amplitud que ha adquirido progresivamente las posibilidades de manifestar las ideas o pensamientos.

Sin embargo, yo considero que se le está dando una excesiva amplitud a tales posibilidades y dudo que cuando en 1950 se redactó en Roma el CEDH que se ha venido interpretando como la convencionalidad de cuanto, por el ley se ha considerado necesario o propio de una democracia, se estuviera pensando, no en las democracias que se esforzaban entonces por establecer sino en las que actualmente permiten todo tipo de expresiones y ofensas haciendo gala de muy mal gusto. Sobre la consideración del largo periodo a que me refiero y de los cambios sociales y políticos[24].

---

22 Considero, no obstante que esta no puede o debe ser una regla general pues dependerá del contexto y/o la pertinencia de su repetición, así como del entorno en que las expresiones se repitan, sea espontáneamente, o sea en respuesta a un debate del momento.

23 Catalá i Bas (2004, 138) .

24 Por todos, Elia, Leopoldo, Democrazia, libertà, liberazione... 30 y ss.

5. La inviolabilidad de los parlamentarios autonómicos

Ya se ha aludido a la falta de cobertura constitucional de esta concreta inviolabilidad. Pero la idea institucional a que me refería *supra* para los parlamentarios nacionales justifica también las afirmaciones de Lucas: "La mención a los parlamentarios autonómicos se justifica porque las asambleas legislativas de las comunidades autónomas comparten con las Cortes Generales el ejercicio de la potestad legislativa y, por eso, los distintos estatutos de autonomía[25] han previsto para ellos formas de protección semejantes, aunque no iguales en todo, según veremos, a las que la Constitución ofrece a diputados y senadores"[26].

Advierte, así, Sospedra[27], que "La doctrina del Tribunal no cierra la puerta a la introducción de la autorización para proceder en el estatuto de los diputados de los Parlamentos Territoriales. No es causa suficiente para clausurar tal posibilidad el mero silencio constitucional, pues si el argumento mencionado en cuestión fuere correcto habría que estimar inconstitucionales todas las prerrogativas que el ordenamiento atribuye a los jueces y a miembros de otros órganos constitucionales o con relevancia constitucional"

Naturalmente, ello exige no solo la previsión expresa del Estatuto sino también el respeto al procedimiento en cada caso. Si el TC no aceptó la ley vasca fue porque no utilizó la forma correcta de reformar el Estatuto (STC 36/1981, de 12 de noviembre[28]). Como en esta misma STC se reconoce, corresponde a los diferentes Estatutos de Autonomía la regulación de la materia, de conformidad con lo que disponen los arts. 147.2.c) y 148.1.1 CE. Tales habilitaciones son de carácter genérico, atribuyen… una determinada posibilidad de configuración de las instituciones de autogobierno, y en la medida en las que las prerrogativas parlamentarias son condición

25 Sobre los planteamientos iniciales, Tudela, 2015, 18 y ss.

26 Lucas Murillo, 2020, 134.

27 M. Sospedra, 1995, 88.

28 F. J. 7: … La Ley de referencia, como se dice en su Preámbulo, ha pretendido equiparar los miembros del Parlamento Vasco a los Parlamentarios de las Cortes Generales. No es la primera vez que se intenta por medio de la legislación autonómica y que un Tribunal Constitucional se pronuncia sobre la cuestión. Al respecto recordemos la Sentencia del Tribunal de Garantías Constitucionales de la Segunda República de 3 de noviembre de 1934 («Gaceta de Madrid», núm. 311, de 7 de noviembre de 1934, págs. 1089 a 1903), que declaró «la inconstitucionalidad material» del art. 22 del Estatuto Interior de Cataluña de 22 de mayo de 1933".

de eficiencia de alguna o algunas de aquéllas, tales preceptos pueden ser tenidos en cierto modo como normas de cobertura de estas últimas. Todos los Estatutos han usado de la posibilidad apuntada[29], y en los mismos la regulación es sustancialmente uniforme, pues los diferentes Estatutos de Autonomía han venido a asumir reglas que traen causa del art. 31.2 EAC, cuyo Anteproyecto fue el primero en ser redactado y consiguientemente ha venido a operar *de facto* como un precedente de las regulaciones de los demás…[30] Pero a ello que "hay que agregar que en el caso de los Parlamentos Territoriales la garantía resulta aconsejable por otra razón suplementaria: la defensa del ámbito de autonomía de la Comunidad, toda vez que el Poder Judicial forma parte del Estado/Poder Central"[31]. Como no podía ser de otro modo, se han desarrollado las correspondientes menciones estatutarias en los Reglamentos parlamentarios respectivos[32]. En particu-

---

29 En el art. 23. 3 del EACV se lee: "3. Los miembros de Les Corts gozarán, aun después de haber cesado en su mandato, de inviolabilidad por las opiniones manifestadas y por los votos emitidos en el ejercicio de sus funciones".

30 Sospedra, 1995, 85. Por su parte Lucas Murillo (2020, 159) llama la atención sobre el hecho de que, pese a la profundidad de las reformas estatutarias realizadas en torno al 2006, en este aspecto apenas si ha habido cambios.

31 Sospedra, 1995, 86. Altés (1997, 159) menciona una curiosa interpretación que avalaría la interpretación restrictiva, hoy aceptada por todos, y es que el diputado (se supone que fuera de la Cámara) tendría mas posibilidades de ejercer la actividad o participación política que los otros ciudadanos que tienen ese mismo derecho.

32 En relación con el derecho a la información y todas las facultades que del mismo derivan (según aludí supra), se ocupa con detalle el art. 12 del Reglamento de les Corts valencianes del siguiente modo:
"Artículo 12
1. Para el mejor cumplimiento de sus funciones parlamentarias, los diputados y diputadas, previo conocimiento del respectivo grupo parlamentario, tendrán la facultad de recabar los datos, informes y documentos administrativos, en papel o en soporte informático de las administraciones públicas de la Generalitat, que obren en poder de éstas y de las instituciones, organismos y entidades públicas empresariales dependientes de la misma.
2. La solicitud se dirigirá, en todo caso, por conducto del presidente o presidenta de las Corts valencianes, y la administración requerida deberá facilitar la información o documentación solicitadas o manifestar al presidente o presidenta de las Corts Valencianes, en plazo no superior a veinte días y para su más conveniente traslado al solicitante, las razones fundadas en derecho que lo impidan. En el supuesto en que soliciten datos, informes o documentos que consten en fuentes accesibles al público de carácter oficial, la administración requerida podrá limitarse a la indicación precisa del lugar en el que se encuentran disponibles, siempre que sean susceptibles de reproducción.

lar sobre las prerrogativas parlamentarias el art. 15 del Reglamento de les Corts valencianes dedica a cada una de ellas uno de sus tres párrafos siendo el primero el que procede que reproduzcamos aquí:

"1. Los diputados y diputadas gozarán de inviolabilidad, aun después de haber cesado en su mandato, por las opiniones manifestadas y votos emitidos en el ejercicio de sus funciones".

6. Viejas garantías para tiempos muy diferentes

La crisis de los parlamentos, no solo de las Cortes generales sino también (e incluso más) de los autonómicos, tantas veces puesta de manifiesto por Tudela, nos obligaría a replantear (como en tantos otros aspectos constitucionales) lo hasta aquí expuesto. Ni el Parlamento en los últimos años controla (o puede controlar) al Gobierno, ni el papel de sus miembros, que debió ir reforzándose, lo ha hecho[33]; sino más bien han perdido predicamento no solo por todo lo sucedido en la pandemia y por la existencia de un Gobierno en el que el número. ya excesivo de DD-LL se ha multipli-

---

3. Si el Consell no cumple lo que disponen los apartados anteriores, el diputado o diputada solicitante podrá formular una pregunta oral ante la comisión competente que se incluirá en el orden del día de la primera sesión que se convoque. Si, a juicio del grupo parlamentario al que pertenece quien lo ha pedido, las razones no son fundamentadas, en el plazo de cinco días, puede presentar una proposición no de ley ante la comisión correspondiente que tendrá que ser incluida en el orden del día de una sesión a realizar en el plazo de quince días desde su publicación.
4. Cuando los datos, informes o documentos solicitados por los diputados o diputadas afecten al contenido esencial de los derechos fundamentales o libertades públicas constitucionalmente reconocidas, la Mesa, a petición del Consell, podrá declarar el carácter no público de las actuaciones, disponiendo el acceso directo a aquellos en los términos establecidos en el apartado anterior, pudiendo el diputado tomar notas pero no obtener copias ni actuar acompañado de asesor.
5. Asimismo, los diputados y diputadas, en el marco de la legalidad, podrán solicitar de las administraciones locales o del Estado y de los órganos de gobierno de las otras comunidades autónomas, a través del presidente o presidenta de las Corts Valencianes, la documentación que consideren que afecta, de alguna forma, a la Comunitat Valenciana.
6. Los diputados y diputadas también tienen derecho a recibir directamente o a través de su grupo parlamentario la información y documentación necesaria para el desarrollo de sus tareas. Los servicios de las Corts Valencianes, a través del letrado o letrada mayor, tienen la obligación de facilitárselas. Cfr. DURBÁN MARTÍN, 2019.

33 Tudela, 2015, 25.

cado; también, porque las nuevas tecnologías a las que se ha acudido en tiempo de pandemia, reducen más si cabe la presencia y la importancia del parlamentario individual:

> "Esta reflexión se debe extender a una de las consecuencias que desde la cultura parlamentaria más pueden preocupar. Me refiero al reforzamiento del poder de los Grupos frente a los Diputados individualmente considerados (Ripollés, 2021; 222). No creo una exageración decir que, durante gran parte de este periodo, los Diputados como tales han sido testigos mudos y ciegos. Sus derechos han quedado restringidos a mínimos de acuerdo con lo establecido por los órganos rectores en aquiescencia con los Grupos. Cualquier decisión relevante ha sido adoptada por los órganos directivos de los Grupos sin consulta a los Diputados, tanto en el Estado como en diversas Comunidades Autónomas"[34]

IV. EL DEBER DE CONTROL DE LOS PARLAMENTARIOS A LA ACTUACIÓN DEL GOBIERNO Y SU ADMINISTRACIÓN

La libertad de expresión del parlamentario de la que nos hemos ocupado es, pese a su tradición e importancia, una figura que podríamos considerar obsoleta salvo que de la misma hagan uso lo que se conoce como "versos sueltos" o parlamentarios que, en poco o en nada, siguen la disciplina del partido a que pertenecen. Sin duda la sociedad ha cambiado extraordinariamente; pero si algo es un puro paradigma del cambio son los parlamentos decimonónicos respecto de los actuales (o al revés). En buena medida, al menos en el ámbito político y estrictamente parlamentario, la inviolabilidad es garantía de la libertad de palabra, y hasta de conciencia, que se pone de relieve en la discusión de cuestiones delicadas y complejas (como hace unas décadas lo fue el divorcio[35] o el aborto). Hoy estamos en otra esfera, o estratosfera[36], respecto de todo aquello[37]. Pero además el uso de las redes sociales por parte de los políticos ha venido a proporcionarles

---

34 Tudela, J. Nuevos reflejos de la debilidad.....2021, p 22.

35 Baste recordar la polémica complejísima que vivió Italia en los años 70 dando lugar, incluso a dictar legislación sobre el referéndum del que se esperaba poder frenar la ley del divorcio.

36 En estos días lo mas debatido es la ley trans o la ley del "si es si".

37 En realidad, no se trata solo de lo que ahora se comenta, los cambios en general son estratosféricos incluso cuando nos los quieren hacer pasar como mutaciones: "La acomodación de la realidad a los intereses particulares de grupos políticos minoritarios, aún acompañada de la permisibilidad de alguno mayoritario, no

nuevos sistemas de expresión con los que, naturalmente, no puede tener nada que ver la tradicional inviolabilidad. A todo ello cabria añadir la desviación de nuestro sistema parlamentario hacia un presidencialismo[38] que es evidente en el ámbito nacional y sin duda también en la CV[39].

Nos hemos ocupado, por tanto, solo de un instrumento de garantía del control[40] sobre el gobierno y la administración, pero el papel del parlamentario aislado (por más que podría desempeñar importantes funciones) en la mayoría de los casos no pasa de ser, en la realidad, el de un convidado de piedra. No es sino un elemento de la crisis que afecta a todo el sistema como insiste Tudela:

> "...cuando en una Legislatura se aprueba un número de decretos-leyes que duplica al de las leyes; cuando el fenómeno no sólo se mantiene sino que se incrementa cada año allí donde existe la figura; y cuando todos somos conscientes de que son numerosos los textos que permanecen en vigor con dudas más que razonables sobre la existencia del presupuesto habilitante, parece conveniente intentar levantar la pátina de la apariencia, para aproximarse a cuestiones más estructurales. . Siempre cabe reprochar a un Gobierno que no sea respetuoso con el Parlamento. Pero es mucho más grave que el propio Parlamento no se respete a sí mismo"[41].

Pero no es solo el Parlamento, la importancia del mismo en toda democracia[42] viene a representar un parámetro de la salud del sistema y, esta, no parece nada buena. Hay periodos de crisis donde se pone a prueba la vida democrática, pero la debilidad del Parlamento no es cuestión pasajera ahora sino realmente estructural, sin duda muy vinculada a la dinámica de los partidos y su pretensión de copar todas las instituciones. Con ello es

puede considerarse nunca una mutación constitucional" (cfr. Garrido Mayol, La deconstrucción... 2009, 406.

38 Tudela, 2015, 29: "la expresión máxima imaginable de esa deriva presidencialista ha tenido lugar en las CCAA".

39 Sobre el interés en este sentido de la reforma del EACV de 2006, Garrido (2012, 72) destaca sobre las facultades del Presidente la capacidad de disolución de la Cámara, y su condición de reforma más esperada. Destaca en otro lugar el mismo autor (2010, 169) que la reforma valenciana de 2006 fue la primera que reconoció la facultad discrecional sin los condicionamientos a que se había sometido la presidencia para disolver la Cámara en las otras Comunidades

40 Paniagua (2015, 105 y ss) nos ofrece muchas variables desde las cuales poder valorar los muchos instrumentos de control (109 y ss) de que dispone el Parlamento.

41 Tudela 2020 El Parlamento en tiempos críticos, en Corts: Anuario de derecho parlamentario, N°. 33, 2020, VER.

42 Por todos, Paniagua, 2015, 94.

todo el sistema, y los valores en que se inspira, lo que se pone en juego. Y ello no se arregla con cambios textuales. Azpitarte nos recuerda lo que está en juego y el porqué del recurso de la propia Unión Europea a los valores cuando estos se ignoran:

> "Tradicionalmente los valores han tenido una normatividad ajena a los tribunales. En primer lugar, dentro de las normas constitucionales, cumplen de forma cualificada la tarea de apelar, antes que al operador jurídico, al ciudadano, para que este, en su lectura común de la Constitución, encuentre un texto que le ofrece una idea de justicia. En segundo lugar, se ha de esperar que los valores permeen el conjunto del ordenamiento, definiendo la estructura social. Basta con recordar la incidencia que los valores constitucionales han tenido en la comprensión objetiva de los derechos fundamentales"[43]

1. Insuficiencia de la inviolabilidad para llevar a cabo esa función esencial.

Tal vez sea exagerado afirmar la obsolescencia de la figura pero desde luego apenas si tiene parangón con la necesidad con que se estableció históricamente ni hoy adquiere el predominio que pudo tener entre tantos medios e instrumentos con que se cuenta en la actualidad, incluso por parte de la ciudadanía. ." No, no es que el Parlamento haya ganado protagonismo y que ahora sea una institución protagonista del sistema político. Es que ese sistema ha derivado al caos y, en muchos casos, al absurdo. Así, lo más benigno que podría decirse de ese protagonismo es que se trata de un falso protagonismo..."[44]

Y la cuestión nos reconduce a la primacía de los valores ignorados: ¿está en crisis el parlamento o es que ha perdido su legitimidad?[45]

> "....Los ciudadanos no perciben como útil el control político que realizan los Parlamentos porque, sencillamente, se ha demostrado con reiteración muy poco eficaz. Los ciudadanos minusvaloran la utilidad de la función legislativa porque no llegan a observar ni que el Parlamento sea el protagonista de la misma ni que las leyes cumplan las altas funciones con las que se les relaciona. Los ciudadanos apenas siguen el debate parlamentario porque saben que la más relevante discusión política tiene lugar fuera de las instituciones..."[46].

---

43 Azpitarte, La defensa política...

44 Tudela, 2020, 31.

45 Garrido Mayol, 2012, 70.

46 Ibidem, 50.

¿No es acaso el art. 67.2 CE una tácita garantía de esa libertad de palabra que protege la inviolabilidad? Y se preguntaría Azpitarte si su ineficacia obedece a la confrontación abierta o a la simple desuetudo. Qué mas da¡ El equilibrio institucional queda roto igualmente. Y el ciudadano apenas ve instituciones, ve partidos, solo partidos. De ellos dependen no pocas reformas, no textuales, sino de comportamiento, de cultura política y de respeto a los valores. Y el Parlamento es desde esta perspectiva el primero y principal instituto a recuperar en el sentir ciudadano: No en vano es la institución que concentra y simboliza esos valores. Si fracasa en esa condición de símbolo, si los ciudadanos dejan de reconocerlo asociado a esos valores, el problema no será la mayor o menor credibilidad de la Institución. Será más grave. Entrará en cuestión todo el orden democrático[47]

2. Complementariedad de las libertades informativas con el resto de medios de control.

No es mucho; pero es una pieza de una compleja estructura en la que todas las piezas por pequeñas que sean son importantes. Ahora parece estar más de moda el derecho a la información (en este caso, de los parlamentarios al que ya hice referencia supra) bajo el nuevo nombre de derecho de acceso (art. 105, b CE[48]). Pero si la libertad de palabra tiene difícil ejercicio hoy, peor es este famoso acceso y transparencia que, de no ser atendido, apenas si nos enteramos salvo que la cuestión llegue a los tribunales. Al menos la libertad de palabra y su protección constitucional, sí que puede carecer de valor dentro del Grupo mayoritario, sí la tiene (con independencia de sus efectos) para los miembros de la oposición. Es penoso que se rebaje en muchas ocasiones el nivel de la cortesía pero no es menos cierto que la presencia en el Parlamento de los medios audiovisuales hace que los titulares nos muestren, si no las mas importantes manifestaciones, sí al menos las más llamativas.

---

47 Tudela, 2020, 63.

48 Se diría que la atención a los preceptos constitucionales también sufre modas, a veces incluso por la simple traducción (no siempre buena) de algún término europeo. De hecho hoy la transparencia y el derecho de acceso se venden como lo más novedoso, cuando es cuestión de la que los administrativistas se habían ocupado con toda normalidad.

Bibliográfica

ABELLAN ARTACHO, Pedro Sobre el control parlamentario al Gobierno central y a los Gobiernos autonómicos durante la crisis del coronavirus, en Cuadernos Manuel Giménez Abad, núm.. 19, 2020.

ÁLAMO MARTELL, M.ª Dolores. Los orígenes de la inviolabilidad e inmunidad parlamentarias (1810-1837), en Anuario de historia del derecho español, N° 84, 2014, págs. 201-260.

ALTÉS MARTÍ, Miguel Ángel. Las Prerrogativas parlamentarias en el Estatuto de la Comunidad Valenciana, en Corts: Anuario de derecho parlamentario, N°. 3, 1997.

AZPITARTE SÁNCHEZ, Miguel. La defensa política de los valores constitucionales, en "ReDCE núm. 37. Enero-Junio de 2022".

CATALÀ I BAS, Alexandre H. La inviolabilidad parlamentaria a la luz de la Ley de partidos políticos, en Revista de derecho político, N° 61, 2004, págs. 119-140.

CATALÀ I BAS, Alexandre H., La prerrogativa de la inviolabilidad parlamentaria de nuevo en la encrucijada: entre su reafirmación o su desvirtuación, en Revista general de derecho constitucional, N°. 27, 2018.

CATALÀ I BAS, A. H. Sobre la extensión y alcance de la inviolabilidad parlamentaria en los parlamentos democráticos del siglo XXI, en Revista de las Cortes Generales, N° 61, 2004, págs. 277-304.

DURBÁN MARTÍN, Ignacio. El derecho de los parlamentarios a recabar documentación administrativa. nuevas perspectivas jurisprudenciales a raíz de su creciente judicialización, en UNED. Revista de Derecho Político N.° 104, enero-abril 2019, págs 157-195.

GARRIDO MAYOL, Vicente. La deconstrucción del Estado autonómico, en Teoría y realidad constitucional, N° 24, 2009, págs. 383-408.

GARRIDO MAYOL, Vicente. Estatuto de Autonomía de la Comunitat Valenciana y sus reformas, en Revista valenciana d'estudis autonòmics, N° 57, 2012

GARRIDO MAYOL, Vicente, La Legislatura y su terminación anticipada: la facultad presidencial de disolución del Parlamento, en Corts: Anuario de derecho parlamentario, N°. 24, 2010.

LUCAS MURILLO DE LA CUEVA, Pablo. Las garantías de los miembros del parlamento vasco, en Revista de Estudios Políticos (Nueva Época) Núms. 46-47. Julio-Octubre 1985.

LUCAS MURILLO DE LA CUEVA, P. (2020). Las garantías parlamentarias en la experiencia constitucional española. Revista De Las Cortes Generales, (núm 108).

MARTÍNEZ SOSPEDRA, Manuel. La inmunidad parlamentaria en el Derecho constitucional español (1810-1936), en Cuadernos constitucionales de la Cátedra Fadrique Furió Ceriol, N° 9-10, 1995 (Ejemplar dedicado a: Estudios de Historia, política y derecho en homenaje a Joaquín Tomás Villarroya), págs. 185-223.

MARTÍNEZ SOSPEDRA, Manuel Las prerrogativas de los parlamentos territoriales: notas sobre la inmunidad limitada de los diputados de los parlamentos autónomos, en Corts: Anuario de derecho parlamentario, N°. 1, 1995.

PANIAGUA, Juan Luis. Los estudios sobre el Parlamento y el control parlamentario: una aproximación desde la Ciencia Política, en Tudela Aranda, J. (dir): Los parlamentos autonómicos en tiempos de crisis . Zaragoza, F. Giménez Abad, 15-51, 2015.

TUDELA ARANDA, J. El Parlamento autonómico y la calidad de la democracia, en TUDELA ARANDA, J. (dir):Los parlamentos autonómicos en tiempos de crisis . Zaragoza, F. Giménez Abad, 2015, 15-51.

TUDELA ARANDA, J. El Parlamento en tiempos críticos, en Corts: Anuario de derecho parlamentario, Nº. 33, 2020.

TUDELA ARANDA, J. . Nuevos reflejos de la debilidad del Parlamento, en Cuadernos Constitucionales, núm. 2, 2021, 95-119.

Capítulo 7

Las solicitudes de información de los miembros del parlamento: reflexiones sobre su transformación desde les corts valencianes

FERNANDO GARCÍA MENGUAL
Letrado de Les Corts Valencianes
Profesor asociado de Derecho Constitucional de la Universitat de València y de la Universidad Católica de Valencia «San Vicente Mártir»

I. INTRODUCCIÓN.

En Les Corts Valencianes se ha pasado de la tramitación de 14 solicitudes de documentación por parte de los diputados en la I Legislatura, frente a 1.781 preguntas con respuesta escrita; a algo más de 12.000 preguntas con respuesta escrita en la X Legislatura, frente a las más de 13.400 expedientes de solicitudes de documentación[1].

¿Cuál puede ser la razón de este incremento exponencial que no se da en otros parlamentos? Y, además ¿cuál es la razón por la que se produce un desplazamiento de una actividad tan típica como la pregunta en beneficio de la solicitud de documentación?

---

1 Datos de enero de 2023.

Señala Juan Cano que las preguntas tienen un alcance político inmediato frente a las solicitudes de documentación que carecen de esta inmediatez y se sustancian en el ámbito de las relaciones entre los diputados y las administraciones[1].

Siendo cierta esta afirmación, la realidad es que cada vez más las solicitudes de documentación ganan espacio en nuestro parlamentarismo hasta el punto, como se ha señalado de ser la iniciativa más numerosa de cuantas se han realizado en Les Corts Valencianes durante esta X Legislatura.

En una caracterización clásica, el Parlamento moderno tiene tres funciones esenciales: la función legislativa, de la que proviene su caracterización como Poder del Estado –Poder Legislativo–; la función financiera y presupuestaria; y la función de control e impulso. En el parlamentarismo contemporáneo no es infrecuente que esta última función se desglose en dos funciones diferenciadas, la función de control y la función de impulso, siendo estas funciones las que ocupan la mayor parte de la actividad parlamentaria[2].

A ello contribuye, obviamente, la preeminencia del Poder Ejecutivo sobre la actividad parlamentaria de las otras dos funciones. Respecto a la función presupuestaria, además del monopolio de la iniciativa presupuestaria (art. 134 CE), el Gobierno cuenta con poderes exorbitantes en relación a la intervención del Parlamento en el ámbito presupuestario del Parlamento[3]. Asimismo, respecto de la función legislativa, el Gobierno ejerce, *de facto,* una posición de preeminencia a través de la mayoría parlamentaria que le ha otorgado la confianza[4], posición que se llega a proyectar incluso mediante una suerte de *impulso* gubernamental para que los grupos parlamentarios presenten proposiciones de ley.

Algunos autores añaden otras funciones, singularmente, la función electiva[5], entendida como la facultad de las asambleas parlamentarias de designar o intervenir en la designación de autoridades y cargos públicos mediante distintos procedimientos. Sin llegar a configurar específicamente una o varias nuevas categorías de funciones, Visiedo Mazón enuncia un listado de actividades que realizan o pueden realizar los Parlamentos que por su naturaleza no encuentran acomodo estricto en las funciones clásicas

---

1 Cano Bueso, Juan (1996), pág. 35.

2 Visiedo Mazón, Francisco J. (2012), pág. 143.

3 Martínez Corral, Juan Antonio (2007), pág. 284.

4 Garrido Mayol, Vicente (2010), pág. 26.

5 Martínez Corral, Juan Antonio (2019), pág. 335.

indicadas. Es el caso de la iniciativa legislativa ante el Congreso de los Diputados, la facultad de interponer recursos de inconstitucionalidad, iniciativa de reforma constitucional, intervención en la suscripción de convenios entre Comunidades Autónomas o la intervención en relación con el Derecho Comunitario, entre otros[6].

Centrándonos en la función de control, son varios los instrumentos que los reglamentos parlamentarios incluyen dentro de su alcance. Los más relevantes son las preguntas parlamentarias, tanto con respuesta oral (en pleno o en comisión) como con respuesta escrita, y las interpelaciones. Junto a estas iniciativas es también frecuente incluir las solicitudes de documentación o información, si bien con matices.

II. LAS SOLICITUDES DE DOCUMENTACIÓN SON UNA MANIFESTACIÓN DEL IUS IN OFFICIUM DE LOS PARLAMENTARIOS.

Estas solicitudes se configuran como un derecho de los miembros del parlamento para recabar datos, informes y documentos administrativos, en papel o en soporte informático de las administraciones públicas, del Gobierno o de las instituciones, organismos y entidades públicas, y también una facultad de las comisiones de recabar esta información y documentación tanto del Gobierno como de otras autoridades de acuerdo con el tenor literal de los preceptos que los reglamentos parlamentarios regulan. De estas solicitudes de información, más como un derecho que como un instrumento de control en sentido estricto, se desprende que será precisamente la información que se facilite atendiendo a estas solicitudes, lo que podrá provocar la utilización de otros instrumentos de control parlamentario[7].

El derecho de recabar de la Administración documentos e información por parte de los miembros del Parlamento se fundamenta en el ámbito de las Cortes Generales en el artículo 109 de la Carta Magna que, enmarcado en las relaciones entre el Gobierno y las Cortes Generales, establece que las cámaras y sus comisiones podrán requerir, a través de los presidentes de aquellas, la información y la ayuda que precisen del Gobierno y de sus departamentos y de cualesquiera autoridades del Estado y de las comunidades autónomas. Sin embargo, en el ámbito autonómico, solo el Estatuto de

6 Visiedo Mazón, Francisco J. (2012), págs.162-163.

7 Visiedo Mazón, Francisco J. (2012), pág. 162

Autonomía de Cataluña aprobado en 2006[8] y el Estatuto de Extremadura aprobado en 2011[9] contemplan específicamente el deber del Gobierno de facilitar al respectivo parlamento la información requerida.

Los Reglamentos del Congreso de los Diputados (art. 7) y del Senado (art. 20.2) han plasmado este derecho de los parlamentarios como concreción de la prescripción constitucional.

Y siguiendo el modelo reglamentario de las Cortes Generales, los distintos reglamentos parlamentarios de las asambleas autonómicas han incorporado esta facultad de los diputados y de las diputadas.

En consecuencia, en el ámbito autonómico, nos encontramos ante un derecho de configuración legal, regulado en el reglamento parlamentario, que es la norma competente para definir los derechos y deberes de los miembros de las asambleas parlamentarias.

La configuración de las facultades y prerrogativas de estos se aloja primeramente en la Constitución y, correlativamente en las Comunidades autónomas en los respectivos Estatutos de autonomía. El desarrollo de las previsiones constitucionales o estatutarias tiene así en estas normas su lugar natural en razón de la reserva normativa a favor de los reglamentos parlamentarios.

Esto nos lleva a una primera conclusión: el hecho de que todos los reglamentos parlamentarios hayan reconocido a los miembros de la asamblea el derecho a recabar documentos, datos e informaciones de la Administración –al menos de aquella Administración sobre la que tiene reconocidas funciones de control político– nos lleva a considerar que su existencia es una facultad esencial del estatuto jurídico del parlamentario. A partir de ello, se podría sostener que el reglamento podrá modular el contenido y el ejercicio, pero en ningún caso desconocer la facultad o vaciarla de contenido.

Ahora bien, es profusa la jurisprudencia del Tribunal Constitucional que ha perfilado el alcance del estatuto jurídico de los parlamentarios,

---

8 Art. 73.2: «2. El Parlamento puede requerir al Gobierno y a sus miembros la información que considere necesaria para el ejercicio de sus funciones. También puede requerir su presencia en el Pleno y en las Comisiones, en los términos que establece el Reglamento del Parlamento.»

9 Art. 26: «Corresponden al Presidente cuantas atribuciones le confieran la Constitución, este Estatuto y las leyes, y en particular las siguientes: [...] 3. Como Presidente de la Junta de Extremadura: [...]f) Remitir a la Asamblea la información que ésta requiera del Gobierno o Administración regionales.».

entendido como *ius in officium* que constituye la manifestación del derecho fundamental de acceso en condiciones de igualdad a las funciones y cargos públicos (art. 23.2 CE) y su correlativo derecho fundamental a la participación en asuntos públicos directamente o por medio de representantes libremente elegidos (art. 23.1 CE), del cual somos titulares todos los ciudadanos.

El alto Tribunal ha entendido que la configuración del *ius in officium* de los parlamentarios viene ordenado por los reglamentos parlamentarios, de tal manera que una vez que han quedado establecidos los derechos en la norma reglamentaria se integran en el estatuto jurídico del parlamentario y, consecuentemente, son una manifestación del derecho fundamental de acceso en condiciones de igualdad al ejercicio de funciones y cargos públicos reconocido en el artículo 23.2 de la Constitución. Un derecho que, según consolidada doctrina del Tribunal Constitucional no solo garantiza el acceso igualitario a funciones y cargos públicos, sino que también incluye el mantenimiento en los dichos cargos sin perturbaciones ilegítimas (STC 5/1983, de 4 de febrero, entre otras muchas) y el ejercicio de las funciones del cargo de acuerdo con aquello que dispongo la ley (STC 32/1985, de 6 de marzo), de tal manera que al garantizarse el ejercicio del *ius in officium* por parte de los representantes políticos sin perturbaciones ilegítimas, en última instancia, se garantiza el derecho de los propios ciudadanos a participar en los asuntos públicos mediante sus representantes reconocido en el apartado primero del artículo 23 de la Constitución española (STC 42/2019, de 27 de marzo).

Sin embargo, el Tribunal Constitucional no ha definido específicamente un contenido esencial del derecho a solicitar información, más allá del derecho individual a solicitar información a las Administraciones y obtenerla en términos efectivos (SSTC 181/1983 y 203/2001), por lo que el Reglamento parlamentario dispone de un notable ámbito de concreción incluyendo los límites y el procedimiento de su ejercicio. De hecho, el Supremo Intérprete ha determinado los contornos de la prerrogativa siempre a partir de la configuran reglamentaria analizada en cada caso.

En esta línea, el Tribunal Constitucional, en la sentencia 161/1988, de 20 de septiembre, estableció que «*...en principio, el art. 12.2 del Reglamento citado* [Reglamento entonces vigente de las Cortes de Castilla-La Mancha], *crea a favor de los parlamentarios castellano-manchegos un derecho individual a recabar, en la forma y con los requisitos que el mismo Reglamento establece, información a la Administración Regional el cual por venir integrado en el status propio del cargo de Diputado, se inserta y forma parte del derecho fundamental que garantiza el art. 23.2 de la Constitución*».

III. ¿TIENEN ENTIDAD PROPIA LAS SOLICITUDES DE DOCUMENTACIÓN COMO INSTRUMENTO DE CONTROL?

Hasta qué punto el derecho de solicitar información de la Administración constituye un instrumento de control del Poder Ejecutivo *per se* es una reflexión que habitualmente se ha planteado la doctrina al abordar la cuestión[10].

La jurisprudencia del Tribunal Constitucional ha cimentado la incardinación del derecho a obtener información por parte de los diputados en el *ius in officium* inherente a la condición parlamentaria como consecuencia de la virtualidad de esta facultad a la hora de coadyuvar al control del Poder Ejecutivo, cuando menos de manera vicaria respecto de otras iniciativas más directas, como ya se ha apuntado, lo que constituye una de las funciones esenciales del parlamentarismo en un régimen democrático. El propio Tribunal Constitucional, también en la ya citada sentencia 161/1988, lo expresa con claridad:

«por ello, ante una función parlamentaria de posible ejercicio individual cuyo sentido propio, como tal derecho funcional, se encuentra en el reconocimiento por el Reglamento, de nuevo en favor de todos y cada uno de los Diputados, de facultades de control (interpelaciones y preguntas; [...]) respecto de las cuales el derecho de recabar información que crea el art. 12.2 tiene un alcance claramente instrumental.»

Y añade que las solicitudes de documentación son:

«un específico título para el desempeño de su cargo representativo cuya actualización depende sólo, en principio, de la voluntad del Diputado, por más que tal derecho se ejercite, obviamente, en el seno de la Cámara y con el designio final, que es propio de todos los actos parlamentarios de control, individuales o de grupo, de dar ocasión a las Cortes para ejercer sus atribuciones propias».

La gran mayoría de reglamentos sitúan las solicitudes de documentación en la parte dedicada a los derechos y deberes de los parlamentarios, siguiendo el modelo de las Cortes Generales, lo que refuerza su carácter subsidiario de otras iniciativas. Sin embargo, el de la Asamblea de Extremadura (2008) inserta la regulación de las solicitudes de documentación en el capítulo dedicado al control, junto con las preguntas al Gobierno y las interpelaciones, dotando por tanto al instrumento de una clara entidad autónoma e incluyendo el trámite de calificación y tramitación por la Mesa

---

10 Vid., entre otros, Cano Bueso, Juan (1996), pág. 17; Auzmendi del Solar, Montserrat (2007), pág. 347; Durbán Martín, Ignacio (2019), pág. 190.

de la cámara, lo que implica dar un trato al que generalmente tienen preguntas e interpelaciones.

En la práctica parlamentaria, el incremento de solicitudes de documentación en todos los parlamentos ha ido unido al incremento de otras iniciativas de control, lo que a primera vista podría indicar el uso que se hace de un instrumento en beneficio de otro. No obstante, esta relación causa efecto dista mucho de ser comprobable en la medida en la que las documentaciones facilitadas no son objeto de publicidad –incluso cuando no se declaran secretas– y, por otra parte, dada la existencia de mecanismos institucionalizados de transparencia, la lógica dicta que estos deberían suplir las solicitudes de documentación, al menos en parte, lo que habría llevado a un menor uso de este instrumento. Pero no ha sido así, por lo que cabe entender que los parlamentarios recurren a esta vía ya, y sin que se puedan obtener datos contrastables, a modo de instrumento de control.

Aun así, es complicado perfilar con exactitud qué iniciativas de control se agotan con su sustanciación y cuáles sirven de sustrato o fundamento para otras. Ciertamente, a partir de una documentación obtenida a través de solicitudes de documentación se pueden preparar preguntas, interpelaciones o incluso proposiciones no de ley. Pero nada impide que, a partir de la respuesta a preguntas, los parlamentarios puedan solicitar documentos o que, incluso, a partir de una comparecencia, se planteen solicitudes de documentación, tal como ocurrió en el caso que dio pie a la STC 32/2017, de 28 de febrero.

Sin embargo, como analizaremos más adelante, el contenido de la documentación que se facilita también es relevante en esta aproximación.

IV. DERECHO DE EJERCICIO INDIVIDUAL

La naturaleza individual del derecho ha sido corroborada por el Tribunal Constitucional en la STC 57/2011, de 3 de mayo, sin perjuicio de validar la exigencia que contempla el Reglamento del Congreso de los Diputados, y también el de Les Corts Valencianes, del conocimiento previo del Grupo Parlamentario de la iniciativa de solicitud de documentación. Así se ha concluido que esta exigencia es una manifestación del parlamentarismo racionalizado en la medida en que el derecho de solicitar información queda configurado como un derecho individual, pero condicionado, por el visto bueno del Grupo Parlamentario[11].

En todo caso, la exigencia de la plasmación del conocimiento previo del Grupo es relevante como criterio formal que habilita la Mesa, en su función calificadora de los documentos parlamentarios, para requerir la subsanación de este requisito, aunque el Tribunal Constitucional en la citada sentencia ha dado carta blanca para no aplicar criterios formales rigurosos en la manifestación del conocimiento previo del Grupo Parlamentario.

Precisamente el carácter individual esencial de las solicitudes de información establece un paralelismo con las otras iniciativas de control individual: las preguntas. Prácticamente son estas dos iniciativas y las interpelaciones, son las únicas que quedan en el ámbito individual de los parlamentarios en nuestros Derecho, ya que en el resto de casos (proposiciones no de ley, comparecencias…) la preeminencia de los grupos parlamentarios es absoluta.

V. LA REGULACIÓN DE LAS SOLICITUDES DE DOCUMENTACIÓN EN EL ÁMBITO DE LES CORTS VALENCIANES

El actual artículo 12 del Reglamento parlamentario valenciano dispone:

1. *Para el mejor cumplimiento de sus funciones parlamentarias los diputados y diputadas, previo conocimiento del respectivo grupo parlamentario, tendrán la facultad de recabar los datos, informes y documentos administrativos, en papel o en soporte informático de las administraciones públicas de La Generalitat, que obren en poder de éstas y de las instituciones, organismos y entidades públicas empresariales dependientes de la misma.*

2. *La solicitud se dirigirá, en todo caso, por conducto del presidente o presidenta de Les Corts, y la administración requerida deberá facilitar la información o documentación solicitadas o manifestar al presidente o presidenta de Les Corts, en plazo no superior a veinte días y para su más conveniente traslado al solicitante, las razones fundadas en derecho que lo impidan. En el supuesto en que soliciten datos, informes o documentos que consten en fuentes accesibles al público de carácter oficial, la administración requerida podrá limitarse a la indicación precisa del lugar en el que se encuentran disponibles, siempre que sean susceptibles de reproducción.*

---

[11] Soriano Hernández, Enrique (1992), pág. 55.

3. *Si el Consell no cumple lo que disponen los artículos anteriores, el diputado o diputada solicitante podrá formular una pregunta oral ante la comisión competente que se incluirá en el orden del día de la primera sesión que se convoque. Si, a juicio del grupo parlamentario al que pertenece quien lo ha pedido, las razones no son fundamentadas, en el plazo de cinco días, puede presentar una proposición no de ley ante la comisión correspondiente que tendrá que ser incluida en el orden del día de una sesión a realizar en el plazo de quince días desde su publicación.*

4. *Cuando los datos, informes o documentos solicitados por los diputados o diputadas afecten al contenido esencial de los derechos fundamentales o libertades públicas constitucionalmente reconocidas, la Mesa, a petición del Consell, podrá declarar el carácter no público de las actuaciones, disponiendo el acceso directo a aquellos en los términos establecidos en el apartado anterior, pudiendo el diputado tomar notas pero no obtener copias ni actuar acompañado de asesor.*

5. *Asimismo, los diputados y diputadas, en el marco de la legalidad, podrán solicitar de las administraciones locales o del Estado y de los órganos de gobierno de las otras comunidades autónomas, a través del presidente o presidenta de Les Corts, la documentación que consideren que afecta, de alguna forma, a la Comunitat Valenciana.*

6. *Los diputados y diputadas también tienen derecho a recibir directamente o a través de su grupo parlamentario la información y documentación necesaria para el desarrollo de sus tareas. Los servicios de Les Corts, a través del letrado o letrada mayor, tienen la obligación de facilitárselas.»*

Este precepto ya figuraba en su contenido esencial en el primer Reglamento de Les Corts Valencianes aprobado el 4 de marzo de 1983. Entonces era el artículo 7, que en las sucesivas modificaciones reglamentarias ha cambiado, tanto de ubicación –actualmente en el artículo 12–, como en algunos aspectos de la redacción, a pesar de que en esencia ha mantenido los rasgos definidores a lo largo de las cuatro décadas de actividad de la asamblea autonómica valenciana.

En consonancia con este precepto, se encuentra el vigente artículo 45 de la Ley 5/1983, de 30 de diciembre, del Consell:

«[…]

2. El Consell proporcionará a Les Corts los datos, informes o documentos que éstas precisen a través de la Presidencia de Les Corts. El Consell deberá facilitar la información o documentación solicitada en un plazo no superior a treinta días o manifestar las razones fundadas en derecho que lo impidan.

[…]»

Nótese, sin embargo, que aunque la vigente redacción del artículo 45.2 de la Ley del Consell transcribe la referencia a «datos, informes o documentos» que figura en la redacción del artículo 12 del RCV, el plazo de contestación que figura en la Ley del Gobierno es superior al que el que figura en el Reglamento parlamentario, ya que era el que se preveía en el Reglamento de 1983, por lo que este precepto debería armonizarse con la regulación actual o, al menos, matizar los plazos cuando se trate del ejercicio del derecho individual del artículo 12 o cuando se trate de documentación solicitada, por ejemplo, por una comisión de estudio.

En esencia, este derecho, que se sitúa en el capítulo de los derechos y deberes de los diputados y las diputadas (capítulo II del título II), se caracteriza en su dimensión subjetiva por ser

- manifestación del derecho fundamental de participación (art. 23 CE);
- derecho público subjetivo de ejercicio individual, pero requiere la comunicación al grupo parlamentario –aunque no su autorización o aprobación–;
- Forma parte del *ius in officium* del parlamentario.

Desde una dimensión objetiva, el ejercicio de este derecho está sometido a configuración legal, que tiene su ámbito en el reglamento parlamentario; y tiene un carácter instrumental, pues se configura «para el mejor cumplimiento de sus funciones parlamentarias los diputados y diputadas».

En cuanto al contenido material del derecho, Durbán Martín, a partir de la doctrina del Tribunal Constitucional, señala los siguientes elementos[12]:

- es un derecho a la tramitación por los correspondientes órganos parlamentarios –normalmente la Presidencia– del escrito de solicitud;
- implica el derecho a recibir respuesta a la solicitud.

Pues bien, determinados estos rasgos con carácter general, es el momento de detenernos en la concreta configuración que ha creado el Reglamento de Les Corts Valencianes.

---

12 Durbán Martín, Ignacio (2019), págs. 163-164.

En primer lugar, el objeto del derecho son datos, informes o documentos administrativos en papel o en soporte informático. De esta manera, los diputados pueden solicitar copia de los documentos físicos o electrónicos que estén en poder de la Administración, pero también pueden solicitar datos. Facilitar datos, con frecuencia, implica elaborar *ex professo* un documento –aunque sea un simple oficio de contestación–. Lo que no entra dentro del contenido del derecho es la facultad de requerir la elaboración de la documentación solicitada.

En este punto, confluyen en su objeto las preguntas, sobre todo las de respuesta escrita, con las solicitudes de información. Si bien hay diferencias sustanciales en cuanto al plazo y en cuanto a la publicidad de la respuesta. En las preguntas con respuesta escrita, el plazo es de quince días hábiles desde la publicación en el *Butlletí Oficial de les Corts Valencianes* (BOCV) y la respuesta recibida se publica en la web de la cámara. Por el contrario, en las solicitudes de documentación, el plazo son veinte días hábiles, pero desde la comunicación –ya que no hay publicación– y la respuesta recibida solo es accesible para el diputado o la diputada solicitante.

El artículo 157.4 del RCV establece previsión especialmente interesante para la relación entre preguntas escritas y solicitudes de documentación. Se dispone en este precepto la facultad de la Mesa de tramitar como solicitudes de documentación aquellas preguntas que «no supongan recabar del Consell un criterio o valoración y que se circunscriban a solicitar del Consell información o documentación». *Sensu contrario* parece indicar que las preguntas con respuesta escrita se limitarán a pedir criterios o valoraciones al Consell.

Si la Mesa aplicase de manera estricta este precepto, en el caso de Les Corts Valencianes, la desproporción entre solicitudes de documentación y preguntas sería aún mayor en favor de las primeras.

De hecho, al amparo de esta previsión reglamentaria, el órgano rector de la Cámara ha actuado esporádicamente en dos sentidos. El primero, convirtiendo en solicitudes de documentación preguntas que solicitaban la remisión de documentos, no así cuando se se trata de datos o de informaciones; el segundo, transformando de oficio solicitudes de documentación en preguntas con respuesta escrita, cuando en estas se incluía la petición de criterio o valoraciones del Consell. La particularidad es que al transformar preguntas en solicitudes se requiere al diputado para que aporte acreditación del conocimiento del grupo parlamentario, mientras que, en el segundo caso, la Mesa se limita a comunicar al diputado el cambio de tramitación como consecuencia de la calificación de la iniciativa.

El simple hecho de que se tramiten por una u otra vía pone de relieve la gran identidad tanto en cuanto a fondo como en cuanto a finalidad de las iniciativas. Pues obviamente, cambiar una iniciativa de control específica, como lo es una pregunta, por otra que no lo es podría constituir una injerencia en el *ius in officium*, máxime, cuando no hay una configuración en positivo del contenido de las preguntas.

En relación con los datos solicitados, no es infrecuente en la práctica de Les Corts Valencianes, que los diputados soliciten expresamente una serie de datos en un soporte y con un grado de desglose específico.

Los datos solicitados deberán estar en poder de las administraciones públicas de la Generalitat, y también en las instituciones, organismos y entidades públicas empresariales que dependen de estas. Se trata, como se ve, de un concepto muy amplio y detallado, en contraste con la expresión genérica «las Administraciones Públicas» a las que se refiere el artículo 7 del Reglamento del Congreso de los Diputados. Con la actual redacción del RCV, por tanto, están obligados a facilitar información las Instituciones de la Generalitat (Sindicatura de Comptes, Síndic de Greuges, Consell Jurídic Consultiu...) y las entidades públicas y demás organismos que dependen de la Generalitat. En estos casos, la solicitud de documentación se dirige directamente desde la Presidencia de la Cámara a la presidencia de los órganos estatutarios, mientras que al resto de organismos, empresas o entidades, la solicitud se cursa mediante requerimiento al Presidente del Consell.

En este punto el Tribunal Superior de Justicia de la Comunitat Valenciana ha aplicado un criterio formal de lo que se entiende por organismos dependientes de la Generalitat, considerando como dato esencial la naturaleza jurídica de la entidad y su normativa reguladora, independientemente de la realidad fáctica que en su momento alegó la diputada recurrente por lo que consideró que una sociedad de garantía recíproca, aunque fuera presidida por el director del Instituto Valenciano de Finanzas y participada por la Generalitat, no entraba en el alcance del artículo 12 RCV[13].

La generalización del uso del instrumento de las solicitudes de información ha conllevado una evolución de dicho instrumento, pues se ha pasado de referencias específicas como un contrato determinado, un expediente o un informe, a referencias genéricas del «todos los expedientes» sobre un determinado asunto, «todas las comunicaciones», etc... no ya sobre un

13 Sentencia núm. 315/2021, de la SEcción 4ª de la Sala de lo Contencioso-Administrativo. Rec. 226/2020.

tema sino incluso de un determinado órgano o durante un determinado lapso de tiempo que puede llegar a abarcar varios años.

En el RCV no se establecen pautas que obliguen al diputado a determinar con detalle el documento que solicita[14], lo que a nuestro entender no es relevante, ya que no es posible atribuir al diputado la carga de la identificación exacta de un documento que probablemente desconozca o del que tenga una noticia somera y que por ello solicita. Es más, la aproximación de la figura de la solicitud de documentación a la categoría de los instrumentos de control, habilita a los parlamentarios a solicitar documentación de cuya inexistencia tienen la certeza (actas de reuniones que no se han celebrado, documentos que legalmente deberían figurar en el portal de transparencia y no están, expedientes inexistentes...) precisamente porque la respuesta negativa o incompleta de la Administración pone de relieve su gestión deficiente, a la vista del diputado solicitante.

De hecho, las iniciativas de control de fiscalización tienen por objeto principal evidenciar las deficiencias de gestión y con ello, desgastar al Gobierno. Por ello, la inexistencia de ciertos documentos o ciertos datos, puede tener esta utilidad.

Es obvio que al diputado no le corresponde la carga de demostrar la existencia del documento o del dato solicitado, ya se ha dicho, pero en este caso la realidad es que la solicitud de información se aproxima a un instrumento de control directo de la acción de la Administración, o mejor dicho, de la inacción de la Administración. A ello se añade que no entra dentro de las facultades de control de los órganos de la Cámara sobre las solicitudes de documentación exigir una clara y completa identificación de la documentación requerida, pues este requisito no ha sido establecido por la jurisprudencia ni por el Reglamento, y exigirlo sin esta cobertura podría comportar una injerencia ilegítima en el núcleo esencial del *ius in officium.* Más aún, los Reglamentos que abordan esta cuestión lo hacen en términos lo suficientemente ambiguos como para que tengan una virtualidad prácticamente nula.

Por otro lado, la concreción en la determinación de la documentación que se solicita dota de viabilidad al posible recurso jurisdiccional ante la respuesta inadecuada del Gobierno, como ha puesto de manifiesto recientemente el Tribunal Superior de Justicia de la Comunitat Valenciana al destacar que la expresión «relación y copia de todos los informes, propuestas y documentos de trabajo» realizados por un determinado cargo público

---

14 Cfr. Art. 231.2 del Reglamento de la Asamblea de Extremadura.

«desde su nombramiento hasta la fecha de respuesta a esta iniciativa», goza de suficiente claridad para que la Administración dé dicha relación de informes y propuestas, no siendo suficiente con la entrega del documento resultante de dichos informes, propuestas y documentos[15].

VI. LA SOLICITUD DE DOCUMENTACIÓN A OTRAS ADMINISTRACIONES: EL CASO DE LA ADMINISTRACIÓN GENERAL DEL ESTADO

Especial relevancia, en el ámbito de Les Corts Valencianes y en lo tocante a las solicitudes de información reviste el apartado 5 del artículo 12.

Este apartado reconoce la posibilidad de requerir documentación (obsérvese la omisión de «datos e informes») a las administraciones locales o del Estado y de los órganos de gobierno de las otras comunidades autónomas, a través de la Presidencia de Les Corts. Los parlamentarios solicitantes deberán, en este punto, considerar que esta documentación afecta «de alguna manera» a la Comunitat Valenciana. Sobre esta posibilidad hay que destacar que, al contrario de lo que ocurre en relación con las solicitudes que se realizan al amparo del apartado primero del artículo 12, en este caso no existe previsión reglamentaria de un plazo de respuesta.

Es obvio que, en este punto, es donde la iniciativa pierde gran parte de su perfil de instrumento de control, ya que se dirige a Administraciones (la General del Estado y la Administración Local) sobre las que no puede ejercer funciones de control, pues estas le corresponden a sus respectivos órganos (Cortes Generales, Pleno…)[16].

No obstante, no se pierde todo el potencial controlador, ya que es posible que a través de la información que se requiere a estas Administraciones se obtienen datos sobre la gestión de la Administración sobre la que sí que se tienen funciones constitucionales de control. Así, por ejemplo, cuando se le solicitan al mismo tiempo, a un Ayuntamiento y a una Conselleria, las

---

[15] Sentencia 337/2022, de la Sección 4ª de la Sala de lo Contencioso-Administrativo, de 14/10/2022. Rec. 455/2021.

[16] La Administración de Justicia no se incluye entre las instancias a las que se puede pedir documentación, dada su naturaleza de Poder Judicial. *Vid.* Soriano Hernández, Enrique (1992), pág. 60, y más recientemente, la Sentencia del Tribunal Supremo núm. 195/2022, de 17/2/2022, Sala de lo Contencioso-Administrativo (Secc. 4ª), rec. 125/2021.

comunicaciones entre ambas instancias y se puede corroborar qué flujo de información hay entre ambas. O cuando se solicita a la Administración del Estado copia de informes o escritos que el Gobierno autonómico afirma haber remitido en tiempo y forma.

En la X Legislatura de la cámara valenciana, han sido varias las veces que diputados y diputadas han solicitado documentación a entidades locales, a la Administración del Estado o incluso a los Ejecutivos de otras comunidades autónomas. En el caso de las administraciones locales valencianas, es frecuente que se atiendan los requerimientos, si bien no siempre en un plazo breve, y del mismo modo, las administraciones de otras Comunidades Autónomas también han contestado los requerimientos.

Sin embargo, la Administración General del Estado (AGE) ha cambiado de criterio y a partir de 2022 dejó de atender los requerimientos de Les Corts tanto respecto a comparecencias en comisión de autoridades de la Administración General del Estado –algo que ya ocurría en legislaturas precedentes– como, y esta es la novedad, las solicitudes de información que a la Administración General del Estado y sus organismos dirigían diputados o incluso comisiones de estudio.

El argumento utilizado fue que «la solicitud de información o documentos a la Administración General del Estado, así como al conjunto de entes que conforman el sector público estatal, en tanto instrumento de control de la acción del Gobierno, corresponde exclusivamente a las Cortes Generales de acuerdo con lo previsto en el artículo 66.2 de la Constitución», añadiendo que «sus facultades de control [las de una asamblea autonómica] se circunscriben a la actuación en su ámbito competencial del Gobierno, las autoridades y funcionarios de la Comunidad Autónoma». En apoyo de esta tesis se recurre a un dictamen del Consejo de Estado de 6 de febrero de 2003 (Expte. 34/2003), indicando que «es una lógica consecuencia del Estado de las Autonomías que los Parlamentos autonómicos controlan la acción de los Gobiernos a los que otorgan la confianza, es decir, limitado a su ámbito territorial.»

El dictamen citado del Consejo de Estado se emitió a raíz de una consulta del Gobierno central al supremo órgano consultivo sobre si la Administración General del Estado estaba obligada atender los requerimientos de comparecencia de sus autoridades, funcionarios o agentes, así como la remisión de documentación referida a la ejecución de sus funciones que formulaba la Comisión de Investigación sobre el *Prestige*, constituida en el Parlamento de Galicia.

El Consejo de Estado concluyó que el control parlamentario de las Asambleas Legislativas de las Comunidades Autónomas debe circunscribirse a la actuación de los órganos y autoridades de la propia Comunidad Autónoma, sin que pueda alcanzar a órganos ajenos a su ámbito de competencia como son los de la Administración del Estado, y en lo que afecta a facilitar documentación, las asambleas autonómicas «no pueden requerir de la Administración General del Estado documentación relativa al ejercicio de competencias propias de dicha Administración», y ello con independencia de que afecten a asuntos que son de indudable interés autonómico, como en este caso, la tragedia del *Prestige*.

Como señaló la Asesoría Jurídica[17] de Les Corts Valencianes, la AGE parte de la noción de que cualquier documentación que soliciten órganos parlamentarios tiene carácter de instrumento de control, si bien los servicios jurídicos de la cámara matizan que «ese control no puede ser de entidades que facilitan la información ajena al ámbito competencial que establece el Estatuto de Autonomía. La documentación puede servir para conocer la actuación de otras entidades y compararla con la realizada con el ejecutivo cuyo control le corresponde realizar o conocer iniciativas que se están realizando, para promover actuaciones en su ámbito de competencia». Y es que « no atender las solicitudes de documentación reseñadas supone que sitúa en peor posición a los parlamentarios y parlamentarias de las Corts Valencianes, que representan al conjunto de la ciudadanía, por el hecho de serlo, que si los mismos actuaran como ciudadanos. Se niega a los diputados y diputadas el acceso a una información que, salvo que existan razones que no se exponen, cualquier ciudadano podría obtener».

El artículo 12.5 RCV establece un límite formal específico «que consideren que afecta, de alguna forma, a la Comunitat Valenciana». Esta expresión tiene un alcance de difícil concreción pero que, en ningún caso, tratándose de una norma jurídica, puede considerarse vacío. Al respecto, la Mesa de Les Corts Valencianes venido considerando que carecen de este requisitos aquellas solicitudes cuyo objeto tiene un interés particular del autor de la iniciativa o afecta a personas sin ninguna trascendencia pública, en términos similares a lo que se prevé para las preguntas (art. 157 RCV), por lo que en algunos casos se ha solicitado al autor de la solicitud de documentación que aporte justificación mínima del interés para el ejercicio de las funciones parlamentarias, evitando un uso espurio de la facultad. Y esta

---

17 Informe de 21.2.2022, del letrado Enrique Soriano Hernández.

exigencia se ha realizado en tanto en las solicitudes del apartado 1 como en las del apartado 5 del artículo 12.

Esta exigencia de conexión con las competencias específicas de la Comunidad autónoma –común en la mayoría de reglamentos parlamentarios–, como se ha apuntado, no ha sido considerada justificación válida para que la Administración del Estado atienda las solicitudes de los diputados autonómicos, ni siquiera el inciso que también se incluye en la mayoría de reglamentos de que la solicitud de información se hará en el marco de la ley. Precisamente, en este caso, los tribunales han situado este marco legal principalmente en la Ley 19/2013, de 9 de diciembre, de transparencia, acceso a la información pública y buen gobierno o en la Ley Orgánica 3/2018, de 5 de diciembre, de Protección de Datos Personales y garantía de los derechos digitales (Cfr. STS 412/2022, de 10.2.2022, de la Sala Tercera, Sección 4ª).

Sobre esta cuestión, se ha dado recientemente un conflicto entre varios diputados del Congreso de los Diputados y el Gobierno Vasco. El caso nace de una solicitud de documentación que solicitan los diputados de las Cortes Generales dirigida al Gobierno Vasco, dicha solicitud fue cursada por la Presidenta del Congreso, sin embargo, el Gobierno Vasco. La respuesta del Gobierno Vasco consistió en negar la documentación alegando que el Congreso no puede controlar políticamente la acción del Gobierno Vasco, por ser esta una tarea reservada al Gobierno Vasco.

Esta decisión fue recurrida ante el Tribunal Superior de Justicia del País Vasco, quien inadmitió el recurso por entender que se da «la ausencia de competencia del orden judicial contencioso-administrativo para conocer recurso interpuesto contra contestación del Gobierno a solicitud de información parlamentaria, por estar ante un acto de la administración pública no sujeto a derecho administrativo, sino que se está en el ámbito de la relación institucional del Gobierno Vasco, en este caso con el Congreso de los Diputados, sustraído al control del orden jurisdiccional contencioso-administrativo»[18], lo que contrasta con la doctrina sostenida por el Tribunal Superior de Justicia de la Comunitat Valenciana, con el aval del Tribunal Supremo[19].

---

18 Auto 33/2022, de la Sala de lo Contencioso-Administrativo del TSJ del País Vasco, de 21.1.2022 (rec. 1040/2021)

19 Durbán Martín, Ignacio (2019), págs. 187 y ss.

VII. UNA INESPERADA LIMITACIÓN DEL DERECHO: LA DECLARACIÓN DEL CARÁCTER NO PÚBLICO DE LAS ACTUACIONES.

El apartado 4 del artículo 12 indica que cuando los datos, informes o documentos solicitados afecten al contenido esencial de los derechos fundamentales o libertades públicas constitucionalmente reconocidas, la Mesa, a petición del Consell, podrá declarar el carácter no público de las actuaciones, disponiendo el acceso directo a aquellas, pudiendo el diputado tomar notas pero no obtener copias ni actuar acompañado de asesor.

Este supuesto plantea una limitación del contenido del *ius in officium*, toda vez que implica un régimen exorbitante de acceso a la información por parte del diputado en la medida en que le impone obligaciones en razón del contenido de la información que solicita.

No todos los reglamentos parlamentarios prevén esta situación. En la mayoría de ellos, existe una previsión, siguiendo el modelo del Congreso de los Diputados, según la cual la Administración podrá negar la información solicitada comunicando a la Presidencia de la cámara, para su más conveniente traslado al diputado solicitante, las razones fundadas en derecho que lo impidan.

La jurisprudencia ha considerado que en estos casos corresponde a la Administración que debe contestar el requerimiento valorar y ponderar los derechos en conflicto y «respetar las reglas que puedan tutelar, en cada caso, los derechos constitucionales de terceros, en la medida en que resulten comprometidos en el asunto de que se trate» (STC 161/1988, de 20 de septiembre), por lo que no es posible para los órganos parlamentarios, singularmente para la Mesa, ejercer algún tipo de control sobre estos extremos. En el mismo sentido de atribuir a la Administración requerida la tutela y ponderación de los derechos en conflicto, se ha pronunciado recientemente el Tribunal Supremo (STS 412/2022 y STS 411/2022, de 10.2.2022).

En estos casos, el Alto Tribunal ha considerado que las «razones fundadas en derecho» que impiden el acceso a toda o parte de la documentación o que condicionan el acceso a la documentación son «razones que desde luego han de ser explicadas debidamente y pueden ser de fondo o de forma. Esto es, pueden fundamentar la negativa a facilitar en todo o en parte la documentación o limitar el acceso a su consulta en aras de la protección de derechos de terceros o –lo que es lo mismo– de intereses generales de tal entidad que deban prevalecer sobre el derecho de los parlamentarios» (STS 150/2022, de 8 de febrero, Sala III, Sec. 4ª). En este sentido, la Administración debe llevar a cabo a cabo la ponderación razonada del interés público en la divulgación y los derechos de los afectados, en particular su derecho fundamental a la protección de datos de carácter personal concretando la posible afectación de datos de carácter personal y su eventual prevalencia sobre el interés público protegido por la Constitución (STS 168/2022, de 10 de febrero, Sala III, Sec. 4ª).

En el ámbito de Les Corts Valencianes, como se ha visto, el apartado 2 *in fine* del reiteradamente citado artículo 12, también contempla esta posibilidad de motivar la denegación de la información.

Sin embargo, es este un recurso prácticamente inédito en la praxis reciente de las relaciones entre el Parlamento valenciano y el Consell. Por el contrario, una práctica *in crescendo* es la declaración del carácter no público de las documentaciones solicitadas.

Es esta una vía prevista en el apartado cuarto del artículo 12, así como en los reglamentos parlamentarios de Aragón (art. 33.5), Canarias (art. 16.6), Comunidad de Madrid (art. 18.4), Región de Murcia (art. 13.3), Extremadura (art. 230.5) y Castilla y León (art. 7.4), y aunque tiene matices en todos los casos, se caracteriza por tres notas:

- se produce a instancias de la Administración;
- intervención del órgano rector[20];
- limitación tanto de acceso a la información: se permite el acceso directo a la documtención, tomar notas pero no obtener copias y se prohíbe el acceso a personal asesor.

Hay que reseñar que el RCV solo prevé que sea el Consell quien solicite la declaración del carácter no público, por lo que aplicando el principio *favor libertatis,* habrá que considerar que el resto de administraciones a las que se puede requerir información, no podrán instar la declaración del carácter no público, aunque la información solicitada afecte a derechos fundamentales y libertades públicas.

El recurso a la consideración de una documentación como de carácter no público es muy residual en la práctica parlamentaria valenciana. De las más de 66.000 solicitudes de documentación tramitadas desde la I Legislatura, solo en 74 casos el Consell ha solicitado la declaración de no pública de la

---

[20] En la Asamblea de la Región de Murcia, no se produce un acuerdo de la Mesa, sino simplemente una comunicación de la Administración.

documentación facilitada, y esta práctica se introdujo en el Reglamento de 2006. De hecho, la primera vez que el Consell alegó esta causa fue en el año 2009. Desde entonces, la Mesa ha declarado no públicas 10 contestaciones en las legislaturas VII y VIII, 36 en la IX y 140 en la actual X Legislatura.

La actuación habitual de la Mesa en estos expedientes es atender la solicitud de la Administración en cumplimiento del Reglamento. Si bien, en una minoría de casos, en la X Legislatura, la Mesa no accedió a lo solicitado y requirió al Consell para que justificase adecuadamente la solicitud de declaración del carácter no público. Así, solicitó la ampliación de la justificación en casos en los que del tenor de la información solicitada, la existencia de derechos fundamentales y libertades públicas afectadas no era razonable (contratos públicos, actas de inspección de instalaciones eléctricas o un listado de la ubicación de centros de menores) o porque la justificación se limitaba a reproducir el inciso reglamentario. En estos casos, la Administración amplió la justificación o bien, procedió a facilitar la información anonimizada.

Hay que reseñar que la Administración parlamentaria actúa en las solicitudes de documentación como medio entre el diputado o la diputada y la Administración requerida, sin entrar a cuestionar o valorar el contenido de las iniciativas o de las respuestas, más allá de la identificación del sujeto requerido o del cumplimiento de requisitos formales (conocimiento del grupo parlamentario o ausencia de interés particular), como se ha indicado.

En cuanto a la declaración del carácter no público, las consideraciones anteriores comportan que la Mesa no tiene habilitación para controlar si la calificación respecto a la afectación del contenido esencial de derechos fundamentales y libertades públicas realizada por la Administración requerida es ajustada a Derecho o no. Se trata de una decisión propia de la Administración pública requerida ajena totalmente a las funciones de la Mesa de Les Corts. Por tanto, la intervención de la Mesa en relación a la consideración de no pública de la documentación se limita a acordar lo que le solicita la Administración que es quien conoce y tiene la documentación y, por ende, conoce realmente el alcance que dicha documentación pueda tener respecto de los derechos fundamentales y libertades públicas.

El supuesto contemplado en el artículo 12.4 RCV habilita a la Mesa para acordar la declaración del carácter no público de la documentación que se pone a disposición de los miembros del Legislativo valenciano cuando se dan dos circunstancias: (a) afectación al contenido esencial de los derechos fundamentales o libertades públicas constitucionalmente reconocidos; y (b) petición del Consell –ya hemos dicho, solo del Consell–. Es decir, la Mesa no podrá acordar el carácter no público si a pesar de considerar que hay afectación a los derechos fundamentales o libertades públicas no hay petición del Consell o, si habiendo petición del Consell, esta no se fundamenta en la afectación a derechos fundamentales y libertades públicas constitucionalmente reconocidas. Por lo tanto, solo si el Consell no ampara la solicitud en la afectación de los derechos fundamentales y libertades públicas, la Mesa puede separarse de lo que le solicite la Administración.

Plantear un supuesto distinto a los indicados, implicaría atribuir a la Mesa la facultad de revisar la documentación antes de ser puesta a disposición de la diputada o del diputado, lo cual no se ajusta a la configuración constitucional y reglamentaria de las solicitudes de documentación, y aboca a una función revisora de la actuación administrativa que el ordenamiento jurídico no atribuye a los órganos rectores parlamentarios sino a los órganos jurisdiccionales.

Por ello es importante acotar el alcance de la potestad de la Mesa en la adopción del acuerdo de declara el carácter no público de una documentación.

En primer lugar, ya se ha indicado, hay un requisito formal básico: la solicitud del Consell. Esta deberá cursarse dentro del plazo reglamentario de contestación –algunos reglamentos establecen un plazo específico para ello[21]–.

En segundo lugar, la petición de declaración del carácter no público deberá ser motivada, aunque no existe tal exigencia de manera expresa en el RCV, como sí ocurre en otros reglamentos parlamentarios que contemplan la figura. Sin embargo, la omisión de la norma no puede dar pie a solicitudes carentes de motivación por dos razones. La primera es que estamos ante un acto administrativo, resultado de una decisión administrativa formalmente adoptada por un miembro del Consell en la tramitación de un procedimiento y, en consecuencia, como todos los actos administrativos requiere motivación (art. 35.1 de la Ley 39/2015, de 1 de octubre, del Procedimiento administrativo común de las administraciones públicas). La segunda es que el RCV expresamente se refiere a que la Mesa «podrá declarar el carácter no público», con lo que la decisión del órgano rector no es un acto debido lo que podría conducir a una actuación arbitraria con afectación al *ius in officium*, por ello es necesario que la decisión que adop-

---

21 El art. 16.6 del Reglamento del Parlamento de Canarias, que establece un plazo de 10 días desde la recepción de la documentación para que el Gobierno solicite la declaración de esta como secreta.

te la Mesa se fundamente en la razonabilidad de la motivación aportada por la Administración.

Esta razonabilidad, como hemos visto en las recientes sentencias del Tribunal Supremo debe sustentarse en una adecuada ponderación de los derechos en conflicto, por una parte, y por otra, en la efectiva afectación al contenido esencial de derechos fundamentales y libertades públicas constitucionalmente protegidos. Ciertamente, la Mesa no conoce la documentación que se va a poner al alcance del diputado o la diputada, por lo que el único elemento que tiene de referencia para poder adoptar la decisión de la declaración con garantías es un control de razonabilidad sobre la motivación aportada por la Administración.

La exigencia por los tribunales de un cierto rigor en la actuación de la Administración a la hora de limitar el acceso de los parlamentarios también debería trasladarse a la Administración parlamentaria en el ámbito donde tiene habilitación reglamentaria. Esto debe implicar un análisis serio de la justificación de la Administración en los términos reglamentarios[22]. Es decir, una comprobación real de que la petición del Ejecutivo descansa en una ponderación en la que se ha valorado el efecto del acceso a la información por un representante de la ciudadanía en el contenido esencial de los derechos fundamentales y las libertades públicas, teniendo en cuanta que cualquier afectación a un derecho fundamental no lo es a su contenido esencial y, sin embargo, la declaración del carácter no público sí que conlleva una afectación al contenido esencial del *ius in officium* como también ha reseñado *mutatis mutandi* el Tribunal Supremo (STS 411/2022 y 412/2022) o incluso el Tribunal Constitucional (STC 181/1989, de 3 de noviembre).

Ahora bien, no es evidente que la dicción reglamentaria habilite a la Mesa a denegar una declaración de carácter no público en base a que la Administración podría entregar la documentación debidamente anonimizada. Es poco viable un acuerdo de este tipo toda vez que implicaría un juicio apriorístico sobre el contenido de la información que no entra dentro de las facultades de la Mesa.

En cuanto a los efectos de la declaración del carácter no público, el RCV prevé que tendrá como consecuencia, que se dispondrá el acceso directo del diputado a las actuaciones, pudiendo tomar notas pero no obtener copias ni actuar acompañado de asesor. Es habitual también que se solicite

---

22 Auzmendi del Solar, Montserrat (2007), pag. 354.

la prohibición al diputado de difundir los datos conocidos a partir de esta documentación, incluso una vez finalizado el mandato.

El acceso directo a la documentación se realiza, habitualmente, en la sede de la Administración donde se encuentran los documentos y en presencia de personal de la Administración. Para ello, últimamente se requiere del diputado concertación de cita. Sin embargo, esta práctica ha sido criticada con severidad por el Tribunal Supremo:

«Por último, la supuesta ampliación de información remitida por el Gobierno es realmente inadmisible ante una petición de representantes de la soberanía popular en ejercicio de su derecho parlamentario (*ius in oficium*) y dada la previsión del artículo 109 de la CE en orden a que "Las Cámaras y sus Comisiones podrán recabar, a través de los Presidentes de aquéllas, la información y ayuda que precisen del Gobierno y de sus Departamentos y de cualesquiera autoridades del Estado y de las Comunidades Autónomas". La comunicación remitida, que no es una respuesta en sentido propio, lejos de facilitar información concreta les obliga a solicitar cita en un órgano de la administración para buscar y obtener ellos mismos la información. Por ello, en ningún caso puede considerarse como facilitación de la información.» (STS 168/2022, FJ 7º)

Y también fue cuestionada por el Tribunal Constitucional, especialmente en lo referente a la asistencia de personal asesor:

«Es cierto que el derecho de información de los Diputados únicamente puede ejercitarse por éstos, pero no lo es menos que, en supuestos como el presente, no existe motivo válido alguno para negar que, justamente con miras a dotar de efectividad a aquel derecho, los Diputados se acompañen de técnicos especialistas en la materia sobre la que verse la documentación interesada, siempre y cuando tales técnicos estén acreditados ante la Cámara como asesores del Grupo Parlamentario en el que los Diputados se integran.» (STC 181/1989, de 3 de noviembre, FJ 5º).

En las documentaciones declaradas de carácter no público, es general la previsión de que el diputado no puede acceder con personal asesor, lo que es cuestionable si la documentación reviste cierta complejidad, máxime si es razonable admitir el asesoramiento de un asesor acreditado siempre con las mismas garantías de secreto que se exigen al diputado. Sin embargo, la taxatividad de las regulaciones reglamentarias vigentes no parece permitir esta posibilidad.

A la hora de adoptar el acuerdo de declaración de carácter no público, la Mesa debería también realizar una comprobación de que las exigencias de acceso a la documentación propuestas por la Administración son proporcionales y no desvirtúan el derecho de información de los parlamentarios con trabas injustificadas.

VIII. A MODO DE RECAPITULACIÓN

El derecho de los miembros de los parlamentos a solicitar información a las Administraciones ha experimentado un notable crecimiento en las últimas legislaturas, hasta el punto de alcanzar, e incluso superar, en algunos casos, a las clásicas preguntas escritas en cuanto a número.

Ello nos lleva a pensar que este instrumento es percibido por sus señorías, cada vez menos como una herramienta al servicio de otras iniciativas de control al Gobierno de mayor uso en nuestra historia parlamentaria. Es más, probablemente estemos ante la irrupción de una nueva manera de ejercer el control de la acción del Ejecutivo con unos perfiles propios, donde la acción de los tribunales de justicia ha situado a los parlamentarios en una situación ventajosa frente a la Administración que, al contrario de lo que ocurre con las preguntas e interpelaciones, dispone de un menor margen de configuración de la respuesta.

Y precisamente este rasgo, la limitación de la libertad de la Administración a la hora de eludir dialécticamente la respuesta, es lo que da a estas iniciativas una potencia de control muy relevante, y que previsiblemente en el futuro, implicará presiones sobre los reglamentos parlamentarios para modular el uso y alcance, como ya ha hecho la Administración General del Estado respecto a las solicitudes que le llegan de parlamentarios autonómicos.

Bibliografía

AUZMENDI DEL SOLAR, MONTSERRAT (2007), «Las solicitudes de información al Gobierno como forma de control parlamentario». Teoría y realidad constitucional, núm. 19, 2007, págs. 347-361.

CANO BUESO, JUAN (1996): El «derecho de acceso a la documentación» de los diputados en el ordenamiento parlamentario español. Madrid: Publicaciones del Congreso de los Diputados.

DURBÁN MARTÍN, IGNACIO (2019), «El derecho de los parlamentarios a recabar documentación administrativa. Nuevas perspectivas jurisprudenciales a raíz de su creciente judicialización». Revista de Derecho Político, núm. 1(104), 157–195.

GARRIDO MAYOL, VICENTE (2010): Las garantías del procedimiento prelegislativo: la elaboración y aprobación de los proyectos de ley. València: Tirant lo Blanch.

MARTÍNEZ CORRAL, JUAN ANTONIO (2007): «Los presupuestos de la Generalitat en el Estatuto de Autonomía de la Comunidad Valenciana», Corts: Anuario de derecho parlamentario, núm. 18, págs. 249-285.

MARTÍNEZ CORRAL, JUAN ANTONIO (2019): «La discrecionalidad electiva del parlamento y su control jurisdiccional». *Una vida dedicada al Parlamento: estudios en homenaje a Lluís Aguiló i Lúcia.* València: Corts Valencianes, págs. 333-345.

SORIANO HERNÁNDEZ, ENRIQUE (1992), «El derecho a la información de los Diputados: el artículo 7 del Reglamento de las Cortes Valencianas», Revista de las Cortes Generales, núm. 26, págs. 43-68.

VISIEDO MAZÓN, FRANCISCO J. (2012): «La realidad de los parlamentos autonómicos desde la aprobación de la Constitución española de 1978», Revista Derecho del Estado, núm. 28, págs. 143-169.

Capítulo 8

Uso, mal uso y abuso de la moción de censura constructiva y sus consecuencias

ALEXANDRE H. CATALÀ I BAS
Profesor Titular de Derecho Constitucional
Universitat de Valencia

SUMARIO: 1. INTRODUCCIÓN. 2. LA DESNATURALIZACIÓN DE LA MOCIÓN DE CENSURA. DE INSTRUMENTO DE CONTROL A INSTRUMENTO DE DESGASTE POLÍTICO. 3. LA MOCIÓN DE CENSURA AL SERVICIO DE LA DESLEALTAD POLÍTICA. EL CASO DE LA REGIÓN DE MURCIA. 3.1. EL COMPORTAMIENTO DEL PARTIDO POLÍTICO CIUDADANOS COMO SOCIO DE GOBIERNO EN EL AYUNTAMIENTO DE MURCIA Y EN LA COMUNIDAD AUTÓNOMA. 3.2. LOS DIPUTADOS DE CIUDADANOS DE LA ASAMBLEA REGIONAL DE MURCIA. 33. DICTAMEN 2/2021, DE LA COMISIÓN DE EXPERTOS INDEPENDIENTES DEL PACTO POR LA ESTABILIDAD INSTITUCIONAL. 4. DISOLUCIÓN ANTICIPADA Y MOCIÓN DE CENSURA. EL CASO DE LA COMUNIDAD DE MADRID. 5. CONCLUSIONES Y PROPUESTAS. 6. BIBLIOGRAFÍA.

I. INTRODUCCIÓN

Los acontecimientos que de forma un tanto sorpresiva tuvieron lugar en marzo de 2021 en la Comunidad de Murcia y sus réplicas, especialmente, en la Comunidad de Madrid plantean, al menos, tres cuestiones en relación a la moción de censura.

La primera, de especial calado, relativa a los usos que puede tener la moción de censura. La segunda, la relación entre la moción de censura y la deslealtad política. Y la tercera, de carácter más procedimental o técnico, su relación con la disolución anticipada del parlamento.

Día políticamente convulso el 10 de marzo de 2021. No se sabe a ciencia cierta las razones desencadenantes de un auténtico terremoto político[1] en Murcia que tuvo réplicas en otras comunidades como Madrid,

---

[1] Así lo calificó la prensa. https://www.eldiario.es/murcia/politica/psoe-ciudadanos-presentaran-mocion-censura-pp-gobierno-murcia-ayuntamiento-capi-

Castilla-León o Andalucía de trascendentes consecuencias. Los hechos son de sobra conocidos. Ese día, el grupo parlamentario socialista y el grupo parlamentario ciudadanos de la Asamblea Regional de dicha comunidad autónoma presentaron firmada por todos sus miembros una moción de censura contra el gobierno autonómico en la que el candidato a presidir la Comunidad era del partido Ciudadanos. El mismo día se registró una moción de censura por los mismos partidos políticos en el Ayuntamiento de Murcia en la que el candidato a presidir el consistorio era del PSOE[2]. La particularidad radicaba en que, hasta ese momento, comunidad autónoma y consistorio estaban gobernados por una coalición formada por el Partido Popular y por Ciudadanos.

Como se ha señalado, los hechos trascendieron la propia comunidad. El efecto más sonado se dio en la Comunidad de Madrid el mismo día 10 de marzo: se disuelve la Asamblea de la Comunidad de Madrid y se convocan elecciones. Entre la aprobación del decreto de disolución y su publicación oficial, el Grupo Parlamentario Socialista y el Grupo Parlamentario Más Madrid presentaban sendas mociones de censura contra el gobierno de coalición formado por el Partido Popular y Ciudadanos. La convocatoria de elecciones anticipadas tuvo su causa en los rumores de que en Madrid se estaba fraguando una operación similar a la de Murcia[3]. El mismo 10

---

tal_1_7291804.html. 10 de marzo de 2021 09:24h

2 De acuerdo con la prensa, las negociaciones entre el PSOE y Ciudadanos se extendían a cuatro ayuntamientos más, además del de Murcia: Caravaca de la Cruz, Ceutí, Fuente Álamo y Pliego. En el momento de presentar este trabajo, en ninguno de estos ayuntamientos se ha presentado moción de censura alguna. https://www.laverdad.es/murcia/mocion-censura-murcia-municipios-20210310170228-nt.html. Miércoles, 10 marzo 2021, 17:08

3 Operación negada por Ines Arrimadas, líder de Ciudadanos. El País: "Arrimadas dice que llamó a Casado para garantizarle que no apoyaría mociones de censura ni en Madrid ni en Castilla y León. La líder de Ciudadanos acusa a Isabel Díaz Ayuso de decir "falsedades" por afirmar que ha convocado elecciones para adelantarse a una moción de su partido con los socialistas". https://elpais.com/espana/2021-03-11/arrimadas-asegura-que-llamo-a-casado-para-garantizarle-que-no-apoyaria-mociones-de-censura-ni-en-madrid-ni-en-castilla-y-leon.html. 11 MAR 2021–12:19 CET. Interesantes las declaraciones del exministro José Luís Ábalos en una entrevista en Infolibre: ¿Murcia?: "Cometimos el error de fiarnos de que Ciudadanos controlaba a su grupo y pensar que luego iban a dar una respuesta también en Madrid. Pero no fueron capaces". Muestra que, al menos, ese era el plan del PSOE. https://www.infolibre.es/noticias/politica/2021/09/20/jose_luis_abalos_plan_aprovechar_que_estoy_vivo_124600_1012.html. Publicada el 20/09/2021 a las 06:00Actualizada el 20/09/2021 a las 10:43.

de marzo, el Grupo parlamentario socialista en la Comunidad de Castilla-León registraba una moción de censura contra el gobierno de coalición de Partido Popular y Ciudadanos. En otros lugares, y para acallar cualquier rumor de crisis, Partido Popular y Ciudadanos escenificaron la solidez del pacto de gobierno que los unía. Estos fueron los casos de Andalucía[4] y el Ayuntamiento de Madrid[5].

La situación dio un vuelco inesperado (o no tanto) en la Región de Murcia cuando tres de los seis componentes del grupo parlamentario Ciudadanos declararon que no apoyarían la moción de censura que habían firmado. El 12 de marzo dos de estos tres diputados son nombrados consejeros del gobierno regional (la tercera ya formaba parte del gobierno autonómico desde agosto de 2019). El 13 de marzo de 2021 el Comité Permanente de Ciudadanos expulsó del partido a dichos diputados. El 18 de marzo fracasa la moción de censura al votar en contra los diputados del grupo parlamentario popular, los tres diputados de Ciudadanos a los que hemos hecho referencia, el diputado de Vox y los tres diputados expulsados de esta última formación política. El 3 de abril entró a formar parte del ejecutivo regional una de las diputadas expulsadas de Vox. El 8 de abril uno de los Consejeros expulsados de Ciudadanos dimite y se hace con la portavocía del grupo parlamentario ciudadanos en la Asamblea regional merced al voto favorable de los tres diputados expulsados y de la abstención de uno de los diputados de ciudadanos (en total son seis) que, por otra parte, ostenta el cargo de presidente de la Asamblea regional. Este último es expulsado de Ciudadanos[6].

El 25 de marzo de 2021 triunfa la moción de censura en el ayuntamiento de Murcia con los votos favores de PSOE, Ciudadanos y Podemos encumbrando al candidato socialista a la alcaldía[7]. Hasta ese momento el

---

4 PP y Cs salvan a Andalucía de las turbulencias: "Este es un gobierno sólido; un oasis de estabilidad". https://www.elmundo.es/andalucia/2021/03/10/6048c83efdddffd5548b45fa.html. Miércoles, 10 de marzo 2021 – 18:38.

5 "Almeida y Villacís cierran filas en el Ayuntamiento de Madrid" https://elpais.com/espana/madrid/2021-03-10/almeida-y-villacis-cierran-filas-en-el-ayuntamiento-de-madrid.html. 10 MAR 2021–15:36 CET.

6 https://www.elespanol.com/espana/murcia/20210601/murcia-primera-autonomia-transfuga-presidente-asamblea-regional/585442487_0.html. 1 junio, 2021 11:43.

7 Repasando la hemeroteca, meses antes los líderes regionales de Ciudadanos y PP escenificaban en una serie de reuniones que el pacto de gobierno entre estas dos formaciones no corría peligro: "Cs y PP: el pacto en el Ayuntamiento de Murcia "se mantiene" y "no peligra". Ambos partidos

consistorio era gobernado por el PP y Ciudadanos a partir de un pacto de gobierno suscrito en junio de 2019[8].

El 22 de marzo fracasa la moción de censura presentada en Castilla-León. La moción no salió adelante debido a los 41 votos en contra –29 del PP, 11 de Cs y 1 de Vox–, y a 3 abstenciones: la de la exprocuradora de Cs que había abandonado días antes su grupo y la de los representantes de Unión del Pueblo Leonés y Por Ávila, una escisión del PP.

Las elecciones en la Comunidad de Madrid se celebraron el 4 de mayo con un amplio triunfo del Partido Popular. Los malos resultados de Podemos provocó la dimisión de todos sus cargos orgánicos y públicos de su líder Pablo Iglesias.

El 2 de junio de 2021 se da a conocer el Dictamen de la Comisión de Expertos Independientes del Pacto por la Estabilidad Institucional que califica de tránsfugas a los cuatro diputados de ciudadanos y al presidente de la Región de Murcia. El 6 del mismo mes el Partido popular anuncia que abandona el Pacto antitransfuguismo por no estar de acuerdo con algunas de sus decisiones, así como por el "uso torticero" de la Comisión de expertos[9].

---

han acordado mantener la coalición al frente del Consistorio murciano y celebrarán otra reunión la semana próxima para abordar "el trazo fino". "El presidente de la gestora regional de Cs, Jerónimo Moya, ha asegurado que el pacto "se mantiene, por supuesto" y el alcalde de San Javier y representante del PP murciano en el Comité Nacional de Acuerdos para la Gobernabilidad formado en 2019, José Miguel Luengo, que "no peligra", más bien al contrario, pues el acuerdo "ha salido reforzado" y "no se va a tocar". https://murciaeconomia.com/art/70250/cs-y-pp-el-pacto-en-el-ayuntamiento-de-murcia-se-mantiene-y-no-peligra. JUEVES, 11 DE JUNIO DE 2020".

8 https://www.laopiniondemurcia.es/murcia/2019/06/15/acuerdo-pp-ciudadanos-punto-punto-34016169.html. 15·06·19 | 15:21.

9 "El PP abandona el pacto antitransfuguismo". https://elpais.com/espana/2021-06-15/el-pp-abandona-el-pacto-antitransfuguismo.html. Madrid - 15 JUN 2021–15:52 CEST

II. LA DESNATURALIZACIÓN DE LA MOCIÓN DE CENSURA. DE INSTRUMENTO DE CONTROL A INSTRUMENTO DE DESGASTE POLÍTICO

Tradicionalmente se ha considerado la moción de censura un instrumento de control y de exigencia de responsabilidad política que, en último término, busca comprobar si el ejecutivo cuenta o no con la confianza del parlamento. El Tribunal Constitucional en la STC 81/2012, de 18 de abril señala que "la moción de censura es un instrumento clave de las formas de gobierno parlamentario —que se basan en la existencia de una relación de confianza entre el Gobierno y las Cámaras—, porque es un mecanismo a través del cual el Legislativo controla la gestión del Ejecutivo y exige responsabilidad política al mismo, configurándose como un cauce para la manifestación de la extinción de la confianza de las Cámaras en el Ejecutivo. En este sentido está consagrada la moción de censura en el título V de nuestra Constitución que regula las relaciones entre el Gobierno y las Cortes Generales (arts. 113 y 114 CE)". (FJ 3). Esta figura, pasa a formar parte "del núcleo de (su) función representativa" (FJ 3)[10].

La moción de censura es recogida en nuestro ordenamiento de acuerdo con los parámetros propios del parlamentarismo racionalizado que parte de un medio escénico a la inestabilidad gubernamental y que se construye en una época anterior a la consolidación de lo que hoy llamamos estado de partidos en los que los partidos políticos son el nuevo soberano como bien señala Gramsi. El parlamentarismo racionalizado limita el principio de responsabilidad política en aras al mito de la estabilidad gubernamental[11] considerando la inestabilidad uno de los grandes peligros de las democracias occidentales, causa del advenimiento de totalitarismos y populismos de toda especie. Nuestros constituyentes fueron muy permeables a este discurso. El temor a una posible regresión a situaciones pretéritas les hizo apostar por un texto que convertía la estabilidad gubernamental en instrumento nuclear para asegurar la democracia[12]. No siendo la nuestra una democracia combativa al estilo alemán según han recordado tanto el Tribunal Constitucional en su sentencia 48/2003, de 12 de marzo como el Tribunal Supremo en la suya de 27 de marzo de 2003, lo cierto es que nues-

---

10 Vide igualmente STC 151/2017, de 21 de diciembre.

11 Virgala Foruria, E.. *La moción de censura en la Constitución de 1978,* Centros de Estudios Constitucionales, Madrid, 1988, p. 189.

12 Para el senador Ollero Gómez esta era una visión exageradamente pesimista de la situación. Diario de Sesiones Senado, núm. 63, 1978, p. 3162

tros constituyentes tenían claro que la constitución cerraba el paso a los regímenes totalitarios. Todo en la Constitución está orientado a mantener este objetivo, a veces con poco acierto como es el caso de la fuerte apuesta por la estabilidad gubernamental, principio que, aunque no explicitado en ella, la recorre de un extremo a otro. Solo cabe acudir para comprobarlo a la regulación de la investidura, de la cuestión de confianza y de la propia moción de censura. El Reglamento del Congreso y los diferentes Estatutos de Autonomía y reglamentos de los parlamentos autonómicos van en el mismo sentido[13]. Y, sin embargo, como advierte Santamaría, "en el orden de los principios representa una contradicción insalvable en la lógica parlamentaria, por un lado, y con la lógica, por otro, del pluralismo democrático uno de cuyos principios fundamentales, el respeto de las minorías y el gobierno de la mayoría, resulta rigurosamente vulnerado"[14].

El parlamentarismo racionalizado limita el poder del parlamento partiendo de una premisa que hoy no se cumple: una situación de primacía del parlamento sobre el gobierno. A fin de que aquel no provoque cuando así lo desee crisis gubernamentales que hagan tambalear y caer a su placer al gobierno de turno se introducen mecanismos de frenos y contrapesos (*check and balance system*) a fin de limitar ese poder y equilibrar la situación. El pasado pesa como una losa y la inestable República de Weimar, causa, por lo que se ve, de todos los males fue el ejemplo a no repetir. En esta concepción hay un miedo casi atávico a las mayorías negativas que no se corresponde hoy con la realidad.

Los constituyentes se deshicieron en elogios hacia el parlamentarismo racionalizado y pocos discutieron el carácter constructivo de la moción de censura. Alzaga la tildó de "progreso técnico importante"[15], Perez Llorca de "hallazgo de la doctrina alemana, que es de pleno sentido común"[16]. Recuerda Montero que "la escasa cantidad y enjundia de los votos particulares y enmiendas presentadas al artículo 91 del anteproyecto fue ectivamente acompañada por una breve discusión de tonos menores en el

---

13 En relación a las mociones de censura en el ámbito autonómico vide Soriano Hernández, E., "El uso de la moción de censura en las Comunidades Autónomas", *Asamblea: revista parlamentaria de la Asamblea de Madrid*, Nº. 15, 2006, págs. 25-44 .

14 Santamaría, J.. "Partidos Políticos y pluralismo democrático, en AA.VV., *La Costituzione spagnola nel trentennale della Constitutione Italiana*, Forni, 1978, p. 30

15 Diario de Sesiones del Congreso de los Diputados, núm. 81, 6 de junio de 1978, p. 2973

16 *Ibidem* Núm. 109, 13 de julio de 1978, p. 4235

congreso y (...) en el Senado"[17]. La principal voz discordante fue la del Senador Ollero Gómez contrario a que se incluyera el requisito de candidato alternativo en base a los siguientes argumentos: "este sistema puede hacer imposible la responsabilidad política del Gabinete, en contradicción con los supuestos generales del parlamentarismo y con el artículo correspondiente de la Constitución (...). Produce una excepción injustificada a la necesidad de votar el programa del candidato a la Presidencia para otorgarle la investidura. Contribuye a reducir la publicidad de la acción política al resolver en un sentido u otro la crisis entre bastidores y no permitir que la opinión pueda tener un conocimiento cabal de los factores y razones determinantes de la situación. Confunde dos visiones distintas y aun opuestas del significado de la moción de censura: la que apunta a reducir las causas artificiales de inestabilidad, y la que apunta a asegurar artificialmente una estabilidad imposible"[18].

Hoy existe un dominio casi absoluto del ejecutivo sobre el parlamento desde el momento en que aquel está apoyado por la mayoría parlamentaria. No se trata de dos poderes enfrentados sino de dos poderes coordinados por la mayoría parlamentaria[19], que merced a la hoy asfixiante disciplina de partido que raya en un mandato imperativo *de facto* sigue con casi absoluta lealtad acrítica, perruna la tilda Alzaga[20], los dictados del partido político. Esta disciplina de partido si bien conveniente para que los parlamentos funcionen de forma razonable y permitan a los gobiernos una razonable estabilidad[21] hacen muy difícil la remoción del gobierno por

---

17 Montero Gibert, J.R. "La moción de censura en la Constitución de 1978: supuestos constituyentes y consecuencias políticas", *Revista de Estudios Políticos,* N° 12, 1979, p. 11.

18 Diario de Sesiones Senado, núm. 63, 1978, p. 3161. Vide Ollero Tassara, A., "Democracia y moción de censura en la Constitución española de 1978", *Revista de Estudios Políticos,* nº 52, 1975, pp. 7-68.

19 Virgala Foruria, E.. *La moción de censura...*, op.cit., p. 179. Vide, entre otros, Molas, I, Pitarch, I.E.. *Las Cortes Generales en el sistema parlamentario español,* Tecnos, Madrid, 1993, pp. 223 y ss.; y Montero Gibert, J.R. y García Morillo, J.. *El control parlamentario,* Tecnos, Madrid, 1984, p. 145.

20 "su única cualidad útil es la de la lealtad incondicional; el parlamentario ideal podría acabar por ser un perro de buena raza" Alzaga Villaamil, O. *et alii. Derecho Político español según la Constitución de 1978 II,* UNED, Madrid, quinta edición, 2012, p. 357

21 Vide en este sentido Sartori, G., *Ingeniería constitucional comparada,* Fondo de Cultura Económica, México. 1994, p. 210; y Ramírez, M. «Teoría y práctica del grupo parlamentario», *Revista de Estudios Políticos,* núm. 11, 1979, p. 20. Para Sartori la exis-

parte de la cámara[22]. Hoy el gobierno controla la actividad del parlamento a través de dicha mayoría de tal suerte que acertadamente se distingue entre control del parlamento y control en el parlamento por parte de la minoría[23]. De esta manera, la función fiscalizadora de la actividad del gobierno recae básicamente en la minoría parlamentaria[24] sujeta a las limitaciones propias de su situación con trabas, en ocasiones, harto gravosas. Tal es el caso de las comisiones de investigación en nuestro ordenamiento que exigen para su constitución ser aprobadas por la mayoría parlamentaria. Es el órgano que va a ser investigado el que decide en última instancia si lo va a ser o no[25]. La realidad nos muestra como la mayoría actúa a modo de guardia de corps del gobierno convirtiéndose así en auténtico impedimen-

---

tencia de la disciplina de partido no supone, *per se*, una negación de la democracia dentro del partido, siempre y cuando se haya podido discutir y debatir antes de forma abierta en las estructuras del partido el posicionamiento a adoptar. La cuestión es si en los partidos políticos actuales se da ese debate interno. El Tribunal Constitucional en su sentencia 226/2016, de 22 de diciembre se mostró extremadamente favorable a la disciplina de partido exigiendo una lealtad que se traduce en una obligación del afiliado de contención de sus manifestaciones públicas en relación a la actuación del partido. Un análisis crítico de esta sentencia puede verse en Català i Bas, A. H. "La lealtad como límite a la libertad de expresión de los militantes de los partidos políticos.: Malos tiempos para los versos libres" en VV.AA. *Una vida dedicada al Parlamento: Estudios en homenaje a Lluís Aguiló i Lúcia*, Corts Valencianes, Valencia, 2019, págs. 109-124. Favorable a la misma se muestra también el Tribunal Supremo en su reciente sentencia 412/2020, de 7 de julio: "uno de los criterios rectores de la actuación de un partido político sea la cohesión interna. Cohesión interna no solo por la aceptación por los militantes de unos mismos principios y fines políticos, sino también por la actuación coherente de los cargos públicos del partido en la materialización del programa del partido político y de las directrices y decisiones adoptadas por los órganos del partido" (FJ. 13).

22 Aragón Reyes, M., "Democràcia i Parlament", *Revista catalana de dret públic*, núm. 37, 2008, p.6.

23 Vide Aragón Reyes, M., "El control parlamentario como control político", *Revista de Derecho Político*, núm. 23, 1986 p.27.

24 Distinguen Montero Gibert, J.R. y García Morillo, J.. *El control parlamentario*, op. cit. p.51. entre control de la mayoría y de la minoría de tal suerte que "el control de la minoría se encaminará a demostrar que la actividad gubernamental no se corresponde con la que habría de realizar, mientras que el control de la mayoría constará en verificar que el gobierno no lleva a la práctica el programa". En mi opinión, esa asfixiante disciplina de partido diluye en gran medida ese control que puede darse con más intensidad en los gobiernos de coalición tal como advierten estos autores (p. 55). Vide igualmente Sánchez Navarro, A.J.. "Control parlamentario y minorías", *Revista de Estudios Políticos*, Nº 88, 1995, págs. 223-256.

25 Vide artículo 52.1 RC y artículo 59.1 RS.

to de las funciones de control. En este escenario, el control político y la exigencia de responsabilidad política están tan menguados que conducen, en palabras de Loewenstein, a un "parlamentarismo castrado" en el seno de un régimen "demoautoritario" en el que "si bien el gobierno llega al cargo de forma democrática, el liderazgo político será posteriormente ejercido autoritariamente"[26]. Y, sin embargo, como pone de relieve Aragón Reyes, el control parlamentario es, entre todas las funciones parlamentarias, la más significativa que permite al parlamento "actuar como Cámara de crítica y no de resonancia de la política gubernamental"[27].

Por otra parte, como señala la doctrina, en la moción de censura constructiva es necesario que se den en un mismo acto dos circunstancias que en el mundo político es difícil, aunque no imposible, de aunar: por una parte, la censura al gobierno y, por otro, la confianza en un nuevo presidente. Y ello, además, con la exigencia de mayoría absoluta. La conjunción política para que todo ello se produzca es tan difícil de lograr que se llega a decir que el diseño de la moción de censura que se realiza en nuestro ordenamiento está pensada para no triunfar. Los defensores del actual sistema aducirán que este diseño asegura que el nuevo gobierno cuente con un amplio respaldo parlamentario restaurándose así la tan deseada estabilidad gubernamental. Este argumento puede tener su valor en un escenario de transición democrática con peligro de involución. La inestabilidad gubernamental puede ser la excusa perfecta para que los sectores más reaccionarios de la sociedad se vean en la obligación, una vez más, de salvar a la patria. Pero éste no es el escenario actual. Hay que distinguir entre estabilidad gubernamental y estabilidad del sistema[28]. Una democracia consolidada puede soportar altas dosis de inestabilidad gubernamental. El ejemplo más claro lo tenemos en Italia donde la sucesión de crisis gubernamentales no pone en jaque su sistema democrático[29]. Por ello soy de la opinión de que habría que reconsiderar la actual regulación de esta figura atemperando los elementos leoninos de una construcción propia de un parlamentarismo racionalizado exacerbado que hoy no tiene sentido mantener en esos términos. Si un gobierno no cuenta

---

26 Loewenstein, K.. *Teoría de la Constitución*, Ariel, Barcelona, 1976, pp. 114-115.

27 Aragón Reyes, M.. "El control parlamentario…, op. cit. p. 26.

28 Así lo advertía el senador Ollero Gómez en 1978 en la constituyente. Diario de Sesiones Senado, núm. 63, 1978, p. 3161. Vide en la doctrina, además del citado autor, entre otros, Virgala Foruria, E.. *La moción de censura…*, op.cit. 193; y Montero Gibert, J.R.. "La moción de censura…, op. cit. , p. 30.

29 En este sentido, Montero Gibert, J.R.. "La moción de censura en la Constitución de 1978…, op. cit,, p. 30.

con la confianza de la mayoría de la Cámara no puede ni debe gobernar. ¿Por qué se exige al candidato de la moción de censura aquello que no se le exige al ejecutivo censurado, es decir, que cuente con el respaldo de la mayoría absoluta de la Cámara?. Como acertadamente advierte Bar, en España, es perfectamente factible la existencia de gobiernos carentes del respaldo de la mayoría absoluta de la Cámara[30]. Si puede gobernarse de forma estable en minoría como sucede en la presente legislatura[31], ¿por qué tantos obstáculos a la mayoría parlamentaria que desea cambiar de gobierno?. ¿Hasta qué punto tiene sentido repetir hoy experiencias como la del gobierno de Felipe González en la V legislatura sometido a una pinza entre el Partido Popular e Izquierda Unida deseosos de tumbar dicho gobierno pero incapaces de articular una propuesta alternativa?. Para Burdeau, carece de sentido unir en un solo acto lo que realmente son dos: una censura y una investidura de contenido distintos pues mientras la censura es votada en función de lo que la asamblea no quiere, la investidura es acordada en atención al programa del candidato a la presidencia del gobierno.[32]. En aras a lograr supuestamente estabilidad se provoca realmente una paralización gubernamental. El gobierno agonizante no termina de morir y en esa situación carece de impulso político, y, sin embargo, se prefiere esa situación a afrontar el reto de un nuevo gobierno que, de momento, cuenta con respaldo parlamentario.

Con el régimen actual se desnaturaliza la figura *de iure* y *de facto. De iure* porque el foco se pone sobre el candidato y no sobre el gobierno censurado ya que no se debate sobre la acción de gobierno sino sobre propuesta del candidato[33] quedando diluida la función de control y responsabilidad política. *De facto* porque en muchas ocasiones se utiliza no con dicha finalidad sino como instrumento de desgaste político o como forma de proyectar al líder del partido que presenta la moción[34], cuestiones que nada tienen que ver, en mi opinión, con la función de control sino que pueden darse con

30 Bar, A., "Artículo 99. Nombramiento del Presidente del gobierno", en Alzaga, O. (Dir.), *Comentarios a la Leyes Políticas*, Tomo VIII, Editoriales de Derecho Reunidas, Madrid, 1985, p. 182.

31 Legislatura XIV.

32 Bourdau, G.. *Traité de Science Politique*, Vol IX, París, 1976, p. 404. En el mismo sentido Aragón Reyes, M.. "El control parlamentario…, op. cit. p. 16.

33 Montero Gibert, J.R. y García Morillo, J.. *El control parlamentario*, op. cit. p.187.

34 González Hernández, E.. "El modelo de responsabilidad del gobierno en la constitución de 1978 o jugar a las siete y media", *Revista de Derecho Político*, núm. 101, 2018, pp. 201 y ss.

ocasión del control pero que no forman parte de él [35]. Dadas las enormes dificultades para que una moción de censura triunfe, ésta se plantea desde el tacticismo partidista. Estos son los casos de la moción de censura presentada por Grupo Popular en marzo de 1987 contra el gobierno presidido por Felipe González[36] o la presentada por Vox, con Santiago Abascal de líder, contra el Gobierno de Pedro Sánchez en octubre de 2020[37].

Que sea muy difícil que una moción triunfe no quiere decir que sea imposible. El ejemplo más claro es la moción de censura presentada contra el gobierno de Mariano Rajoy en mayo de 2018 por el PSOE liderado por Pedro Sánchez y que un tanto sorpresivamente obtuvo el respaldo mayoritario de la Cámara. Esta moción ha sido ampliamente criticada tildándose incluso de destructiva[38]. La moción destructiva es la que no plantea candidato alternativo. No es el caso. El candidato propuesto en la moción era Pedro Sánchez. La moción fue respaldada por 180 diputados[39] y éste fue investido automáticamente nuevo presidente del Gobierno. Ello, no obstante, solo la conjunción en un mismo momento de un cúmulo de circunstancias (sentencia del caso Gürtel, la perdida de apoyos del gobierno de Mariano Rajoy, especialmente de los nacionalistas catalanes, la composición fragmentada del parlamento con un gobierno en clara minoría 134 diputados, la retirada del apoyo del PNV al negociar con el PSOE el mantenimiento de lo negociado con el PP para dar su apoyo a los presupuestos,

---

35 En cambio, Aragón Reyes, M. , "Democràcia i Parlament...", op. cit. p. 12 considera que el desgaste del gobierno es un elemento de la eficacia del control.

36 Para muchos esa moción de censura fue presentada para dar a conocer a Hernández Mancha como nuevo líder de Alianza Popular tras la dimisión de Manuel Fraga y para reivindicar a Alianza Popular como principal partido de la oposición ante el temor de que Adolfo Suarez y el CDS le desbancara. La moción solo fue apoyada solo por 67 diputados. A los votos en contra del Grupo Socialista, que contaba con la mayoría absoluta del Congreso se le sumaron los de Izquierda Unida y los de Esuskadiko Ezkerra. Hernández Mancha quedó debilitado, pero en las elecciones municipales de dicho año el CDS no logró el sorpaso y superar a Alianza Popular.

37 La moción obtuvo el respaldo de 52 diputados y el voto en contra de 252 diputados incluidos los del Grupo Popular. En este caso los objetivos eran similares a los perseguidos por Hernández Mancha en 1987: desgastar al PSOE e intentar desbancar al PP como principal partido de la oposición.

38 Aragón Reyes, M. Entrevista en *El Mundo* 6 de enero 2003, pp.3-4.

39 Recibió el apoyo de las siguientes formaciones políticas: PSOE, Unidas-Podemos, En Comú Podem, Esquerra Republicana de Catalunya-Soberananistes, PDeCat, En Marea, PNV, Compromis, EH-Bildu, y Nueva Canaria. Voto en contra el Partido Popular, Ciudadanos, UPN, y Foro de Ciudadanos. Se abstuvo coalición Canarias

etc.) hizo posible ese resultado. A pesar de ser denominados gobiernos Frankenstein[40], tanto el surgido tras la moción de censura de 2018 como el surgido tras las elecciones generales de 2019 han sido gobiernos en minoría que han dado señales de estabilidad. De la moción de censura puede salir un gobierno en minoría estable lo que nos lleva a cuestionar como se ha señalado *supra* la exigencia de que ésta deba ser respaldada apoyo por mayoría absoluta de la Cámara

III. LA MOCIÓN DE CENSURA AL SERVICIO DE LA DESLEALTAD POLÍTICA. EL CASO DE LA REGIÓN DE MURCIA

Las mociones de censura suelen triunfar en el ámbito local de la mano de la deslealtad política. El transfuguismo ha sido el hecho que ha posibilitado en muchas ocasiones el cambio de gobierno local.

La lealtad es un valor o principio, no el único, que subyace en las relaciones políticas. Es un concepto manido, (mal)usado especialmente por los partidos políticos según conveniencia. De acuerdo con la primera acepción de la R.A.E. por tal cabe entender "cumplimiento de lo que exigen las leyes de la fidelidad"; por su parte, la primera acepción de fidelidad, a su vez, nos remite a la lealtad: "lealtad, observancia de la fe que alguien debe a otra persona". Y como afirma Touraine, "el poder político ha impuesto manifestaciones de pertenencia y de lealtad" XXX

La lealtad es invocada por nuestra clase política en numerosas ocasiones del mismo modo que es obviada en otras tantas cuando se convierte en una carga de la que partidos y cargos políticos se desprenden desde el mismo momento que se convierte en un obstáculo para alcanzar sus objetivos, en la mayoría de ocasiones hacerse con el poder. Tiene carácter relacional pues exige un sujeto emisor del compromiso y un receptor de éste. De incumplirse, se caerá en la deslealtad o traición.

Entre los emisores de lealtad se encuentran los cargos representativos que deben lealtad, cuanto menos a la constitución democrática, al

---

40 Expresión acuñada por Pérez Rubalcaba en verano de 2016 para referirse negativamente a un hipotético acuerdo de investidura en el que participaran el PSOE, Podemos y grupos nacionalistas o independentistas.

partido político (en su caso también a la coalición política[41]), al grupo parlamentario, a la militancia, a los electores y a las instituciones.

Por su parte, los partidos políticos deben lealtad a la constitución democrática, en su caso al socio de coalición, al electorado y a las instituciones. Otra cosa es el juego de lealtades en el seno de partido. Hoy todos los partidos muestran elementos oligárquicos en su organización interna por más que se exija que ésta sea democrática. El poder no fluye de abajo a arriba sino al revés. De ahí que, como señala Aragón Reyes en el caso del parlamentario individual, éste se encuentra subordinado al jefe de su grupo, éste a su partido y éste a su líder[42]. Esta organización cambia el sentido de las lealtades que tampoco van de arriba abajo sino de abajo a arriba.

La tesis que mantengo es la siguiente:

Primero: en política no existe una única lealtad sino que existen varias entrecruzadas. Más adecuado es hablar de lealtades políticas.

Segundo; todas las lealtades tienen naturaleza política y relacional. Todas tienen un componente ético o moral y algunas, pero no todas, tienen también un componente jurídico desde el momento en que vienen exigidas por el ordenamiento jurídico y su incumplimiento provoca consecuencias jurídicas.

Tercero: estas lealtades tienen distinto valor. Así, por ejemplo, tiene mayor valor (o debería tenerla) la lealtad del cargo representativo hacia la Constitución democrática que hacia el partido.

Cuarto: Un emisor de lealtad puede tener varios receptores como vemos

Quinto. Estas lealtades pueden entrar en contacto armónico o conflictual (por ejemplo, el cargo representativo al mismo tiempo puede deber lealtad al partido y al electorado. Si la relación es armónica no sucede nada. Todas conviven pacíficamente Si es conflictual, deberá resolverse el conflicto eligiendo una y desechando otras. Lo normal es que en este caso entren en juego otros principios, unos legítimos (razones de Interés general, por ejemplo), otros espurios (mantenerse en el cargo, por ejemplo).

---

41 Esta cuestión es abordada en el Acuerdo de 2020. Se considerará tránsfuga: "la persona electa por una candidatura promovida por una coalición, si abandona, se separa de la disciplina o es expulsada del partido político coaligado que propuso su incorporación en la candidatura, aunque recale en otro partido o espacio de la coalición, sin el consentimiento o tolerancia del partido que originariamente lo propuso".

42 Aragón Reyes, M.. "Democràcia i Parlament…", op. cit. p. 7.

En la Región de Murcia se dieron un conjunto de lealtades y deslealtades que pasamos a analizar.

3.1 El comportamiento del partido político Ciudadanos como socio de gobierno en el Ayuntamiento de Murcia y en la Comunidad Autónoma

Tras las elecciones de 26 de mayo de 2019, Partido Popular y Ciudadanos suscribieron un pacto de gobierno para gobernar conjuntamente en la comunidad murciana y en el ayuntamiento de Murcia; ello no obstante, las relaciones se fueron degradando progresivamente hasta que el 10 de marzo de 2021, Ciudadanos y PSOE presentaban conjuntamente sendas mociones de censura a nivel autonómico y municipal sin que Ciudadanos escenificara previamente una ruptura con el PP de tal manera que Ciudadanos presentaba mociones de censura contra dos gobiernos, autonómico y municipal, de los que formaba parte. La moción de censura es un instrumento para que la mayoría parlamentaria retire la confianza al ejecutivo propiciando un cambio de gobierno. Es por tanto, un instrumento de la oposición para intentar derribar el gobierno existente y hacerse con el poder. Las relaciones entre socios de gobierno han de estar presididas por la lealtad[43]. El *fair play* exige primero una ruptura formal del pacto de gobierno y el pase a la oposición del partido que abandona el gobierno y ya en la oposición nada impide que presente una moción de censura contra su antiguo socio. En el caso analizado hay una especie de autocensura lo que escapa a las reglas de la lógica. Aunque el gobierno esté formado por dos o más partidos políticos, el gobierno es uno y hay unidad de acción por lo que es difícilmente entendible que uno de los socios presente una moción de censura contra el gobierno del que forma parte. Una cosa es que la oposición se ponga de acuerdo para derribar el gobierno y otra el suicidio gubernamental. La falta de buena fe con el socio de gobierno es clara más cuando Ciudadanos censura al gobierno del que forma parte y pacta formar parte del gobierno entrante como si no fuera corresponsable de las acciones de aquél. A eso se añade lo que a nivel coloquial se conoce como *reparto de cromos*: el gobierno de la comunidad para Ciudadanos y el municipal para el PSOE. Casualmente,

43 Vide en este sentido el Protocolo de Funcionamiento, coordinación, desarrollo y seguimiento del Acuerdo de gobierno progresista de coalición PSOE y Unidas Podemos en cuyo punto primero puede leerse que "el gobierno progresista de coalición entre el PSOE y Unidas Podemos se regirá por los principios de lealtad, cooperación, corresponsabilidad y estabilidad, actuando en todo momento con diálogo, consenso, negociación y buena fe". https://www.psoe.es/media-content/2020/01/080120-Protocolo-funcionamiento-acuerdo-coalici%C3%B3n.pdf.

Ciudadanos consideraba que existían razones para romper con su socio de gobierno, el PP, a nivel autonómico y a nivel capital de comunidad, que esas razones eran similares y de similar gravedad y, además, se daban en ambos ámbitos al mismo tiempo. Y la solución era en ambos casos la misma: romper con su socio en el mismo momento y aliarse sin solución de continuidad con el partido de la oposición, PSOE, presentando sin escenificar la ruptura con su socio de gobierno, una moción de censura ganadora para dejar a éste fuera de gobierno y sustituirlo por el PSOE. La única diferencia radicaba en que a nivel autonómico la presidencia era para Ciudadanos y a nivel local la alcaldía para PSOE. Una coincidencia, por tanto, objetiva (derrocar el gobierno), subjetiva (similares actores políticos: PP. PSOE y Ciudadanos), causal (similares motivos), instrumental (uso de la moción de censura como instrumento para dicho objetivo), temporal (10 de marzo de 2021) y casi espacial (Comunidad y Ayuntamiento de Murcia).

Con ello Ciudadanos escenificó un nuevo tipo de moción de censura: la moción de autocensura. Se desvirtúa esta figura con el uso torticero que de la misma se hace en este caso. La moción de censura es un instrumento en manos de la oposición no en manos del gobierno o de parte de él. La deslealtad política está detrás de esa instrumentalización abusiva de esta figutra. Ello, no obstante, esa deslealtad no está sancionada por el derecho solo tiene consecuencias políticas: castigo (o no) por parte del electorado en futuros comicios, convertirse en un partido poco fiable en vistas a futuros acuerdos, etc. son, cuanto menos, consecuencias inciertas pues no se sabe si se darán y con qué intensidad. Esta deslealtad a la que el Partido Popular hace referencia en sus alegaciones ante el Comité de expertos independientes no se contempla en el vigente Pacto antitransfuguismo. Mantiene el Partido Popular que no existe transfuguismo si los cargos públicos se mantienen fieles a los acuerdos de gobierno suscritos, convirtiéndose, por el contrario, en tránsfugas si los rompen. Por ello, el Partido Popular realiza una propuesta en el sentido de incluir en el Pacto una nueva conducta merecedora de ser calificada de traición y contraria a la estabilidad gubernamental y, por lo tanto, proscrita que se daría cuando "un partido político traiciona los pactos de gobierno firmados, ya que no se puede considerar, como contrario a lo dispuesto en el "Pacto por la Estabilidad Institucional", aquellas actuaciones en las que el partido político que suscribió un acuerdo de gobierno exige a sus representantes que rompan la estabilidad y traicionen el acuerdo de gobierno inicialmente suscrito". Para el Partido Popular, si el partido es el traidor, el cargo representativo que no sigue sus dictados no merece ser tachado de tránsfuga: "no puede considerarse transfuguismo político el supuesto en el que, frente a cambios de estrategia y vulneración de acuerdos firmados, por una formación política, mayoritariamente los representantes electos de dicha formación política, se mantiene firmes a sus acuerdos y compromisos suscritos".

Un partido político que forma parte de la coalición gobernante que sin romper con su socio y pasar a la oposición presenta una (auto)moción de censura es claramente desleal con su socio o socios de gobierno pero, ¿con alguien más?. Como se ha dicho supra, un partido político acumula diversas lealtades; entre otras, al electorado. En sus alegaciones, el Partido Popular tacha a Ciudadanos de desleal con sus electores. Ello, no obstante, si bien esta deslealtad o traición puede existir, para darse debería haberse explicitado antes de las elecciones la intención del partido de pactar o, al menos, propiciar un gobierno del Partido Popular de manera que el electorado pudiera orientar su voto en función de dicha información. No consta que Ciudadanos se hubiere expresado en dichos términos por lo que, en mi opinión, no puede de tildarse de traición al electorado dicha conducta. Para ser desleal al electorado, el partido político debería incumplir gravemente su programa o promesa electoral, cosa difícil de probar. Además, un cambio de criterio entre lo dicho antes y después de las elecciones no supone automáticamente una deslealtad pues puede contar con el respaldado por militantes y/o electores[44].

3.2 Los diputados de Ciudadanos de la Asamblea Regional de Murcia

Si en el ayuntamiento de Murcia las cosas siguieron el cauce previsto por los promotores de la moción de censura no ocurrió lo mismo a nivel autonómico. Tras firmarla, tres de los diputados de Ciudadanos se negaron a apoyarla por lo

44 Así las declaraciones de Pedro Sánchez en el sentido de "que no dormiría tranquilo" si pactara con Podemos. https://www.rtve.es/noticias/20190919/pedro-sanchez/1979643.shtml. 19.09.2019 | 21:23 horas. Sin embargo, tras las elecciones de 10 de noviembre, dicho pacto se firmó el 30 de diciembre. https://www.psoe.es/actualidad/documentos-de-interes/acuerdo-de-coalicion-progresista-entre-psoe-y-unidas-podemos/. 30/12/2019. Cabe recordar que se preguntó a la militancia sobre este punto. Hubo un respaldo del 92% al acuerdo con Podemos, con una participación del 63%, según datos del PSOE. https://www.elmundo.es/espana/2019/11/23/5dd9952921efa0563c8b464f.html. Por otra parte, en el barómetro del mes de febrero de 2020 ante la pregunta B6 "¿el acuerdo de coalición entre PSOE y Unidas Podemos le pareció muy bien, bien, regular, mal o muy mal?" el resultado fue el siguiente: Muy bien: 7,4; Bien: 28,2; Regular: 22, Mal: 15,8 y Muy Mal: 18,8., de lo que se desprende que solo una minoría del 34,6% manifestó su frontal rechazo a tal acuerdo que no parece que se corresponda con el electorado del partido.

que, a la postre, la moción fracasó, generando una grave crisis en Ciudadanos que trascendió la propia comunidad murciana.

Tal como se ha señalado, la totalidad de diputados de Ciudadanos en la Asamblea Regional de Murcia firmaron la moción de censura presentada conjuntamente por esta formación y por el PSOE. Ello no obstante, poco después tres mostraron su rechazo a apoyarla en el parlamento. Coetánea con estos hechos fue la remodelación del ejecutivo murciano dando entrada como consejeros a dos de los tres diputados, la tercera ya formaba parte del mismo. Poco después estos diputados se hacían con la dirección del grupo parlamentario merced a la abstención de uno de los diputados que ocupaba el puesto de presidente de la Asamblea Regional. Todos ellos fueron tachados de tránsfugas y expulsados del partido. Nos enfrentamos, una vez más, al problema irresuelto y, en mi opinión, irresoluble, de los tránsfugas y la crisis del mandato representativo[45]. En una democracia de partidos y más en un sistema de listas cerradas y bloqueadas cabe plantearse de quien es el escaño. Lo advertía Kelsen en 1920: «en los casos de sistema electoral por listas [...] los electores no designan al diputado por su persona, sino que su voto más bien significa un acto de adhesión a un partido político determinado, de manera que el candidato obtiene su representación sólo en virtud de su filiación al partido del elector, siendo lógico que el diputado pierda su mandato tan pronto deje de permanecer al partido que le ha enviado al Parlamento»[46]. Advertirá Duverger que el electo le debe su elección al partido que lo selecciona y al elector que vota por lo que reciben un doble mandato[47]. No nos encontramos, dirá Jorge de Esteban, ante un mandato representativo sino ante un mandato ideológico que «considera que los parlamentarios han sido elegidos por pertenecer a un partido y, por tanto, deben ser consecuentes con esa afiliación»[48]. Existe un divorcio entre realidad política y realidad jurídica y, como afirma De Vega, «en el supuesto de confrontación entre diputado y partido es evidente que la lógica de la

---

45 Vide por todos: García Roca, J.. «Representación política y transfuguismo: la libertad de mandato», en Santaolaya Machetti, P., y Corona Ferrero, J. M.ª (dirs.)., *Transfuguismo político: escenarios y respuestas*, Civitas, Madrid, 2009; Tomás Mallén, B.. Transfuguismo parlamentario y democracia de partidos, Centro de Estudios Políticos y Constitucionales, Madrid, 2002.

46 KELSEN, H., *Esencia y valor de la democracia*, Labor, 1934, pág. 69.

47 Duverger, M., *Los partidos políticos*, Fondo Cultural Económico, séptima reimpresión 1979, pág. 378.

48 De Esteban, J.. «El fenómeno español del transfuguismo político y jurisprudencia constitucional», *Revista de Estudios Políticos*, núm. 70, 1990, p. 20.

democracia partidista y del principio de proporcionalidad, tienen que ceder por obligación a la lógica del principio clásico de representación, por ser el único constitucionalmente regulado»[49]. Si no hubiera discusión sobre a quién vota el electorado, si a una persona o a unas siglas, el debate sobre el transfuguismo se cerraría en gran medida. El artículo 11.7 de la Ley de Elecciones Locales de 17 de julio de 1978 indirectamente atribuía la titularidad del escaño al partido: "Tratándose de listas que representen a partidos políticos, federaciones o coaliciones de partidos, si alguno de los candidatos electos dejare de pertenecer al partido que le presentó, cesará en su cargo y la vacante será atribuida en la forma establecida en el número anterior". Dicho precepto fue considerado contrario al artículo 23.2 CE. Asumiendo la doctrina clásica de la representación el Tribunal Constitucional en la sentencia 5/1983, de 4 de febrero, concluye que el escaño es del representante y no del partido ni de la lista pues dicho precepto "consagra el derecho de los ciudadanos a participar en los asuntos públicos por medio de representantes libremente elegidos en elecciones periódicas, lo que evidencia a nuestro juicio que los representantes dan efectividad al derecho de los ciudadanos a participar -y no de ninguna organización como el partido político-, y que la permanencia de los representantes depende de la voluntad de los electores que la expresan a través de elecciones periódicas, como es propio de un Estado democrático de derecho, y no de la voluntad del partido político. En definitiva, y sin perjuicio de las incompatibilidades que pueda regular la Ley, el cese en el cargo público representativo al que se accede en virtud del sufragio no puede depender de una voluntad ajena a la de los electores, y eventualmente a la del elegido". (FJ 4). Advierten los magistrados **Ángel** Latorre Segura y Luis Díez-Picazo y Ponce de León en su voto particular que una afirmación tan taxativa no tenía en cuenta " la incidencia que en el sistema tradicional de la democracia representativa tiene el actual «Estado de partidos», el papel de éstos en el funcionamiento de la actual democracia" de tal suerte que la doctrina sentada por el Tribunal "zanje en forma un tanto expeditiva problemas muy delicados relativos a la representación política de las democracias actuales"[50].

---

49 De Vega, P.. «Significado constitucional de la representación política», *Revista de Estudios Políticos,* núm. 44, 1985, p. 5.

50 Este debate se encuentra presente en el Acuerdo sobre un código de conducta política en relación con el transfuguismo en las corporaciones locales de 1998 en el que se señala que "Si bien existen problemas sin resolver en la doctrina del Tribunal Constitucional en relación con la titularidad del cargo cuando el concejal abandona voluntariamente a su grupo, el reconocimiento de que la representación conferida por el Cuerpo Electoral a sus elegidos no debe hallarse

El transfuguismo supone una deslealtad pero, ¿a quien?. El Tribunal Supremo en su sentencia 1401/2020, de 26 de octubre, considera que al electorado: "El transfuguismo implica una alteración o falseamiento de la representación política, en cuanto actuación desleal hacia la voluntad que los ciudadanos manifestaron con sus votos" (FJ 4). Sin embargo, los partidos políticos se consideran los principales (por no decir exclusivos) sujetos traicionados. Han sido muchos los casos de transfuguismo, entre los más sonados se encuentran el periodísticamente denominado *Tamayazo* que impidió al candidato del PSOE, Rafael Simancas, hacerse con la presidencia de la Comunidad de Madrid tras las elecciones de 25 de mayo de 2003[51] lo que abocó a unas nuevas elecciones que tuvieron lugar el 26 de octubre del mismo año tras las cuales fue elegida presidenta de la Comunidad la candidata del PP, Esperanza Aguirre. Sin embargo, ha sido a nivel local donde han proliferado los casos de transfuguismo. Los partidos políticos, especialmente PP y PSOE, por ser ambos los más afectados por estas acciones, han mantenido una actitud farisaica ante este fenómenos, rasgándose las vestiduras cuando eran los perjudicados pero mirando hacia otro lado cuando eran beneficiados[52]. El 7 de julio de 1998 los partidos políticos firmaron el "Acuerdo sobre un código de conducta política en relación con el transfuguismo en las corporaciones locales", posteriormente renovado el 26 de septiembre de 2000 y el 23 de mayo de 2006. En la redacción del Pacto realizado en esta última fecha se definía al tránsfuga en los siguientes términos: «a los representantes locales que, traicionando a sus compañeros de lista y/o de grupo —manteniendo estos últimos su lealtad con la formación política que los presentó en las correspondientes elecciones

mediatizada ni supeditada a las vicisitudes de éstos con los partidos políticos que los han propuesto" (el subrayado es mío. N. del A.)

51 Vide al respecto, y por todos, Blanco Valdés, Roberto L.. «Transfuguismo y democracia en la Comunidad de Madrid», Claves de la Razón Práctica, núm. 135, 2003.; Presno Linera, M.A.. «La superación del transfuguismo político en las corporaciones locales como exigencia de una representatividad democrática», *Revista de Estudios de Administración Local y Autonómica*, núm. 271, 1998, pp. 117-138; Tomás Mallén, B.. *Transfuguismo parlamentario y democracia de partidos, Centro de Estudios Políticos y Constitucionales*, Madrid, 2002. y Català i Bas, Alexandre H.. "Transfuguismo y régimen jurídico de los concejales no adscritos. ¿Puede, y debe, el Derecho sancionar la deslealtad política?, *Revista Española De Derecho Constitucional*, Nº 101, 2014, págs. 43-77

52 En este sentido decía Jorge De Esteban que «da la impresión de que los partidos políticos no desean en absoluto solucionar este problema y sólo tratan de aparentar que lo quieren resolver mediante pactos antitránsfugas, que son vulnerados al cuarto de hora de ser firmado». De Esteban, J.. «Los vicios de la democracia (III), *El Mundo*, 30-09-2009.

locales—, o apartándose individualmente o en grupo del criterio fijado por los órganos competentes de las formaciones políticas que los han presentado, o habiendo sido expulsados de éstas, pactan con otras fuerzas para cambiar o mantener la mayoría gobernante en una entidad local, o bien dificultan o hacen imposible a dicha mayoría el gobierno de la entidad»[53]. Este acuerdo, sin embargo, no frenó los casos de transfuguismo. Ahí están, entre otros, los paradigmáticos casos de Denia[54] y Benidorm[55].

Obligado es hacer referencia al Acuerdo sobre un código de conducta política en relación con el transfuguismo en las instituciones democráticas aprobada en la sesión de la Comisión de Seguimiento de 11 de noviembre de 2020. El Acuerdo, extiende el pacto antitransfuguismo a los ámbitos autonómico y estatal. Para las fuerzas firmantes, el transfuguismo "es una forma de corrupción y una práctica antidemocrática que altera las mayorías expresadas por la ciudadanía en las urnas". Los partidos, además de reiterar su firme compromiso en perseguir esta práctica, en este acuerdo redefinen el concepto de tránsfuga e incorporan otros supuestos de deslealtad

---

[53] La definición era extensa, redundante, confusa y farragosa, al mezclar y confundir conductas con situaciones, y elementos objetivos con subjetivos. En cualquier caso y en definitiva, se consideraba tránsfuga al concejal que entregaba su voto a otras fuerzas políticas para cambiar o mantener la mayoría gobernante o dificultar o hacer imposible a dicha mayoría el gobierno de la entidad, en contra del criterio fijado por la formación política bajo cuya lista se presentó en las elecciones. La definición se asentaba en la falta de lealtad al partido político y en la ruptura de la disciplina de partido. Sobre esta cuestión Català i Bas, Alexandre H. "Transfuguismo y régimen jurídico de los concejales no adscritos. ¿Puede, y debe, el Derecho sancionar la deslealtad política?", *Revista española de derecho constitucional,* Nº 101, 2014, p. 49.

[54] La Comisión de seguimiento del pacto Antitransfuguismo declaró el 28 de julio de 2008 de forma "firme y rotunda" que se había dado un caso de transfuguismo en este ayuntamiento. El PP se hizo con la alcaldía merced a un voto tránsfuga del PSOE. La nueva alcaldesa no solo no fue expedientada por su partido sino que repitió como candidata en sucesivas elecciones locales.

[55] En Benidorm, el PSOE se hizo con la alcaldía con un voto tráfuga del PP. La comisión declaró que era un caso de transfuguismo el 22 de julio de 2010. En este caso, si bien los concejales de este partido se dieron de baja como militantes, en los siguientes comicios el alcalde encabezó la lista del PSOE aunque como independiente. Este caso ha sido puesto como ejemplo paradigmático de transfuguismo. "Benidorm, capital y símbolo del Transfuguismo". La Vanguardia 09/05/2011 12:33Actualizado a 09/05/2011 12:41. El PP, incluso, rompió el pacto antitransfuguismo por la actitud del PSOE en el mismo llegando a calificar dicho pacto de "papel mojado". Vide: "El PP da por roto el pacto antitransfuguismo por el caso Benidorm". La Vanguardia 27/12/2010 20:59Actualizado a 27/12/2010 22:04

política que alientan fenómenos de transfuguismo como la usurpación de identidad de coaliciones y agrupaciones electorales. Según el Acuerdo, "se entiende por tránsfugas a los y las representantes locales, autonómicos y estatales que, traicionando al sujeto político (partidos políticos, coaliciones o agrupaciones de electores) que los y las presentó a las correspondientes elecciones, hayan abandonado el mismo, hayan sido expulsados o se aparten del criterio fijado por sus órganos competentes. Se considerará tránsfuga asimismo la persona electa por una candidatura promovida por una coalición, si abandona, se separa de la disciplina o es expulsada del partido político coaligado que propuso su incorporación en la candidatura, aunque recale en otro partido o espacio de la coalición, sin el consentimiento o tolerancia del partido que originariamente lo propuso."

Llama la atención, en primer lugar, el cambio de sujeto político objeto de la deslealtad y, en segundo lugar, la descripción de la conducta tránsfuga[56].

En cuanto al cambio de sujeto político, si en la definición introducida en 2006 son los compañeros de lista y/o grupo o las formaciones políticas que los han presentado, en 2020 son exclusivamente los partidos políticos, coaliciones o agrupaciones de electores. Se puede traicionar, por tanto, a los compañeros de lista o de grupo pero si esta traición es aceptada o, incluso, promovida por el partido político no se considerará transfuguismo. Lo que se consigue con este cambio de sujeto es reforzar la posición de los partidos políticos que pasan a ser, en exclusiva, el sujeto traicionado. En el caso de las coaliciones gubernamentales puede suceder que sea uno de los socios de gobierno quien rompa el pacto obligando a los cargos representativos a seguir sus pasos. Este es el caso de Ciudadanos en Murcia. Todo apunta que la decisión de romper la coalición gobernante con el Partido Popular mediante una moción de censura al gobierno del que se formaba parte fue tomada por la dirección nacional del partido sin consultar a los cargos representativos afectados. Estos con escaso margen de maniobra tuvieron que tomar una decisión tras una reunión con miembros de la dirección nacional del partido trasladados *ex professo* a Murcia para conducir, que no debatir pues la decisión estaba tomada, los pasos de dichos cargos por el camino decidido[57].

56 Sobre la evolución del concepto de tránsfuga en dichos pactos vide Flores Domínguez, L.E.. "Transfugismo y coaliciones electorales, *Revista de Estudios de la Administración Local y Autonómica*, Nueva Época, N°. 17, 2022, págs. 31-55.

57 "La moción se cocinó en Madrid y se sirvió en Murcia". "Los tránsfugas de Ciudadanos explican por qué incumplieron su firma para sacar al PP del Gobierno

Con ello se transmitió a la ciudadanía dos mensajes: por una parte, el escaño realmente es propiedad del partido que es quien toma las decisiones. El que ocupa el escaño ha de obedecer sus dictados. Si acudimos al artículo 6 CE, el partido es mero instrumento de mediación entre elector y elegido. Ello, no obstante, los partidos han buscado, y conseguido, ser la centralidad del sistema. En el actual estado de partidos, las relaciones que se han potenciado son elector-partido político y elegido-partido político, de tal suerte que elector y elegido se relacionan de forma mediata casi exclusivamente a través del partido político. En este contexto, el artículo 67.2 CE que proscribe el mandato imperativo es mero papel mojado.

Por otra, las decisiones en el partido se toman por un pequeño núcleo al margen de sus órganos y, en su caso, de la militancia. El mismo precepto obliga a que su estructura interna y funcionamiento sean democráticos" lo que no deja de ser una falacia que deslegitima el sistema como pone de manifiesto Blanco Valdés[58] y, en último término, una deslealtad hacia la Constitución al incumplir deliberada y permanentemente sus mandatos. La decisión, como tantas otras, se adoptó en sede nacional con claro desprecio de los órganos de los partidos tanto a nivel nacional como autonómico. No consta, por ejemplo, que se reunieran las ejecutivas nacionales y autonómicas de Ciudadanos o del PSOE ni muchos menos que se hubiese consultado a la militancia. Recordemos en relación a esto último que el artículo 53. 2. de los Estatutos de PSOE obliga expresamente a consultar a la militancia "al nivel territorial que corresponda sobre los acuerdos de Gobierno en los que forme parte el PSOE o sobre el sentido del voto en sesiones de investidura que supongan facilitar el gobierno a otro partido político"[59].

---

regional", El País, https://elpais.com/espana/2021-08-08/la-mocion-se-cocino-en-madrid-y-se-sirvio-en-murcia.html, 08 AGO 2021–08:43 CEST. "PSOE y Ciudadanos lanzan una moción de censura contra el PP en Murcia para que presida el Gobierno la 'naranja' Ana Martínez Vidal. La iniciativa ha sido registrada esta mañana en la Asamblea autonómica. Ha sido negociada por las direcciones nacionales y cuenta con el aval e impulso de Moncloa". El Mundo. https://www.elmundo.es/espana/2021/03/10/6048857c21efa0534b8b45dc.html. Miércoles, 10 marzo 2021–18:07.

58 Blanco Valdés,R. L.. "Democracia de partidos y democracia en los partidos'\ En Gonzalez Encinar, J.J. (Coord.): Derecho de partidos, Espasa, Madrid, 1992, p. 45]

59 El 23 de noviembre de 2019, el PSOE preguntó a sus militantes por el acuerdo alcanzado con Unidas PODEMOS para formar un gobierno de coalición. Ello no obstante, el pacto con Esquerra Republicana para asegurarse la abstención de ésta última formación, no fue sometido a consulta de la militancia sino que sim-

En el estado de partido las lealtades se redefinen. El partido busca cortocircuitar la relación elector-elegido. Al desaparecer dicha relación, el elegido no puede ser desleal con el elector Existen dos relaciones, por tanto: elegido-partido político y elector-partido político. De esta manera, el elegido solo puede ser desleal con el partido político y solo el partido político puede ser desleal con el elector, por ejemplo, incumpliendo con su programa electoral. En este caso, al cargo representativo se le exigirá mantener su lealtad con el partido, no pudiendo existir el tránsfuga ético[60]. Los omnipotentes partidos han regulado la deslealtad del cargo hacia ellos

---

plemente fue ratificado el 3 de enero de 2020 por la ejecutiva del PSOE a pesar de la polémica desatada al contemplar la realización de una consulta legal sobre la relación de la comunidad autónoma con el resto de España y no figurar en los términos del acuerdo ninguna referencia expresa a la Constitución conteniendo simplemente una referencia genérica al "respeto a los principios que rigen el ordenamiento jurídico democrático". A ello hay que sumar que las fórmulas para consultar a la militancia pueden ser variadas. En este contexto cabe situar la polémica surgida en julio de 2017 en Castilla La Mancha sobre si se debería haber consultado a la militancia del PSOE la entrada de PODEMOS en el gobierno de la Comunidad. En este caso se acordó consultar a las bases pero sin votación con urnas. En vez de ello se convocaron asambleas en todos los municipios donde se debatió el pacto pronunciándose a continuación obteniéndose un alto respaldo a la propuesta oficialista encabezada por el Presidente de Castilla-La Mancha, García-Page. Sin olvidarnos que las preguntas pueden estar predirigidas por la dirección del partido. Así, por ejemplo fue criticada la fórmula empleada por Podemos para preguntar a la militancia sobre el acuerdo de gobierno con el PSOE en Castilla la Mancha en julio de 2017 al no preguntar directamente sobre un acuerdo de gobierno sino por el apoyo a los presupuestos mediante una formula larga y poco clara. En julio de 2019 se criticó también la fórmula con que la dirección de Podemos planteó a la militancia apoyar la investidura de Pedro Sánchez pues solo contemplaba los términos del 'sí' al candidato del PSOE, ya fuera mediante un Gobierno de coalición o facilitando uno monocolor y de "cooperación", obviando otras opciones como podría ser el "no" a la investidura,. En esas mismas fechas el POSE preguntaba expresamente por el acuerdo alcanzado con Unidas Podemos ("¿Apoyas el acuerdo alcanzado entre el PSOE y Unidas Podemos para formar un Gobierno progresista de coalición?") pero en febrero de 2016 la pregunta sobre el acuerdo de gobierno de la formación con Ciudadanos fue realizada en términos genéricos sin referencia expresa a la otra formación política ("El PSOE ha alcanzado y propuesto acuerdos con distintas fuerzas políticas para apoyar la investidura de Pedro Sánchez a la presidencia del Gobierno. ¿Respaldas estos acuerdos para conformar un gobierno progresista y reformista?.)

60 García Roca, J.. «Representación política y transfuguismo…, op. cit., p. 42. Català i Bas, A.H.. "Transfuguismo y régimen jurídico de los concejales no adscritos…, op.cit. ¿ pp.51 y ss.

pero han evitado regular la deslealtad de ellos hacia el electorado. Como advierte Torres del Moral los programas electorales no han sido nunca *Cahiers d'instructions*[61]. De su incumplimiento no se deriva consecuencia jurídica alguna para el partido, aunque si puede derivarse una política si el elector tiene en cuenta este factor a la hora de escoger su papeleta en los siguientes comicios

En cuanto a la actuación merecedora de tal calificativo, poner de relieve que en el Pacto local de 2006 hacía falta la concurrencia de dos circunstancias para ser considerado tránsfuga: La primera, traicionar a sus compañeros, apartarse del criterio fijado por la formación política que lo presentó o haber sido expulsado por ésta; la segunda, pactar con otras fuerzas cambiar o mantener la mayoría gobernante o dificultar o hacer imposible a dicha mayoría gobernar. Lo determinante, en último término, no era dónde se ubicaba el cargo electo (dentro o fuera del partido) sino qué votaba, de tal suerte que, si no votaba lo descrito en el pacto, en puridad no incurría en transfuguismo. De ahí que, en mi opinión, en el ámbito local era tránsfuga "todo concejal que votara junto al adversario político y en contra del criterio fijado por el partido político con el que concurrió a las elecciones en una investidura, una moción de censura, una cuestión de confianza o cuestiones de especial trascendencia, entendiéndose por tales aquellas sobre las que pueda el alcalde solicitar una cuestión de confianza"[62].

Tras el acuerdo de 2020 se es tránsfuga por una de estas tres causas: abandonar el partido, ser expulsado por éste o apartarse del criterio fijado por el partido. Desaparece el requisito de pactar con otras fuerzas para cambiar o mantener la mayoría gobernante, o bien dificultan o hacen imposible a dicha mayoría el gobierno de la entidad. De esta manera, es considerado tránsfuga si abandona o es expulsado del partido, aunque en las votaciones se alinee con él. El Tribunal Constitucional en su sentencia 151/1985, de 19 de junio[63] advierte que no toda expulsión o abandono del

---

[61] Torres Del Moral, A.. «La crisis del mandato representativo en el Estado de Partidos», *Revista de Derecho Político,* núm. 14, 1982, p. 17.

[62] Català i Bas, A. H. , "Transfuguismo y régimen jurídico de los concejales no adscritos..., op. cit., p.54

[63] esta sentencia resuelve la cuestión de inconstitucionalidad respecto del artículo 197.1 a), párrafo tercero en relación con el segundo, de la Ley Orgánica 5/1985, de 19 de junio, del régimen electoral general (LOREG), redacción dada por la Ley Orgánica 2/2011, de 28 de enero.
La moción de censura deberá ser propuesta, al menos, por la mayoría absoluta del número legal de miembros de la Corporación y habrá de incluir un candidato a

partido son constitutivo de transfuguismo sino solo aquellos que produzcan determinados efectos:: ""la anomalía que ha incidido negativamente en el sistema democrático y representativo y que se ha conocido como 'transfuguismo'" no puede intervenirse por el legislador con restricciones al *ius in officium* (STC 9/2012) que impacten en el ejercicio natural del cargo público al amparo de la libertad de mandato con base en razones asociadas, sin adjetivos, a la vinculación orgánica o política, sin fundamentos añadidos. Sencillamente porque no es cierto que la desvinculación orgánica o política del grupo de origen desestabilice por defecto o sin excepción la vida municipal o modifique la voluntad popular" (FJ 7)[64]. De lo anterior cabe concluir que la expulsión o abandono del partido no convierte de forma automática al cargo representativo en tránsfuga sino que sería necesario, un elemento adicional consistente en llevar a cabo una conducta que "desestabilice la vida municipal o modifique la voluntad popular". Esta segunda cuestión es difícil de contrastar. En relación a la primera, desestabilizar la vida municipal, pueden ser subsumibles en ella las actividades que proscribe el Acuerdo de 2006.

Por otra parte, Para los partidos políticos que suscriben el Acuerdo de 2020, basta para ser considerado transfuga con "apartarse" del criterio del partido". Ahora bien, ¿en qué consiste dicho cambio de criterio? En 2006 se podía deducir que consistía en pactar/votar en el sentido fijado en la definición, es decir: para cambiar o mantener la mayoría gobernante en una entidad local, o bien para dificultar o hacer imposible a dicha mayoría el gobierno de la entidad», pero en el Acuerdo de 2020 esta referencia objetiva es suprimida siendo sustituida por esta fórmula abierta por lo que puede interpretarse que va más allá del hecho del voto o incluso, del voto sobre determinadas cuestiones. En el acuerdo de 2006 no podía ser considerado tránsfuga si el concejal votaba en contra en cuestiones de trascendencia relativa que ni cambiaban gobiernos ni dificultaban o hacían imposible gobernar. Así,

---

la Alcaldía, pudiendo serlo cualquier Concejal cuya aceptación expresa conste en el escrito de proposición de la moción.
En el caso de que alguno de los proponentes de la moción de censura formara o haya formado parte del grupo político municipal al que pertenece el Alcalde cuya censura se propone, la mayoría exigida en el párrafo anterior se verá incrementada en el mismo número de concejales que se encuentren en tales circunstancias.
Este mismo supuesto será de aplicación cuando alguno de los concejales proponentes de la moción haya dejado de pertenecer, por cualquier causa, al grupo político municipal al que se adscribió al inicio de su mandato.»

64 Subrayado es mío. (n. del A.)

por ejemplo, no sería lo mismo votar en contra del cambio de denominación de una calle que formando parte de la mayoría gubernamental votar en contra de los presupuestos. En el primer caso no estaríamos ante un caso de transfuguismo mientras que en el segundo, en principio, sí. Al eliminar esa referencia objetiva y cambiarla por una referencia totalmente subjetiva e indeterminada lo que se consigue no es ya una casi absoluta disciplina de voto sino una casi absoluta disciplina de criterio. Se anula el criterio del representante político. Cualquier desavenencia con el criterio fijado por el partido puede ser considerado un caso de traición y, por tanto, de trasfuguismo. Sin embargo, esta posibilidad ha de ser matizada a la luz de la jurisprudencia del Tribunal Supremo. En la sentencia 412/2020, de 7 de julio se aborda detenidamente la relación entre la autonomía del cargo político y la disciplina de los partidos políticos que se considera útil y necesaria. A efectos de examinar si la sanción de expulsión impuesta a unos diputados vulnera sus derechos a la libertad de expresión y a permanecer en el partido y participar en su actividad y organización, distingue el Tribunal entre aquellos actos de los diputados que son trascendentes por ir en contra de los principios de partido de aquellos que no lo son mereciendo la expulsión los primeros pero no los segundos. Aplicando *mutatis mutandi* esta doctrina al caso cabe concluir que no en todos los casos en que el diputado se aparte del criterio del partido se incurre en transfuguismo sino solo en aquellas cuestiones trascendentales. ¿Cuáles son éstas?. Unas siguen vigentes en mi opinión: las que se introdujeron en el Acuerdo de 2020 a las que se ha hecho ya referencia. Más allá habrá que ir *ad casum.*[65].

---

65 El Tribunal Supremo en la sentencia citada se muestra muy riguroso a la hora de otorgar dicha trascendencia llegando a la conclusión que de que no la tenía apartarse del criterio fijado por el partido en la votación de presupuestos cuando, además, se había pactado con el partido de gobierno un sentido del voto a cambio de unas modificaciones presupuestarias. Considera el Tribunal que "la trascendencia de esa actitud no tenía otra que la de afectar a una decisión táctica del partido en el seno de una negociación para conseguir la admisión de una serie de enmiendas a los presupuestos de la Diputación Foral. No se justifica que estuvieran en juego los «principios» del partido, salvo que se quiera dar a este concepto una extensión desmesurada". No comparto esta opinión pues la aprobación o rechazo de unos presupuestos es una de las cuestiones más trascendentes en una legislatura, solo soprepasada por una investidura, una cuestión de confianza o una moción de censura. Pero es que ell propio Tribunal advierte de la necesidad de "la actuación coherente de los cargos públicos del partido en la materialización del programa del partido político y de las directrices y decisiones adoptadas por los órganos del partido" (FJ 13) no siendo ilegítimas las sanciones por "conductas que atenten a la cohesión del partido político y obstaculicen la consecución de sus objetivos, que

Por tanto, lo que los partidos llaman en este Acuerdo "una mejor definición de la persona tránsfuga" realmente esconde una mayor asfixia del cargo electo. A mi entender, los términos en que está definido el tránsfuga en este acuerdo vulnera el artículo 23 CE., concretamente el derecho a desempeñar con normalidad el cargo para el que la persona ha sido elegida y, por ende, el derecho de los españoles a elegir representantes. Recordemos, por una parte, que para nuestro Tribunal Constitucional, STC 161/1988, de 20 de septiembre de 1988, el núm. 2 del artículo 23 CE garantiza «no sólo el acceso igualitario a las funciones y cargos públicos, sino también que los que hayan accedido a los mismos se mantengan en ellos sin perturbaciones ilegítimas y los desempeñen de conformidad con lo que la ley disponga» (FJ 6); y, por otra, que, STC 5/1983, de 4 de febrero, el derecho a ser elegido para cargos públicos contiene "que el derecho a acceder a los cargos públicos comprende también el derecho a permanecer en los mismos, porque de otro modo el derecho fundamental quedaría vacío de contenido" (FJ 4), y que el sufragio pasivo sólo puede tener sentido jurídico como correlato del sufragio activo de los electores de tal suerte que, STC 10/1983, "la vulneración que resulta del hecho de privar al representante de su función les afecta sin embargo a todos simultáneamente y es también una vulneración del derecho del representante a ejercer la función que le es propia, derecho sin el que, como es obvio, se vería vaciado de contenido el de los representados" (FJ 2). Con esa redefinición del concepto de tránsfuga prácticamente desaparece la voluntad del cargo electo que es sustituida por la del partido obviando la doctrina de nuestro Tribunal Constitucional, Sentencia 10/1983, en relación a la representación señala que "lo propio de la representación, de cualquier modo que ésta se construya, tanto basada en el mandato libre como en el mandato imperativo, es el establecimiento de la presunción de que la voluntad del representante es la voluntad de los representados, en razón de la cual son imputados a éstos en su conjunto y no sólo a quienes votaron en su favor o formaron la mayoría, los actos de aquél. El desconocimiento o la ruptura de esa relación de imputación destruye la naturaleza misma de la institución representativa y vulnera, en consecuencia, un derecho fundamental de todos y cada uno de los sujetos que son parte de ella".(FJ 2). Ahora no hay voluntad

son también (o principalmente) los de traducir una posición política en el contenido de normas y de acciones de gobierno" (FJ 14). En definitiva, apartarse del criterio fijado por el partido en una votación de presupuestos cuando, además, se ha pactado el apoyo a cambio de la introducción de una serie de enmiendas es de extrema gravedad pues atenta a la cohesión interna del partido e impide trasladar al partido en cuestión su posición política.

del representante sino del partido o, en todo caso, hay una voluntad muy mediatizada del representante pues queda al absoluto arbitrio del partido tacharle de tránsfuga. Recordemos que en nuestro sistema está proscrito el mandato imperativo. La disciplina de partido llevada a estos extremos crea *de facto* un mandato imperativo en favor de los partidos desnaturalizando la relación inmediata que ha de existir entre electores y elegidos que, como recuerda el Alto Tribunal en la STC 246/2012, de 20 de diciembre "no puede ser condicionada en sus elementos esenciales por la mediación de los partidos políticos por tratarse de un mandato libre" (FJ 5).

En definitiva, si bien es cierto que todos los partidos contienen en su normativa interna disposiciones que apelan a la disciplina partidista[66] algo que se considera, por varias razones, necesario de tal suerte que romperla conlleva graves consecuencias, la más grave, la expulsión[67], ello no debe llevarse al extremo de anular la voluntad del cargo político,

---

66 Al respecto vide Sánchez Medero, G. y Cuevas Lanchares, J. C., "La disciplina partidista en el Congreso de los Diputados, el sistema legal español y los estatutos de los partidos políticos", Revista Española de Derecho Constitucional , Nº 111, 2017, págs. 185-219.

67 En este sentido, el artículo 69 de los Estatutos Federales del PSOE señala que: "en el ejercicio de sus funciones aplicarán las resoluciones y acuerdos adoptados expresamente por los órganos de dirección del Partido" y el artículo 71, a su vez, establece que "las personas miembros del Grupo Parlamentario Federal están sujetas a la unidad de actuación y disciplina de voto", por último, el artículo 89 h) considera falta muy grave: " (la) Actuación en contra de acuerdos adoptados por los órganos de dirección del Partido." Ante estos preceptos cabe preguntarse por si hubiesen merecido el calificativo de tránsfugas, los diputados que no acataron el acuerdo de la Junta Gestora de abstenerse en la investidura de Mariano Rajoy, en octubre de 2016 y votaron de forma negativa (Vide los artículos 76 y 78 de los Estatutos del PSOE del 38º Congreso vigentes en ese momento, de dicción similar a los citados. http://www.psoe.es/media-content/2015/04/Estatutos-Federales-38-Congreso-Federal-PSOE.pdf.). Sobre esta cuestión, recordemos que una de las ideas centrales de la campaña protagonizada por el candidato del PSOE Pedro Sánchez era que dicha formación no apoyaría de manera alguna la investidura del candidato del PP, Mariano Rajoy. Famoso es el "no es no" convertido en un mantra en dicha campaña. Cabe preguntarse si el cambio de criterio del partido tras las elecciones supuso algún tipo de deslealtad con el electorado. Si así fuere, el partido y los diputados socialistas que se abstuvieron en dicha investidura se hubiesen convertido en desleales con el electorado, circunstancia no sancionada jurídicamente, y los que votaron, los menos, de forma negativa hubiesen incurrido en una deslealtad hacia el partido pero se hubiesen mantenido leales al electorado.

3.3 Dictamen 2/2021, de la Comisión de expertos independientes del Pacto por la estabilidad institucional.

En el presente dictamen se analiza por la Comisión de Expertos independientes si la actuación de los diputados y diputadas de ciudadanos en la votación de la moción de censura dirigida a retirar la confianza al presidente y al consejo de gobierno de la Comunidad Autónoma de la Región de Murcia, presentada por los diputados y diputadas de los grupos parlamentarios socialista y ciudadanos-partido de la ciudadanía es constitutiva de transfuguismo a la luz de los acuerdos alcanzados en el Pacto, así como determinar la posible existencia de beneficiarios que deban igualmente ser merecedores de esta misma calificación.

Como se relata en el informe, el 9 de marzo de 2021, en la sede de Ciudadanos se produce una reunión en la que participa Carlos Cuadrado Arroyo, Vicesecretario General de Ciudadanos y los 6 diputados y diputadas de Ciudadanos en la Asamblea Regional. En dicha reunión los asistentes acordaron presentar junto con el PSOE una moción de censura para retirar la confianza de la cámara al Presidente regional Fernando López Miras proponiendo como Presidenta de la Comunidad Autónoma a la diputada de Ciudadanos Dª Ana Martínez Vidal. La moción es presentada y registrada en la mañana del día 10 de marzo de 2021, contando el documento de presentación con la firma de los tres diputados y las tres diputadas de Ciudadanos y los de los diecisiete diputados y diputadas del PSOE. El 12 de marzo dos de diputados de Ciudadanos son nombrados consejeros del gobierno autonómico. Una tercera diputada de ciudadanos que ya era consejera se mantiene en su cargo. Esos tres diputados anuncian que votaran en contra de la moción. El 15 de marzo el presidente de la Asamblea y diputado de ciudadanos declara que “se está pensando en votar abstención”. Ciudadanos le incoa expediente de expulsión. En la votación que tiene lugar el 18 de marzo, los tres diputados votan en contra y el presidente de la asamblea se abstiene por lo que la moción es rechazada.

Para la Comisión de expertos independientes “estas conductas encajan en las definiciones de transfuguismo establecidas por el Pacto Antitransfuguismo en su II y III adendas”[68]. Y ello porque:

---

[68] En el acuerdo primero de la II Adenda se dispone lo siguiente: «Se entiende por tránsfugas a los representantes locales que, traicionando a sus compañeros de lista y/o de grupo –manteniendo estos últimos su lealtad con la formación política que los presentó en las correspondientes elecciones locales–, o apartándose individualmente o en grupo del criterio fijado por los órganos competentes de las for-

"En el presente caso, se da en la conducta de estos diputados y diputadas las notas de la conducta que el Pacto considera tránsfuga, a saber:

1. Hubo traición a sus compañeros de grupo parlamentario, ya que después de haber firmado la moción de censura se apartaron sorpresivamente, anunciando su voto en contra, una vez que los tres primeros habían recibido la "contraprestación" de mantenimiento o acceso al Gobierno Regional, e impidiendo así que su compañera de grupo y partido, Dª Ana Martínez Vidal, se convirtiera en Presidenta de la Comunidad Autónoma de la Región de Murcia.
2. Los compañeros traicionados (Dª Ana Martínez Vidal y D. Juan José Molina Gallardo) mantuvieron su lealtad con Ciudadanos, formación política que los presentó a las elecciones".
3. Los y las diputadas se apartaron del criterio fijado por los órganos competentes de Ciudadanos.
4. La moción de censura contaba con el visto bueno de las direcciones regional y nacional de Ciudadanos. Ese visto bueno pudo no ser explícito para la opinión pública en el momento de la presentación de la moción (a primera hora de la mañana del 10 de marzo), pero sí lo era claramente en el momento que los tres diputados anunciaron su voto en contra y su incorporación al Gobierno regional (12 de marzo) y en el momento de la votación de la moción (18 de marzo).
5. Tal como ya se ha referido en la relación de hechos, D. Francisco Álvarez García, Dª María Isabel Franco Sánchez y Dª M.ª del Valle Miguélez Santiago han sido expulsados de Ciudadanos y el cuarto tiene incoado expediente de expulsión.
6. Los tres diputados pactaron con otra fuerza, el Partido Popular, de forma personal y a espaldas de su formación para "mantener la mayoría gobernante".

En la III Adenda del Pacto Antitransfuguismo se amplía la definición de tránsfuga, que en su acuerdo primero queda establecida en los siguientes términos:

---

maciones políticas que los han presentado, o habiendo sido expulsados de éstas, pactan con otras fuerzas para cambiar o mantener la mayoría gobernante en una entidad local, o bien dificultan o hacen imposible a dicha mayoría el gobierno de la entidad.» (Subrayados y negrita de la Comisión)

«A los efectos del presente Acuerdo, se entiende por tránsfugas a los y las representantes locales, autonómicos y estatales que, traicionando al sujeto político (partidos políticos, coaliciones o agrupaciones de electores) que los y las presentó a las correspondientes elecciones, hayan abandonado el mismo, hayan sido expulsados o se aparten del criterio fijado por sus órganos competentes.»

Si ya resultaba clara la condición de tránsfugas de acuerdo a la definición prevista en la II Adenda, en la definición de la III se da igualmente todas y cada una de las notas de la misma (que recordemos, no deben ser acumulativas, sino que basta con que concurra una para que nos encontramos ante una situación tránsfuga).

Agrava aún más la situación el hecho de que participaron en una operación política y tres de los tránsfugas aceptaron un cargo en el Gobierno regional a cambio de su voto en contra.

¿Realmente hubo traición de los cuatro diputados de ciudadanos al resto de compañeros (dos) por cambiar de criterio?. Se señala en el informe de forma lacónica y, desde luego, harto confusa e inconcreta que "los y las diputadas se apartaron del criterio fijado por los órganos competentes de Ciudadanos" para continuación afirmar que "la moción de censura contaba con el visto bueno de las direcciones regional y nacional de Ciudadanos". En primer lugar, no se explicita qué órgano es esa "dirección regional y nacional": ¿el presidente del partido, el Secretario general, el Comité permanente, el Comité ejecutivo…?. De la lectura de los estatutos de Ciudadanos no queda claro qué órgano sería el competente en este asunto[69]. Debería constar de forma fehaciente qué órgano había tomado la decisión. No consta y, por lo tanto, no se puede saber si se reunió en tiempo y forma, si se levantó acta de dicha reunión, etc. Esta es una cuestión crucial habida cuenta de que una decisión de este calibre ha de estar tomada con todas las garantías. La falta de concreción en este punto (no se sabe ni quién, ni cómo, ni dónde, ni cuándo) traduce una clara falta de democracia interna y de transparencia de los partidos políticos. También se desconocen estos extremos del partido del que formaban parte el resto de firmantes de la moción, el PSOE[70]. Por otra parte, ¿qué significa contar con el visto

---

69 Vide especialmente artículos 40 y siguientes de los estatutos. https://www.ciudadanos-cs.org/estatutos.

70 Si acudimos a la prensa de esos días no queda claro quien impulsó esa moción pues hay acusaciones cruzadas, pero si se deduce que fueron decisiones tomadas

bueno de las direcciones correspondientes?. Esta expresión es ambigua y, por lo tanto, problemática. Esta frase debería haberse redactado en términos asertivos dejando claro que la decisión había sido adoptada por dichas direcciones. En este contexto no parece significar que la decisión de firmar una moción de censura fuera adoptada por éstas sino que las mismas consideraron ajustado a derecho y dieron su aprobación a lo decidido por otras instancias[71]. En apoyo de esta tesis, los propios hechos dado por probados por el Comité: en la reunión de los Diputados con el Vicesecretario General de Ciudadanos, "todos los asistentes acordaron presentar junto con el PSOE una moción de censura"". Es decir, que, de acuerdo con estos hechos, la medida no les fue impuesta sino que fue acordada por ellos. Si no consta un acuerdo del órgano directivo competente del partido que imponga a los diputados una determinada conducta no hay voluntad ni criterio válido del partido y no se puede ir en contra de algo inexistente. En otras palabras, no puede traicionarse al partido cuando el partido no ha expresado su criterio. Por lo tanto, no hay transfuguismo.

Se señala en el informe que "hubo traición a sus compañeros del grupo parlamentario ya que después de haber firmado la moción de censura se apartaron sorpresivamente" de esa decisión. Si fue el grupo parlamentario quien tomó esa decisión tampoco consta que se reuniera en tiempo y forma. Lo único que consta es que los diputados adoptaron una decisión que contó con el visto bueno de las direcciones nacionales y territoriales y que la mayoría de ellos se desdijo posteriormente. Si la decisión la adoptan los miembros del grupo y luego la mayoría decide cambiar de opinión, ¿Dónde radica la traición?. Si no hay criterio del grupo parlamentario tampoco hay traición al mismo. Ergo, tampoco hay transfuguismo. ¿Y todo ello por qué? Por hacer las cosas al margen de la legalidad. Todo parece conducir que a que la decisión se impuso se sugirió a los a los diputados de Ciudadanos al margen de los órganos competentes para tomar esa decisión. Una burla al artículo 6 CE que obliga a los partidos a tener una organización y un comportamiento democrático.

---

por un muy reducido grupo de personas al margen de los órganos competentes.

71 De acuerdo con la R.A.E. visto bueno significa: "Formula que se pone al pie de algunas certificaciones y otros documentos y con que el que firma debajo da a entender hallarse ajustados a los preceptos legales y estar expedidos por persona autorizada al efecto".

La Comisión de Expertos se muestra muy condescendiente con los partidos políticos. En su lucha por atajar la patología del transfuguismo, refuerza el carácter oligárquico de éstos.

Por último, señalar que el informe califica de tránsfuga al presidente de la Región de Murca y Diputado por el Partido Popular en cuanto que se benefició del voto de los tránsfugas de Ciudadanos. Ello no obstante, supra acabamos de poner en cuestión que los cuatro Diputados de Ciudadanos que votaron en contra de la moción de censura se hubiesen convertido en tránsfugas. De seguir ese razonamiento, el presidente de la Región de Murcia no merecería dicho calificativo.

IV. DISOLUCIÓN ANTICIPADA Y MOCIÓN DE CENSURA. EL CASO DE LA COMUNIDAD DE MADRID

Con ocasión de la disolución anticipada de la Asamblea de Madrid a la que hemos hecho referencia surgió una fuerte polémica al haberse registrado dos mociones de censura antes de que la disolución fuera publicada sobre cuál de las dos, disolución o moción, debería de prevaler. Los hechos fueron los siguientes: La Presidenta de la Comunidad de Madrid, tras la finalización, a las once horas y cuarenta minutos, de la sesión celebrada el día 10 de marzo de 2021 por el consejo de Gobierno, firma a las doce horas y veinticinco minutos firma el Decreto de disolución de la Asamblea de Madrid y convocatoria de elecciones. Veinte diputados del Grupo Parlamentario Más Madrid presentan una moción de censura el mismo día 10 que es registrada a las trece horas y tres minutos en el Registro General Parlamentario. Treinta y siete diputados del Grupo Parlamentario Socialista presentan una moción de censura el mismo día 10 de marzo que es registrada a las trece horas y siete minutos en el Registro General Parlamentario. En el Boletín Oficial de la Comunidad de Madrid nº 59, de 11 de marzo de 2021, se publica el Decreto 15/2021, de 10 de marzo, de la Presidenta de la Comunidad de Madrid, de disolución de la Asamblea de Madrid y convocatoria de elecciones. Recordemos que el artículo 21 del Estatuto de Autonomía de la Comunidad de Madrid impide disolver la Asamblea de Madrid cuando se encuentre en tramitación una moción de censura[72]. La firma del decreto de disolución fue anterior al inicio del

---

[72] Al respecto vide especialmente Delgado Ramos, D., "Entre la validez y la eficacia. Notas sobre la reciente disolución (y mociones de censura) de la Asamblea de Madrid", Revista Cortes Generales, núm. 111, 2021, pp. 345-370.

trámite de la moción de censura pero su publicación fue posterior.. La doctrina se dividió entre los que consideraban que debía haber prevalecido las mociones de censura[73] y los que consideraban que lo prevalente era el decreto de disolución[74]. La cuestión fue resuelta por el Auto 48/2021, de 14 de marzo del Tribunal Superior de Justicia de la Comunidad de Madrid.

El Tribunal deniega la medida cautelar de la suspensión del decreto de disolución a partir de una interpretación sistemática, literal y lógica de los siguientes artículos: artículo 21 de la Ley Orgánica 3/1983, de 25 de febrero, de Estatuto de Autonomía de la Comunidad de Madrid, en la redacción dada por el art. 1.19 de la Ley Orgánica 5/1998, de 7 de julio; artículo 1 de la Ley 5/1990, de 17 de mayo, reguladora de la facultad de disolución de la Asamblea de la Comunidad de Madrid y artículo 42.1 de la Ley Orgánica 5/1985, de 19 de junio, del Régimen Electoral General. Concluye el Tribunal que:

> "…la facultad concedida a la Presidencia de la Comunidad de Madrid le permite realizar es, sin paliativos y por más que esté obligada a hacerlo mediante un Decreto y con los demás requisitos, "acordar" la disolución anticipada de la Asamblea de Madrid. Por tanto, debe entenderseque tal facultad queda válidamente ejercitada desde el momento en que firma el Decreto de disolución y convocatoria de elecciones y sin perjuicio de que la eficacia de esta convocatoria electoral se despliegue una vez publicado el repetido Decreto en el Boletín Oficial."
>
> "Ejercitada así por la Presidencia de la Comunidad de Madrid tal facultad estatutaria de disolución anticipada de la Asamblea de Madrid -cumpliendo las exigencias impuestas legal y estatutariamente para la adopción de tal

---

73 Vide, Arbós, X.. "una disolución imposible", *El Periódico.* https://www.elperiodico.com/es/opinion/20210311/disolucion-imposible-11573201. 11 de marzo de 2021. 20: 14; Carmona Contreras, A.. "La validez jurídica de las mociones de Madrid", *El País,* https://elpais.com/opinion/2021-03-11/seguir-adelante-con-las-mociones.html. 12 MARZO 2021–00:30; PÉREZ ROYO, J., "Disolución o moción de censura", elDiario.es. https://www.eldiario.es/contracorriente/disolucion-mocion-censura_132_7294880.html. 10 de marzo de 2021 23:01h. Actualizado el 11/03/2021 17:26h

74 Tudela Aranda, J.. "Madrid, caso práctico". *El País.* https://agendapublica.elpais.com/noticia/17461/madrid-caso-practico. 11 de marzo de 2021, 09:18. Presno Linera, "La decisión política de disolver anticipadamente un Parlamento no es un acto administrativo". https://presnolinera.wordpress.com/2021/03/13/la-decision-politica-de-disolver-anticipadamente-un-parlamento-no-es-un-acto-administrativo/. 13 de marzo de 2021. Ruiz Robledo, A.. "La disolución anticipda de Ayuso", *El País.* https://elpais.com/opinion/2021-03-10/la-disolucion-anticipada-de-ayuso.html. 11 MAR 2021–00:30. Delgado Ramos, D., "Entre la validez y la eficacia…, op.cit.

acuerdo-, la validez y eficacia del correspondiente Decreto no pueden verse comprometidas por la presentación ulterior de una o varias mociones de censura. Sostener lo contrario dejaría, eventualmente, a la mera voluntad del número de diputados que ostentaran la representación exigida para presentar una moción de censura -15 por 100- el eficaz ejercicio de aquella potestad, bastando con presentarla con posterioridad a la adopción del acuerdo de disolución para privarle de virtualidad alguna."

El razonamiento del Tribunal es, en mi opinión, impecable. De no realizar tal interpretación la disolución anticipada sería papel mojado. La oposición podría en todo momento frustrar dicha disolución presentando en el ínterin que va desde que se firma a que se publica una moción de censura y así sucesivamente hasta agotar la posibilidad de disolver anticipadamente la cámara. Se ha planteado que la solución del TSJCV debería haber sido la contraria a partir de que ambas figuras, moción de censura y disolución anticipada no tienen "semejante valor y relevancia" pues "las restricciones de una y de otra no producen *suma cero* sino que se encaminan, siempre, al mismo objetivo de alcanzar la mayor estabilidad institucional posible" de tal suerte que "siempre que fuera posible debiéramos interpretar las normas que resultaran de aplicación de manera que se prefiriera la presentación de una moción de censura si con ello se evita una disolución anticipada"[75]. Desde los estrictos planteamientos del parlamentarismo racionalizado encaminado a mantener a ultranza la estabilidad gubernamental el argumento puede ser correcto; sin embargo, ya se han puesto de relieve las discrepancias hacia esos planteamientos y la necesidad de atemperar sus efectos. En último término, cabe preguntarse qué tiene más valor y relevancia, dirimir la crisis en el seno del parlamento o dejar que sea el pueblo soberano el que la resuelva. En mi opinión,siempre tendrá más valor y relevancia la segunda opción.

V. CONCLUSIONES Y PROPUESTAS

A lo largo del presente trabajo se han expuesto varios casos que denotan diferentes usos de la moción de censura. La que aupó a Pedro Sánchez a la presidencia del gobierno cumple con la letra y el espíritu de la moción de censura. Las de Hernández Mancha en 1987 y Santiago Abascal en 2020

---

75 Rodríguez-Vergara Díaz, Á.. "TSJM: había una interpretación alternativa". https://agendapublica.elpais.com/noticia/17443/tsjm-habia-interpretacion-alternativa. 15 de marzo de 2021, 15:59.

fueron claros ejemplos de mal uso de esta figura al pretender como únicos objetivo desgastar al gobierno o/y promocionar al líder del partido que la auspiciaba. La presentada en 2021 por Ciudadanos en la Región de Murcia, un claro ejemplo de abuso.

Si no queremos ahogar el parlamento bajo la pesada losa de los principios del parlamentarismo racionalizado llevados al extremo, tenemos que aligerar dicho peso. Ello es conveniente desde el convencimiento de que nuestro sistema político está consolidado y que dosis, incluso altas, de inestabilidad gubernamental no tienen por qué desestabilizarlo. Hay que partir de la premisa que se encuentra en la base misma del parlamentarismo: solo puede gobernarse si se cuenta con el respaldo del parlamento. En nada beneficia la estabilidad del sistema mantener artificialmente gobiernos que no cuentan con la confianza de la mayoría parlamentaria. Un modelo a seguir sería el de Portugal cuya constitución y leyes, especialmente la Ley 59/1977, de 5 de agosto que contienen el Estatuto del Derecho de Oposición, le otorgan gran protagonismo a la minoría parlamentaria.

Vista la experiencia histórica, se hace necesario, en mi opinión, una reformulación de la moción de censura que pase por aligerar las exigencias del parlamentarismo racionalizado. Bastaría con exigir mayoría simple en vez de mayoría absoluta en una primera o segunda votación. Es lo que ya se exige a nivel local desde 2021[76].

---

[76] Ley Orgánica 2/2011, de 28 de enero que dio una nueva redacción al artículo 197 LOREG que regula la moción de censura de los alcaldes y que en lo que aquí importa, suprimió la letra f) del antiguo precepto que exigía mayoría absoluta para su aprobación. Vide el punto 3º del Acuerdo de la Junta Electoral Central 45/2014 de 20/03/2014: "La votación de una moción de censura contra un Alcalde, una vez admitida a trámite, es un acto libre e incondicionado de los concejales que forman parte de la Corporación local sin que le sea aplicable la previsión establecida en el artículo 197.1.a) de la LOREG. Para la aprobación de la moción de censura basta con que los votos favorables sean superiores a los contrarios, al no exigir la LOREG ninguna mayoría cualificad. La mayoría necesaria puede lograrse con los votos de cualesquiera miembros de la Corporación local, con independencia del grupo municipal del que formen parte." Mayoría inmodificable tal como advierte la Junta Electoral Central en su Acuerdo de la Junta Electoral Central 202/2014 de 15/07/2014. Ante la consulta sobre si podría el Reglamento Orgánico de la Corporación exigir una mayoría cualificada para que prospere la moción de censura contra un Alcalde, desaparecida del art. 197.1 de la LOREG la exigencia de mayoría cualificada en la votación, la JEC consideró que "que resulta contrario a los principios de legalidad y de jerarquía normativa consagrados en el artículo 9.3 de la Constitución, así como al principio de reserva legal de esta

Otra opción sería separar los dos actos: la censura, que podría mantener la mayoría absoluta o reducirla a la simple, y la investidura del nuevo candidato en la que bastaría la mayoría simple de tal suerte que sin el respaldo mayoritario de la Cámara a ambas cuestiones la moción fracasaría. Separar ambos actos, además, permitiría dos debates completamente distintos. El primero sobre la acción del gobierno y las razones para censurarlo y el segundo sobre la propuesta de gobierno del candidato y las razones para investirlo. Esta propuesta es más acorde con la idea de transparencia al dar una mayor información a la ciudadanía de lo que acontece en sede parlamentaria.

Cabe preguntarse qué sentido tiene la exigencia de qué la moción de censura sea presentada por un número de diputados[77] y que se sancione a los mismos si dicha moción no triunfa cuando toda la vida de la Cámara gira en torno a los grupos parlamentarios. Si se considera necesario mantener una sanción, ésta debe recaer en los grupos y no en los diputados.

En el presente trabajo se ha abordado la cuestión del transfuguismo. Los diferentes pactos antitransfuguismo han ido diluyendo la definición de tránsfuga hasta el extremo de que la redacción actual contenida en el Acuerdo de 11 de noviembre de 2020 atenta contra el artículo 23.2 CE. Así parece deprenderse de la STC 151/2017. Hay que volver a la idea primigenia del año 2006. Para ser considerado tal es necesario que el cargo representativo contra el criterio del partido pacte "con otras fuerzas cambiar o mantener la mayoría gobernante, o bien dificulte o haga imposible a dicha mayoría el gobierno de la entidad".

Bibliografía.

ALZAGA VILLAAMIL, O. *et alii. Derecho Político español según la Constitución de 1978 II,* UNED, quinta edición, Madrid, 2012,

ARAGÓN REYES, M.. "El control parlamentario como control político", *Revista de Derecho Político,* núm. 23, 1986.

ARAGÓN REYES, M.. "Democràcia i Parlament", *Revista catalana de dret públic,* núm. 37, 2008.

materia (artículo 9.3 y 81.1 de la Constitución), que un Reglamento municipal modifique lo dispuesto en la Ley Orgánica de Régimen General

77 Al menos por la décima parte de los Diputados (artículo 175 RC); al menos por la quinta parte de los miembros de la Cámara: artículos 149.2 Reglamento Corts Valencianes, 165.2 Reglamento Asamblea Regional de Murcia, 188.1 Reglamento Asamblea de Madrid, Artículo 87 Ley 3/1983, de 23 de marzo, de la Generalitat de Cataluña, del Parlamento, el Presidente y el Consejo Ejecutivo de la Generalitat.

ARBÓS, X.. "una disolución imposible", El Periódico. https://www.elperiodico.com/es/opinion/20210311/disolucion-imposible-11573201. 11 de marzo de 2021. 20: 14.

BAR, A.. "Artículo 99. Nombramiento del Presidente del gobierno", en Alzaga, O. (Dir.), *Comentarios a la Leyes Políticas,* Tomo VIII, Editoriales de Derecho Reunidas, MADRID, 1985, P. 182.

BLANCO VALDÉS, R.L.. «Transfuguismo y democracia en la Comunidad de Madrid», *Claves de la Razón Práctica,* núm. 135, 2003.

BLANCO VALDÉS,R. L.. "Democracia de partidos y democracia en los partidos"\ En Gonzalez Encinar, J.J. (Coord.): Derecho de partidos, Espasa, Madrid, 1992.

Bourdau, G., *Traité de Science Politique,* Vol IX, París, 1976,

CARMONA CONTRERAS, A.. "La validez jurídica de las mociones de Madrid", El País, https://elpais.com/opinion/2021-03-11/seguir-adelante-con-las-mociones.html. 12 MARZO 2021–00:30.

CATALÀ I BAS, A. H.. "La lealtad como límite a la libertad de expresión de los militantes de los partidos políticos.: Malos tiempos para los versos libres" en VV.AA. *Una vida dedicada al Parlamento: Estudios en homenaje a Lluís Aguiló i Lúcia,* Corts Valencianes, Valencia, 2019, págs. 109-124.

CATALÀ I BAS, A.H.. "Transfuguismo y régimen jurídico de los concejales no adscritos. ¿Puede, y debe, el Derecho sancionar la deslealtad política?", *Revista Española de Derecho Constitucional,* núm.101, 2014.

CATALA I BAS, A.H.. "Armonía y conflicto de lealtades de los cargos representativos", *Revista de Derecho UNED,* núm. 21, 2017.

DE ESTEBAN, J.. «El fenómeno español del transfuguismo político y jurisprudencia constitucional», *Revista de Estudios Políticos,* núm. 70, 1990

DE ESTEBAN, J.. «LOS VICIOS DE LA DEMOCRACIA (III), EL MUNDO, 30-09-2009.

DE VEGA, P., «Significado constitucional de la representación política», Revista de Estudios Políticos, núm. 44, 1985.

DELGADO RAMOS, D., "Entre la validez y la eficacia. Notas sobre la reciente disolución (y mociones de censura) de la Asamblea de Madrid", Revista Cortes Generales, núm. 111, 2021.

DUVERGER, M., *Los partidos políticos,* Fondo Cultural Económico, séptima reimpresión, México, 1979.

FLORES DOMÍNGUEZ, L.E., "Transfugismo y coaliciones electorales, *Revista de Estudios de la Administración Local y Autonómica,* Nueva Época, Nº. 17, 2022, págs. 31-55.

GARCÍA ROCA, J.. «Representación política y transfuguismo: la libertad de mandato», en Santaolaya Machetti, P., y Corona Ferrero, J. M.ª (dirs.). *Transfuguismo político: escenarios y respuestas,* Civitas, Madrid, 2009.

GONZÁLEZ HERNÁNDEZ, E. "El modelo de responsabilidad del gobierno en la constitución de 1978 o jugar a las siete y media", *Revista de Derecho Político,* núm. 101, 2018, pp. 201 y ss.

KELSEN, H.. *Esencia y valor de la democracia,* Labor, 1934, pág. 69.

Loewenstein, K.. Teoría de la Constitución, Ariel, Barcelona, 1976, pp. 114-115.

MARININI, G.. *Miti e Realtà della Democrazia,* Milano, Communita, 1958.

Molas, I. y Pitarch, I.E.. *Las Cortes Generales en el sistema parlamentario español,* Tecnos, Madrid,1993.

MONTERO GIBERT, J.R. Y GARCÍA MORILLO, J.. *El control parlamentario,* Tecnos, Madrid, 1984.

MONTERO GIBERT, J.R. "La moción de censura en la Constitución de 1978: supuestos constituyentes y consecuencias políticas", *Revista de Estudios Políticos,* Nº 12, 1979, p. 30.

OLLERO TASSARA, A., "Democracia y moción de censura en la Constitución española de 1978", *Revista de Estudios Políticos,* nº 52, 1975,

PÉREZ ROYO, J.. "Disolución o moción de censura", *elDiario.es.* https://www.eldiario.es/contracorriente/disolucion-mocion-censura_132_7294880.html. 10 de marzo de 2021 23:01h. Actualizado el 11/03/2021 17:26h

PRESNO LINERA, M.A.., "La decisión política de disolver anticipadamente un Parlamento no es un acto administrativo". https://presnolinera.wordpress.com/2021/03/13/la-decision-politica-de-disolver-anticipadamente-un-parlamento-no-es-un-acto-administrativo/. 13 de marzo de 2021.

PRESNO LINERA, M.A.., «La superación del transfuguismo político en las corporaciones locales como exigencia de una representatividad democrática», *Revista de Estudios de Administración Local y Autonómica,* núm. 271, 1998.

RAMÍREZ, M.. «Teoría y práctica del grupo parlamentario», *Revista de Estudios Políticos,* núm. 11, 1979..

RODRÍGUEZ-VERGARA DÍAZ, Á.. "TSJM: había una interpretación alternativa". https://agendapublica.elpais.com/noticia/17443/tsjm-habia-interpretacion-alternativa. 15 de marzo de 2021, 15:59.

RUIZ ROBLEDO, A.. "La disolución anticipada de Ayuso", *El País.* https://elpais.com/opinion/2021-03-10/la-disolucion-anticipada-de-ayuso.html. 11 MAR 2021–00:30.

SÁNCHEZ MEDERO, G. Y CUEVAS LANCHARES, J.C.. "La disciplina partidista en el Congreso de los Diputados, el sistema legal español y los estatutos de los partidos políticos", *Revista Española de derecho constitucional*, Nº 111, 2017, pp. 185-219.

SÁNCHEZ NAVARRO, A.J... "Control parlamentario y minorías", *Revista de Estudios Políticos,*, Nº 88, 1995, págs. 223-256.

SANTAMARÍA, J.. "Partidos Políticos y pluralismo democrático, en AA.VV., *La Constitzione spagnola nel trentennale della Constitutione Italiana,* Forni, 1978, p. 30

SARTORI, G.. *Ingeniería constitucional comparada,* Fondo de Cultura Económica, México. 1994.

SORIANO HERNÁNDEZ, E., "El uso de la moción de censura en las Comunidades Autónomas", *Asamblea: revista parlamentaria de la Asamblea de Madrid,* Nº. 15, 2006, págs. 25-44 .

TOMÁS MALLÉN, B.. *Transfuguismo parlamentario y democracia de partidos,* Centro de Estudios Políticos y Constitucionales, Madrid, 2002.

TORRES DEL MORAL, A.. «La crisis del mandato representativo en el Estado de Partidos», *Revista de Derecho Político,* núm. 14, 1982.

TUDELA ARANDA, J.. "Madrid, caso práctico". El País. https://agendapublica.elpais.com/noticia/17461/madrid-caso-practico. 11 de marzo de 2021, 09:18.

VIRGALA FORURIA, E.. *La moción de censura en la Constitución de 1978,* Centro de Estudios Constitucionales, Madrid, 1988.

Capítulo 9

¿Para qué han servido las Comisiones Parlamentarias de Investigación en las Cortes valencianas?. Análisis de su experiencia en el autogobierno valenciano (1982-2023)

MARIANO VIVANCOS
Profesor Contratado Doctor de Derecho Constitucional
Universitat de València

I. INTRODUCCIÓN. LAS COMISIONES ESPECIALES DE INVESTIGACIÓN EN LAS CORTES VALENCIANAS: UNA APROXIMACIÓN NORMATIVA Y DOCTRINAL

A partir de la acertada institucionalización de la actividad investigadora (calificada, también, por la doctrina de "inspección política"[1]) de órga-

---

1 Gerpe Landín, Manuel (1981). Las funciones del Parlamento de Cataluña. El Parlamento de Cataluña. Barcelona: Ariel, 179-239. Santolalla López, Fernando (1982). El Parlamento y sus instrumentos de información. (Preguntas, interpelaciones y Comisiones de Investigación). Madrid: Edersa, entre otros.

nos *ad hoc* de las Cortes Generales incorporada en el texto constitucional[2], la Ley Orgánica 1/2006, de 10 de abril, de reforma de la Ley Orgánica 5/1982, de 1 de julio, de Estatuto de Autonomía de la Comunitat Valenciana contempla la posibilidad de crear Comisiones "especiales" de investigación (art. 22.3 EACV); incardinándolas dentro del ejercicio del "control parlamentario sobre la acción de la Administración, situada bajo la autoridad de la Generalitat"[3], algo no generalizado en el conjunto de normas institucionales básicas que, en la mayoría de casos, no regulan con mucho detalle las mismas, configurándolas como órganos internos de las Asambleas legislativas autonómicas.

Su fundamento constitucional se encuentra en el derecho fundamental[4] reconocido en el art. 23 CE, esto es, el *ius in officium* de los parlamentarios cualquiera que sea el ámbito parlamentario en que se integren y

---

2 Las Comisiones de Investigación Parlamentaria de las Cortes Generales están directamente reguladas en la Constitución (art. 76):
1. El Congreso y el Senado, y, en su caso, ambas Cámaras conjuntamente, podrán nombrar Comisiones de investigación sobre cualquier asunto de interés público. Sus conclusiones no serán vinculantes para los Tribunales, ni afectarán a las resoluciones judiciales, sin perjuicio de que el resultado de la investigación sea comunicado al Ministerio Fiscal para el ejercicio, cuando proceda, de las acciones oportunas.
2. Será obligatorio comparecer a requerimiento de las Cámaras. La ley regulará las sanciones que puedan imponerse por incumplimiento de esta obligación".
Precepto que precisamente por el hecho mismo de afectar a la organización de las Cortes Generales, no resultará de directa aplicación a las Asambleas legislativas autonómicas, según reiterada jurisprudencia constitucional (entre otras, las SSTC 179/1989, de 2 de noviembre; o 116/1994, de 18 de abril, entre otras).

3 La materia propia de las Comisiones Parlamentarias de Investigación lo constituye la actividad ejecutiva y, en caso de crearse una por una Asamblea Autonómica, como es el caso de las Cortes Valencianas, el objeto investigado lo constituye una parte de la actividad de la Administración autonómica. Del precepto transcrito cabe deducir la exigencia de una "conexión autonómica" por lo que la Administración que esté implicada de forma principal siempre será la autonómica; aspecto que no excluye que la indagación pueda extenderse con efectos meramente informativos a otras Administraciones públicas.

4 Se trata, como de forma ha señalado el TC, de un derecho constitucional que se ampara no sólo en el derecho fundamental del representante político a ejercer su cargo (SSTT 5/1983, de 4 de febrero, FJ 3º; 10/1983, de 21 de febrero, FJ 2º; 28/1984, de 28 de febrero, FJ 2º; 32/1985, de 6 de marzo, FJ 3º; 161/1988, de 20 de septiembre, FJ 6º; 38/1999, de 22 de marzo, FJ 2º; 40/2003, de 27 de febrero, FJ 2º; 202/2014, de 15 de diciembre, FJ 3º; 1/2015, de 19 de enero, FJ 3º; 56/2022, de 5 de abril, FJ 3º, entre otras muchas), sino también en el derecho de los ciudadanos de participar en los asuntos públicos (STC 202/2014, de 15 de diciembre,

actúen. Un derecho que tiene como contrapunto el deber ciudadano y de las autoridades de colaborar en la investigación parlamentaria, cuyo incumplimiento puede estar sancionado administrativa o penalmente[5].

Para el esclarecimiento de determinados hechos los Reglamentos parlamentarios autonómicos[6] suelen contemplar un tipo específico de Comisión, que en el Reglamento de las Cortes Valencianas se denomina Comisión No Permanente especial para el estudio de un caso concreto (art. 54 RCV), dentro del capítulo IV de su Título III ("De la organización de las Cortes"), definiéndolas en términos similares, aunque no idénticos, a los empleados en el precepto constitucional anteriormente aludido. Asimismo, las CPIs tendrán siempre el carácter de "no permanentes" (art. 52 RCV) y podrán ser creadas por el Pleno, a propuesta del Consell, de la Mesa, de cualquier grupo parlamentario o de la décima parte de los miembros de la Cámara, "sobre cualquier asunto de interés público[7] para la Comunidad Valenciana" (art. 53.1 RCV), debiendo establecerse en el acuerdo de creación "el plazo de finalización de sus trabajos".

FJ 3º; 1/2015, de 19 de enero, FJ 3º; 23/2015, de 16 de febrero, FJ 3º y 10/2018, de 5 de febrero, FJ 3º y 94/2018, de 17 de septiembre, FJ 4º, entre otras).

5 Esa sanción se reconoce hoy en el Título XXI del Libro II del Código Penal dedicado a los "Delitos contra la Constitución", concretamente en el artículo 502, que tipifica además de la omisión del deber de comparecer, el falso testimonio ante una Comisión Parlamentaria de Investigación de las Cortes Generales o de las Asambleas Parlamentarias.

6 Previsiones similares se recogen en otros Reglamentos autonómicos (así, por ejemplo, art. 64 del Reglamento de las Cortes de Castilla-La Mancha; art. 50 del Reglamento del Parlamento de Galicia; art. 76 del Reglamento de la Asamblea de Madrid; art. 66 del Reglamento de las Cortes de Aragón; art. 54 del Reglamento del Parlamento de Andalucía; art. 51 del Reglamento del Parlamento de Canarias; y art. 57 del Reglamento del Parlamento de Cataluña.

7 En términos muy similares se pronuncian otros Reglamentos parlamentarios de las Asambleas legislativas autonómicas: , por ejemplo, el art. 58.1 del Reglamento del Parlamento de Cataluña alude a "cualquier asunto de interés público que sea competencia de la Generalitat"; el art. 75.1 del Reglamento de la Asamblea de la Comunidad de Madrid se refiere a "cualquier asunto de interés público dentro del ámbito de competencias de la Comunidad de Madrid"; o el art. 106 del Reglamento de la Asamblea de Extremadura hace referencia a "cualquier asunto de interés público dentro del ámbito de la competencia de la Comunidad Autónoma", respectivamente.

Las CPIs han de elaborar un plan de trabajo, pueden nombrar ponencias en su seno y requerir la presencia de cualquier persona[8] para que sea oída (art. 53.2 RCV). Sus conclusiones deben plasmarse en un dictamen, que ha de ser sometido a debate y votación en el Pleno (art. 53.4 RCV), debiendo publicarse las conclusiones por este aprobadas en el "Butlletí Oficial de les Corts", sin perjuicio de que la Mesa de la Cámara dé traslado de las mismas al Ministerio Fiscal para el ejercicio (cuando proceda) de las acciones oportunas (art. 53.5 RCV). El objetivo es, por tanto, determinar las responsabilidades políticas (aspecto este discutido en asuntos en los que hay podido producirse una mala gestión de los servidores públicos.

Tales previsiones reglamentarias han sido desarrolladas por la Resolución de la Presidencia 4/IV, de 22 de marzo de 1996, que regula las comparecencias ante las Comisiones Parlamentarias de Investigación (BOCV, núm. 59, de 31 de mayo de 1996) en los siguientes términos:

i) El requerimiento de comparecencia (según el art. 53 RCV y el art. 2 de la Resolución 4/IV), debe realizarse mediante un escrito (el texto habla de "citación fehaciente"[9]) suscrito por el Presidente las

---

8 Un precepto legal que justifica la extensión de la investigación parlamentaria a otras Administraciones como, en ocasiones, ha podido suceder.

9 Esta no puede producirse por medios electrónicos al no existir obligatoriedad alguna al respecto que garantice a su vez su eficacia. El envío se debe hacer por el personal de las Cortes o por medio de correo certificado lo que en muchos casos ha planteado la problemática de verificar con exactitud el domicilio de los comparecientes, mayormente cuando estos no se encuentran identificados en el Plan de Trabajo. Los cauces que se han seguido han sido muy diversos (búsquedas a través servidores de Internet, colaboración con los Ayuntamientos de los municipios de residencia...) pero, también, respetuosos con la cada vez más exigente legislación sobre protección de datos personales (Reglamento 2016/679/UE, de 27 de abril, de Protección de las Personas Físicas y por la Ley Orgánica 3/2018, de 5 de diciembre, de Protección de Datos Personales y Garantía de los Derechos Digitales). Cabe destacar que la "comunicación por cesión" (art. 42 RGPD) que es una modalidad de tratamiento requiere una reserva legal (que cumple el RCV), ha permitido la colaboración de la Delegación del Gobierno en la comunicación del domicilio de los comparecientes, aunque recientemente ciertas solicitudes referidas al ámbito de las Fuerzas y Cuerpos de Seguridad del Estado han sido denegadas en base a esa misma legislaciones estatal al no reconocerse la compatibilidad de dicha cesión con la finalidad de investigación llevada a cabo por las Cortes. Igualmente, la posibilidad de solicitar al INE los datos de localización de ciertas personas físicas, tal y como posibilita el art. 41.4 de la Ley 39/2015, de 1 de octubre, del Procedimiento Administrativo Común de las Administraciones Públicas, se ha visto impedida al quedar fuera de la aplicación de dicha ley estatal las Cortes Valencianas (Disposición Adicional 5ª).

Cortes valencianas, en el que se hará constar: a) La fecha del acuerdo en virtud del cual requiere la comisión de investigación ante la que se debe comparecer; b) El nombre y apellidos de la persona requerida, así como el domicilio; c) El lugar, el día y la hora en que haya de comparecer, con apercibimiento de las responsabilidades en que pudiera incurrir en caso de no atender al citado requerimiento; d) El tema sobre el que deba versar el testimonio según el Plan de Trabajo[10] de la Comisión; y, por último, e) La referencia expresa a los derechos reconocidos al compareciente.

ii) La persona requerida podrá comparecer acompañada de la persona que designe para asistirla, en cuyo caso se deberá obtener la aprobación de la Mesa de la Comisión, quien trasladará este acuerdo a la Mesa de las Cortes (art. 7);

iii) La Mesa de las Cortes Valencianas velará por que, dentro de las Comisiones Parlamentarias de Investigación, queden salvaguarda-

---

La citación debe recibirse con una antelación mínima de 15 días (aunque en los casos "urgentes" el plazo puede verse sensiblemente reducido a un plazo "mínimo" de 3 días), según el art. 3 de la Resolución 4/IV. El envío erróneo de la citación o la recepción fuera del plazo legalmente estipulado, legitiman la incomparecencia del citado.

10 Este último aspecto, por lo general, no suele incluirse como norma general en las citaciones que se han cursado hasta la fecha desde la Presidencia de las Cortes Valencianas. Aspecto motivado por el hecho de que los planes de trabajo no han previsto el tema específico sobre el que cada compareciente debía hablar con antelación. Ante dicha omisión, la Administración parlamentaria se ha considerado incompetente para definir por su cuenta el tema objeto de cada testimonio. Al indicarse, por último, la responsabilidad o cargo por el que es llamado el compareciente presupone o apunta implícitamente el tema sobre el cual es requerido a informar.
Los Planes de Trabajo de las investigaciones han previsto amplios listado de comparecientes, afectando no sólo a personas relacionadas directa o indirectamente con el objeto investigado y con independencia de su vinculación (presente o pasada) con un ámbito administrativo específico: la Administración General del Estado, la Administración de la Generalitat o, incluso, la administración local. De la experiencia acumulada la mayor parte han sido responsables políticos del Gobierno autonómico, altos funcionarios de su Administración o directivos o empleados públicos del sector público autonómico. Aunque, especialmente en las últimas legislaturas (VIII, IX y X) los listados de comparecientes también han incluido cargos políticos locales y/o municipales (como presidentes de las diputaciones provinciales o concejales de algunos ayuntamientos) e, incluso, autoridades estatales o miembros de autoridades independientes, lo que ha forzado a pronunciarse al Consejo de Estado sobre obligatoriedad del deber de comparecencia de los mismos, aspecto que luego trataremos en detalle en otra parte del presente trabajo. .

dos el respeto a la intimidad y el honor de las personas, el secreto profesional y la cláusula de conciencia y los demás derechos constitucionales (art. 1);

iv) Declarándose (en todo lo no previsto por la Resolución), por último, de aplicación supletoria[11] la Ley Orgánica 5/1984, de 24 de mayo, de comparecencia ante las comisiones de investigación del Congreso y del Senado o de ambas Cámaras (art. 9).

A lo largo del periodo de autogobierno se han creado un total de 20 Comisiones Parlamentarias de Investigación (dos menos que en las creadas por las Cortes Generales en el mismo periodo[12]), que son las siguientes:

1. Comisión de Investigación y Estudio de los riesgos naturales en la Comunitat Valenciana[13] (II legislatura);
2. Comisión de Investigación y seguimiento del proceso de expropiación y relocalización del pueblo de Gabarda[14] (II legislatura);

---

[11] La aplicación a los parlamentarios autonómicos del referido instrumento normativo (LO 4/1985) fue inicialmente una cuestión discutida, precisamente por el ámbito de aplicación que concretaba (Cortes Generales). En la actualidad su aplicación supletoria a las Asambleas legislativas autonómicas no presenta mayores objeciones pudiendo fundamentarse en sendos preceptos constitucionales: el 149.1.1 (garantía básica del cumplimiento de los deberes constitucionales) y el 149.3 (cláusula de supletoriedad del Derecho estatal).No obstante, el Consejo de Estado siempre se ha mostrado reacio a la obligatoriedad de que las autoridades y altos cargos estatales pudiesen ser obligados a comparecer a una Comisión Parlamentaria de Investigación constituida en una Asamblea legislativa autonómica, defendiéndose tradicionalmente por el alto órgano consultivo estatal la inaplicación de la ley estatal (Dictamen núm. 47.997, de 29 de julio de 1986) incluso, después, de la entrada en vigor del artículo 502 del Código Penal (Dictamen 34/2003, de 6 de febrero) y, consiguientemente, del establecimiento del deber de asistencia a las Comisiones de Investigación autonómicas y de la tipificación de una sanción penal en caso de inasistencia voluntaria.
Por lo que se refiere a las Cortes Valencianas, la aplicación supletoria de la norma estatal ha venido confirmada por la Resolución 4/IV de la Presidencia, pues tras reproducir una buena parte de sus previsiones, dispone en su artículo 9 lo siguiente: "En todo lo no previsto en la presente resolución será de aplicación con carácter supletorio, lo establecido en la Ley Orgánica 5/1984, de 24 de mayo, de comparecencias ante las Comisiones de Investigación del Congreso y del Senado".

[12] Hay que tener en cuenta que los periodos legislativos estatal y autonómico no son plenamente coincidentes, dando comienzo con anterioridad en el ámbito estatal.

[13] *Boletín Oficial de las Cortes Valencianas* núm. 19, de 7 de diciembre de 1987, p. 751.

[14] *Boletín Oficial de las Cortes Valencianas* núm. 49, de 13 de mayo de 1988, p. 2659.

3. Comisión de Investigación del control de las actuaciones efectuadas por parte del Consell en la concesión provisional de emisoras de radiodifusión sonora en ondas métricas con modulación de frecuencia[15] (II legislatura);
4. Comisión de Investigación sobre tráfico de influencias y uso de informaciones privilegiadas en el ámbito de la Comunitat valenciana[16] (II legislatura)
5. Comisión no permanente de Investigación para tratar las irregularidades detectadas en la subvención concedida a la empresa COSISTEL SAL. y las posibles implicaciones y responsabilidades políticas que puedan tener relación con la citada subvención [17] (III legislatura);
6. Comisión de Investigación sobre las contrataciones realizadas por Valencia Ciencia y Comunicación (VACICO), durante 1994 y 1995, a la empresa 2D-3D[18] (IV legislatura);
7. Comisión de Investigación para investigar las responsabilidades en el caso de hepatitis C y la propagación de esta enfermedad[19] (IV legislatura);
8. Comisión sobre los brotes de legionela en Alcoi[20] (V legislatura);
9. Comisión de Investigación sobre el accidente de la línea 1 de Metrovalencia, ocurrido el 3 de julio de 2006[21] (VI legislatura);
10. Comisión no permanente de Investigación para el estudio de la financiación y cuentas del Partido Popular de la Comunidad Valenciana, del Partido Socialista del País Valenciano-PSOE y de Esquerra Unida-Bloc-Verds-Izquierda Republicana: Compromís[22] (VII legislatura);
11. Comisión no permanente especial de investigación sobre el proceso que ha llevado a la intervención por el Banco de España, el pasado 21 de julio, de la Caja de Ahorros del Mediterráneo[23] (VIII legislatura);

---

15 *Boletín Oficial de las Cortes Valencianas*, núm. 167, de 12 de enero de 1990, p. 9034.

16 *Boletín Oficial de las Cortes Valencianas*, núm. 187, de 24 de abril de 1990, p. 10018.

17 *Boletín Oficial de las Cortes Valencianes*, núm. 193, de 7 de junio de 1994, p. 14718.

18 *Boletín Oficial de las Cortes Valencianas*, núm. 47, de 16 de abril de 1996, p. 4963.

19 *Boletín Oficial de las Cortes Valencianas*, núm. 299, de 28 de diciembre de 1998, p. 35911.

20 *Boletín Oficial de las Cortes Valencianas*, núm. 73, de 15 de diciembre de 2000, p. 8.415.

21 *Boletín Oficial de las Cortes Valencianas*, núm. 213, de 19 de julio de 2006, p. 33654.

22 *Boletín Oficial de las Cortes Valencianas*, núm. 184, de 5 de noviembre de 2011, p. 22388.

23 *Boletín Oficial de las Cortes Valencianas*, núm. 27, de31 de octubre de 2011, pp. 3.869-3870.

12. Comisión especial de investigación sobre EMARSA, en relación con la gestión y la explotación de la depuradora de Pinedo desde su creación, la conexión con otras entidades y las posibles responsabilidades en la liquidación de gastos[24] (VIII legislatura);
13. Comisión de investigación sobre el accidente de la línea 1 de Metrovalencia ocurrido el 3 de julio de 2006[25] (IX legislatura);
14. Comisión de investigación sobre todos los aspectos de la gestión general de las instituciones feriales de la Comunitat Valenciana, Feria Valencia y Institución Ferial Alicantina, los últimos años, los posibles costes de las operaciones de ampliación y modernización en ambos casos, y la gestión de los préstamos del BEI y de los avales públicos concedidos a estas instituciones[26] (IX legislatura);
15. Comisión especial de investigación sobre la contratación de la Generalitat con la trama investigada en el marco de la Operación Taula[27] (IX legislatura);
16. Comisión especial de investigación sobre la financiación electoral del PSPV i Bloc entre 2007 y 2008[28] (IX legislatura);
17. Comisión no permanente de investigación de las actividades de la empresa pública CIEGSA[29] (IX legislatura);
18. Comisión de investigación para averiguar los motivos de contaminación de los acuíferos que abastecen de agua potable los municipios de nuestro territorio, como es el caso de la comarca de la Ribera, el tiempo y las consecuencias para el consumo humano de agua contaminada, en especial la afectación a embarazadas y niños[30] (IX legislatura);
19. Comisión de investigación para el estudio del proceso de adjudicación de las plazas de residencias de accesibilidad para las personas dependientes, en concreto en los centros del Grupo Savia[31] (IX legislatura);

[24] *Boletín Oficial de las Cortes Valencianas*, núm. 46, de 12 de enero de 2012, pp. 6513-6514.
[25] *Boletín Oficial de las Cortes Valencianas*, núm. 3, de 26 de junio de 2015, p. 29.
[26] *Boletín Oficial de las Cortes Valencianas*, núm. 24, de 23 de octubre de 2015, p. 2126.
[27] *Boletín Oficial de las Cortes Valencianas* núm. 52, de 5 de febrero de 2016, pp. 6056-6058.
[28] *Boletín Oficial de las Cortes Valencianas* núm. 274, de 18 de mayo de 2018, p. 46093.
[29] *Boletín Oficial de las Cortes Valencianas*, núm. 45, de 30 de diciembre de 2015, p. 5265.
[30] Boletín Oficial de las Cortes Valencianas, núm. 30, de 5 de noviembre de 2015, p. 3015.
[31] *Boletín Oficial de las Cortes Valencianas*, núm. 19, de 7 de octubre de 2015, p. 1848.

20. Comisión de investigación de la deuda pública de la Comunidad Valenciana[32] (X legislatura); y

21. Comisión de Investigación sobre el presunto cobro de comisiones en contratos públicos de operaciones urbanísticas entre los años 2004 y 2011 investigadas en el caso Azud[33] (X legislatura).

De tal modo que la frecuencia con que este instrumento "extraordinario" de control ha sido utilizado ha sido muy desigual durante estos 40 últimos años, intensificándose en la segunda (4) y novena (7) legislaturas; llegándose en la séptima a crearse una CPI que no llegaría a constituirse, igual que ha sucedido con otra de las dos creadas en la décima legislatura.

Desde un punto de vista doctrinal, resultaba una tarea pendiente tras algunos estudios iniciales sobre la misma[34] hace ya más de tres décadas, un estudio detallado de la actividad desplegada por tales instrumentos de control "extraordinarios" de la acción de gobierno y de las responsabilidades políticas derivadas de su actuación. Aunque existe una bibliografía abundante sobre las mismas, desde una perspectiva general (ahí esta el excelente estudio de Beltrán Galí[35] recientemente publicado por las Cortes Valencianas), estos han ido orientados bien a abordar aspectos parciales de regulación (delimitación de su ámbito de actuación; obligaciones de los comparecientes; tutela de derechos fundamentales; modelo discursivo; utilidad para la prevención de la corrupción...) bien al análisis de la no tan abundante jurisprudencia constitucional en relación a las mismas que, sólo en casos muy concretos[36], se ha ceñido al estudio de la experiencia valenciana. (Peña Jiménez, 2019; Soriano Hernández, 2022, entre otros)

---

32 *Boletín Oficial de las Cortes Valencianas* núm. 35, de 6 de noviembre de 2019, p. 3778.

33 *Boletín Oficial de las Cortes Valencianas,* núm. 171, de 4 de junio de 2021, p. 24534.

34 García Mahamut, Rosario (1993). Las comisiones de investigación en las Cortes Valencianas. Cuadernos de la Cátedra Fadrique Furió Ceriol (5), 135-142.

35 Beltrán Galí, Mª del Mar (2020). *Las Comisiones de investigación parlamentarias en España: Retos actuales.* Valencia: Cortes Valencianas.

36 Entre otros, Alcantarilla Hidalgo, Fernando José (2019). Naturaleza y límites de las comisiones parlamentarias de investigación: breve comentario de la STC 133/2018, de 13 de diciembre. *Consultor de los ayuntamientos y de los juzgados: Revista técnica especializada en administración local y justicia municipal,* (4), 110-118; y Soriano Hernández, Enrique (2022). Las Corts Valencianes en la jurisprudencia del Tribunal Constitucional. *Corts: Anuari de Dret Parlamentari* (36), 61-90, entre otros.

II. PRIMER RODAJE DE LAS COMISIONES DE INVESTIGACIÓN EN EL PARLAMENTO AUTONÓMICO.

A lo largo de la primera legislatura (1983-1987) no se llegará "formalmente" a plantear la creación de ninguna comisión de investigación propiamente dicha, en base a la literalidad de la reglamentación parlamentaria. No obstante, puede generar alguna duda una Resolución[37] aprobada a iniciativa del Grupo Parlamentario Comunista como resultado de una Proposición No de Ley[38] que venía a insistir en el cumplimiento de una iniciativa suya anterior, sobre el seguimiento de los efectos de la riada de 1982. Solicitándose la creación de una comisión "especial" dirigida a estudiar y valorar los daños provocados por las inundaciones, concretando tanto las medidas que habían sido adoptadas, como su ejecución y seguimiento; abriéndose, por último, a cuantas sugerencias se estimasen oportunas. Por los datos que obran en el Registro de las Cortes Valencianas, nunca se elevaría sugerencia alguna al plenario de las Cortes; ni tampoco existe constancia de que tales daños se cuantificasen, al igual que sobre las medidas finalmente adoptadas y su ejecución. Aspectos que llevarán a pronunciarse a la doctrina[39] sobre el incumplimiento de la encomienda efectuada.

En la legislatura siguiente (1987-1991) la pérdida de la mayoría absoluta por parte del PSPV-PSOE, sin duda, será el causante de la creación de un importante número de comisiones de investigación (la segunda cifra más importante de todo el periodo de autogobierno). Los objetos de las mismas, sin duda "asuntos de interés público", que además incidirán en su inmensa mayoría en el ámbito de gestión de interés autonómico (riesgos naturales y seguimiento de las inundaciones sufridas; la reubicación del municipio de Gabarda; o la concesión provisional de emisoras de radiodifusión sonora en ondas métricas con modulación de frecuencias, en concreto), y conectándose sólo una con el sistema de integridad institucional. Ninguna de ellas, no obstante, elevaría dictamen al pleno, sin llegar tampoco a alcanzar ningún tipo de conclusiones. Ni siquiera aquellas que fueron iniciativa de todos los grupos parlamentarios y que no llegaron a cosechar ningún voto en contra, como es el caso de la de los riesgos naturales y la del uso de información privilegiada.

37 Boletín Oficial de las Cortes Valencianas, núm. 20, de 18 de noviembre de 1983, p. 612.

38 Boletín Oficial de las Cortes Valencianas, núm. 16/I, de 7 de noviembre de 1983, p. 416.

39 García Mahamut (1993). *Op. cit.* 137.

La pérdida del control sobre la decisión de aprobar o no tales instrumentos por parte de la mayoría parlamentaria se hizo evidente al plantearse cuatro comisiones más que, finalmente, bien serán retiradas por el grupo proponente[40] o rechazadas[41] por el mismo pleno.

El regreso a una mayoría absoluta socialista en la III legislatura (1991-1995) influirá significativamente en el resultado final de las comisiones impulsadas. A través de la Resolución 2002/III, de 25 de mayo de 1994 se aprobaría única comisión no permanente de investigación creada en toda la legislatura, la referida al llamado "caso Cosistel"[42] que tuvo cierta repercusión mediática a partir del clima desfavorable a la corrupción institucionalizada de los últimos gobiernos socialistas en el ámbito estatal. La

---

40 Como sucedió con la iniciativa publicada en el Boletín Oficial de las Cortes Valencianas núm. 24, de 29 de diciembre de 1987, p. 1006. Se trata de una propuesta para la creación de una Comisión de Investigación sobre las actuaciones de los servicios de la Conselleria de Cultura, Educación y Ciencia, en relación con la apertura tardía del curso escolar en el Instituto Jorge Juan de Alicante y su cierre el 23 de noviembre, presentada por iniciativa del Grupo Parlamentario del Centro Democrático y Social.

41 Boletín Oficial de las Cortes Valencianas núms. 49, de 13 de mayo de 1988, p. 2690; 120, de 19 de mayo de 1989, p. 7051; y 280, de 11 de marzo de 1991, respectivamente. Referidas a los centros penitenciarios situados en el ámbito territorial valenciano; la problemática de la empresa IMEPIEL SA y el desarrollo de la zona de Promoción Económica de la Vall d´Uixó o, incluso, las actuaciones gubernamentales respecto del cumplimiento de las Resoluciones de las Cortes Valencianas presentadas por los Grupos Parlamentarios de Esquerra Unida-Unitat del Poble Valenciá (más el GP Mixto), del Centro Democrático y Social y del Grupo parlamentario Alianza Popular, respectivamente.

42 Su objeto, investigar el incumplimiento de una serie de condiciones incumplidas por parte de una empresa de economía social, Cositel SAL, beneficiaria de una subvención de la Conselleria de Trabajo y Asuntos Sociales; en concreto, el incumplimiento de las condiciones en las cuales se basaba su concesión, concretadas en que nunca llegó a contar con 16 socios trabajadores (50% de su plantilla) como exigía la convocatoria pública. Al final, la empresa se vería obligada a la devolución de la subvención financiera otorgada por un importe de 30.656.250 pesetas (180.000 euros), tras la sentencia de 17 de octubre de 2001, de la Sala de lo Contencioso Administrativo del Tribunal Superior de Justicia de la Comunidad Valenciana, recaída en el recurso contencioso administrativo 1467/94, en el que se impugnaba la resolución del Consejero autonómico desestimatoria del recurso ordinario interpuesto contra la resolución de Director General de Empleo y Cooperación de 17 de enero de 1994, que revocaba la resolución de 14 de abril de 1990, que concedió la ayuda.

solidez de la que disfrutaba la mayoría socialista permitió el rechazo[43] de la propuesta de creación de una comisión de investigación que ahondase en "el origen, las causas, la responsabilidad agente y vigilante, el curso, el tratamiento seguido, y la cobertura social" del denominado Síndrome Ardystil[44], a propuesta del Grupo Parlamentario Popular. Una "crisis sanitaria (que) obligó a poner en marcha una serie de dispositivos de intervención que hicieron visible la importancia de la Salud Pública como Autoridad Sanitaria" y traería consigo iniciativas hoy consolidadas, tales como la institucionalización de la Comisión de Salud Pública; la normalización de los programas y actividades de salud pública en las distintas áreas de salud; o, incluso, la inclusión de la salud ambiental y laboral como actividades regladas dentro de la vigilancia de la salud, como han puesto de manifiesto recientemente algunos autores[45].

III. LA PRIMERA CRISIS DE SALUD PÚBLICA (HEPATITIS C) Y LA INVESTIGACIÓN PARLAMENTARIA.

En la siguiente legislatura (1995-1999) una nueva "crisis" de salud pública protagonizará la actividad de una de las dos comisiones de investigación sustanciadas. No obstante de la primera, que tuvo que ver con una contratación irregular que afectaba a la Ciudad de las Ciencias.

A través de la Resolución 63/IV, de 27 de marzo[46], se creaba la primera, ceñida a unas contrataciones irregulares que afectaban a la Ciudad de (las Artes y) las Ciencias (posteriormente CACSA). En concreto, se trataba de unos expedientes de contratación de los años 1994 y 1995 de la empresa pública Valencia Ciencia y Comunicación (VACICO), que fueron solicitados

[43] *Boletín Oficial de las Cortes Valencianas* núm. 104, de 16 de marzo de 1993, p. 7170.

[44] Como señalan Moya-García y Marí-Boscá (2022): "Treinta años del Síndrome Ardystil", *Archivos de Prevención de Riesgos Laborales* (4), "con el nombre de Síndrome Ardystil se designó un brote de origen laboral que se produjo entre febrero y noviembre de 1992 en la comarca de L'Alcoià (Alicante), en la industria de la aerografía textil, que provocó un cuadro respiratorio grave a 72 trabajadores, fundamentalmente mujeres jóvenes, con 6 fallecimientos, ocasionando gran impacto social. Este brote es conocido con el nombre de la empresa donde se produjeron la mayoría de los casos. La epidemia se controló a partir de la identificación del Acramin FWN utilizado en forma de aerosol, como causa responsable del brote".

[45] Moya-García, Carmela y Martí Boscá, José Vicente (2022), *op. cit.*

[46] *Boletín Oficial de las Cortes Valencianas*, núm. 47/IV, de 16 de abril de 1996, p. 4963.

al Consell por haber beneficiado a la agrupación de interés económico 2D-3D. La propuesta inicial de calendario será ampliada (hasta el 30 de octubre), con tres reuniones efectivas[47], rechazándose la propuesta de dictamen formulada por el Grupo Socialista, con lo que las conclusiones finales serán reescritas por el grupo mayoritario de la Cámara el 28 de octubre de 1996.

En las conclusiones[48] que fueron llevadas al pleno para su aprobación por la Cámara, se declaró la intencionalidad de beneficiar a la empresa investigada (y de "determinados intereses personales", relacionados con la familia Barón) sin la acreditada solvencia económica ni, tampoco, habiendo aportado las garantías suficientes para una adjudicación pública de tal envergadura (cercana al millón de euros en su totalidad); algo que terminará encareciendo el coste final del proyecto a través de un proceso de contratación irregular en donde no se respetarían los principios de publicidad y concurrencia y donde hubo una doble retribución a través de subcontrataciones irregulares.

El objeto de interés público de la segunda comisión quedó ceñido a la primera gran crisis de salud pública que ha padecido el autogobierno valenciano. En concreto, se trataba de esclarecer el momento en que la Conselleria de Sanidad tuvo conocimiento del contagio masivo de la hepatitis C, que llegó a registrar tres centenares de afectados; y también evaluar críticamente una gestión que se sospechaba intentó ocultarlo a la opinión pública y minimizar su dimensión, lo que podría acarrear responsabilidades políticas evidentes que, sin embargo, no llegaron a pasarle factura al conseller Farnós, responsable gubernamental.

Su creación aprobada por el pleno de las Cortes Valencianas el 3 de diciembre de 1998, a instancias de Esquerra Unida-Els Verds y con el apoyo del resto de la oposición y de Unión Valenciana, tuvo siempre en contra a los diputados de la mayoría gubernamental (PP) que veían con preocupación como el contagio podía eclipsar uno de los programas "estrella" de legislatura: un plan de choque para reducir las listas de espera. Era clave, pues, dar a conocer el momento exacto en que se tuvo conocimiento del contagio y su dimensión; pero sobre todo, si existió algún ánimo de ocultación del mismo del que pudiesen derivarse responsabilidades políticas.

---

47 Días 22, 24 y 28 de octubre de 1996.

48 Resolución 188/IV, de 23 de abril (*Boletín Oficial de las Cortes Valencianas,* núm. 141, de 5 de mayo de 1997, p. 18.667).

Hay que tener en cuenta que la investigación parlamentaria comenzaba su andadura tras la creación el 8 de abril de una Comisión de Expertos que pretendía dar una respuesta "técnica" (no política) a la problemática, sobre la base de tres premisas: si se trataba realmente de un brote epidémico o era por la prevalencia general del virus; si el departamento de salud pudo actuar antes; y, por último, identificar con urgencia las vías de transmisión. Y cuyas conclusiones también reflejarían "deficiencias estructurales" en la cadena de esterilización de uno de los hospitales partícipes en el nuevo programa sanitario antes apuntado.

Tanto la constitución inicial como el plan de trabajo proyectado de la referida comisión se verán afectados por sendos motivos: i) el recurso presentado por el Grupo Popular en relación a las designaciones efectuadas por los grupos parlamentarios[49] ante la Mesa, con evidente ánimo dilatorio; y ii) por la necesidad de recabar un informe jurídico de los servicios letrados de la Cámara sobre los límites de la concurrencia del procedimiento judicial abierto con la investigación que se estaba desarrollando en sede parlamentaria. Circunstancias que terminarán por afectar el curso de unos trabajos[50] que tendrán como fecha límite el 20 de abril, al disolverse la Cámara por fin de mandato.

---

49 *Boletín Oficial de las Cortes Valencianas,* núm. 309/IV legislatura, de 11 de febrero de 1999, p. 37694-37.695. Los representantes de los distintos Grupos Parlamentarios designados para la referida Comisión fueron los siguientes: Fernando Castelló Boronat; Rafel Maluenda Verdú; Alejandro Font de Mora Turón; Luis Concepción Moscardó; José Manuel Botella Crespo; Esther Franco Aliaga; y Clara Abellán García (GP Popular); Antonio Moreno Carrasco; Francisca Benavent Fuentes; Carmen Lorenz Sos; Mª Antonia de Armengol Criado; Leandre Picher Buenaventura (GP Socialista); Alfredo Botella Vicent (GP Esquerra Unida-Els Verds); Filiberto Crespo Samper (GP Nacionaliste Unión Valenciana); y Pedro Zamora Suárez (Grupo Mixto).

50 La Resolución 438/IV, de 25 de febrero de 1999 (*Boletín Oficial de las Cortes Valencianas* núm. 323, de 26 de marzo de 1999, pp. 38.521-38.522) aprobará el plan de trabajo de la Comisión de Investigación creada, que planteaba los siguientes hitos temporales: día 25 de febrero (solicitud tanto del informe jurídico sobre los límites de la concurrencia de un procedimiento judicial con la investigación parlamentaria encargada a la Comisión como de la de entrega de la documentación solicitada a la Administración de la Generalitat); de los días 1 al 6 de marzo (plazo estimado de recepción de las documentaciones solicitadas); de los días 8 al 11 de marzo (plazo donde los grupos parlamentarios deberían concretar sus solicitudes de comparecencia y de documentación complementaria, en su caso); el día 12 de marzo (aprobación de las comparecencias); los días 22 y 23 de marzo (desarrollo de las comparecencias y designación de la ponencia); el 29 de marzo (debate en

En el capítulo de comparecencias, lo más destacable será la comparecencia del director general de Salud Pública (Francisco Bueno), quien había presidido la Comisión de Expertos que había elaborado el estudio epidemiológico que permitirá identificar el nexo causante de los contagios (convirtiéndose en la prueba pericial determinante en proceso judicial posterior); al igual que los dos codirectores del referido estudio (Hermelinda Vanaclocha, jefa del Servicio de Epidemiología de la Dirección General de Salud Pública, y Ferran Martínez, jefe de área de Vigilancia de Salud Pública del Centro Nacional de Epidemiología) y la jefa de la Unidad de Evaluación Sanitaria y Calidad Asistencial, cuyo departamento se pronunció sobre la idoneidad del hospital privado Casa de Salud para participar en el plan de choque contra las listas de espera que había impulsado la Consejería de Sanidad. Por el contrario, el máximo responsable departamental (Joaquín Farnós) y otras solicitudes de comparecencia, avaladas[51] inicialmente por los populares, serán rechazadas del mismo modo que otras doce[52] solicitadas por los grupos de la oposición.

La judicialización de la investigación terminará por condicionar la llegada de la información solicitada a la Conselleria de Sanidad; concluyéndose sus trabajos sin llegar a emitir ningún dictamen gracias a una argucia de última hora de los socios parlamentarios del Gobierno quien al tiempo que rechazaban la propuesta de dictamen elaborada por los populares (negando toda responsabilidad política en el brote epidémico), también impedían que prosperase la presentada conjuntamente por la oposición política (PSPV-PSOE, EU-Els Verds y el Grupo Mixto-NE). Se ponía pues

comisión del dictamen de la ponencia); y los días 13 y 14 de abril (debate del dictamen en pleno).

51 Como la directora de la clínica Casa La Salud, la hermana Lucía Ibáñez; el director médico de la clínica, Miguel Herráiz; o el director gerente del Hospital La Fe, Vicente Gil Suay, que era su antecesor en el cargo.

52 Junto a la del máximo responsable departamental y los tres responsables médicos identificados, se solicitaría también sin éxito otra serie de comparecencias: como la de la directora de enfermería y el director médico del Maternal de La Fe; el jefe del equipo médico en el que trabajaba el anestesista condenado; los médicos de La Fe que fueron expedientados; el responsable médico de Iberdrola (una de las compañías que detectó el brote); el subsecretario de la Consejería de Sanidad (Rafael Peset) y del director general de Asistencia Especializada (Marciano Gómez), que posteriormente comparecerían ante el Tribunal Superior de Justicia de la Comunidad Valenciana con motivo de la investigación que se abrirá contra el primero por su imputación en un delito de revelación de secretos de la que finalmente quedaría absuelto.

punto y final a una comisión que dejaba al margen (y sin investigación alguna) cualquier otro mecanismo de contagio que no fuese la actuación del anestesista según la hipótesis "oficial" sugerida en el desarrollo de sus trabajos y que constataría también el análisis[53] filogenético del virus, prueba de cargo en el macroproceso que terminaría por condenar penalmente[54] al anestesista, declarando la responsabilidad directa de siete compañías aseguradoras[55] "*ex delicto*" y la responsabilidad civil subsidiaria tanto del hospital privado Casa de la Salud como de la Conselleria de Sanidad.

Cabe señalar, también, que en los momentos agónicos de la legislatura, se propondrá (a iniciativa del Grupo Parlamentario Esquerra Unida-Els Verds) la constitución de una propuesta[56] de Comisión de Investigación sobre la adjudicación[57] de quince nuevas licencias radiofónicas unos meses antes (28 de diciembre de 1998), solicitándose también en paralelo a través

---

53 Desarrollado desde el Institut Cavanilles de Biodiversitat i Biología Evolutiva del *Parc Científic* de la Universitat de València en el que también participaron investigadores del Centro Superior de Investigación en Salud Pública (Fisabio) de la Generalitat. Y cuyos resultados se harían públicos seis años después del fallo a través de la revista científica británica BMC Biology.

54 El proceso, desde luego, no tenía precedentes, ni por las dimensiones y la complejidad de la causa ni tampoco por la exigencia de la investigación expuesta. El 15 de mayo de 2007 se hacía público el fallo de la Sección 2ª de la Audiencia Provincial de valencia por la que se condenaba al anestesista a 1993 años de cárcel ascendiendo a un importe total de 20.374.065 euros las indemnizaciones por los 275 contagios; fallo que fue ratificado por la Sala de lo Penal del Tribunal Supremo el 17 de febrero de 2009.

55 Cresa, Aseguradora Ibérica y Reaseguradora (actualmente Allianz), Schweiz (actualmente Winterthur), la Unión y el Fénix (actualmente Allianz), Mapfre Industrial, UAP (actualmente AXA) y AMA.

56 *Boletín Oficial de Las Cortes Valencianas* núm. 308/IV, de 8 de febrero de 1999, p. 3757.

57 Para Gámir Ríos, Jose Vicente (2005). Poder político y estructura mediática: la comunicación en la Comunitat Valenciana durante la presidencia de Eduardo Zaplana (1995-2002). *Aposta. Revista de Ciencias Sociales*, p. 16, "las cifras evidencian que la política radiofónica del Partido Popular en el ámbito de la frecuencia modulada privada y comercial ha resultado claramente beneficiosa para la concentración de emisoras en torno a Onda Cero y la COPE". Cuantifica el autor, que ambas cadenas (generalistas) nacionales más próximas a la gestión popular ganaron ocho y cinco nuevas emisoras, respectivamente; llegando a la conclusión de que la referida adjudicación impulsaría un proceso de concentración que impediría crear otro grupo radiofónico autóctono.

de otra iniciativa parlamentaria[58] su suspensión, con el propósito de ganar tiempo de cara a la formalización de la primera que debía constituirse en cuarenta y cinco días. Sin embargo, tras el rechazo de la segunda, tampoco dicha constitución llegará nunca a producirse, debido a la ajustada aritmética parlamentaria de la Cámara; y en este caso, favorecida a su vez por la ausencia (desde luego no casual[59]) en el hemiciclo de las Cortes regionales de un diputado (Josep Garés Gares) que, pocos días antes de plantearse la iniciativa abandonaba la disciplina del Grupo Parlamentario Socialista con destino al Mixto, posibilitando así su rechazo.

En el mandato legislativo siguiente (1999-2002) la mayoría absoluta cosechada por los populares (49 escaños) será determinante para impedir[60] todo

---

58 Proposición no de ley sobre suspensión por seis meses del acuerdo de adjudicación de las 15 emisoras de radio FM efectuado recientemente, presentada por el Grupo Parlamentario Esquerra Unida-Els Verds (RE núm. 54.962). Diario Oficial de las Cortes Valencianas, núm. 307, de 4 de febrero de 1999, p. 37.456-37.457.

59 Algunos medios digitales se harían eco de una curiosa coincidencia que puede tener interés traer a colación y que favorecería con una suculenta publicidad institucional (proveniente en un 80% de la Generalitat y otras instituciones económicas controladas por el poder autonómico) a una publicación de nueva creación impulsada por el exdiputado Josep Garcés y su esposa Mireia Donat.

60 Así, la Comisión de Investigación para tratar las irregularidades detectadas en la Fundación Oficina Valenciana para la Sociedad de la Información (OVSI) y las posibles implicaciones y responsabilidades políticas que pudieran relacionarse con ellas, solicitada por el Grupo Parlamentario Socialista-Progressistes no llegará a ser admitida en el primer año de legislatura, sin que tampoco llegasen a aprobar un gran número de comisiones que se encontraban en tramitación (Propuestas de creación de sendas Comisiones de Investigación para estudiar las irregularidades de D. José Emilio Cervera al frente de la Dirección General y (posterior) l Subsecretaria de Modernización de la Administración valenciana durante el periodo 1995-1999 y las posibilidades responsabilidades políticas derivadas, a propuesta del Grupo Parlamentario Socialista-Progresssistes y del Grupo parlamentario Esquerra Unida del País Valenciá, respectivamente; Propuesta de creación de una Comisión de Investigación dirigida a determinar las implicaciones y repercusiones de la denuncia realizada por D. Adrià Hernández García en relación con las presuntas actuaciones del actual Secretario General del PSPV-PSOE (Joan Ignasi Pla, a propuesta del Grupo Parlamentario Popular; Propuesta de creación de una Comisión no permanente de investigación para determinar las posibles implicaciones y repercusiones del caso Gescartera en la Comunidad Valenciana y, más concretamente, derivadas de la participación del entonces asesor del MH President y a la vez Director General de Gescartera en el caso y la relación de las empresas de las que era titular o representante con las instituciones valencianas, a propuesta del Grupo Parlamentario Socialista-Progressistes; y las Propuestas de Comisión no permanente

un gran número de comisiones de investigación cuya creación será solicitada desde la oposición; a pesar de ello, durante este periodo se creará la Comisión de Investigación sobre la actuación de los Servicios de Salud Pública y Medioambiental de la Generalitat Valenciana en relación con los sucesivos brotes de *legionella* aparecidos en Alcoi[61], que concluiría sus trabajos el 27 de diciembre de 2000, elevando su dictamen[62] al Pleno de la Cámara.

En sus conclusiones, se exoneraba de responsabilidad política alguna a los responsables sanitarios autonómicos por la crisis de salud pública evidenciada, a partir de una serie de argumentos: normativa legal pionera; funcionamiento correcto de los sistemas de vigilancia epidemiológica; coordinación interadministrativa diligente y debida; utilización de la tecnología diagnóstica más avanzada; anticipación a través de una detección precoz que ayudará a minimizar la mortandad...). Sin duda, unas conclusiones autocomplacientes que no desaprovecharán la oportunidad de identificar a la legionelosis como "una enfermedad infecciosa endémica" y concurrencia, en el caso particular que nos ocupa, de otros "factores de carácter complejo (...) que no guardarían relación con la actuación de las administraciones actuantes". Sin embargo, la calificada como "situación de alarma social desproporcionada" llevará a incluir unas recomendaciones que son interesantes al efecto que nos ocupa y que sin duda se proyectan sobre la reciente crisis pandémica que hemos vivido. En las mismas se solicitaba por parte de "las fuerzas políticas más representativas (...) un esfuerzo de consenso y lealtad mutua a la hora de plantear sus estrategias de actuación en situaciones que afectan a la Salud Pública" con el fin de que nunca pueda distorsionarse la realidad sanitaria (una cuestión de actualidad que anticipa el plan contra la desinformación a nivel europeo[63]), destacando la importancia de la educación sanitaria como disciplina universitaria, tal y como recomendó uno de los comparecientes en la comisión.

---

de investigación para analizar el contrato y diversos pagos realizados al cantante Julio Iglesias, presentada por todos los grupos parlamentarios de la oposición).

61 Mediante la Resolución 113/V, de 29 de noviembre de 2000 (*Boletín Oficial de las Cortes Valencianas*, núm. 73, de 15 de diciembre de 2000, pp. 8415-8416.

62 Resolución 114bis/V, de 21 de febrero de 2001 (Boletín Oficial de las Cortes Valencianas núm. 89, de 12 de marzo de 2001, pp. 11.878-11.897).

63 El Plan de acción contra la desinformación de 2018 [JOIN(2018) 36 final, de 5 de diciembre de 2018] parte del enfoque definido en la Comunicación de la Comisión titulada "La lucha contra la desinformación en línea: un enfoque europeo", COM(2018) 236 final, de 26 de abril de 2018.

IV. DOS INVESTIGACIONES CONTRAPUESTAS: LAS CONCLUSIONES PARLAMENTARIAS SOBRE EL ACCIDENTE DEL METRO (2006-2016)

La creación[64] en 2003 de una Comisión de Investigación sobre el accidente ocurrido el día 3 de julio de 2006[65] en la Línea 1 de Metrovalencia (uno de los más graves de la historia del trasporte suburbano), aun cuando en 2015 dicha investigación vuelva a retomarse[66] con un objeto y amplitud mucho mayor, ha venido a marcar como pocas el futuro de dicha institución parlamentaria; al concitarse en las mismas numerosos hechos y circunstancias que la singularizan dentro del análisis que estamos abordando y que terminarán por aconsejar, como desde distintos ámbitos se ha hecho, un cambio profundo en su reglamentación[67] sin que esta, hasta la fecha, haya llegado a producirse.

En el primer caso, la iniciativa corrió a cargo del Grupo Parlamentario Popular (mayoritario en la Cámara y que daba soporte y apoyo al Gobierno autonómico de ese momento) que contó sorpresivamente con la abstención del resto de fuerzas políticas representadas en la Cámara (grupos parlamentarios Socialista y Esquerra Unida-Els Verdes-Esquerra Valenciana: Entesa y al Grupo Mixto), dándose un plazo máximo de 30 días para finalizar los trabajos de la comisión creada. Quedando constituida[68] el 17

---

64 Resolución 203/VI, de 14 de julio (*Boletín Oficial de las Cortes Valencianas* núm. 213, de 19 de julio de 2006, p. 33654.

65 Accidente de extrema gravedad en donde fallecieron 43 personas y resultaron heridas de consideración otras 47 más.

66 A todos los efectos se trata de una nueva iniciativa parlamentaria con distinto objeto, integrantes, plan de trabajo y dictamen final aprobado por el pleno de las Cortes valencianas.

67 Así lo han sugerido, entre otros autores Pellisser, Nel.lo y Gavaldà, Josep (2019). Las comisiones parlamentarias de investigación: 'El accidente de la Línea 1'. Valencia: Tirant Lo Blanch. Al igual que el Grupo Parlamentario de Compromís que llegó a registrar una Proposición de reforma del artículo 53 del Reglamento de la Cámara autonómica (*Boletín Oficial Cortes Valencianas,* núm. 157/IX, de 24 de febrero de 2016, pp. 21660-21661), relativo a las comisiones de investigación que introduce, entre otras, diversas medidas para desbloquear la creación de este instrumento "extraordinario" de inspección parlamentaria.

68 Formaron parte de la misma los siguientes diputados: Serafín Castellano Gómez; Rafael Maluenda Verdú; Ricardo Costa Climent; Antonio Clemente Oliver; José Cholvi Diego; Asunción Quinzá Alegre; Mónica Isabel Lorente Ramón; Rafael Ferraro Sebastiá; Carolina Salvador Moliner (Grupo Parlamentario Popular);

de julio de 2006 y, por tanto, con gran celeridad desde que se produjo el accidente dos semanas antes, y que seguirá también en el desarrollo de sus trabajos sustanciados en cuatro intensos días (27, 28 y 31 de julio y 1 de agosto) donde comparecerán 32 comparecientes[69], analizándose 48 infor-

---

Andrés Perelló Rodríguez, Antoni Such Botella, José Camarasa Albertos, Isabel Escudero Pitarch, Josefa Andrés Barea, José Antonio Godoy García (Grupo Parlamentario Socialista); Joan Antoni Oltra i Soler (Grupo Parlamentario Esquerra Unida-Els Verds-Esquerra Valenciana: Entesa; y Francisco Javier Tomás Puchol (Grupo Mixto). Ostentando los populares la presidencia (Rafael Maluenda Verdú) y vicepresidencia (Rafael Ferraro Sebastiá) de la misma y los socialistas la secretaría (José Camarasa Albertos).

69 Los comparecientes se dividieron en cuatro grandes ámbitos: personal de Ferrocarrils de la Generalitat (FGV) (Vicente Contreras Bórnez, director adjunto de Explotación; Manuel Sansano Muñoz, director de Operaciones; Francisco García Siguenza (director técnico); Jun José Gimeno Barberá (director de Análisis y Auditoría de la Seguridad en la Circulación; Luis Domingo Alepuz, jefe de taller; Sebastía Argente, jefe de línea; Arturo Roches, jefe de servicio de Seguridad; y Marisa Gracia Giménez, directora-gerente de FGV); representantes sindicales del Comité de Seguridad (Roberto Navarro Bárcenas, vocal UGT; Francisco Martínez León, vocal CCOO; Javier Golf Sánchez, vocal SIF; y Diego José Trigo Verdú, SF); personal del Ente Gestor de la Red de Transportes y Puertos de la Generalitat (Jaime Pallarol Simón, director técnico GTP; personal docente e investigador de la Universidad Politécnica de Valencia (José Vicente Colomer Ferrandis, catedrático de Transportes; Ricardo Insa Franco, profesor titular de ferrocarriles; Antonio Monfort, director general de INECO); y, por último, otros expertos de ámbitos variados (Albert Ballestá Grau, director adjunto de Electrans; Josep Mª Ribes Ardanuy, director de Ardanuy Ingenieria SL y presidente del Foro del Ferrocarril y del Transporte; Ínigo Parra Campos, vicepresidente de Vossloh España SA; Ildefonso de Matías Jiménez, presidente de la Asociación Latinoamericana de Metros y Subterráneos ALAMYS y director gerente de Metro Madrid; Aurelio Rojo Garrido, secretario general de la Asociación Latinoamericana de Metros y Subterráneos ALAMYS y director de Operaciones de MetroMadrid; y Julián Rodríguez, jefe de bomberos de Valencia; y, por último, los siguientes responsables políticos o institucionales (Josep Bresó Olaso, alcalde de Torrent; Joaquín Segarra Castillo, alcalde de Benaguasil; Felipe Martínez Martínez, subdelegado del Gobierno; Eugenio Burriel de Orueta (exdelegado del Gobierno y exconseller de Obras Públicas; Rafael Blasco Castany, exconseller de Obras Públicas; Manuel Benegas Capote, director general de Explotación Infraestructuras ADIF; José Luis Gil Gómez, gerente de Cercanías Estación del Norte; José Vicente Dómine Redondo, director general de Transportes, Puertos y Costas de la Conselleria de Infraestructuras y Transporte; Luis Miguel Ibáñez Gadea, Secretario Autonómico de Interior de la Conselleria de Justicia, Interior y Administraciones Públicas; y José ramón García Antón, conseller de Infraestructuras y Trasporte).

mes y documentos[70] de diversa consideración, que propiciarán la propuesta de dictamen[71] de conclusiones que serán aprobadas primero en comisión (4/08/2006) y más tarde en el pleno (11/08/2006) de la Cámara, con los votos exclusivos del Grupo Parlamentario Popular.

Según las conclusiones aprobadas en dicho dictamen el accidente fue una desgraciada consecuencia de un "exceso de velocidad", algo a lo que conducen todas las evidencias (punto 4°); y no cabía responsabilizar políticamente del fatal resultado ya "ha quedado demostrado que el sistema de frenado instalado en la línea 1 era el adecuado para las características de la línea" (punto 7°) y que, por último, el "accidente no era ni previsible ni evitable" (punto 12°). Finalizando con una serie de acuerdos dirigidos al Gobierno valenciano, tales como la elaboración de "un proyecto de ley autonómica que regule, entre otras materias la gestión y explotación, infraestructura, superestructura, coordinación de medios, material móvil, formación de maquinistas, planes de seguridad, avances tecnológicos y financiación aplicables a las líneas de ferrocarriles de la Generalitat" (punto 13ª); así como un proyecto de proposición de ley de las Cortes Valencianas a tramitar ante el Congreso de los Diputados para regular "los criterios de seguridad en los ferrocarriles de competencia estatal"[72] (punto 14°), y finalizando por la creación de una "agencia de seguridad de todos los medios de transporte" (punto 15°).

La comisión rechazaba, pues, las propuestas de conclusiones de los grupos de la oposición (Socialista, EU-Entesa y Mixto) que mantenían tesis contradictorias con las de la mayoría, por lo que finalmente cada grupo mantuvo sus conclusiones como voto particular al dictamen que finalmente aprobado en pleno. Entre los argumentos manejados cabe destacar la acusación de incluir en las conclusiones manifestaciones deliberadamente falsas, e insultantes respecto de la memoria de las víctimas; así como la incongruencia de sin reconocer "fallos" en la gestión plantear una batería

---

70 Dicha documentación se solicitó a distintas empresas o departamentos públicos, como Ferrocarrils de la Generalitat Valenciana (FGV); Conselleria de Infraestructuras y Transporte; Conselleria de Justicia, Interior y Administraciones Públicas; y Conselleria de Sanidad, respectivamente.

71 Resolución 231/VI, de 11 de agosto de 2006 (*Boletín Oficial de las Cortes Valencianas*, núm. 219, de 23 de agosto de 2006, pp. 34.032-34.066).

72 Cuyo resultado será el Real Decreto 810/2007, de 22 de junio, por el que se aprueba el Reglamento sobre seguridad en la circulación de la Red Ferroviaria de Interés General (BOE núm. 162, de 7 de julio de 2007, pp. 29329-29346).

legislativa de mejoras en la seguridad ferroviaria que tardarán años en llegar a materializarse[73] de la mano de gobiernos de distinto signo político.

Tras el cierre de la comisión y el archivo inicial y reiterado (hasta en cuatro ocasiones) de la investigación judicial en su fase de instrucción, nuevas informaciones desvelarán prácticas "paralelas" inauditas en el desarrollo y curso de una actividad parlamentaria de inspección, como el aleccionamiento de los técnicos de FGV comparecientes, a través de una consultora de comunicación especializada (Sanchis y Asociados) y su resultado: el dirigismo de las respuestas que debían ser oficializadas, prácticas denunciadas por los profesores de la Universitat de València, Nel·lo Pellisser Rossell y Josep V. Gavaldà Roca (2019).

Dos legislaturas más tarde, una nueva aritmética parlamentaria en las Cortes Valencianas propiciará la creación una nueva comisión de investigación[74], que sustanciada sobre idéntico objeto pero a partir de una mayor definición (algo que se proyecta sobre las responsabilidades "en los ámbitos profesional, técnico, de gestión y político" derivadas y su precisión temporal temporal: gestión posterior del accidente) extendida ahora a la propuesta de "mecanismos e instrumentos legales para que (...) las presuntas

[73] La Ley 7/2018, de 26 de marzo, de la Generalitat, de seguridad ferroviaria (DOCV núm. 8263, de 28 de marzo de 2018, pp. 12689-12728) tiene como única referencia la Directiva 2004/49/CE al no existir marco jurídico de referencia sobre seguridad en ferrocarriles suburbanos, tanto a nivel estatal como a nivel autonómico. Se daba cumplimiento a una reivindicación de la Asociación de Víctimas del Metro 3 de Julio (AVM3J), a partir del mandato recogido en la Exposición de Motivos de dicha norma ("En cumplimiento de la Resolución del Pleno de 3 de julio de 2015 de Les Corts, relativa a proposición no de Ley tramitada en relación con el grave accidente ocurrido el 3 de julio del año 2006 en la línea 1 de Metrovalencia"). Dicho Instrumento normativo recoge, a su vez, la creación de una Agència Valenciana de Seguretat Ferroviària, entidad que se constituye como la autoridad responsable de la seguridad del sistema ferroviario autonómico, habiendo sido también aprobado su estatuto a través del Decreto 272/2019, de 27 de diciembre, del Consell, de aprobación del Estatuto de la Agència Valenciana de Seguretat Ferroviària (DOCV núm. 8726, de 27 de enero de 2020). Este decreto se fija el desarrollo reglamentario de la estructura orgánica de esta entidad, que posibilita su adecuado funcionamiento, de forma que pueda asumir definitivamente sus competencias con autonomía e independencia respecto de la Generalitat y, por tanto, de las entidades gestoras de la infraestructura, la planificación y logística del transporte público.

[74] Resolución 4/IX, de 3 de julio de 2015 (*Boletín Oficial de las Cortes Valencianas*, núm. 9, de 31 de julio de 2015, p. 934).

irregularidades no vuelvan a producirse"[75] , a medida que la instrucción de la investigación judicial era reabierta y, también, progresaba. La misma creación de el instrumento "extraordinario" de fiscalización acotaba desde ese mismo preciso instante alguna de las informaciones "necesarias" para el cumplimiento de su cometido, a saber: a) auditoría independiente de la gestión económica y en materia de seguridad en FGV desde el año 1996; b) informe sobre los cambios *ex ante* y *ex post* del accidente en FGV en una serie de aspectos específicos, tales como "medidas de seguridad, funcionamiento del Comité de Seguridad en la Circulación, ingeniería del software automatizado adaptativo dinámico (DASSE) y las posibles responsabilidades de los directivos"; c) análisis de la gestión del accidente en la comisión de investigación parlamentaria de 2006, "en el tratamiento de la noticia a los medios de comunicación públicos valencianos y por la oficina del Síndic de Greuges". Acotando temporalmente la extensión de la investigación al primer año de legislatura (2015-2016). Tras más de 150 horas y 75 comparecencias[76], estructuradas en 20 sesiones, tal y como habían sido

---

75 *Boletín Oficial de las Cortes Valencianas*, núm. 104/IX, de 19 de agosto de 2016, p. 13.123.

76 Entre los comparecientes figuran los siguientes: miembros de la Comisión de Investigación creada en las Cortes Valencianas en la legislatura VI legislatura (Francisco Tomas Puchol, GP Mixto; Juan Antonio Oltra Soler, GP EU-Els Verds-Esquerra Valenciana: Entesa; Andrés Perelló Rodríguez, GP Socialista; Serafín Castellano Gómez, GP Popular); responsables políticos autonómicos (Francisco Camps Ortiz, expresident Generalitat; José Víctor Campos Guinot y Juan Gabriel Cotino Ferrer, exvicepresidentes; Mario Flores Lanuza, exconseller de Infraestructuras); directivos autonómicos (Nuria Romeral Castillo, secretaria autonómica de Comunicación; José Vicente Dómine Redondo, director general de Transportes, Puertos y Costas de la Conselleria de Infraestructuras y Transporte; Enrique de Francisco Enciso, director general de Coordinación de la Conselleria de Presidencia; Marisa Gracia Giménez, directora gerente de FGV; José Marí Olano, secretario autonómico y Abogado General de la Generalitat; Matías Vicente Mendoza, director Instituto de Medicina Legal), personal eventual de la Administración de la GVA (Mª Ángeles Ureña Guillem, jefa de gabinete del Conseller de Infraestructuras y Trasportes; Jesús Lecha Tena, asesor del Vicepresidente del Consell); responsables de la AGE (Luis Felipe Martínez Martínez, subdelegado del Gobierno); responsables locales (Santiago Miguel Soriano, concejal de Torrent; y Feliciano López Varela, comisionado especial del Ayuntamiento de Torrent); directivos y responsables autonómicos de comunicación (Pedro García Gimeno, director de RTVV; Mª Dolores Johnson Sastre, directora de Punt Dos; Luis Motes Gallego, jefe de informativos de RTVV; Frederic Ferri Gómez, editor y presentador de informativos de Canal 9; José Manuel Alcañiz Castells, miembro del Comité de Empresa de RTVV; Javier José Molins Pavía, jefe de prensa RTVV); profesionales de la co-

programadas en un ambicioso plan de trabajo[77] aprobado el 23 de octubre de 2015 (y que sufrirá modificaciones puntuales por la petición de nuevas

---

municación (Vicente Jesús Martínez Useros, redactor jefe El Mundo; Segi Pitarch Sánchez y Elena Cívico Seguí, de Unió de Peridistes; Jorge Feo Urrutia, responsable de H&M Sanchís); técnicos de FGV (Vicente Contreras Bórnez, director adjunto de Explotación FGV; Francisco García Sigüenza, director técnico FGV; Manuel Sansano, director de operaciones FGV; Juan José Barberá, director de Auditoría y Seguridad en la Explotación FGV; Francisco Machado León, maquinista y representante de CCOO en el Comité de Seguridad en la Circulación de FGV; Dionisio García Gómez, empleado FGV; Javier Golf Sánchez, vocal del SIF en el Comité de Seguridad en la Circulación de FGV; Diego José Trigo Verdú, vocal del SIF en el Comité de Seguridad en la Circulación de FGV; Luis Jorge Álvarez Llanos, maquinista SIF; Arturo Rocher Escamilla, jefe de servicio de Seguridad de MetroValencia; Juan García López, exjefe de estación de Valencia Sud; Sebastián Argente, Jefe de Linea 1; José Miguel Santos Ruiz, jefe de puesto de mando y responsable de tráfico de trenes FGV; Luis Miguel Domingo Alepuz, jefe de taller FGV València Sud; José Ricardo Cabello, jefe del servicio eléctrico y comunicaciones; Eugenio Montilla Lorenzo, inspector de ferrocarriles; Pedro Díaz Caballero, delegado de Prevención de Riesgos Laborales FGV; Vicent Torres Castejón, Presidente de la Plataforma de Ferrocariles; José Jesús Valencia Valencia, oficial València Sud; Francis Viva Úbeda, delegado de turnos y gráficos (y miembro de la ejecutiva del CIF); Vicente Sebastián Portolés (jefe de equipo Mantenimiento; Juan José Torres Escudero, técnico; Noé Gutiérrez González, responsable asesoría jurídica FGV; José Mª Herrera Mesa, Marta Rocafull Navarrete y Manuel Pérez Gutiérrez, Begoña de Torres Crespo, trabajadoras FGV); responsables de expresas auxiliares del sector ferroviario (Javier Irigoyen y José Ignacio Marticorena, responsables CAF y técnicos de ADIF); FCSE (Enrique Puerta, policía judicial); técnicos del sector ferroviario; otros técnicos (Andrés Cortabitarte López, perito) y/o funcionarios públicos (Mª José Rodríguez Blasco, responsable Abogacía de la Generalitat; Juan Martin Gª Alloza, inspector de Trabajo; Manuel González Sal, responsable de los servicios médicos de urgencia; Julián Rodríguez Muñoz, jefe de bomberos de Valencia; Alberto F. Puchalt, SG Bomberos; Luis M. Yunt Cerveró, sargento Cuerpo de Bomberos); y miembros de la Asociación de Víctimas del Metro de 3 de Julio (Beatriz Garrote, presidenta AVM3J; Enrique Chulió, Patricio Monreal Rubio y Francisco Manzanaro Boscá, miembros AVM3J).

Para los profesores Pelliser y Gavaldà (2021), *op. cit.*, fue un error no citar a declarar a los presidentes de las Cortes Valencianas y de la Comisión de Investigación cerrada en la VI legislatura, Julio de España y Rafael Maluenda, quiénes podrían haber esclarecido por qué la primera investigación se cerró con tanta celeridad o el motivo por el cual la auditoría independiente aprobada en el dictamen de conclusiones nunca llegase a realizarse.

[77] Anexo I, Resolución 289/IX, de 13 de julio de 2016 (Boletín Oficial de las Cortes Valencianas, núm. 104, de 19 de agosto de 2016).

comparecencias[78] y el cambio en el día reservado para las reuniones de la comisión, que pasarán de los viernes a los lunes); el dictamen[79] (un voluminoso documento de más de 296 páginas), será aprobado el 5 de julio de 2016 por el pleno de la Cámara, con los votos en contra de los diputados del Grupo Parlamentario Popular.

El dictamen recoge 44 conclusiones, que vienen a contradecir algunos extremos de la investigación parlamentaria cerrada en 2006, como que el accidente fue "previsible y evitable", apuntando a la inseguridad inseguridad del túnel de la línea 1 (C1); que entonces no se depuraron responsabilidades políticas (C2) y que tanto "el Grupo Parlamentario Popular, el Gobierno y FGV impidieron que se conociera la verdad sobre las causas del accidente" (C3) imponiendo una versión "oficial" (C4), a partir del control de la comisión, de una documentación "sesgada e incompleta", de unas comparecencias "aleccionadas", unos tiempos "insuficientes" (C5) y unas conclusiones "predeterminadas" (C6).

Para concluir declarando que "las causas del accidente fueron múltiples y todas tuvieron su origen en la falta de inversión y mala gestión de FGV, especialmente en materia de seguridad en la circulación" (C12); según la versión defendida por la mayoría parlamentaria "FGV era conocedora de

---

78 El 22 de abril, la diputada Isaura Casilla del GP Compromís, solicitaba la comparecencia de Elena Cívico Seguí de la *Unió de Periodistes Valencians*; y de Carolina Ligorit Palmero, médica del SAMU en la Agencia Valenciana de Salud. El 10 de mayo, la diputada Fabiola Meco Tebar del GP Podemos-Podem solicitaba la comparecencia de Manuel Velázquez Miranda, médico del Instituto de Medicina Legal de Valencia. El 17 de mayo, el diputado Alfredo Castelló Sáez del GP Popular, solicitaba la comparecencia de las siguientes personas: Ángel García de la Bandera, gerente de FGV en ese momento (petición que sería rechazada); de José Marí Olano, secretario autonómico y Abogado General de la Generalitat en 2006, así como del asesor de la Vicepresidencia del Consell, Jesús Lecha. Ampliando su petición el 23 de ese mismo mes a Feliciano López Varela, comisionado especial del Ayuntamiento de Torrent para la oficina de ayudas a las víctimas y familiares del accidente; y a Cristina Valero, Gonzalo Gayo, Elena Cívico y Amparo García, por su participación en el informe de la *Unió de Periodistes* sobre el tratamiento informativo de Canal 9 sobre el accidente, decidiéndose por la Mesa (con el voto favorable del resto de grupos salvo el Popular) que se designase un representante de la asociación profesional. Todas las demás comparecencias incorporadas se decidirían por unanimidad de los grupos.

79 *Boletín Oficial de las Cortes Valencianas*, núm. 104/IX, de 19 de agosto de 2016, pp. 13123-13309.

la importancia de adoptar medidas de seguridad como las implementadas en las líneas 3 y 5 (...) (pero éstas no se producirían) hasta que aconteció el accidente" (C17).

Según el texto, "el Consell no llevó a cabo ninguna actuación encaminada a esclarecer las causas del accidente" (C37); ni tampoco se "llevó a cabo (por parte del FGV) investigación interna" (C38) alguna. La premura en la actuación de la Generalitat (como "en la determinación de la cuantía indemnizatoria", C36) respondió a la inminente celebración al V Encuentro Mundial de las Familias (C39) previsto para los días posteriores al accidente. Orquestándose, también, una estrategia comunicativa de los directivos de RTVV para el tratamiento informativo del accidente (C 40 y 41).

Concluyendo que, a lo largo de más de una década, ha existido "un menosprecio a la AVM3J por cuestionar la verdad oficial" (C44), que habría sido finalmente desmontada por la investigación que se había llevado a cabo.

La exigencia de responsabilidades políticas a una pluralidad de sujetos fue también introducida en el dictamen aprobado por el pleno de las Cortes Valencianas, en un doble ámbito: gubernamental y/o empresarial. Respecto de los primeros se identificaron cinco máximos responsables, tres miembros del Consell (MH President Francisco Camps[80]; el vicepresidente[81] Víctor campos Guinot y el conseller[82] Juan Cotino); un directivo (José

[80] Al que fuese President de la Generalitat (2003-2011), Francisco Camps, se le hizo responsable "de las decisiones del Consell sobre el accidente", así como del "desprecio continuado a la AVM3J", respectivamente. Sin embargo, el MH President se había visto con el presidente de la AVM3J, Vicente Chulio seis meses después del accidente; habiendo tenido una semana antes otra el Vicepresidente del Consell, con una delegación de dicha asociación.

[81] Al vicepresidente del Gobierno valenciano y máximo responsable de la Comisión Interdepartamental de gestión del accidente, se le atribuyó por parte de la comisión de investigación "falta de criterio uniforme en la concesión de las indemnizaciones y ayudas a las víctimas" indicándose que en las mismas se faltó a los "principios de igualdad, transparencia y publicidad", a pesar de que estas no fuesen recurridas y, como la misma presidenta reconoció en el juicio posterior, la petición de responsabilidad civil (a pesar de haberse cobrado de una forma íntegra las ayudas a los pocos días del accidente) se debió a un modo de presión ante los acusados y responsables técnicos del accidente.

[82] De las responsabilidades políticas sorprende la inclusión del entonces conseller de Agricultura, Pesca y Alimentación en 2004-2007, Juan Cotino Ferrer, quien se prestó voluntariamente a reunirse con familiares de las víctimas del accidente

Vicente Dómine Redondo) a quién se corresponsabilizará de la "mala gestión en la planificación y coordinación del transporte ferroviario"); y, por último, el que fuese responsable de la coordinación del Grupo Parlamentario Popular en al comisión de investigación efectuada en 2006 y su manipulación (Serafín Castellano).

Desde otro plano bien distinto, el de la gestión desde la empresa pública FGV, los responsables a los que apuntaba la investigación parlamentaria fueron tanto la directora gerente, Mª Luisa Gracia Giménez, a la que se responsabilizó de "no adoptar decisiones en el ámbito de sus responsabilidades y competencias (…) que abrían podido evitar o minimizar las consecuencias del accidente" (responsabilizándola de la contratación de la consultora de comunicación (…) encargada de "manipular y adoctrinar a los comparecientes" en la referida comisión de investigación); como otros cinco técnicos[83] que ocupaban distintas responsabilidades en FGV y cuyo señalamiento en el dictamen de la comisión se consideró habría vulnerado sus derechos fundamentales[84], dando lugar a un interesante debate que

---

sin tener competencia de gestión alguna en relación con el accidente. Con toda probabilidad su inclusión estuvo motivada por el fallecimiento del responsable departamental del ramo, el conseller José ramón Gª Antón quien en el momento del accidente ostentaba la responsabilidad de Infraestructuras y Transporte dentro del Gobierno Valenciano.

83 Estos fueron los siguientes: Dionisio García Giménez, responsable de recursos humanos de FGV; Vicente Crontreras Bornez, director adjunto de explotación; Manuel Sansano Muñoz, director de operaciones; Francisco García Sigüenza, responsable de talleres y de instalaciones fijas; y Luis Miguel Domingo Alepuz, jefe de taller de FGV València Sud, respectivamente.

84 En la Sentencia del Tribunal Constitucional 133/2018, de 13 de diciembre de 2018 (BOE núm. 13, de 15 de enero de 2019, pp. 2987 a 3023) a resultas del recurso de amparo núm. 4877-2017 promovido por Dionisio García Gómez frente a las conclusiones del dictamen de la comisión especial creada en las Cortes Valencianas para la investigación del accidente de la línea 1 de Metrovalencia, ocurrido el 3 de julio de 2006, el Alto Tribunal consideró que "ningún ciudadano puede encontrarse ante una comisión de investigación, fruto de una decisión de oportunidad política adoptada libremente por las Cámaras por razones de interés público, en peor condición que si estuviera ante un Juez sometido únicamente al principio de legalidad y al imperio de la ley" (FJ 4º). La declaración del incumplimiento de la Ley de riesgos laborales (por parte del investigado); declaración que fue realizada por un órgano del Estado, en el ejercicio de su labor de investigación política, pero sin competencias para ello (…), y, por ende, sin las garantías que proporciona un proceso judicial" se consideró no preserva el derecho del in-

puede generalizarse y proyectarse sobre la utilidad de las investigaciones parlamentarias de este tipo.

Por último, en el ámbito de Radio Televisión valenciana (RTVV) fueron responsabilizados tanto su director (Pedro García) como el director de informativos (Lluís Motes), tanto de la "información manipulada" como de que la ciudadanía no accediese a una información "inmediata, veza y objetiva", respectivamente.

Por último, el dictamen incluirá algunas recomendaciones sobre los hechos investigados, tales como la elaboración de un proyecto de Ley de Seguridad sobre el transporte ferroviario o la creación de un organismo independiente[85] del operador de FGV que velase por la seguridad de todos los medios de trasporte; instando a organismos diversos un conjunto variado de actuaciones, tales como: la revisión y mejora de los protocolos de actuación en grandes accidentes de múltiples víctimas (Agencia de Seguridad de Respuesta Rápida a las Emergencias); establecimiento de mecanismos de coordinación interna interdepartamentales encargados de la seguridad ferroviaria (Conselleria de Infraestructuras); revisión de los protocolos y planificación de simulacros y aquellos otros para actuaciones de riesgo en la circulación, recomendando la readaptación del Reglamento de circulación a los actuales sistemas de explotación (FGV); regulación de la creación y funcionamiento de las oficinas de atención a las víctimas en cualquier catástrofe (Consell); y la revisión de los medios del Institu-

vestigado a ser considerado y tratado como no autor o no partícipe en conductas ilícitas, vulnerando el derecho al honor del recurrente.

La decisión del Alto Tribunal planteaba una difícil disyuntiva al respecto ("o se trasladan las garantías del artículo 24 de la Constitución a las comisiones parlamentarias de investigación, o, en virtud del principio de exclusividad jurisdiccional (art. 117 CE), solo los integrantes del Poder Judicial pueden realizar determinados juicios, incurriendo las citadas comisiones en la vulneración del derecho a la presunción de inocencia de los comparecientes") que, sin duda, se proyectaba sobre el futuro proceder de las comisiones de investigación en aquellos casos en los que paralelamente se dirimen responsabilidades penales.

Es de destacar, también, que con anterioridad, a través de la Resolución de Carácter General 4/IV, de 22 de mayo, que regula las comparecencias ante las Comisiones de Investigación (*Boletín Oficial de las Cortes Valencianas*, núm. 59, de 31 de mayo) ya se había insistido en el respeto a ciertos derechos fundamentales de los comparecientes.

85 *Supra.* Nota al pie 66.

to de Medicina Legal (Conselleria de Justicia), respectivamente. Por su parte, el Grupo Parlamentario Popular había presentado (en paralelo) un anexo con algunas propuestas coincidentes, después de que la ponencia dejase abierta la puerta a un acuerdo en tales cuestiones; en las mismas se incluían algunas planteadas en la comisión previa, tales como la elaboración de normativas autonómicas y estatales sobre seguridad ferroviaria o, incluso, la creación de un ente público que velase por la seguridad en el transporte, que formarán part6e de su voto particular.

Mientras la comisión judicial desarrollaba su trabajo, en sede judicial se estaban investigando las responsabilidades penales[86] derivadas del accidente del metro de Valencia del 3 de julio de 2006, lo que sin duda planeó sobre el funcionamiento de la misma como señalaron los servicios letrados de la Cámara; especialmente, por lo que hace a el deber de reserva sobre la documentación judicializada.

---

86 Estas fueron evacuadas por la sentencia núm. 35/2020 (Procedimiento abreviado núm. 177/2019) del Juzgado de lo Penal núm. 6 de València, de 27 de enero, que condenaría a cuatro exdirectivos del Metro de Valencia (todos ellos del Comité de Seguridad en la Circulación de FGV) trece años después del accidente integrantes. Según el fallo, todos ellos eran conocedores de "las deficiencias de seguridad en el tramo subterráneo de esta línea, especialmente entre los tramos de Plaza de España y la estación de Jesús", donde el metro volcó cuando circulaba al doble de la velocidad permitida. Pese a ello, "omitieron" su obligación de implementar medidas de seguridad tecnológica para controlar la velocidad en esta línea y "neutralizar" los riesgos de descarrilamiento y vuelco de los trenes, así como para resolver otras deficiencias relativas al "material móvil rodante" o la "formación y selección del personal para la tarea de maquinista". Según el juez "tales deficiencias conllevaban un riesgo muy importante para la seguridad de los trabajadores y para los viajeros", concluye la resolución. Es de destacar la auto-implicación de los acusados en los hechos probados en la sentencia, así como la petición por parte de la acusación de la suspensión de la condena, quedando todos ellos inhabilitados por un periodo de tres años para ejercer ningún cargo directivo en empresas del sector ferroviario pero sin entrar, finalmente, en prisión.

Es de destacar, asimismo, que por el acuerdo alcanzado entre el Ministerio Público y las acusaciones particulares, finalmente la acusación contra otros cuatro acusados (Marisa Gracia Jiménez, directora-gerente FGV; Luis Domingo Alepuz, jefe de Taller; Manuel Sansano Muñoz, director de operaciones; y Francisco Orts Pardo, jefe de Estudios y Proyectos y responsable de la Oficina Técnica) fue retirada sin que llegasen a reconocer nunca ninguna responsabilidad en el accidente.

Por último, la rueda de prensa conjunta que el PSPV-PSOE, Compromís, Ciudadanos y Podemos ofrecieron el 24 de junio de 2016 para presentar las conclusiones de la investigación parlamentaria fue objeto de controversial electoral al producirse en el periodo habilitado para la "campaña electoral" de las elecciones convocadas para el 26 de junio de 2016; considerándose, por parte de la *Junta Electoral Provincial de Valencia,* que no vulneraba la LOREG al "responder a la propia actividad (extraordinaria) de la institución".

En el ecuador de la VII legislatura (2007-2011), se aprobaba la creación de una Comisión no permanente de Investigación para el estudio de la financiación y cuentas del Partido Popular de la Comunidad Valenciana, del Partido Socialista del País Valenciano-PSOE y de Esquerra Unida-Bloc-Verds-Izquierda Republicana: Compromís, coincidiendo con algunos de los episodios más tensos del llamado "caso Gürtel" (tensión entre las direcciones orgánicas nacional y autonómica con ocasión de la salida de Ricardo Costa de la secretaria general del PPCV y tras el archivo provisional de la causa de los "trajes" en el TSJ producida pocos meses antes) mediante Resolución 244/VII, de 21 de octubre de 2009[87] , dándose un plazo de 70 días para su constitución. Desde el Grupo Parlamentario Popular se llegó a vincular la renovación pendiente de las Cajas de Ahorro (Bancaja y Caja de Ahorros del Mediterráneo) con la investigación de las finanzas de los partidos propuesta, haciendo todavía más evidente la nula voluntad de constituir un instrumento de tales características en plena investigación de la Gürtel ante la Audiencia Nacional. Finalmente, los grupos de la oposición se negarán a participar en la misma, algo que recordará en la siguiente legislatura el Grupo parlamentario Popular al rechazar una comisión de investigación en las Cortes Valencianas sobre la presunta financiación irregular del PP valenciano, incluida en el "caso Gürtel" que había sido solicitada por el PSPV-PSOE y había contado con el apoyo del resto de grupos de la oposición que habían registrado sin éxito cuatro[88] iniciativas similares en los últimos dos años.

---

87 *Boletín Oficial de las Cortes Valencianas,* núm. 184, de 5 de noviembre de 2009, pp. 22.388-22.389.

88 La primera será la Propuesta de creación de una comisión no permanente de investigación para clarificar la relación del presidente del Consell, los consellers, los altos cargos de la Generalitat y las entidades públicas con las empresas investigadas en el caso Gürtel, a propuesta del Grupo Parlamentario Compromís (*Boletín Oficial de las Cortes Valencianas* núm. 266/VII, de 8 de noviembre de 2010).

V. DE LA INTERVENCIÓN DE LA CAM A EMARSA.

En la VIII legislatura (2011-2014) serán dos las comisiones de investigación aprobadas: la primera, sobre el proceso conducente a la intervención el 21 de julio de la Caja de Ahorros del Mediterráneo (CAM), que conllevaría la destitución de todos sus gestores, en el proceso de reestructuración orientado a su privatización (Resolución 21/VIII, de 20 de octubre de 2011); la segunda, sobre el llamado "caso EMARSA", en relación con la gestión y la explotación de la depuradora de Pinedo desde su creación, la conexión con otras entidades y las posibles responsabilidades en la liquidación de gastos. (Resolución 52/VIII, de 19 de diciembre de 2011).

El 19 de diciembre de 2011 se creaba la Comisión de Investigación sobre EMARSA (en relación a la gestión y explotación de la depuradora de Pinedo) a propuesta del Grupo Parlamentario Popular; quedando válidamente constituida el 15 de febrero de 2012, a partir de una composición[89] que no sufrirá variación alguna en el curso de sus trabajos. En la reunión de fecha 24 de febrero de 2012 quedará aprobado su plan de trabajo[90] con la citación de seis comparecientes: los consejeros de la entidad designados por las formaciones políticas (Ramón Marí Vila, vicepresidente 1° de EMARSA, perteneciente al PSPV-PSOE; y los consejeros Manuel Corredera Sanchís y Joan Antoni Pérez i Doménech, a propuesta de PP y EU, respectivamente); al igual que otros responsables públicos (José Antonio Martínez Beltrán y Francisco Pastor Bono, secretario general e interventor de la EMSHI respectivamente; o Juan José Morenilla Martínez[91], representante de la Entidad Pública de Saneamiento de Aguas Residuales).

---

89 La composición de la Comisión de Investigación será la siguiente: Alicia de Miguel García; Rafael Maluenda Verdú; David Francisco Serra Cervera; Alejandro Font de Mora Turón; Vicente Betoret Coll; María Soledad Linares Rodríguez; Eduardo Ovejero Adelantado; María Trinidad Miró Mira (Grupo Parlamentario Popular); Carmen Ninet Peña; Carmen Martínez Ramírez; Josep Lluís Moreno Escrivá; Rafael Rubio Martínez; Francesc de Borja Signes Núñez (Grupo Parlamentario Socialista); Mónica Oltra Jarque (Grupo Parlamentario Compromís); Rosario Margarita Sanz Alonso (Grupo Parlamentario Esquerra Unida).

90 *Boletín Oficial de las Cortes Valencianas*, núm. 78, de 1 de junio de 2012.

91 Quien finalmente no comparecería ante la Comisión parlamentaria de Investigación por la judicialización de los hechos que estaban investigados en la misma y su implicación directa en los mismos lo que lo convertía en "investigado" de la causa.

En la misma reunión del día 14 de marzo se decide nombrar una Ponencia[92], que recibe el encargo de redactar la propuesta de dictamen. Tras diversas reuniones previas de la Comisión (los días 18, 20 y 24 de abril de 2012), la Ponencia eleva la propuesta de dictamen de conclusiones donde además del rechazo enérgico "por las actuaciones ilegales y uso fraudulento de los fondos públicos que, presuntamente, se (habrían) cometido, durante los últimos años en EMARSA" se identificaron una serie de responsabilidades "directas" de dicha fraudulenta gestión, a saber: Enrique Crespo Calatrava, presidente de EMARSA y de EMSHI; Esteban Cuesta Anguix, gerente de EMARSA; y Enrique Arnal Llorens, director financiero. Exhonerando de cualquier responsabilidad al Consejo de Administración por su actuación de buena fe, a pesar de que algunos de sus miembros habrían reconocido en sus comparecencias haber sido conocedores de alguna de esas irregularidades sin haber llegado a actuar a partir de tales sospechas. A partir de los cual, las Cortes Valencianas apoyarían las acciones iniciadas por la EMSHI ante la justicia no sin concluir señalando que "la composición y funcionamiento de los consejos de administración de las empresas públicas necesitan una profunda revisión con modificaciones legales (…) para que hechos como este no vuelvan a ocurrir"[93].

El 30 de septiembre de 2020[94], el Tribunal Supremo (Sentencia núm. 482/2020) confirmaría las condenas impuestas a los principales cabecillas

---

92 Formarán parte de esa Ponencia seis titulares (Alicia de Miguel García y Rafael Maluenda Verdú por el Grupo Parlamentario Popular; Rafael rubio Martínez y Josep Lluís Moreno Escrivá por el Grupo Parlamentario Socialista; Mónica Oltra Jarque, por el Grupo Parlamentario Compromís; y Rosario Margarita Sanz Alonso, por el Grupo Parlamentario de Izquierda Unida) y otros tantos suplentes (María Soledad Linares Rodríguez y Eduardo Ovejero Adelantado, por el GPP; Francesc de Borja Signes Núñez y Carmen Ninet Peña, por el GPS; Enric Xavier Morera Català, por GPC; y Jesús Ignacio Blanco Giner, por GPEU) por parte de los grupos parlamentarios integrantes de la Comisión.

93 *Boletín Oficial de les Corts Valencianes*, núm. 197, de 22 de octubre de 2021, pp. 10.570-10.571.

94 La sala emitía su pronunciamiento más de dos años después del fallo de la Audiencia de Valencia (Sentencia núm. 349/2018, de 19 de junio), que llegó tras siete años de instrucción y dos aplazamientos del juicio. En dicho fallo se concluía que los acusados crearon un sistema para "adueñarse de los caudales públicos de los que disponían por los cargos que ocupaban". El cual consistió en suscribir contratos simulados con distintos proveedores con los que mantenían una relación de amistad o afinidad política. "En ocasiones, previa a la firma de este contrato,

del saqueo de la depuradora, cifrado en 23,5 millones de euros, que habían sido identificados en la Comisión Parlamentaria de Investigación: 12 años de cárcel para Esteban Cuesta, exgerente de la Empresa Metropolitana de Aguas Residuales; 10 años para Enrique Crespo, exvicepresidente de la Diputación de Valencia y expresidente de EMARSA; y de 9 años para José Juan Morenilla, exgerente de la EPSAR.

Cabe señalar, por último, que lejos de haberse producido las reformas apuntadas con las que concluía el dictamen de conclusiones de la Comisión Parlamentaria de Investigación, la modificación del delito de malversación proyectada en el ámbito estatal que distinguiría en el tipo penal de la malversación cuando concurre o no lucro personal podría rebajar de forma sustancial las penas de los condenados por el caso EMARSA, el mayor juicio de corrupción valenciano hasta la fecha.

Por su parte, la comisión de las Cortes Valencianas encargada de investigar la intervención de la CAM por parte del Banco de España en julio de 2011, a pesar de haberse constituido con anterioridad[95] a la primera, será la segunda creada en esa misma legislatura. Su duración inicial prevista de seis meses terminaría por multiplicarse finalmente por cinco (39 meses), debido al desarrollo paralelo de la investigación judicial por parte de la Audiencia Nacional, así como por una ambiciosa agenda de trabajo (hasta 37 sesiones llegarían a celebrarse), una prolija, compleja e ingente documentación técnica aportada o, incluso, el excesivo número de comparecientes finalmente citados (79 en total[96]).

---

los acusados confeccionaron expedientes de contratación, igualmente mendaces, aparentando como si hubiesen dado publicidad al servicio ofertado y permitido la concurrencia de otros empresarios", concluía la Audiencia en su sentencia.

95 Solicitada a iniciativa del Grupo Parlamentario de Esquerra Unida en julio de 2011, será aprobada por unanimidad de todos los grupos tres meses después; constituyéndose el 16 de diciembre de ese mismo año.

96 Por lo que respecta a las autoridades centrales, las solicitudes serán inicialmente desatendidas. Así sucedió con los responsables del Banco de España como los exsubgobernadores (José Viñals y Francisco Javier Aríztegui); compareciendo, finalmente, su máximo representante durante los años investigados: el exgobernador (Miguel Ángel Fernández Ordóñez). Tampoco lo harán inicialmente los directores general de Supervisión (Jerónimo Martínez) o los exdirectores generales del FROB (Julián Atienza y Mariano José Herrera), aunque finalmente sí sus administradores provisionales (José Antonio Iturriaga Miñón, Tomás González Peña y Benicio Herranz Hermosa) para la entidad. Ni, por último, la exdirectora general del Tesoro y Política Financiera del Ministerio de Hacienda (Soledad Núñez); por el contrario sí lo harán otros representantes de administraciones

A lo largo del desarrollo de su actividad, la comisión de investigación tuvo que hacer frente a numerosas eventualidades.

Tras iniciarse la investigación parlamentaria comenzó la actuación de la Audiencia Nacional sobre dicha entidad financiera, llegando a condicionar la labor parlamentaria desarrollada por la comisión por la negativa a responder de alguno de sus comparecientes como reflejo de su imputación judicial.

"independientes" estatales, como la Comisión Nacional del Mercado de Valores-CNMV (Julio Segura Sánchez), pese a la negativa inicial. Al igual, que el director general de la Confederación Española de Cajas de Ahorro-CECA (José Mª Méndez Álvarez-Cendrón).

Por la parte autonómica, el Grupo Parlamentario Popular se negó a la comparecencia de los responsables económicos de los Gobierno Camps (José Luis Olivas Martínez y Gerardo Camps Devesa); por el contrario, sí comparecerán los ex responsables y directivos autonómicos del Instituto Valenciano de Finanzas (Enrique Pérez Boada y Jorge Vela Bargues).

Por parte de la CAM, comparecerán los últimos directores generales de la CAM (María Dolores Amorós y Roberto López Abad); distintos responsables sectoriales de la entidad, como Javier García del Rio (Participaciones Inmobiliarias); el que fuese el presidente de su Consejo de Administración (Modesto Crespo Martínez), sus miembros (Elia Mª Rodríguez Pérez, Juan Bernal Roldán, Natalia Ferrando Amorós, Raquel Páez Muñoz, Natalia Caballé Tura, Daniel Gil Martorell, José Benito Nemesio Casabán, Manuel Navarro Bracho, Luis Esteban Marcos, Manuel Navarro Bracho, José García Gómez, Pilar Aurora Cáceres González, Pere Joan Devesa Martínez, Ángel Strada Bello, Francisco Martínez García, José Pina Galiana, Teófilo Sogorb Pomares, Joaquín Meseguer Torres, Vicente Soriano Terol, Agustín Llorca Ramírez, Ángel Martínez Martínez, Benito José Nemesio Casabán, Armando Sala Lloret, José Forner Verdú, José Enrique Garrigós, Jesús Navarro Alberola, Juan Pacheco Carrillo, Rosa Ana Perán Bazán, Ginés Pérez Ripoll, Susana Maestre González, Salvador Piles Besó, Enrique Puig Mora, José Rovira Garcés, Martín Sevilla Jiménez; Daniel Gil Mallebrera; Joaquín Longinos Marín Rives; Isabel Cambronero Casanova; Manuel Muelas Yébenes; y Antonio Gil Terrón), el que fuese presidente del (Modesto Crespo Martínez) y su secretario de actas (Juan Martínez-Abarca Ruiz-Funes). Al igual que los miembros de la Comisión de Control (Remedios Ramón Dangla; Diego José Orenes Vilaplana; Noelia Sala Pastor; Juan Ramón Avilés Olmos; Juan Hernández Olivares; Francisco Grau Jornet; Joaquín Longinos Marín Rives; Raúl Serrano Moll; Dolores Mataix Corbí; Olaya Pérez González; José Ruzafa Serna; Asunción Martínez Muñoz; César Estrada Martínez; Juan Ramón Gual de Torrella Guasp; José Manuel Uncio Lacasa; y Noelia Sala Pastor). Representantes de los impositores de la CAM (Victor Baeta), de la Plataforma de Afectados (Carlos Pena y Diego de Ramón), ADICAE (Manuel Pardos Vicente) o AUSBANC (Luís Pineda Salido). O diversos profesionales, como los auditores de KPMG (Julio Álvaro Esteban y Javier Muñoz Neira) o el letrado (Diego Ramón Hernández), respectivamente.

Esta dificultad vendrá a sumarse a los problemas planteados por parte de las autoridades "independientes" estatales ante los requerimientos de información y comparecencia. Los órganos rectores y directivos del Banco de España excusaron su asistencia por entender que ningún alto cargo o empleado del Banco de España podría comparecer ante la referida comisión para informar sobre la intervención de CAM, al tratarse por un lado, de una actuación sobre la que no cabía otro control parlamentario que el desplegado por parte de las Cortes Generales y, por otro, de información sobre la que recaía un deber de reserva. Por su parte, los dos directores generales del FROB (cuya comparecencia también había sido reclamada) argumentaron, en esa misma línea argumental, que el FROB no se encontraría sujeto al ámbito de actuación de las comisiones de investigación que pudiesen constituir los parlamentos autonómicos. En su escrito, se informaba que la Comisión Rectora del FROB entiende que el contenido de la comparecencia debe limitarse exclusivamente al suministro de información relativa a la situación de la Caja y de Banco CAM, S. A. en el momento en que los representantes del FROB fueron designados para el desarrollo de sus funciones y los hechos descubiertos con posterioridad. Tales argumentos encontraban fundamento en la doctrina[97] formulada por parte del

---

97 El Consejo de Estado, al analizar el ámbito subjetivo de actuación de las Comisiones Parlamentarias de Investigación autonómicas (dictámenes núms. 34/2003, 852/2012 y 193/2016) que sus potestades deben interpretarse de forma congruente con su objeto y finalidad, de modo que su poder fiscalizador y de control, al requerir la presencia de determinadas autoridades y funcionarios, "no pueda considerarse ilimitado, sino que habrá de ajustarse al ámbito propio de actuación de las instituciones autonómicas"; argumento como se ha visto en el que insiste el Consejo de Estado en el caso que nos ocupa.
Los argumentos esgrimidos por el alto órgano consultivo del Gobierno estatal en el caso que nos ocupa, se evacuarán a través de los dictámenes núms. 852/2012/643/2012, de 26 de julio, para excusar la participación tanto de los órganos rectores del Banco de España (en el caso que nos ocupa su gobernador) y del FROB (como su Comisión Rectora, en donde se incluyen a los representantes del Ministerio de Economía y Hacienda, en este caso los secretarios de Estado de Hacienda y Presupuestos y Economía, respectivamente, y los representantes tanto del Banco de España como los Fondos de Garantía de Depósitos, en donde se incluye a los Subgobernadores); en este segundo organismo también se incluyen los administradores provisionales y las personas físicas designadas para ejercer sus funciones y facultades. En ambos supuestos, el Consejo de Estado justificará su decisión de la no obligatoriedad de atender los requerimientos de comparecencia y de remisión de documentación en la falta de potestad para fiscalizar órganos ajenos al ámbito competencial autonómico, además del deber de secreto que afecta tanto a los miembros de los órganos rectores del Banco de España

Consejo de Estado, así como en la normativa estatal vigente[98] en el momento de los hechos investigados. Una negativa de la que terminará siendo informado el Ministerio Público[99].

(art. 6 Ley 13/1994, de 1 de junio, de Autonomía del Banco de España) como a los órganos rectores del FROB (extendiéndose, también, a los representantes provisionales y personal por estos designado, en base al art. 6 del Real Decreto Legislativo 1298/1986, de 28 de junio, por el que se adaptan las normas legales en materia de establecimientos de crédito al ordenamiento jurídico de la Comunidad Económica Europea). En el primer caso, a pesar de que el art. 6.2 de esta última norma estatal (ya derogada) contemplaba una excepción posibilitando "el acceso de las Cortes Generales (a través de la oportuna Comisión Parlamentaria de Investigación) a través del Gobernador del Banco (...) (a través) de la celebración de (una) sesión secreta o la aplicación del procedimiento establecido para el acceso a las materias clasificadas" que, sin embargo, únicamente debía entenderse referida a las constituidas en el ámbito estatal, excluyendo a las que pudiesen crearse por los parlamentos autonómicos. Por su parte, el dictamen núm. 194, de 28 de febrero 2013, relativo a la solicitud de comparecencia del ex presidente de la Comisión Nacional del Mercado de Valores (CNMV) ante esa misma Comisión Parlamentaria de Investigación. El Consejo de Estado señala que "las potestades de las comisiones de investigación han de interpretarse de forma congruente con su objeto y finalidad (...) (debiéndose) ajustar al ámbito propio de actuación de las instituciones autonómicas". Motivo por el cual, concluye que los órganos (presentes y pasados) de la Comisión Nacional del Mercado de Valores, son por tanto ajenos a dicho ámbito y con su negativa no incumplen con el deber de comparecer que existe ante las mismas.

Por su parte, el dictamen núm. 194, de 28 de febrero 2013, relativo a la solicitud de comparecencia del ex presidente de la Comisión Nacional del Mercado de Valores (CNMV) ante esa misma Comisión Parlamentaria de Investigación. El Consejo de Estado señala que "las potestades de las comisiones de investigación han de interpretarse de forma congruente con su objeto y finalidad´(...) (debiéndose) ajustar al ámbito propio de actuación de las instituciones autonómicas". Motivo por el cual, concluye que los órganos (presentes y pasados) de la Comisión Nacional del Mercado de Valores, son por tanto ajenos a dicho ámbito y con su negativa no incumplen con el deber de comparecer que existe ante las mismas.

98 Vid. Art. 6 del Decreto Legislativo 1298/1986, de 28 de junio, de adaptación del derecho vigente en materia de entidades de crédito al de las Comunidades Europeas. Norma que ha sido derogada por la Ley 10/2014, de 26 de junio, de Ordenación, Supervisión y Solvencia de Entidades de Crédito (BOE núm. 156, de 27 de junio de 2014).

99 Diligencias que fueron finalmente archivadas ya que en las citaciones cursadas existía apercibimiento de consecuencia (penal) alguna ante tales incumplimientos y sin que resultase claro la obligación en definitiva a comparecer en el caso de las autoridades y cargos estatales, como se ha visto.

A pesar de todas las dificultades encontradas en el ejercicio de su labor fiscalizadora, las Cortes Valencianas se convirtieron en el primer Parlamento autonómico donde comparecerá uno de los principales artífices de la reordenación y reestructuración bancaria española que, desde 2009, se materializaría en un amplio conjunto de procesos de integración financiera entre los que se incluye la liquidación de la CAM el 9 de julio de 2012, tras 137 años de historia y considerada la cuarta caja de ahorros española hasta ese mismo momento.

Del resultado de las comparecencias y del pormenorizado estudio de la documentación facilitada, la comisión estimará en su dictamen[100] aprobado por el pleno de las Cortes Valencianas el día 25 de marzo de 2015, que "ninguno de los órganos o entidades implicados en la administración, gestión, supervisión y control de la CAM actuó correctamente durante el proceso de deterioro (prolongado) que sufrió la entidad" y que llevaría años después a su intervención ("con una inyección de 5.249 millones de euros por parte del FROB (...) (y) la necesaria concesión de un crédito (adicional) por importe de 3.000 millones") como paso previo a su liquidación.

Entre las conclusiones[101], se llegará a afirmar que "en el funcionamiento ordinario de la CAM se acumularon errores, vicios e ineficiencias inexplicables que apuntan hacia gravísimas responsabilidades profesionales (especialmente focalizadas al equipo directivo y su presidente, pero extendida también expresamente en el dictamen a la totalidad de los miembros de los órganos de gobierno que "con su voto y su actitud de comparsa coadyuvaron al desastre"), cuando no de otra naturaleza[102], por parte de la cúpula

---

100 Resolución 564/VIII, de 25 de marzo de 2015 (*Boletín Oficial de las Cortes*, núm. 329, de 10 de abril de 2015, pp. 64.936-64.946.

101 Al texto se incorporarán como votos particulares las propuestas de los grupos de la oposición, como la reprobación de los responsables políticos ante la situación generada por la intervención (y posterior liquidación) de la CAM, soluciones para los afectados por las llamadas "preferentes" y para la obra social o, por último, la insistencia en la "dejación de funciones" del IVF, entre otras.

102 Finalmente, a través de la sentencia 28/2017 de la Audiencia Nacional (Sala de lo Penal, Sección 4ª), de 17 de octubre de 2017, los exdirectores generales de la entidad financiera (Roberto López Abad y Mª Dolores Amorós) resultaron, finalmente, condenados a 3 años de prisión por el delito societario continuado de falsedad contable. El exdirector general de Planificación y Control (Teófilo Sogorb Pomares) a 4 años de cárcel, por delito societario continuado de falsedad contable (3 años) y delito de falsedad en la información a los inversores (1 año), respectivamente. Siendo condenado, por último, el exdirector General de Inversiones y Riesgos (Fco José Martínez García) a dos años, nueve meses y un día

directiva", haciendo directa referencia al expediente disciplinario abierto por el Banco de España y al proceso penal[103] que se estaba instruyendo ante la Audiencia Nacional.

Reconociendo, entre otros aspectos críticos, "una normativa poco exigente en cuanto a los requisitos de conocimientos financieros exigidos para los integrantes de los órganos de la CAM"; "una mala gestión jalonada de operaciones arriesgadas, cuando no temerarias, emprendidas al margen del negocio bancario" (por lo que hace a las sociedades participadas); la "debilitación de los mecanismos de control interno" a través de maniobras de distracción, inapropiados métodos de selección o una nula información o absoluta falta de transparencia en su proceder; el perverso uso de las llamadas "cuotas participativas" ("acciones" que no daban derechos políticos pero sí cotizaron hasta la intervención de la entidad) en el recurso al mercado minorista con la pretensión de conseguir liquidez; una auditoría deficiente que contribuyó "a relajar la vigilancia de los órganos de gobierno y control"; así como un sucesivo fallo sistémico de las entidades de supervisión (CNMV, IVF y Banco de España) que deja en evidencia su cometido en dicho ámbito.

Ante tal diagnóstico, el dictamen introduce toda una serie de recomendaciones finales dirigidas a reproducir los errores del pasado (impidiendo

---

por el delito societario continuado de falsedad contable. Otros cuatro acusados (Modesto Crespo Martínez, Vicente Soriano Terol, Juan Luis Sabater Navarro y Salvador Ochoa Pérez) fueron absueltos de los graves delitos que se les imputaba (societario continuado de falsedad de cuentas, estafa agravada, apropiación indebida agravada, administración desleal y falsedad documental).

103 La sentencia considerará probado que los cuatro condenados fueron responsables de reflejar en los estados financieros de la entidad una situación económica de beneficios en lugar de las pérdidas que realmente estaba generando dicha entidad; hasta el punto que la Cuenta de Pérdidas y Ganancias Consolidad Pública de Banco CAM (en el primer trimestre de 2011 presentada ante el Banco de España) arrojaba un resultado positivo del ejercicio (beneficio) de 39 '771 millones de euros que en modo alguno era fiel reflejo de la situación económica real cuyos resultados (a 30 de junio de 2011, preparados ya por el FROB) fijaban en 1.163,493 millones de euros de pérdidas y un ratio de morosidad del 19%.
Las cifras de los estados de balance e informe de los estados financieros, según relata el tribunal en su sentencia, resultaban "irreales y espurias" y esa disparidad de cifras, añade el tribunal, "constituyó uno de los motivos relevantes para la intervención de la entidad, por los riesgos que suponía tal situación para el sistema financiero en su conjunto, aparte de la contravención del principio de seguridad jurídico-contable que ello implicaba".

que se vuelvan a reproducir ciertas malas praxis en los consejos de administración y órganos de control de las cajas: dietas excesivas, pagos en especie, falta de información, cualificación de los responsables...); así como al legislador estatal para reforzar la normativa de los órganos de supervisión y control; instando, por último al Consell, a exigir (del Estado) una solución para el problema generado por las "cuotas participativas" (cuya emisión total rondaba los 300 millones de euros, llegando a afectar a 50.000 inversores) y dar una solución a la fundación de carácter especial[104] en que *ope legis* había quedado convertida Caja Mediterráneo, tras la disolución de todos sus órganos de gobierno y su baja en el registro especial de entidades de crédito del Banco de España, tras la entrada en vigor de la Ley 9/2012, de 14 de noviembre, de reestructuración y resolución de entidades de crédito.

Por último, un gran número de propuestas de creación de CPI (hasta 22[105]), formuladas por la oposición, serían rechazadas.

---

104 Cabe recordar que las Cajas de Ahorro no eran bancos públicos sino fundaciones privadas gestionadas en parte por políticos, aunque en la Comunidad Valenciana este poder fue mayor y determinante en su desenlace final.

105 En la VIII legislatura (2011-2015), las propuestas de creación de CPI que fueron rechazadas por el pleno fueron las siguientes: sobre las posibles irregularidades en las relaciones entre la Administración de la Generalitat y las empresas Sociedad de Proyectos Temáticos, SAU y Terra natura SA, así como aquellas con las que esta empresa suscribió contrato por la cesión de los derechos de superficie de los terrenos ubicados en el PEDUI de Benidorm donde se ha construido un complejo turístico deportivo; con el objeto de ayudar en el esclarecimiento de los supuestos robos de bebes y adopciones irregulares de niñas y niños llevados a cabo en la Comunidad Valenciana y denunciados por las asociaciones de víctimas; y sobre el proceso que ha llevado a la situación actual de Bancaja, originada por la nacionalización de BFA, matriz de Bankia, y también de las responsabilidades que se pudieran derivar por la gestión de la entidad (Grupo parlamentario Socialista). Sobre la responsabilidad de la Generalitat en Castor; para esclarecer las presuntas irregularidades del PGOU de Alicante; sobre la totalidad de los gastos liquidados por la empresa Entidad Pública de Saneamiento de Aguas Residuales de la Comunitat Valenciana (EPSAR) relativos a la gestión y explotación de la depuradora de Pinedo (EMARSA) desde 2003 hasta la fecha; sobre la vinculación entre la Generalitat y la Fundación Noos y análogas, investigadas por la justicia en el caso Urdangarin; para clarificar el destino de los fondos de cooperación internacional entre los años 2007-2011 y las eventuales responsabilidades que pudiesen derivarse; sobre los casos de niñas y niños robados durante el tiempo de la dictadura franquista hasta el años 1995 y sobre el asesoramiento de por parte de una asesoría contratada por FGV a empleados sobre lo que tenían que decir en la comisión de investigación sobre el accidente ocurrido en la línea 1 de metro el 3/07/2006; y sobre las supuestas irregularidades en la adjudicación de contrataciones de FGV (Grupo Parlamentario Compromís). Por último, sobre el llamado "caso Brugal", que afecta

VI. PRIMER BOTÀNIC: CUANDO LA ALTERNATIVA DE GOBIERNO ACTÚA COMO OPOSICIÓN

En la IX legislatura se dará un salto cualitativo tanto en la solicitud de comisiones de investigación, fruto de la nueva aritmética parlamentaria, como en su creación misma, con 7 creadas (35% del total); lo que llevará *in extremis* a adoptar una Resolución de la Presidencia de les Corts[106] para "topar" el número de CPIs en activo (hasta un máximo de 10) para no condicionar la actividad parlamentaria, que además motivará un estudio de su coste[107] por parte de la Oficina Económica a iniciativa del diputado no adscrito, Miquel Domínguez. Igualmente, debe destacarse la Propuesta de Reforma del Reglamento[108] iniciativa del Grupo Parlamentario de Compromís con la intención de reforzar las CPIs, a través de una serie de modificaciones (dirigidas a facilitar su creación, garantizar un número mínimo

---

a diversos cargos públicos y políticos de las instituciones de la provincia de Alicante; sobre la gestión de las ayudas de cooperación tramitadas por la Conselleria de Solidaridad y Ciudadanía; sobre el accidente del metro ocurrido en Valencia el 3/07/2006; sobre las relaciones que la Generalitat, directamente, o a través de sus empresas públicas ha tenido con el Instituto Nóos, y que, según la Fiscalía Anticorrupción en la pieza relativa a dicha empresa en el caso "Palma Arena", podrían ser constitutivos de delito ; sobre el aeropuerto de Castellón; sobre el accidente del metro ocurrido en Valencia el 3/07/2006; sobre los casos de robo y desaparición de bebes que se produjeron en territorio valenciano entre 1940-1990; sobre el estudio de la contratación y sobrecostes en la Ciudad de las Artes y Ciencias; sobre la situación de Bancaixa en el contexto de nacionalización de la matriz de Bankia (BFA); sobre el proceso que ha llevado a la antigua caja valenciana Bancaixa a acabar convertida en Fundación; y para el estudio de las causas y consecuencias de los incendios forestales de Andilla y Cortes de Pallás y para la revisión de la política forestal del Consell, y específicamente, la referida a la prevención y extinción (Grupo Parlamentario de Esquerra Unida).

Mostrando la Mesa un criterio contrario a su tramitación en otras cuatro ocasiones (en relación al caso Cooperación y a la sustracción de bebés durante el franquismo).

106 Resolución de la Presidencia de Les Corts 1/IX, sobre la creación de subcomisiones en el seno de las comisiones permanentes legislativas (Boletín Oficial de las Cortes Valencianas, núm. 25/IX, de 26 de octubre de 2015, que concreta un máximo de 10 CPI funcionado al mismo tiempo.

107 Según un informe de la Oficina Económica de las Cortes Valencianas su coste ascendía a 1,2 millones de euros. Las nuevas comisiones, un 65% de incremento respecto a la VIII legislatura, suponían un gasto de más de 616.704 euros anuales de más, al margen de la judicialización de los hechos investigados por alguna de las CPIs creadas.

108 *Boletín Oficial Cortes Valencianas,* núm. 157/IX, de 24 de febrero de 2016, pp. 21660-21661.

de comparecencias por parte de los grupos minoritarios y dar publicidad a la responsabilidad política declarada), tras un periodo que auguraba el fin de las mayorías absolutas en la Cámara.

En su gran mayoría, su objeto será la gestión de los gobiernos anteriores (ampliación de la oferta pública de plazas para mayores, modernización recintos feriales, construcción y reforma de centros educativos...) en una diversidad de temas que apuntaban a una responsabilidad política que ya había sido exigida en la urnas. Por lo que se invertiría el principio que debe guiar su correcto funcionamiento y en donde la minoría tiene que controlar la acción gubernamental que cuenta con el apoyo mayoritario de la Cámara.

En algunos casos, también se trataba de asuntos que ya habían sido judicializados sin éxito (accidente de metro de 2006[109] o residencias de accesibilidad[110]) o que estaban en vías de serlo (Operación Taula, gestión de la Mercantil CIEGSA o financiación electoral del PSPV y Bloc en las elecciones autonómicas de 2007), aunque nuevamente aparecía una problemática de salud pública (derivada de los efectos de los acuíferos contaminados) y, en menor medida, otra directamente afecta a la gestión (en este caso de las instituciones feriales de ámbito territorial valenciano). Vamos, a continuación, a abordar cada una de ellas con las problemáticas jurídicas singulares detectadas.

El pleno de las Corts Valencianes aprobaba el 10 de febrero de 2016, y por unanimidad de los grupos parlamentarios, la creación[111] de una comisión de

---

109 La letrada de las Cortes valencianas, Catalina Escuín Palop, en un informe de los servicios jurídicos de la Cámara fechado el 6 de mayo de 2019, advierte "de la imposibilidad de conferir efectos externos a las decisiones de carácter político de un Comisión Parlamentaria de Investigación", poniendo como ejemplo "la realización por Les Corts en diferentes legislaturas de dos Comisiones de Investigación sobre el accidente del metro de 2006 con conclusiones contradictorias entre sí" (2019: 16). Ver supra epígrafe.

110 La Comisión de Investigación promovida en las Cortes Valencianas iniciaría sus trabajos tras el archivo de las diligencias incoadas por parte de la Fiscalía tras la denuncia de Esquerra Unida por el proceso de concesión de plazas (de "accesibilidad") residenciales de mayores en la Conselleria de Bienestar Social durante los años 2007-2009; a pesar de tratarse de un programa público iniciado cuatro años antes, que figuraba entre los compromisos de gobierno, y que fue impulsado con anterioridad por los distintos titulares de la Conselleria.

111 Resolución 122/IX, de 10 de febrero (*Boletín Oficial de las Cortes Valencianas*, núm. 56, de 19 de febrero, pp. 6727-6728).

investigación[112] sobre la empresa pública Ciegsa (cuya actividad estaba siendo investigada judicialmente dentro de la llamada operación Taula, como derivación del caso Imelsa, como pieza separada), con la finalidad de dar cumplimiento a cuatro "objetivos básicos", a saber: a) "investigación y análisis de la actividad de CIEGSA", desde su constitución; y, más en particular, b) a una serie de actuaciones singulares ("legalidad del convenio" suscrito entre la Conselleria y la mercantil; "cuentas"; "verificación de la contratación del equipamiento"...); c) "delimitación del impacto sobre las arcas públicas de las prácticas irregulares de empresas proveedoras de barracones sancionadas por la Comisión Nacional de los Mercados y la Competencia (CNMV) y la cuantificación de los posibles sobrecostes"; y, por último, d) "el establecimiento de responsabilidades políticas por la defectuosa gestión de fondos públicos y de gestión (...) y de las medidas necesarias para evitar tales prácticas en un futuro". Aunque por decisión de la Mesa de la CPI se decidirá finalmente acotar sus trabajos a un periodo menor (hasta junio de 2015), dejando fuera de la investigación la gestión empresarial posterior (con lo que se impedía el primero de los objetivos planteados).

Por lo que se refiere a su duración, el mandato de constitución era de dos meses y el plazo previsto para concluir su investigación de otros seis meses[113]; sin embargo, sus trabajos parlamentarios se prolongarían algo menos de dos años (con una cierta parálisis inicial a la espera de la ingente documentación solicitada), a partir de un total de 22 sesiones de trabajo, llevadas a término entre el 10/04/2017 y el 4/06/2018; la elaboración del dictamen, debido a su complejidad técnica ocupará 8 de los 21 meses de trabajo efectivo sin que finalmente llegue a aprobarse como tal.

En cuanto al número de comparecencias, será la cuarta CPI en cuanto a las registradas[114]; que se verán ensombrecidas por una deficiente convocatoria

---

112 Formarán parte de la misma los siguientes diputados: Marian Campello Moreno (presidenta); Antonio Joaquín Woodward Poch (vicepresidente); Ana Barceló Chico y Antonio Serna Serrano (secretarias); y Jordi Alamán Tabero; Belén Bachero Traver; Ana Besalduch Besalduch; Alfred Boix Pastor; Juan Carlos Caballero Montañés; Beatriz Gascó Enríquez; César Jiménez Doménech; Verónica Marcos Puig; Sandra Mínguez Corral; José Antonio Montiel Márquez; Miguel Ángel Mulet Taló; José ramón Nadal Sendra; Mercedes Ventura Campos; Juan José Zaplana López (vocales).

113 *Boletín Oficial de las Cortes Valencianas*, núm. 56, de 19 de febrero, p. 6728.

114 La CPI de CIEGSA acordó las comparecencias en primera instancia de 67 personas (aunque finalmente comparecerán 51, debido a las ausencias efectivas registradas), cuyas declaraciones podrían aportar y clarificar la gestión llevada a cabo durante

los años 2000-2015, desde su creación pues; centrando la investigación en los años de mayor actividad (2001-2013), divididos en tres periodos sucesivos, en función de los diferentes responsables políticos tanto al frente de la Conselleria de Educación como de la mercantil: de 2000 a 2003; de 2004 a 2008; y, por último, de 2008 a 2013, respectivamente. Serán citados a comparecer, básicamente, los responsables de la empresa CIEGSA (directores técnicos, asesores, miembros del Consejo de Administración), así como diferentes cargos públicos con responsabilidades de gobierno y gestión al frente del Gobierno autonómico y la Diputación de Valencia. También fueron citados de distintos grupos parlamentarios que habían ejercido el control de la empresa pública CIEGSA en distintas legislaturas.
Fue solicitada, también, la comparecencia de los administradores de las empresas que habían sido adjudicatarias de obras y servicios.
En concreto, en la CPI comparecerán los expresidentes de la Generalitat (Francisco Camps Ortiz y Alberto Fabra Part); los vicepresidentes del Consell (Víctor Campos Guinot y José Císcar Bolufer); los extitulares departamentales de Economía y Hacienda (Gerardo Camps Devesa y Juan Carlos Moragues Ferrer) y (Esteban González Pons; Alejandro Font de Mora Turón; María José Catalá Verdet); altos cargos de la Administración de la Generalitat, como, el secretario autonómico de Educación y Formación (Miguel Soler Gracia, que acumulaba el cargo de consejero delegado de la mercantil); los subsecretarios de Educación (José Villar Rivera y Virginia Jiménez Martínez, que acumularon también la condición de consejero delegado); los exsecretarios autonómicos de Educación (Máximo Caturla Rubio; Concepción Gómez Ocaña; Rafael Carbonell Peris; y Santiago Martí Alepuz, de los que sólo el primero y último acumularon el cargo de consejero delegado); el ex secretario autonómico de Hacienda (José Miguel Escrig Navarro); los interventores generales de la GVA (con rango de secretario autonómico) (Salvador Hernándiz García y Francisco Valentín Álvarez de las Marinas); los exdirectores de Régimen Económico (Alejandro Bañares Vázquez y María José Vargas Molina); la ex directora general de Educación (Beatriz Gascó Enríquez). O personal eventual (Juan José Andrés Ruiz, exasesor de Presidencia) o técnico, como el subdirector general de Educación (Jesús García Gil); o, por último, el vice-interventor de Control Financiero de Hacienda (Ignacio Pérez López).
Compareciendo representantes de otros poderes y órganos estatutarios, como los diputados autonómicos (Andrés Perelló Rodríguez, Ana Noguera Montagud y Josep María Pañella Alcácer) o el exsíndic major de Comptes (Rafael Vicente Queralt). Y del ámbito provincial, como el expresidente de la Diputación de Valencia (Alfonso Rus Terol); el diputado (Miguel Barranca Crespo), a su vez trabajador de la mercantil; o el exgerente de Imelsa (Marcos Benavent Vicedo), este último comunicará que no responderá a ninguna pregunta que se le formule. Por parte de CIEGSA, además de los altos cargos que tenían la doble condición de consejeros por su pertenencia a Presidencia, Economía y Hacienda y/o Educación, comparecieron las siguientes personas: exgerente (Javier García-Lliberós Fernaud); exconsejero delegado (José Luis López Guardiola); y un nutrido número del personal técnico de la mercantil (Nuria Genís Garrido,

de los llamados a comparecer y condicionada, igualmente, por tratarse de una investigación sub iudice que condicionará buena parte de su desarrollo.

Por su parte, las conclusiones avanzadas por las fuerzas políticas presentes en la Cámara (a excepción del Grupo Parlamentario Popular, que formulará un voto particular[115] a las mismas), no llegarían nunca a elevarse a dictamen (aprobado por el pleno); respondiendo parcialmente a los objetivos planteados inicialmente. En el mismo se concluye que la empresa pública, creada en el 2000 para agilizar la construcción de centros escolares de titularidad pública, "funcionó como una herramienta diseñada y estructurada para eludir todos los mecanismos de control" de la Administración valenciana, algo que contradice la voluminosa información aportada en el curso de la investigación parlamentaria.

Serán muchas, no obstante, las malas praxis objeto de denuncia. En materia de contratación, se abusó de la excepcionalidad, con adjudicaciones directas o modificaciones de contrato, que provocaron una situación de "insostenibilidad e inestabilidad permanente", con "un importante número (...) de desviaciones (de costes) elevadísimas e injustificables", excediendo

José Luis Gisbert Blanquer, Ángeles Asensi López, María Paloma Martín Velasco, Ana Lajo Marcos, Juan Manuel Pérez Mira; Juan Sanchis Torres; Javier Soriano Rams; Jaime Prior Llombart y Joan Vergara Martí, negándose este último a declarar). Así como de los responsables jurídicos del Bufete Broseta Abogados (Manuel Broseta Dupré y Beatriz Montes Sebastián) y de Garrigues Abogados (José Luis Martínez Navarrete). Al igual que los responsables de las empresas constructoras: Torrescámara (Juan Francisco Cámara Gil); Cleop (Alejandro Serra Nogués); Construcciones Luján (Francisco Javier Luján Morant y Germán Luján Corbera), negándose a declarar por las investigaciones judiciales abiertas los tres últimos. Por último, no llegaron a comparecer, por distintos motivos (entre otros, la imposibilidad de citarles mediante los medios habituales utilizados por los servicios de la Cámara): Carlos Roqués Mata, Elena Bosque Domínguez, Nuria Más Peña, Consuelo Ordóñez Fenollar, Antonio Gil Monteagudo, José Ramón Ruiz Checa, Ramón Cervera Prada, Belén Cuenca Pérez y Emilio del Toro Gálvez, todos ellos extrabajadores de CIEGSA; José María Marín Quemada, presidente de la CNMC; Mariano Ayuso Ruiz-Toledo, abogado del despacho de Broseta; Alejandro Caturla Rubio, proveedor de CIEGSA; Luis Grau Mifsud y Jesús Nazareno, empresarios de BM3; Carlos Turró Homedes, de CLEOP; Jaime Sugrañes Nolla, de Algeco; Santiago Sánchez Ruiz, de ABC Construcciones Modulares; Guillermo Orozco Perals, de CYES, y Rosa María Villegas Martínez, de Construcciones Villegas.

115 *Boletín Oficial de las Cortes Valencianas* núm. 352, de 21 de marzo de 2019, pp. 61040-61183.

los límites previstos en la Ley de Contratos, y que se extenderán también a la contratación de las unidades modulares; mientras que los contratos por lotes crearon una "discrecionalidad" en las adjudicaciones que con posterioridad investigará la justicia. También se alude al "sobredimensionamiento" de la plantilla de personal, contratado "directamente sin publicidad" y al margen de los principios de "mérito o capacidad", que serán objeto de cesión irregular a la Conselleria de Educación; proyectándose la sospecha (que no certeza) de que, incluso, podrían no haber prestado sus servicios en la misma.

Pero, del mismo modo, que algunas decisiones controvertidas limitarán el alcance de la investigación; otros de los objetivos quedarán frustrados a partir de la literalidad de las conclusiones incluidas en el dictamen finalmente aprobado. Como la continuidad y vigencia del marco colaborativo estructurado entre la Conselleria y CIEGSA durante la misma etapa de gobierno del Botànic, que refuta la proyectada "ilegalidad" que se había vertido sobre el mismo; al igual que la imposibilidad de poder cuantificar[116] el supuesto (y pretendido) "agujero" en las cuentas públicas de la mercantil al finalizar la investigación parlamentaria proyecta serias dudas sobre la validez de las estimaciones económicas que, a partir del informe definitivo de auditoría realizado por la Intervención de la Generalitat, fueron difundidas en el origen de la investigación por los máximos responsables de los departamentos autonómicos implicados (Hacienda y Educación) y que, sorprendentemente, nunca serán llamados a comparecer en la misma pese a la gravedad de tales acusaciones.

Por lo que hace a las responsabilidades políticas derivadas de la mala gestión económica[117] de la mercantil, éstas se concretaron en los sucesivos

---

116 "Debemos concluir que esta comisión no puede determinar, por no tener ni los mecanismos, ni los recursos necesarios, los perjuicios ocasionados al erario público de la gestión realizada por los diferentes Gobiernos de la Generalitat que desde el mes de julio del año 2000 hasta el mes de noviembre de 2013 -Fecha en la que fue encargado el informe de Control Financiero Específico a la Intervención General de la Generalitat Valenciana- que por acción u omisión, han amparado el irregular funcionamiento de la empresa pública Ciegsa" (2019: 178). Unas conclusiones que, desde luego, ponen en entredicho o directamente desmienten el dato ofrecido en el momento de crearse dicha Comisión Parlamentaria de Investigación, cuando los máximos responsables de Hacienda y Educación (Vicent Soler Marco y Vicent Marzá Ibáñez), basándose en el informe definitivo de auditoría realizado por la Intervención de la Generalitat, cifraron el supuesto "agujero" económico generado por la existencia de CIEGSA en una cifra cercana a los 1.000 millones de euros.

117 El dictamen sostiene sin una apoyatura sólida y fiable que si el Gobierno autonómico, a través de la Conselleria de Educación, hubiese cumplido con sus labores de control se hubiese podido evitar la "grave situación económico-financiera" que arrastraba

titulares departamentales de Educación desde su creación (Manuel Tarancón Fandós; Esteban González Pons; Alejandro Font de Mora; José Císcar Bolufer y María José Catalá Verdet) y, en particular, en el que fuera el consejero delegado (Máximo Caturla Rubio)[118] de la mercantil en el período 2003-2007, sin llegar a implicar directamente a ninguno de los miembros de los sucesivos Consejos de Administración. Atribuyendo a algunos directivos de la mercantil (en concreto, Joan Vergara Martí, Elena Bosque Domínguez y Carlos Roqués Mata) la condición de "cooperadores directos" de las mismas.

Con un año de retraso las conclusiones de la comisión parlamentaria serán remitidas el 20 de diciembre de 2020 a la Fiscalía Provincial de València, que tras abrir diligencias de investigación penal, terminaría por archivarlas sólo 10 días después, sin apreciar indicios de delito. Algo muy parecido a lo sucedido con la investigación parlamentaria sobre las empresas adjudicatarias de las llamadas plazas de "accesibilidad social", que llegará a plantearse tras el archivo de una denuncia penal que había sido presentada por Esquerra Unida un año antes de su creación el 21 de octubre de 2015; y cuyas conclusiones del dictamen aprobado por el pleno de las Cortes valencianas serán llevadas a la Agencia Valenciana Antifraude con idéntico resultado, por los grupos que apoyaban el Gobierno del Botànic, Ciudadanos y *Agermanats* (diputados no adscritos expulsados de este último grupo parlamentario).

El objeto de la nueva comisión de investigación, (promovida esta vez por el Grupo Parlamentario Socialista, y apoyada con los votos a favor del resto de grupos salvo el popular, cuyos diputados se abstuvieron), será ampliado a petición de Ciudadanos al resto de empresas adjudicatarias (más allá de las del Grupo Savia, que había originado la investigación), para poder determinar la responsabilidades políticas de los impulsores del llamado Plan de Accesibilidad Social o de creación de 9000 plazas residenciales (también rebautizado con el nombre de los titulares de la Conselleria de Bienestar

CIEGSA, obligada a recurrir al mercado de crédito bancario (o, incluso, a mecanismos de financiación estatal) que llegaron a superar los 486 millones de euros.

118 A quién en las conclusiones, se le atribuirá una "responsabilidad directa en la situación económica generada", así como en "irregularidades contractuales, administrativas y opacidad" que no se llegarán a concretar en ningún momento. Junto al consejero delegado, se considerarán "cooperadores directos" a distintos directivos de la empresa pública en los ámbitos de contratación y proyectos (Joan Vergara Martí; Elena Bosque Domínguez; y Carlos Roques Mata), designados directamente por el primero.

que terminaron de gestionarlas, modelos Blasco[119] y/o Cotino) y de las sospechas[120] que se cernían sobre su diseño y puesta en marcha.

---

119 El modelo, diseñado inicialmente en 2001 por el titular de la Conselleria de Bienestar Social (Rafael Blasco Castany), había sido un compromiso electoral, convertido más tarde en uno de gobierno, siendo presentado como la "iniciativa más importante del Consell en materia social para satisfacer la demanda creciente de recursos para las personas mayores". La acción gubernamental se planteaba como respuesta al Plan Gerontológico Estatal (1992), cuyo horizonte previsto para 2000 dibujaba para su un severo déficit de plazas en el ámbito territorial valenciano, muy por debajo de la media nacional y de otros territorios que decidieron poner en marcha planes gerontológicos autonómicos (Requejo Osorio, 2000). La autoría intelectual de su diseño es controvertida, aunque cabe destacar la participación de una gran empresa de consultoría social valenciana (IMEDES) aunque con posterioridad descansará en el gabinete Técnico de la Conselleria. Jurídicamente la solución que se le dará será la de "contrato administrativo especial" (que permitía entonces la legislación de contratos públicos vigente), a partir de un complejo proceso de colaboración público-privada destinada a la construcción de 9.000 plazas residenciales en 73 municipios de la Comunidad Valenciana. El proyecto arrastraría una importante inversión pública por valor de 500 millones de euros con un plazo de concesión de 15 años (prorrogable por otros 10). En el pliego inicial, la Administración se reservaba un tercio de las plazas residenciales (abriéndose los otros dos a la comercialización privada). Sin embargo, la evolución del proyecto de una gran complejidad técnica y empresarial hizo que no se completasen la totalidad de las inversiones proyectadas; que la gestión geriátrica fuese asumida directamente por las empresas constructoras, que tuvieron que improvisar modelos de negocio paralelos; y, por último, el proceso de concertación a partir de 2007 se iría abriendo progresivamente a la totalidad de plazas disponibles según las necesidades públicas existentes, sin necesidad de limitarse (como había hecho el pliego inicial) a un tercio de las plazas creadas. Aspectos que serán el principal objeto de discusión en la CPI creada.

120 Alguna de las mismas quedarán destacadas en el dictamen aprobado por las Cortes Valencianas y apuntan a los siguientes aspectos: grado de calidad de la atención residencial; número y frecuencia de las inspecciones realizadas y recomendaciones efectuadas; existencia de expedientes sancionadores y medidas correctoras adoptadas; razones por las que se permitieron los incumplimientos contractuales; razones por las cuáles terminó por modificarse el Plan gerontológico de ámbito autonómico; razones que justificaban la llamada "cláusula de exclusividad"; motivos por los cuáles terminó siendo modificado el contrato inicial y, sus principales contenidos (extensión, calificación de las plazas, precio coste-plaza); motivos por el que se amplió el concierto en 2.347 plazas más, previamente a hacerlo con las plazas públicas; y, por último, sobre la existencia de una memoria económica que justificase el incremento solicitado.

Tras 16 meses de trabajo y 89 comparecencias[121] (el segundo mayor volumen de todas las CPI aprobadas) la investigación promovida por la CPI (que no llegará a aprobarse en pleno y limitará su dictamen al aprobado en Co-

[121] En el ámbito político, destaca la comparecencia de los siguientes responsables políticos de la Generalitat: exconsellers de Bienestar Social (Rafael Blasco Castany; Alicia de Miguel García; Juan Gabriel Cotino Ferrer; Angélica Such Ronda; Jorge Cabré Rico); consellera de Igualdad y Políticas Inclusivas y vicepresidenta 1ª del Consell (Mónica Oltra Jarque); exsecretarios autonómicos de Prestaciones Sociosanitarias (Francisco Javier Reverte Lledó), Bienestar Social y Familia y Coordinación Social (David Ignacio Calatayud Chover), de Autonomía Personal y Dependencia (Joaquín Martínez Gómez, Mª Manuela García Reboll y Manuel Escolano Puig), de Familia y Solidaridad (Lucía Carmen Cerón Hernández) y secretaria autonómica de Servicios Sociales y Autonomía Personal (Sandra Casas Molina); Exsubsecretarios de Bienestar (Ramón Doménech Doménech; Pilar Máñez Capmany; Mariano Vivancos Comes; Alida Mas Taberner; Carlos Precioso Estiguín; y subsecretario de Igualdad y Políticas Inclusivas (Francesc Gamero Lluna); exdirectores generales de Servicios Sociales (W. Luisa Gracia Giménez; Esther Franco Aliaga; Joaquín Martínez Gómez), de Acción Social y Mayores (Pilar Albert Guerola) y directora general de Servicios Sociales y Personas Dependientes (Mercè Martínez i Llopis), respectivamente. Al igual que los exdirectores territoriales departamentales de Valencia (Mª del Carmen de Rosa Torner; Mª Jesús Sancho-Miñana Sánchez; Manuel Lázaro Armengol; Mª Amparo Gaseo Company; Mª. Del Carmen Jofre Garrigues; y directora territorial de Igualtat i Polítiques Inclusives València (Isabel Serra Marco); exdirectores territoriales de Castellón (M. Soledad Linares Rodríguez; Mª. Rosario Vicent Saera;Vicente Tejedo Tormo; Mª. Pilar Badenas Escura; y la directora territorial de Igualtat i Polítiques Inclusives Castelló (Carmen Fenollosa Egea); o exdirectores territoriales de Alicante (José Alberto Martínez Díaz;Juan Bautista Llorca Ramis; Álvaro José Prieto Seva; y el director territorial de Igualtat i Polítiques Inclusives de Alicante (Antonio Reus Andreu). Al igual que otros altos cargos de la Conselleria: exsecretarios generales administrativas (Agustina Sanjuán Ballesteros; Mª. Amparo Martín Fontelles; Carlos de la Fuente Arévalo; Mª. Begoña Meléndez Pérez; los exjefes de servicio de Contratación y Asuntos Generales (Mª Carmen Serrano Torres; Mª Carmen Doménech Martínez; Miguel Ángel Gimeno Soriano; Mª. Eugenia Vives Arlandis; Mª José Cervera Pérez), de Centros Propios o Gestión Personas Mayores (Ángel Vila Blasco; Rosa Mª. Marqués Pérez; Mª. Amparo Mollar Maseres), así como todos los miembros de la mesa de contratación y de la comisión técnica.

Por último, por la parte empresarial, los siguientes comparecientes: Grupo SAVIA (Vicente Cotino Escrivá; Enrique Ortiz Selfa; y Arturo Alario Mifsud); expresidente de FEADCV (Ricardo Peris Pérez); expresidente de AECAS (Marcos Penadés Bellot); Instituto Valenciano de Acción Social (Ángel Bonafé Osca); presidente de AERTE (José María Moreno Peñas). Y los asesores jurídicos de AERTE (Miguel Alfonso García Monllor) y el responsable regional del Bufete Uría Menéndez Abogados, respectivamente.

misón, con voto "particular" del Grupo Parlamentario Popular[122]) concluirá que existió "trato de favor" hacia las empresas adjudicatarias, inicialmente centrada en el Grupo Savia (debido al control por parte de la familia del 40% de Gerocentros del Mediterráneo, origen del mismo), ampliándose con posterioridad a otras empresas concesionarias del modelo. Las responsabilidades políticas se proyectaron sobre los dos titulares de Bienestar que contribuyeron a diseñar y consolidar definitivamente el plan de accesibilidad social, Blasco y Cotino; al haber beneficiado por "acción u omisión" a alguna de estas empresas. Sin embargo, cuando se analizan las conclusiones más detalladamente tales planteamientos pierden fuerza o vigor. Veámoslo.

A Blasco, se le atribuye la autoría intelectual (en tanto que "órgano de contratación" del departamento) de un informe interpretativo de un contrato (insistimos administrativo pero de carácter "especial") de una complejidad técnica (y económico financiera) inusitada como con el tiempo se ha visto, y que supondría una auténtica novación del mismo, algo común en la técnica concesionaria (naturaleza que reunía el proyecto en cuestión). Es cierto que en 2014 la Abogacía de la Generalitat lo calificaría de "fraude a las bases de licitación" pero desde 2001 a esa fecha permitió las modificaciones que se irán introduciendo como consecuencia de las necesidades crecientes para garantizar una oferta de plazas absolutamente necesaria (mayormente tras la entrada en vigor del nuevo sistema nacional de atención a la dependencia) y al que, a fecha de hoy, la Conselleria de Igualdad y Políticas inclusivas no ha renunciado ni ofrecido una alternativa viable al mismo.

Por otro lado, la responsabilidad atribuida por la CPI al vicepresidente "social" del Gobierno Camps responde a la aprobación de una normativa (concretada, entre otras en la Orden de 5/12/2007), destinada a desplegar autonómicamente la Ley de la Dependencia que había sido aprobada un año más tarde, y que ponía a disposición del nuevo SSAAD los recursos disponibles hasta la fecha que, según todas las estimaciones, eran insuficientes para dar cobertura a las solicitudes planteadas durante esos años. Esto, evidentemente terminó por beneficiar a las empresas concesionarias pero como "sector" no individualizadamente. Es más, la petición de ampliar la concertación social de plazas de accesibilidad partió de la misma

---

122 La solicitud formulada por el Grupo Parlamentario Popular de que dicho disentir acompañe al dictamen que la CPI aprobase, bien en Comisión bien en Pleno, a modo de voto "particular" será objeto de análisis por parte de los servicios letrados de la Cámara, quiénes en un informe fechado el 31/08/2017, se mostraran favorables a dicha petición.

patronal AERTE, asociación empresarial en la que, en ese momento, estaban integradas las principales operadoras y gestoras.

Por otro lado, la CPI se acoge a una ocultación "transitoria" de la declaración de bienes que realizó el conseller Cotino tras finalizar su etapa en Bienestar; concluyendo que no había quedado "debidamente justificado" que aquella fuese aportada nuevamente con posterioridad. Un tema menor ante la judicialización previa y posterior de los hechos que fueron directamente archivados en ambos casos, sin que llegase a demostrar en ningún momento ningún tipo penal a los que se apuntaba (en concreto, "tráfico de influencias").

Por último, en lo que se refiere al verdadero objeto de investigación (contrato de las plazas) en las conclusiones se apuntaba a que algunos elementos contractuales (plazos de ejecución; precio/plaza; número plazas concertadas; municipios en los que debían ubicarse las residencias...) se modificaron "de forma arbitraria para beneficiar a las empresas", lo que sería prueba fehaciente del referido trato favorable a ciertas empresas. Si bien es cierto que, lo lógico en una concesión de la complejidad como la planteada tales aspectos puedan ser revisados de común acuerdo; incorporando ciertas modificaciones en las previsiones iniciales de conformidad a la legalidad vigente en todo caso.

El 21 de octubre de 2015, a iniciativa del Grupo Parlamentario de Compromís y con los votos favorables de los Grupos Parlamentarios Socialista, Ciudadanos y Podemos[123], era aprobada una comisión de investigación[124] que buscaba, entre otros aspectos, "averiguar las causas de la contaminación de las aguas del subsuelo; conocer los niveles de contaminación de las

---

123 El Grupo Parlamentario Popular se había descolgado de la iniciativa al entender que la competencia sobre la calidad de las aguas subterráneas era del Gobierno de la Nación, aunque en sus argumentos se dejaba entrever la persistencia del conflicto sobre el agua que, en fechas recientes (2023) se ha vuelto a judicializar entre Consell-Gobierno de España.

124 La composición de la comisión parlamentaria de investigación fue la siguiente: Elisa Díaz González, Verónica Marcos Puig, José Ramón Calpe Saera, Juna de Dios Navarro Caballero y Víctor Soler Beneyto (Grupo Parlamentario Popular); María Sabina Escrig Monzó, David Cerdán Pastor y Manuel Pineda Cuenca (Grupo Parlamentario Socialista); Graciela Noemí Ferrer Matvieychuc (presidenta) y Maria Josep Ortega Requena, Juan Ponce García (Grupo Parlamentario Compromís); Beatriz Gascó Verdier y Daniel Geffner Sclarsky (videpresidente) (Grupo Parlamentario Podemos-Podem); y Rosamaria García González (secretaria) y Emidgio Tormo Moratalla (grupo Parlamentario Ciudadanos).

aguas subterráneas (...) y las posibles afectaciones sobre la salud humana; analizar las posibles responsabilidades en las tareas de prevención y control de la contaminación de las fuentes de suministro de agua potable a la población y del agua suministrada; proponer medidas para paliar los efectos y para elaborar políticas efectivas que acabasen con las malas prácticas y avancen en la recuperación de nuestros acuíferos"; analizando en detalle el caso de la comarca de La Ribera[125]. Debido a la evidente dificultad de los hechos investigados para la que se solicitó un total de 34 comparecientes[126], también se constituyó, en paralelo, una Comisión Especial para el Estudio

---

125 Preocupaba especialmente la situación de la comarca de la Ribera, donde en varios de sus municipios (Alzira, Carcaixent, Llaurí, Corbera o Carlet) el agua no era apta para el consumo humano desde 2013.

126 Por lo que respecta a los comparecientes, se distinguió entre expertos y testigos; entre los primeros figuraban "personas del ámbito académico expertas en ecología, agricultura, salud pública, derecho, sistemas de riego, representantes de las confederaciones hidrográficas del Júcar y del Segura, así como los directores generales con competencias en la materia" y, entre los segundos, "los representantes políticos que durante la última década han tenido competencias en las materias vinculadas a la problemática objeto de esta comisión".
Resulta de interés las incidencias producidas en el curso de las comparecencias. Así, por acuerdo unánime de los grupos parlamentarios se decidió retirar la solicitud de uno de los comparecientes (Ferran Ballester Díez), ampliando el listado final de los comparecientes a "un representado del Colegio de biólogos; un técnico de la Dirección General del Agua de la Conselleria de Agricultura, Medio Ambiente, Cambio Climático y Desarrollo Rural, encargado de la supervisión de las instalaciones de la estación de tratamiento de agua potable (ETAP) de La Ribera, un representante de Aguas de Valencia como concesionaria de la gestión dc la ETAP de la Ribera, la subdirectora general de Epidemiología, Vigilancia de la Salud y Sanidad Ambiental y el jefe de la Unidad de Sanidad Ambiental, ambos de la Conselleria de Sanidad Universal y Salud Pública". Por parte de la CHJ y CHS excusaron las comparecencias de los jefes de las Oficinas de Planificación Hidrográfica y del Comisariado de Aguas (de la Demarcación Hidrográfica del Júcar) citados en calidad de expertos, bajo el criterio de que una comisión de investigación de un Parlamento autonómico no tenía competencia para realizar funciones de control de organismos de la Administración General del Estado (AGE), de conformidad con el dictamen núm. 4/2003 del Consejo de Estado.
Ante la insistencia de la comisión en la necesidad de estas comparecencias en calidad de expertos
para aportar a los trabajos de la comisión sus conocimientos sobre el estado, gestión y planificación hidrográfica, el jefe de la Oficina de Planificación Hidrográfica y el Comisario de Aguas de la CHJ asumieron a título personal la decisión de comparecer ante la comisión, mientras el jefe de la Oficina de Planificación Hidrográfica (CHS) declinó por no haber sido autorizado para hacerlo.

de la gestión del agua, de posibles alternativas de actuación frente al cambio climático, y de las necesidades humanas de agua, que fue aprobada por unanimidad[127].

El 30 de enero de 2019 (tres años y tres meses después desde su creación y planificación de sus trabajos[128]) se aprobaba el dictamen[129] de conclusiones que sería aprobado por el pleno de las Cortes Valencianas, en donde se apuntó a los "nitratos de origen agrario" como principal foco de contaminación, sin descartar tampoco "las sustancias prioritarias vinculadas a los fitosanitarios de síntesis química", que han proliferado exponencialmente en la última década tal y como apuntan los datos de la Confederación Hidrográfica del Júcar. Descartando, a su vez, cualquier casuística de enfermedad aguda derivada de "la ingesta de agua con concentraciones elevadas por nitratos", al haberse reducido significativamente la población expuesta al agua de consumo humano contaminada en el curso de tres décadas (de 609.000 a 209.000 de 1990 a 2016, respectivamente).

En base a las recomendaciones de los expertos en salud pública que comparecieron en la comisión, las conclusiones incorporaban la necesidad de "llevar a cabo estudios epidemiológicos de largo plazo a escala autonómica para analizar y conocer la incidencia sobre la salud de la población de la exposición continuada al consumo del agua contaminada por nitratos o fitosanitarios". Las conclusiones, consensuadas entre los cinco grupos parlamentarios, también consideran necesario "mejorar la transparencia y el acceso a la información sobre la calidad del agua potable al alcance de la ciudadanía, mediante suministro de información detallada e inteligible de la calidad requerida del agua potable y la publicación de analíticas de consumo humano llevadas a cabo por los gestores de suministro y las auto-

---

127 Resolución 41/IX, de 21 de octubre de 2015 (*Boletín Oficial de las Cortes valencianas,* núm. 30, de 5 de noviembre de 2015, p. 3016).

128 El plan de trabajo de esta comisión se aprobó por unanimidad mediante propuesta conjunta presentada por todos los grupos parlamentarios, en la reunión de 3/03/2016 (Boletín Oficial de las Cortes valencianas núm. 64, de 16 de marzo de 2016), e incluía la solicitud de información y documentación dirigida a una serie de departamentos y organismos, autonómicos (Consellerías de Agricultura, Medio Ambiente, Cambio Climático y Desarrollo Rural; Sanidad Universal y salud Pública; Vivienda, Obras Públicas y Vertebración del Territorio) y estatales (Confederación Hidrográfica del Júcar, Confederación Hidrográfica del Segura) e instituciones estatutarias (Síndic de Greuges)

129 Resolución 1521/IX, de 30 de enero (*Boletín Oficial de las Cortes Valencianas,* núm. 343, de 13 de febrero de 2019, p. 58.968-59.009).

ridades competentes (...)", así como de informes anuales detallados de la Conselleria de Sanidad.

Además, se recomendó "la creación de una red de apoyo y transferencia de conocimiento y tecnología en materia de uso y gestión de nitratos y fitosanitarios en la producción agraria", así como el avance "en las tareas de control del uso y gestión del nitrógeno en la agricultura y la ganadería". Otras peticiones, incluidas, en las conclusiones, son que se potencie la producción agraria ecológica y la aplicación de prácticas agroecológicas, así como la práctica de la agricultura integrada, y que la Confederación Hidrográfica del Júcar (organismo estatal) incremente la densidad y frecuencia de los puntos de muestreo de las aguas subterráneas. Igualmente, las Cortes valencianas solicitaron una normativa propia que obligue a las comunidades de regantes que utilicen aguas subterráneas a hacer las analíticas "suficientes" cada año y poder adaptar así la fertilización al contenido real de nitratos en el agua.

Por lo que respecta al abastecimiento de la comarca de la Ribera, el dictamen considera que los Gobiernos de la Generalitat (especialmente entre 1997 y 2009, años de hegemonía popular) "realizaron una gestión ineficaz para solucionar un problema de contaminación por nitratos que se arrastraba desde hacía dos décadas", en un intento vano de endosar una responsabilidad política a quiénes ya no estaban en una situación efectiva de gobierno. Entre las conclusiones se señalaba que las actuaciones llevadas a cabo, como la elección de recursos subterráneos con escasa disponibilidad, implicaron un "encarecimiento injustificado" de las infraestructuras que terminaría por retrasar, en más de una década, la mejora de la calidad del agua potable suministrada.

Resulta, también, curiosa la crítica a la gestión que se hace de dos periodos distintos (2009-2015 y 2015-2021) en la ejecución del Plan hidrológico de cuenca de la demarcación hidrográfica del Júcar, cuando la misma responde a una sucesión de gobiernos de distinto signo a nivel nacional de modo inverso en el tiempo; achacando tanto a los 5 años de retraso en su aprobación como a la ausencia de certeza en su asignación a la "situación de inseguridad jurídica (vivida) por los pueblos de la Ribera", a pesar de estar todavía muy lejos de alcanzarse la situación idílica que se proyecta respecto de la asignación directa y reserva del caudal finalmente establecida.

Concluye, finalmente, el dictamen que (teniendo en cuenta la normativa estatal y europea) el agua de mejor calidad debía asignarse prioritariamente al consumo humano para "minimizar las necesidades de tratamiento y evitar riesgos potenciales sobre la salud pública", así como "todo el deterioro adicional del estado de las masas de agua, superficiales y subterráneas".

VII. SEGUNDO BOTÀNIC: MÁS ESTUDIO QUE INSPECCIÓN POLÍTICA TRAS LA PANDEMIA.

En la recta final del mandato, llegarán a constituirse otras dos CPI más, coincidiendo con la recta final de otra que tendrá serias dificultades para concluir sus trabajos, a pesar de finalmente parcelar en dos el objeto inicial de la investigación. La constitución de una CPI[130] sobre los aspectos de la gestión general de las instituciones feriales había sido aprobada el 29 de octubre de 2015, a propuesta del Grupo Parlamentario Socialista; además de analizar la gestión general de las instituciones feriales existentes en el ámbito territorial valenciano, perseguía estudiar también "los posibles costes de las operaciones de ampliación y modernización en (dichas) instituciones, la gestión de los préstamos del BEI y de los avales públicos concedidos" a las mismas. Igualmente, en el caso concreto de Feria València, buscaba esclarecer una serie de cuestiones que acabarán proyectándose sobre el ámbito de "su gestión general (...), planes de modernización y relación con la Generalitat"; en concreto, el grado de conocimiento de la normativa interna y su naturaleza jurídica por parte de los miembros de sus principales órganos de gobierno y gestión (Patronato y Comité Ejecutivo), el seguimiento de los acuerdos adoptados por éstos y, por último, los pormenores del seguimiento de la relación institucional estructurada entre Generalitat y Feria de Valencia.

Después de más de tres años de duración, 40 sesiones celebradas y casi 100[131] comparecientes (el mayor número de todas las CPI celebradas hasta

---

130 La CPI tenía la composición siguiente: Fernando Pastor Llorens, Vicente Casanova Claramonte, Rubén Ibáñez Bordonau, Eva Ortiz Vilella, Víctor Soler Beneyto (Grupo Parlamentario Popular); José Muñoz Lladró, Sabina Escrig Monzó, David Cerdán Pastor (Grupo Parlamentario Socialista); Teresa Garcia i Muñoz, Víctor Garcia i Tomàs y Mireia Mollà i Herrera (Grupo Parlamentario Compromís); Francisco Almería Serrano y Llum Quiñonero Hernández (Grupo Parlamentario Podemos-Podem); y Antonio Woodward Poch y Rosa Mª García González (Grupo parlamentario Ciudadanos), respectivamente.

131 Por la referida CPI pasaron la cúpula de IFA (entonces vigente y la anterior); el director del Instituto Valenciano de Finanzas (Manuel Illueca Muñoz); el expresidente de la CAM (Modesto Crespo Martínez), o la exsecretaria general del PSPV de la provincia de Alicante y (en esos momentos) consellera de Sanidad (Ana Barceló Chico), una de las exigencias del Grupo parlamentario Popular.

la fecha), una serie de aspectos son reseñables respecto del proceder de dicha CPI, al margen de las conclusiones obtenidas. La primera es que, ante el vértigo del fin de legislatura (que amenazaba con dejar sin efecto los resultados globales de una dilatada investigación) la mesa de la comisión solicitará permiso al pleno de la misma para separar los dictámenes, adelantando las conclusiones de una primera fase (centrada en FVMI) con la intención (teórica) de poder dedicarse con más ahínco a la alicantina (IFA); si bien la intención (auténtica) era desentenderse de las conclusiones de esta última. En segundo lugar, la fragilidad de las conclusiones avanzadas que no llegarán a aprobarse por el pleno y que serán autoenmendadas por dos de los grupos que habían participado en su redacción (Compromís y Unides-Podem) al margen del voto particular[132], que terminará adoptando el Grupo parlamentario Popular. En tercer lugar, el ejercicio del derecho a recabar información de interés, relacionado con los hechos investigados, que terminará por recurrir (por acuerdo de la mesa) la negativa de la Fiscalía Anticorrupción en facilitar el decreto de archivo de la investigación realizada al expresidente de Feria València y otros directivos, por irregularidades competidas en la gestión de la institución ferial.

Las conclusiones finales de la referida CPI se centrarán en cuatro aspectos básicos: el plan de modernización y los costes efectivos de su ampliación; el ámbito de gestión, diferenciando un análisis general y otro de carácter directivo; y, por último, la atribución de responsabilidades políticas directas en los hechos investigados. Serán sus elementos determinantes los siguientes:

a) A pesar de que el planteamiento del proyecto de modernización (25/07/2001) y ampliación (16/12/2004) contaba con el consenso de los sectores productivos y fuerzas políticas, estos no hubieran sido posibles sin la ayuda "incondicional" de la Generalitat Valenciana. Una deficiente previsión, así como la falta de estudios de viabilidad económica, terminarían por hacer inasumible un proyecto que arrastraba un 80% de sobrecoste (de 325 a 587, 1 millones de euros) haciéndolo inasumible para la institución ferial y obligando a la Generalitat a subrogarse a la deuda (a través del Decreto ley 7/2017, de 29 de diciembre), con una repercusión total de 854,1 millones de euros, a falta de conocer cómo se iba a reestructurar la deuda. b) Los procesos de contratación de la inversión vinculada al plan de modernización se desarrollaron sin respetar el marco normativo

---

132 *Boletín Oficial de las Cortes Valencianas,* núm. 355, de 5 de abril de 2019, pp. 62735-62760.

de contratación pública ni tampoco y sus principios (libertad de acceso a las licitaciones, publicidad y transparencia de los procedimientos y no discriminación e igualdad de trato), a pesar de la discutida naturaleza pública[133] de la institución. c) Fallaron, asimismo, los mecanismos de control "interno" destacándose, singularmente, que sus cuentas "no fueron sometidas nunca a fiscalización hasta 2013" (como consecuencia de un informe determinante de la IGGV) incumpliendo, a su vez, la garantía incluida en el convenio de colaboración (28/05/2002) con la GVA, que no se reunión en doce años (11/07/2014). d) En el ámbito singular de gestión se criticaron especialmente los ámbitos de personal (cuya política irresponsable de conversión del personal eventual en fijos y la política retributiva aplicada hizo inevitables los sucesivos EREs en la institución), marketing (dando entrada a empresas vinculadas con algunas tramas delictivas, como la Gürtel o Taula) y expansión global (cuyos proyectos no tendrán resultado alguno y distraer la atención de su *core bussines*). e) De ahí las sospechas proyectadas sobre la gestión directiva, evidenciada por una serie de hechos: contrataciones irregulares, facturas impagadas, un excesivo volumen de gastos de representación y una laxitud (irresponsable) en su control.

En cuanto a las responsabilidades políticas apuntaban a los titulares departamentales que suscribieron el contrato programa y los convenios colaborativos con la Generalitat (Gerardo Camps Devesa y Fernando Vicente Castelló Boronat), haciéndose extensiva a los máximos titulares del Consell[134] y los responsables de las carteras económicas[135].

---

133 En contra de este criterio el Dictamen 513/2014, del Consell Jurídic Consultiu que concluía que FMIV tenía una naturaleza de carácter privado, aunque señalaba la CPI que "las conclusiones de este órgano no (eran) vinculantes para la Generalitat Valenciana".

134 Presidentes Eduardo Zaplana Hernández-Soro y Francisco Camps Ortiz, respectivamente.

135 Periodo 2000-2002: Consellers de Industria y Comercio e Innovación y Competitividad (Fernando Vicente Castelló Boronat) y de Economía, Hacienda y Empleo (Vicente Rambla Momplet); Periodo 2003-2006: Consellers de Economía, Hacienda y Empleo (Gerardo Camps Devesa) y de Industria, Comercio y Turismo (Miguel Peralta Viñes) y Periodo 2006-2008: Consellers de Industria, Comercio e Innovación (Belén Juste Picón) y de Economía, Hacienda y Empleo y vicepresidente 2º (Gerardo Camps Devesa), respectivamente.

En un plano directivo, se responsabilizará tanto a los directores generales[136] directamente implicados en las decisiones de gestión, como a los principales responsables[137] de Feria València durante el periodo 2000-2013.

Por lo que respecta a las otras dos comisiones mencionadas, la primera (relacionada con las irregularidades en las campañas electorales entre 2007 y 2015 del PP valenciano) pese a haber sido aprobada[138] el 18 de febrero de 2016 no podrá constituirse hasta septiembre de 2018, tras prácticas de filibusterismo parlamentario en retrasar sus trabajos[139] en paralelo a una investigación judicial que se había iniciado el 26 de enero de 2016 y que el Grupo Parlamentario Cs buscará dar continuidad en la siguiente legislatura (donde se creará una nueva CPI, a partir del caso Azud que dará actualidad a algunas actuaciones investigadas en esta última). En su desarrollo cabe destacar la polémica generada respecto a un nunca demostrado intento de "adoctrinamiento" hecho público por uno de los comparecientes[140] (Miguel Barranca, exdiputado provincial y exdirectivo de CIEGSA), que llevaría a plantear un insólito escrito de queja ante la Mesa de las Corts, por parte del bloque de la mayoría (PSPV-PSOE, Compromís y Podem) para amonestar al parlamentario (portavoz del Grupo Parlamen-

---

136 Directores generales de Comercio y Consumo (Joaquín Andrés Berenguer Ramírez) de 1999-2001; y de Industria y Comercio (José Monzonís Salvia) de 2004-2005, respectivamente.

137 Presidente de FVMI (Alberto Catalá Ruiz de Galarreta), Directores Generales (Belén Juste Picón y Carlos de Vargas Gómez Pantoja), así como al Secretario General (Enrique Calomarde Rodrigo).

138 Resolución 13918 de febrero de 2016/IX, de 18 de febrero de 2016 (*Boletín Oficial de las Cortes Valencianas*, núm. 61, de 4 de marzo de 2016, p. 7336).

139 El plan de trabajo de la CPI aprobado en la sesión de 12/11/2018 establecía que el dictamen con las conclusiones se elabore en un máximo de cinco meses, antes de la finalización de la legislatura, lo que no llegará a producirse.

140 Entre los comparecientes a la CPI destacan el expresidente de la Generalitat (Francisco Camps Ortiz), distintos consellers de sus gabinetes (Alejandro Font de Mora Turón, Esteban González Pons, Rafael Blasco Castany y Trinidad Miró Mira), responsables orgánicos del PPCV (Ricardo Costa Climent y David Serra Cervera); el ex gerente de la Fundación Jaume II El Just (Vicente Burgos Antón); el expresidente provincial (miembro del patronato de la citada fundación) (Alfonso Rus Terol), otros diputados provinciales (Máximo Caturla Rubio, Miguel Barranca Crespo y Rosa Pérez Garijo), el director de IMELSA (Marcos Benavent Vicedo) y otros técnicos municipales (Ana Isabel Trujillo Ibars); periodistas de investigación (Lorento Ochando y Juan Nieto Ibars); y directivos de las empresas Orange Market (Alfonso Pérez Alfonso), Engloba (José Alfonso Vedri) y Trasgos (Vicente Peris y Antonio Puig), respectivamente.

tario Popular en la CPI), así como la ausencia en la misma de la exalcaldesa de Valencia (Rita Barberá) que por su condición de senadora territorial fue exonerada de dicha obligación legal. La segunda, parte de una iniciativa propuesta conjuntamente por los Grupos Parlamentarios Podem y Ciudadanos (que pese a ello, quedaría fuera de la mesa de la CPI) que será aprobada[141] por unanimidad, y dirigida a la investigación de la presunta financiación irregular del PSPV y Bloc[142] (partido mayoritario dentro de la coalición electoral Compromís) con la empresa Crespo Gomar durante los años 2007-2008, por la que pasarán hasta 35 comparecientes[143]; entre los que no figurarán finalmente (pese a haberse reclamado por varios gru-

---

141 Resolución 1391/IX, de 23 de mayo de 2018 (*Boletín Oficial de las Cortes Valencianas*, núm. 280, de 1 de junio de 2018, pp. 48371-48372).

142 Hace casi cinco años trascendía una investigación judicial que acabaría por conocerse como el caso Crespo Gomar y que apuntaba a una posible financiación irregular del PSPV y del Bloc (partido mayoritario dentro de Compromís y actualmente denominado Més) revelando la estrecha relación entre diversas administraciones socialistas (AGE, a través de los Ministerios de Sanidad y Vivienda y la empresa pública Aquamed; o los Ayuntamientos de Gandía, Denia y Benidorm) y el grupo empresarial que se encargaría de la organización de la campaña electoral autonómica de ambos partidos en 2007. Aunque finalmente se acabó archivando en 2019 por falta de indicios suficientes de ilegalidad, tras haber sido troceada su causa en varios juzgados (Gandía, Benidorm y Madrid) y con un probable delito electoral que habría prescrito, los hechos entonces indagados serán objeto de investigación en la CPI creada en las Cortes Generales la pasada legislatura para investigar la financiación de partidos políticos, requiriéndose algunos información relacionada con Crespo Gomar; siendo, también, hechos que coinciden con los investigados en una de las piezas judiciales del caso Azud, que ha motivado la creación de una CPI en las Cortes Valencianas esta última legislatura sin que haya llegado a concluir sus conclusiones.

143 Serán convocados a comparecer ante la CPI las siguientes personas:
Del ámbito de las formaciones políticas investigadas, los que fuesen los secretario general del PSPV-PSOE (Joan Ignasi Pla Durà) y del Bloc (Enric Morera i Català) y los responsables de finanzas de Compromís-Bloc (Xavier Martí Soriano) y PSPV-PSOE (Josep Mª Cataluña Oliver).
Del ámbito de las Corts Valencianes, el jefe de Gabinete del President de las Cortes Valencianas (Lluís Miquel Campos Sanchís) y el diputado autonómico (José Císcar Bolufer).
Del ámbito de la AGE, la ex subdelegada del Gobierno (Etelvina Andreu Sánchez) y excandidata a la alcaldía de Alicante por el PSPV-PSOE; la expresidenta de Aquamed y del PSOE (Cristina Narbona Ruíz); y el ex director general de Acuamed (Arcadio Mateo del Puerto).
Del ámbito de la Administración de la Generalitat, el exdirector de Canal 9 (Pedro García Gimeno).

pos) el que fuese presidente del Gobierno español y secretario general del PSOE (José Luis Rodríguez-Zapatero), su secretario de organización (y en esos momentos Ministro de Transportes) (José Luis Ábalos Meco), y del máximo responsable institucional de la Generalitat (Ximo Puig), habiendo por el contrario acuerdo en solicitar la comparecencia de los máximos responsables orgánicos del PSPV-PSOE y Bloc en tales años (Joan Ignasi Pla y Enric Morera) o la exsubdelegada del Gobierno en Alicante (Etelvina Andreu) que en tales momentos estaba siendo investigada en el proceso judicial abierto y quien se acogerá a su derecho a no declarar.

En ambos casos, la finalización del periodo legislativo impedirá que lleguen a madurar sus conclusiones pese al intenso ritmo de trabajo (8 sesiones[144] celebradas en cada caso). Como factor de interés en esta segunda CPI, cabe destacar la negativa del juzgado de instrucción núm. 53 de Madrid a la petición (formulada por la mesa de esta segunda CPI) de acceder a las diligencias instruidas por dicho órgano judicial en relación con los contratos adjudicados por el Ministerio de Sanidad a la agencia de publicidad y organización de eventos Crespo Gomar, justificándola tanto en su carácter "reservado" como la falta de habilitación reglamentaria para "recabar de los juzgados y tribunales información o documentación de los procedimientos de los que conocen", como era el caso. Recordándose, en todo caso, la posibilidad de

---

Del ámbito local, las exalcaldesas de Alicante (Sonia Castedo), Gandía (José Manuel Orengo; y Arturo Torró Chisvert) y Denia (Ana María Kringe Sánchez); así como los concejales de estas dos últimas localidades (Guillermo Barber Fuster y Josefa Font Reus), respectivamente.

De la empresa Crespo y Gomar, su presidente (Antonio Gomar Martínez), socio (José Crespo Montserrat), la responsable de coordinación económica y miembro del equipo directivo (Lucía Pascual Canet), la apoderada de Gomar Comunicación SL (Alicia Bertó Peiró) y su hermana (Rosario Bertó Peiró) y diversos empleados del Grupo Empresarial (Gracia Fort Martí; Anabel Hallado Garabito; Mario Antonio Barceló Aristoy; y José Ramón Tiller Fibla, exdiputado autonómico).

Representantes empresariales de la constructora Blauverd (Juan José Valentin San Valero y Vicente Girbés Camarasa); de Vistalia (María del Ángel Burgos Sequeros); del Grupo Cívica (Enrique Ortíz Selfa); de Sanitas (Araceli Jiménez Fuertes) o del Centro Comercial La Vital de Gandía (Guadalupe López Garzo).

Como otros representantes sociales, como el presidente de la Federación de Fútbol de la Comunidad Valenciana (Vicente Muñoz Castelló) o la directora general de la Fundación Síndrome de Down en Madrid (Elena Escalona Lara), y diversos profesionales del mundo jurídico en activo (Vicente Chelet Ordines y Mariola Fluviá Peiró), respectivamente.

144 De fechas 17/12/2018, 14, 23 y 28/01, y 4, 11, 18 y 25/02/2019 la primera; y 28/09, 10 y 18/12/2018 y 14, 23, 25 y 28/01, 6 y 20/2/2019, la segunda, respectivamente.

"remitir las conclusiones aprobadas en el pleno de la cámara al Ministerio Fiscal para (poder ejercitar) las acciones (legales) oportunas".

Por último, cabe destacar que otras 5[145] solicitudes de creación de CPI por parte de la oposición terminarán también siendo rechazadas.

En la presente legislatura, se tardará un año y tres meses en constituir[146] la primera CPI[147] de este último mandato: la creada sobre la deuda de la Comunitat Valenciana, a iniciativa del Grupo Parlamentario Unidas-Podem[148] (y con el apoyo de todos los demás grupos representados en la Cámara), cuyo objeto se circunscribirá a una serie de aspectos vinculados con el elevado grado de endeudamiento que padece la Comunitat y, en particular, los siguien-

145 En la IX legislatura (2015-2019), las propuestas de creación de comisiones rechazadas por el pleno serán las siguientes: sobre la vinculación existente entre el President de la Generalitat o cargos públicos con la mercantil Carns de Morella, SL.; sobre la Fundación del Centro de Estudios Políticos y Sociales (CEPS) respecto a sus ingresos, la financiación de actividades, los miembros que la integran y su vinculación con políticos valencianos; sobre la gestión de los centros de menores; y sobre el origen y las medidas adoptadas para la erradicación del brote de legionela producido en la urbanización de Calicanto en Chiva (Grupo Parlamentario Popular). Y sobre las irregularidades que se han producido en las fundaciones dependientes de la Conselleria de Sanidad Universal y Salud Pública, singularmente en Fisabio y el Instituto de Investigación Sanitaria La FE de València (Grupo Parlamentario Ciudadanos), que terminará retirando finalmente otra sobre la gestión y el cierre de playas por alta concentración de aguas fecales en la Comunitat Valenciana.
Una última propuesta, sobre la creación de CPI sobre las irregularidades acontecidas durante la actual legislatura en las fundaciones y organismos que dependen de la Conselleria de Sanidad Universal y Salud Pública, caducaría tras el fin de legislatura sin ser debatida en pleno.

146 Resolución 81/X, de 6 de febrero de 2020 (Boletín Oficial de las Cortes Valencianas núm. 64, de 21 de febrero de 2020, pp. 8692-8693)

147 En la CPI están representados todos los grupos parlamentarios, siendo sus miembros: Ernesto Blanch Marín (presidente), Trinidad Castelló Cervera, Pedro Ruiz Castell (Grupo Parlamentario Socialista); Alfredo Cesáreo Castelló Sáez; Rubén Ibáñez Bordonau (Grupo Parlamentario Popular); Toni Woodward Poch (secretario), Yaneth Lucía Giraldo Jiménez (Grupo Parlamentario Ciudadanos); Graciela Noemí Ferrer Matvieychuc (vicepresidenta) y Aitana Joana Mas Mas (Grupo Parlamentario Compromís); Ana María Cerdán Martínez (Grupo Parlamentario Vox); Ferran Martínez Ruiz (Grupo Parlamentario Unidas-Podem), respectivamente.

148 Una iniciativa que también será replicada por dicha formación en otros Parlamentos autonómicos, como el de Illes Balears que también constituirá una CPI sobre la auditoría de la deuda pública autonómica.

tes: a) "composición del stock de deuda pública"; y b) los efectos sobre esta tanto de la "infrafinanciación" como de la "corrupción y de las (posibles) negligencias administrativas" cometidas; así como, por último, c) la "interrelación entre la aplicación de las denominadas políticas de austeridad y (el elevado grado de endeudamiento)" que padece la Comunidad.

En la defensa de la propuesta, se destacó el importante volumen que había alcanzado la deuda pública de la Generalitat al alcanzar los 53.820 millones de euros (un 42'2 % del PIB, el mayor porcentaje en el conjunto de territorios); lo que obligaba a dedicar el 25 % del presupuesto público (algo más de 7.100 millones) a su amortización. La dramática situación reflejada en un reciente informe[149] del IVIE, mostraba la necesidad urgente de una quita de un volumen importante de esa misma deuda para no sólo salvaguardar la autonomía financiera sino para no considerar "intervenido" *de facto* nuestro autogobierno.

Una comisión, creada en febrero de 2020, por las tres fuerzas políticas (PSPV, Compromís y Unides Podem) que dieron soporte al Botànic II, que aprobaba el 8/10/2021 el plan de trabajo[150] sin llegar a incluir ningún ministro de un gobierno cuyo presidente en su investidura se había comprometido a abordar "sin dilación" la reforma del actual y vigente sistema de financiación autonómica[151];por el contrario, incluirá a los exconsellers socialistas Joaquín Azagra (conseller de Administraciones Públicas entre 1987 y 1989) y Aurelio Martínez (conseller de Hacienda entre 1993 y 1995), así como a los dos últimos responsables de Hacienda en los gobiernos populares, José Manuel Vela[152] y Juan Carlos Moragues. Una treintena de comparecencias[153] y un desarrollo de los trabajos abierto, por vez primera, a las aportaciones de los expertos y entidades de la sociedad civil.

---

149 Alcalá Agulló, Francisco (dir.) (2023). *Insuficiencias acumuladas y ruptura de equilibrios en la financiación de las Comunidades Autónomas.* Valencia: IvieLab-Generalitat.

150 Boletín Oficial de las Cortes Valencianas, núm. 197, de 22 de octubre de 2021, p. 27322-27327.

151 Un compromiso a cuya materialización algunas formaciones políticas valencianas (Compromís) habían comprometido su apoyo a la investidura en las Cortes Generales.

152 Que fallecería en 2022 sin llegar a comparecer en la CPI.

153 Los comparecientes incluidos en la CPI son los siguientes: Aurelio Martínez Estévez (ex conseller de Hacienda); Joaquín Azagra Ros (ex conseller de Administraciones Públicas); Juan Carlos Moragues Ferrer (ex conseller de Hacienda); Vicent Soler Marco (conseller de Hacienda y Modelo Económico); José Antonio Pérez García(alto comisionado para la Financiación Autonómica); Vicent Cucarella Tormo (síndic de Comptes); Rafael Vicente Queralt (síndico de Comptes 2003-

Sin embargo, cabe señalar a falta de la aprobación de las conclusiones definitivas que el planteamiento inicial responde más bien a una comisión de otra naturaleza (estudio) como se desprende también de alguna de las comparecencias (entre otras la del síndic de Comptes[154]); y que la introducción de una cuestión colateral en su objeto, como el fenómeno de la corrupción[155], que afecta muy directamente a la calidad de los servicios pú-

---

2016); Francisco Pérez García (director del IVIE y miembro de la Comisión de Expertos para la Reforma de la Financiación); Rafael Beneyto Cabanes (director general de Tributos y Juego); Ángeles Pla Vall (profesora Titular de Economía Aplicada y miembro de la Comisión de Expertos para la Reforma de la Financiación); Eusebio Monzó Martínez (exsecretario autonómico de Hacienda y Presupuestos y miembro de la Comisión de Expertos para la Reforma de la Financiación); Ángel de la Fuente Moreno (director ejecutivo de la Fundación de Estudios de Economía Aplicada); Francisco David Adame (representante de Andalucía en la Comisión de Expertos para la Revisión del Modelo de Financiación Autonómica); María Antonia Monés (Comisión de Expertos para la Reforma del Sistema de Financiación Autonómica 2017); Víctor Fuentes (profesor Titular de Economía Valenciana); y Joan Romero González (catedrático de Geografía Humana); Amparo Adam Yagües (interventora general de la Generalitat); Dolores Delgado García (Fiscal Anticorrupción de València); y Joan Antoni Llinares Gómez (director de la Agencia Valenciana Antifraude).

Igualmente, del ámbito de la AGE, se ha solicitado la comparecencia de Carlos Ocaña y Pérez de Tudela (secretario de Estado de Hacienda 2006-2011); Miguel Ferre (secretario de Estado de Hacienda 2011-2016); José Enríquez Fernández de Moya (secretario de Estado de Hacienda 2016-2018), así como representantes de una serie de instituciones estatales: Ministerios de Hacienda y Función Pública y Política Territorial; Instituto de Crédito Oficial (ICO); IEPP (Instituto para la Evaluación de Políticas Públicas); Autoridad Independiente de Responsabilidad Fiscal (AIREF); o, por último, del Tribunal de Cuentas, sin llegar a concretar titulares.

El exconseller de Hacienda (José Manuel Vela Bargues), incluido en esa relación fallecía el 16/07/2022 sin haber comparecido en la misma.

[154] Atendiendo a la solicitud de comparecencia cursada, la Sindicatura de Comptes efectuara un exhaustivo análisis ad hoc de la situación que lleva por título Informe sobre la evolución de la deuda de la Generalitat Valenciana (2023), y está disponible en la siguiente dirección web: https://www.sindicom.gva.es/informe-sobre-la-evolucion-de-la-deuda-de-la-generalitat-valenciana

[155] De la que no existe una definición legal operativa y donde las proyecciones o estimaciones sobre el coste que tiene esta en el incremento de la deuda pública basculan enormemente de unos documentos a otros. El director de la Agencia Valenciana Antifraude en su comparecencia citó expresamente alguno de tales documentos (International Monetary Fund (2019). *Curbing Corruption. Fiscal Monitor.* Washington: FMI), precisando que "la corrupción tiene un coste económico

blicos[156], dificultando el acceso al ejercicio de ciertos derechos, ha podido llegar a distorsionar el mismo cometido de la CPI aprobada.

Con posterioridad, se llegaría a aprobar[157] una última sobre el presunto cobro de comisiones en contratos públicos de operaciones urbanísticas entre los años 2004 y 2011, investigadas en el caso Azud, caso que forzará la sustitución del síndic del Grupo Parlamentario Socialista, al asumir Manolo Mata la representación letrada del principal encausado el empresario Jaime Febrer. No obstante, una de las previsiones incorporadas en el acuerdo de constitución ("La comisión se constituirá una vez se levante el secreto de la causa") impedirá su andadura antes de la finalización de la legislatura, a pesar de que sus hechos están en directa conexión con una de las CPI constituidas la legislatura pasada (financiación irregular PSPV y Bloc).

En la X legislatura (2019-2023), es evidente que la pandemia terminará por afectar al número de CPI creadas, a pesar de que hasta 18 peticiones

---

en el crecimiento español que ronda los 60.000 millones anuales, lo que equivale a un impacto negativo en el PBI cercano a los 4,5 puntos".

156 Según Alcalá Agulló, Francisco y Jiménez Sánchez, Fernando (Dirs.) (2018). *Los costes económicos del déficit de calidad institucional y la corrupción en España.* Valencia: Fundación BBVA-IVIE, la calidad de las instituciones de gobernanza española se sitúa entre el 20% de los países con un mayor nivel de desarrollo en el mundo, a partir de un indicador combinado de calidad promedio de otros cinco del *Worldwide Governance Indicators* (WGI) y elaborados por el Banco Mundial. Como destacan los autores, los resultados de España, sin embargo, se sitúan por debajo de lo que le correspondería de acuerdo con el desarrollo de su economía. España obtiene un valor de 6,8 sobre 10 en el indicador combinado de calidad institucional, frente al 8 de media de los principales países europeos (Alemania, Francia y Reino Unido), que constituyen modelos de economía avanzada; aunque por delante de otras economías mediterráneas, como la italiana y la griega, cuya calidad institucional promedio apenas alcanza un valor de 5,8.
Sobre este particular, y desde una perspectiva politológica o jurídica, cabe citarse las siguientes obras: Ramió Matas, Carles (2016). *La regeneración de la función pública. Estrategias para frenar la corrupción política en España.* Madrid: Ed. Catarata; Lapuente Giné, Víctor (2016). *La corrupción en España. Un paseo por el lado oscuro de la democracia y el gobierno.* Madrid: Alianza Editorial; Villoria Mendieta, Manuel; Gimeno Feliú, José María y Tejedor Bielsa, Julio (Dirs.) (2016). *La corrupción en España: ámbitos, causas y remedios jurídicos.* Barcelona: Atelier; Rodríguez-Arana, Jaime; Vivancos Comes, Mariano y Ahedo Ruiz, Josu (Coords.) (2016). *Calidad democrática, transparencia e integridad.* Madrid: Thomson Reuters-Aranzadi.

157 Resolución 363/X, de 17 de junio de 2021 (*Boletín Oficial de las Cortes Valencianas*, núm. 176, de 23 de junio de 2021, pp. 25032-25033.

serán rechazadas[158] por el pleno de las Cortes Valencianas, dos de ellas de

---

158 En cuanto a la actividad extraordinaria de control se ha solicitado la creación de hasta 8 CPI, siendo todas ellas rechazas: sobre las ayudas a empresas para la promoción del valenciano de la Administración de la Generalitat; sobre la relación privilegiada con la administración de las empresas del cártel formado por familiares del President del Consell y sus socios; sobre la existencia de una posible trama para conseguir fondos públicos de forma fraudulenta por parte de las mercantiles Comunicaciones dels Ports SA y Mas Mut Producciones; sobre las irregularidades admitidas en declaraciones públicas del President de la Generalitat durante la vacunación frente a la Covid-19; sobre la gestión y el control que la Generalitat lleva a cabo en los centros de menores en la Comunitat y la situación de los menores tutelados por la Generalitat; para aclarar los motivos de aparición de un gran número de ordenadores portátiles en la Conselleria de sanidad Universal y Salud Pública sin ningún tipo de procedimiento preceptivo para su adquisición por parte de la administración y para dirimir la responsabilidad política de los órganos pertinentes; sobre las irregularidades cometidas por la Conselleria de Igualdad y Políticas Inclusivas, y sus organismos dependientes, puestas de manifiesto por la Sección Segunda de la Audiencia Provincial de Valencia en su Sentencia de 17 de marzo de 2021, recaída en el Procedimiento abreviado número 144/2018, y las posibles responsabilidades administrativas y políticas que se pudieran derivar de dichas actuaciones; así como de las que se hubieran podido cometer en el resto de casos de abusos sexuales acaecidos en centros dependientes de la Generalitat; sobre los contratos de emergencia suscritos por la Administración de la Generalitat o sus organismos públicos y entidades de Derecho público para atender las necesidades derivadas de la protección de las personas y otras medidas adoptadas por el Consell para hacer frente a la Covid-19; sobre la utilización del procedimiento de emergencia en la contratación pública durante la crisis de la Covid-19; y sobre la actuación de la Generalitat en relación con el incidente del tren afectado por el incendio forestal de Bejís de fecha 16/08/2022 (Grupo Parlamentario Popular). Sobre posibles irregularidades que se hayan podido producir en el Complejo Sanitario Ernest Lluch de València, ante las recientes denuncias producidas por el personal sanitario, pacientes y familiares sobre las condiciones en las que se encuentran las instalaciones del complejo, así como de la calidad asistencial de los pacientes ingresados en dicho centro a causa de la Covid-19; y sobre las posibles irregularidades que se hayan podido producir en el proceso de vacunación contra la COVID-19 en la Comunitat Valenciana, ante la administración de dosis a personas no pertenecientes a los listados de población prioritaria para su inyección en la primera fase de vacunación, tal y como se especifica en la Estrategia de vacunación COVID-19, publicada por el Ministerio de Sanidad; y sobre las presuntas irregularidades relacionadas con los contratos de emergencia suscritos por la Generalitat para el suministro de material sanitario efectuados durante la primera ola de la Covid-19 (Grupo Parlamentario de Ciudadanos). Y, por último, sobre realizar un análisis de todo el procedimiento, desde la adjudicación hasta el pago del contrato, así como el montaje de los hospitales de campaña construidos en la Comunitat Valenciana para tratar a pacientes infectados por el

forma reiterada en el tiempo y otras tres en un mismo pleno.

VII. Conclusiones

Como se ha indicado en la introducción a este trabajo, resultaba una tarea pendiente un análisis completo y exhaustivo sobre la experiencia de las CPI en el ámbito valenciano. La dificultad de acceso a la información (muy dispersa y no siempre de fácil acceso), así como el ingente volumen de iniciativas presentadas a lo largo de estas ultimas cuatro décadas no lo facilitaba en modo alguno. A pesar de todo pues el presente capitulo desea constituir un inicial estudio para poder visibilizar los réditos de un instrumento "extraordinario" de control, no siempre utilizado para el fin para el que fue creado como veremos a continuación.

Quiero en estas líneas finales, del hacer referencia a algunas de las conclusiones preliminares que, sin duda, podrán ser profundizadas y ultimadas en ulteriores trabajos; y que ahora se concretan de modo sintético. La primera de todas es que el número de CPI creadas a lo largo de estos cuarenta años de autogobierno (1982-2022) no difere mucho del número de las que lo han sido en el ámbito parlamentario español por las Cortes Generales. Si bien es cierto que el periodo no es plenamente coincidente (una legislatura más en el caso estatal), el resultado es equiparable: 20 frente a 22, existiendo poca identificación en las temáticas que han sido objeto de investigación, con la única excepción de la crisis bancaria o la financiación irregular de los partidos políticos.

En segundo lugar, cabe destacar también el distinto ritmo en el proceso de creación y constitución de las mismas; ya que estas se concentran tanto

---

virus de la Covid-19; sobre las conexiones entre Acció Cultural del País Valencià y otras entidades independentistas catalanistas, así como sobre la conexión entre ACPV y la Acadèmia Valenciana de la Llengua (AVL); para analizar todos los expedientes administrativos o contratos formalizados por la administración pública valenciana o por cualquier ente de su sector público instrumental para la adquisición de material o para la realización de cualquier prestación de servicio en los casos relacionados con la emergencia de salud pública producida por la Covid-19, así como de las órdenes de pago y facturas emitidas; y sobre la investigación de los centros de Información y Coordinación de Urgencias (CICU) y Servicio de Ayuda Médica Urgente (SAMU); y sobre las irregularidades cometidas por parte de la Conselleria de Igualdad y Políticas Inclusivas y sus organismos dependientes para determinar posibles responsabilidades administrativas y políticas que se pudieran derivar de sus actuaciones, en relación con los abusos sexuales a menores, y las que se hubieran podido cometer en el resto de los centros de menores tutelados dependientes de la Generalitat (Grupo Parlamentario Vox).

en la II (4) como en la IX legislaturas (7), ya que juntas superan a todas las demás en número de CPI creadas y en funcionamiento efectivo.

La dinámica seguida constata que la normalidad parlamentaria se mueve entre una (en algún caso como en la legislatura vigente una no llegará si quiera a constituirse) o dos comisiones por legislatura, como ha sucedido en siete de ellas (III, IV, V, VI, VII y X). Siendo una excepción que no llegue a constituirse ninguna, como sucedió en el primer mandato legislativo del autogobierno que no llegaría a poner en práctica el instrumento de control analizado.

En cuanto a su objeto, podemos destacar que han abundado las CPI directamente relacionadas con la corrupción (concesión de emisoras; Cosistel y Vacico; casos Emarsa, Gürtel, Taula, y Azud; financiación irregular de las formaciones políticas valencianas…) al ser estas un instrumento efectivo para luchar contra dicho fenómeno de forma reactiva, haciendo aflorar prácticas irregulares y/o corruptas directamente y propiciando cambios para impedir que tales hechos puedan volver a reiterarse en el futuro. Ahora bien, también han proliferado como respuesta a eventuales crisis de salud pública (hepatitis C; legionela; acuíferos) o graves catástrofes o accidentes (pantanada y línea 3 MetroValencia) intentando depurar, no siempre con éxito, la responsabilidad política derivada de la gestión de los mismos. Es más, las CPI que se han enfrentado a problemáticas por complejas que estas hayan sido del ámbito de la gestión política (relocalización municipal; concesión de licencias del espacio radiofónico; intervención de entidades financieras; ampliación oferta de plazas residenciales de mayores; construcción y rehabilitación de centros escolares; modernización y ampliación de las instituciones feriales…). Ámbito en donde podría incardinarse la CPI sobre deuda pública, aunque su temática por el enfoque finalmente dado sea más propia de una comisión de estudio que de una de investigación propiamente.

En cuanto a los departamentos implicados, prácticamente todos los ámbitos de gestión se han visto afectados por la investigación desarrollada por las Cortes en algún momento. Así, Presidencia/Portavocía (emisoras de radiodifusión y licencias FM); Interior (Gabarda); Trabajo y Asuntos Sociales (Cosistel); Economía (Vacico; CAM); Hacienda (Ciegsa y Deuda); Sanidad (Hepatitis c, Legionela y envenenamiento de los acuíferos); Obras Públicas y Transporte (Accidente del Metro); Industria y Comercio (Feria Valencia); Educación (Ciegsa); Bienestar Social (Accesibilidad); Agricultura/Medio Ambiente (Riesgos naturales; acuíferos y Emarsa), resultando otros más ajenos al ámbito de la gestión (casos Taula y Azud o financiación irregular de partidos).

La cuestión de la estrecha relación entre la investigación parlamentaria y la judicial también ha estado muy presente en la experiencia valenciana; los dictámenes de las CIPs han sido escasamente relevantes (más bien inútiles) para la apertura de nuevas causas judiciales o reapertura de las ya archivadas (sirvan las plazas de accesibilidad como ejemplo de las primeras, teniendo en cuenta que previamente a la investigación parlamentaria la fiscalía había cerrado las diligencias previas abiertas al no encontrar ningún hecho constitutivo de delito; y el dictamen de la segunda investigación parlamentaria del metro de las segundas, que no evitaría un segundo archivo judicial, aunque no definitivo, de la causa en 2017); si bien, en algunos casos singulares, han servido para reforzar ciertas investigaciones judiciales en curso (como ha sucedido con alguna de las conclusiones del dictamen de Comisión de Ciegsa en relación a una de las piezas piezas separadas del caso Taula, referidas afectar a contrataciones presuntamente ficticias y simuladas).

La judicialización de los casos objeto de la actividad investigadora de las Cortes Valencianas terminará, también, por condicionar muy directamente esta: bien privando de las diligencias instruidas en las causas judiciales abiertas (financiación irregular del PSPV-PSOE y Bloc); bien provocando la negativa de alguno de los comparecientes a declarar al estar judicializados los casos que estaban siendo investigados por las Cortes (como sucederá en las CPIs sobre Emarsa, financiación irregular PSPV, CAM o Grupo Savia).

En todo caso, algo que subyace a la casuística recogida en este trabajo por lo que hace a las CPIs analizadas es que la confusión de responsabilidades políticas y penales resulta evidente cuando ciertamente no son lo mismo. Podemos por tanto afirmar que la práctica del instrumento “extraordinario” de inspección parlamentaria se ha dejado contaminar por el fenómeno de la judicialización política, a pesar del nulo impacto que ha cosechado para abrir las puertas a esta última en el ámbito político valenciano. Siendo, también, conscientes de que de una imputación penal no se deriva siempre, y bajo cualquier circunstancia, una responsabilidad parlamentaria.

Probablemente, esta perversión del instrumento parlamentario se ha motivado por la falta absoluta de asunción de responsabilidades políticas que, en los casos estudiados; jamás se han llegado a depurar en relación a un cargo político en activo. En su defecto, la práctica habitual ha sido el intento de utilizar los juicios de oportunidad, que son los que deben guiar el ejercicio de las facultades de investigación, para anticipar la convicción de certeza que sólo el proceso judicial garantiza, como reiterada doctrina constitucional (STC 46/2001, de 15 de febrero, FJ 2º; STC 85/2018, de 19 de julio, FFJJ 5º y 6º, entre otras) ha venido a sostener. En todo caso, debe advertirse que la inocencia penal no necesariamente implica la política; ni tampoco, viceversa, en lo atinente a la culpabilidad.

Por lo que respecta a la finalización de su actividad parlamentaria, cabe señalar que un buen número de estas no ha concluido sus trabajos parlamentarios antes de la finalización de su mandato (algunas pocas ni llegarán a comenzarlos tras su constitución próxima a finalizar este) y ninguna ha proseguido tras esta. No puede considerarse sino una nueva CPIs la creada en 2016, que ampliaría su objeto también a la labor efectuada por su predecesora en 2006.

En cuanto a las conclusiones, cabe destacar que sólo una cuarta parte de las CPIs (Vacico, Hepatitis C, MetroValencia, CAM, Emarsa y Acuíferos) constituidas terminarán por someter al pleno su dictamen; esto es, un texto articulado que contenga el reflejo de la mayoría respecto de los hechos investigados y la responsabilidad política que se pretende hacer derivar de los mismos. Algunas más, se quedarán en el estadio previo (comisión), mostrando únicamente en dos ocasiones (CIEGSA y Feria Valencia) una versión alternativa (a la mayoritaria) a partir de la formulación de votos "particulares".

Igualmente, no todas han respetado ni el objeto ni tampoco el plan de trabajo aprobado en su constitución; así ha sucedido respecto de la CPI sobre las instituciones feriales, donde se llegó a renunciar a concretar parte de sus conclusiones, en concreto las referidas a la Institución Ferial de Alicante, incumpliendo el mandato recibido. Al igual que las de la CAM, que en el curso de la investigación parlamentaria modificará el plan aprobado con anterioridad y trasladado a sus conclusiones.

Otro aspecto de interés es tanto el resultado efectivo como el seguimiento que se ha hecho de los compromisos y recomendaciones surgidos tras una investigación parlamentaria. Con la excepción de las sugeridas a raíz de la CPI sobre la crisis de salud pública motivada por el contagio masivo de la Hepatitis C y la reapertura de la investigación parlamentaria sobre el accidente suburbano en 2016, puede decirse que el resto de las mismas o bien han sido desoídas o bien no han sido desarrolladas. En el primer se reforzarán los planes de prevención y control sobre la enfermedad, en el segundo, se materializarán una década después los compromisos adquiridos tras el accidente, como la aprobación de la Ley autonómica de Seguridad Ferroviaria, la creación de una agencia de Seguridad de Respuesta Rápida a Emergencias o el refuerzo en los mecanismos de coordinación interdepartamental para graves accidentes como el sucedido. Lamentablemente, no podemos decir lo mismo de otras reformas sugeridas por otras CPIs (como Emarsa o, incluso, la que indagó sobre envenenamiento de los acuíferos) pese a la indudable trascendencia de lo acordado en sede parlamentaria.

La experiencia acumulada hasta la fecha y, en particular, más claramente de las dos últimas legislaturas, IXª (2015-2019) y Xª (2019-2023), respecto de las Comisiones "especiales" de Investigación, evidencia no sólo una mala praxis parlamentaria, que pone en entredicho el objetivo que persiguen dichos instrumentos de fiscalización sino, al mismo tiempo, una utilización perversa de los mismos que terminan por invertir el orden de los sujetos investigados (gobierno por oposición) contribuyendo a transformar el control parlamentario en un instrumento más al servicio de los intereses de la mayoría. Así se evidenció con la investigación de muchos casos que afectaban a gobiernos que habían sido desalojados del poder y por tanto sus responsabilidades políticas habías sido ya depuradas por las urnas y la ciudadanía.

Esta práctica, además, resulta incoherente también con una de las propuesta sugerida por uno de los grupos parlamentarios que darán soporte al Consell y cuya actuación esta última legislatura irá en contra de la propuesta de reforma del Reglamento de la Cámara valenciana que sugerían en 2017, centrada en las CPIs con la intención de aumentar la calidad democrática del Parlamento valenciano. Cabe recordar que, entre otras, incluía una doble vía de creación de estas, a través de la mayoría simple en la votación en el pleno de las Cortes valencianas o (en su caso) el voto favorable de tres grupos parlamentarios, con la intención de evitar bloqueos por la mayoría parlamentaria. Medida que se complementaba con otras de indudable interés, como la garantía de incluir dentro del plan de trabajo un mínimo número de comparecencias por cada grupo (hasta tres en la propuesta), dar mayor publicidad a sus conclusiones en la página web de las Cortes Valencianas o, incluso que los nombres de los responsables políticos señalados en el dictamen y la posible responsabilidad política atribuida en el mismo fuese objeto de publicación en el Diario Oficial de la Generalitat Valenciana.

La STC 133/2018, de 13 de diciembre, a resultas de un recurso de amparo de uno de los comparecientes frente a las conclusiones del dictamen sobre la CPIs que reabre el caso del accidente del Metro, proyecta la necesidad de actualizar el instrumento "extraordinario" de investigación parlamentaria para los supuestos en los que paralelamente se dirimen responsabilidades penales, aspecto insistimos que no es cometido de las CPIs.

Como ha podido demostrarse a lo largo del presente capítulo el uso abusivo que se ha hecho del instrumento en ciertos períodos del autogobierno ha puesto al límite los recursos parlamentarios, hasta el punto de llegar a colapsar la actividad parlamentaria en el mandato 2015-2019; forzando la adopción de acuerdos por parte de los órganos rectores para limitar o "topar" su número (hasta un máximo de 12 en un legislatura) con el objetivo de que la actividad parlamentaria no se viese afectada. Decisión que vino acompañada a su vez de un estudio económico de los costes que estas suponían desde un punto de vista económico, solicitada a instancia de un diputado no adscrito de las Cortes Valencianas.

Podemos, concluir, que del del furor inicial en la implementación e intensificación de dicho instrumento de "inspección" política, en la primera legislatura del Botànic cuatro años más tarde hemos pasado a un escenario totalmente diferente en donde no sólo la suspensión de la actividad ordinaria de las Cortes como consecuencia de la pandemia sino, también, la misma negativa a su creación, ante casos de indudable trascendencia política, terminará por pasar factura a su misma efectividad como instrumento de inspección parlamentaria.

Bibliografía

Alcalá Agulló, Francisco y Jiménez Sánchez, Fernando (Dirs.) (2018). Los costes económicos del déficit de calidad institucional y la corrupción en España. Valencia: Fundación BBVA-IVIE

Alcantarilla Hidalgo, Fernando J. (2019). Naturaleza y límites de las Comisiones Parlamentarias de Investigación: breve comentario de la Sentencia 133/2018, de 13 de diciembre. El Consultor de los Ayuntamientos y los Juzgados (4), 110-118

Beltrán Gali, Mª del Mar (2020). Las Comisiones Parlamentarias de Investigación en España: retos actuales. Valencia: Corts Valencianes.

Ciriero Soleto, Francisco Javier (2002). La no comparecencia y el falso testimonio ante las Comisiones de Investigación: análisis del art. 502 del Código Penal. Corts: Anuari de Dret Parlamentari (13), 15-41.

Ezquerdo Royo, José Luis (2020). Relaciones de los OCEX con el Parlamento: Comisiones de Investigación. Auditoría Pública (76), 363-149.

Gámir Ríos, José Vicente (2005). Poder político y estructura mediática: la comunicación en la Comunitat Valenciana durante la presidencia de Eduardo Zaplana (1995-2002). Aposta. Revista de Ciencias Sociales (23), 1-22. http://www.apostadigital.com/revistav3/hemeroteca/gamir.pdf

Gaude Fernández, Ana (2020). Las Comisiones de Investigación como instrumento de lucha contra la corrupción. En Blanco Valdés, Roberto y Vázquez-Portomeñe Seijas, Fernando (dirs.): Nuevos instrumentos jurídicos en la lucha contra la corrupción pública: propuestas sobre el Derecho Penal y el Derecho Constitucional. Valencia: Tirant lo Blanch, 286-300.

García Mahamut, Rosario (1993). Las comisiones de investigación en las Cortes Valencianas. Cuadernos de la Cátedra Fadrique Furió Ceriol (5), 135-142.

Gavaldà Roca, Josep Vicent (2019). Las comisiones parlamentarias de investigación: 'El accidente de la Línea 1'. Valencia: Tirant Lo Blanch.

Gavaldà Roca, Josep Vicent; y Pellicer Rossell, Nel.lo (2021). La regulación del control parlamentario: el modelo discursivo de las Comisiones de Investigación. Corts: Anuario de Derecho Parlamentario (35), 201-240.

Gerpe Landín, Manuel (1981). Las funciones del Parlamento de Cataluña. El Parlamento de Cataluña. Barcelona: Ariel, 179-239.

Gómez Lugo, Yolanda (2020). Alcance de la actuación de las Comisiones de Investigación y tutela de los derechos fundamentales de los comparecientes. Revista General de Derecho Constitucional (33).

González del Campo, Luis (2019). El objeto de las Comisiones Parlamentarias de Investigación: delimitación y ultra vires. Corts: Anuario de Derecho Parlamentario (32), 109-149.

Hawach Vega, Adel Alberto (2021). Estatuto jurídico de la persona requerida para comparecer ante una Comisión de Investigación Parlamentaria ostentando la condición de investigado en un procedimiento penal. Pamplona: Aranzadi Thomson Reuters.

International Monetary Fund (2019). Curbing Corruption. Fiscal Monitor. Washington: FMI

Lapuente Giné, Víctor (2016). La corrupción en España. Un paseo por el lado oscuro de la democracia y el gobierno. Madrid: Alianza Editorial

Lucio Gil, Antonio (2019). Las Comisiones de Investigación como instrumento necesario del principio de separación de poderes en la prevención de la corrupción. En: Una vida dedicada al Parlamento: estudios en homenaje a Lluís Aguiló Lúcia. Valencia: Corts Valencianes, 279-291.

Lucio Gil, Antonio (2021). Comisiones de investigación y pandemia. En Arévalo Gutiérrez, Alfonso (dir.): El Parlamento en los tiempos de pandemia. Madrid: Dykinson, 89-105.

Moya-García y Marí-Boscá (2022): Treinta años del Síndrome Ardystil, *Archivos de Prevención de Riesgos Laborales* (4).

Pascua Mateo, Fabio Antonio (2020). Nuevos (y necesarios) límites a las Comisiones de Investigación: competencias autonómicas y la inviolabilidad del rey: comentario a la Sentencia del Tribunal Constitucional 111/2019, de 2 de octubre (BOE núm. 262, de 31 de octubre de 2019). Revista de Las Cortes Generales, (108), 429-441.

Peña Jiménez, Pedro José (2019). La paralización de una Comisión Parlamentaria de Investigación vulnera el derecho de sus miembros al ejercicio de las funciones representativas: Comentario a la Sentencia del Tribunal Constitucional 12/2019, de 28 de enero. Recurso de amparo núm. 799-2018. Revista de las Cortes Generales, (107), 591-601.

Peña Jiménez, Pedro José (2019). Una nueva etapa para las Comisiones Parlamentarias de Investigación: los límites que imponen a su actividad la dimensión extra procesal de la presunción de inocencia y el derecho al honor: Comentario a la Sentencia del Tribunal Constitucional 133/2018, de 13 de diciembre, en el recurso de amparo núm. 4877-2017. Revista de Las Cortes Generales, (106), 583-594.

Ramió Matas, Carles (2016). La regeneración de la función pública. Estrategias para frenar la corrupción política en España. Madrid: Ed. Catarata

Requejo Osorio, Agustón (2000). Planes gerontológicos y proyectos de animación sociocultural para las personas mayores. Teoría de la Educación (12), 85-105.

Ridao i Martin, Joan (2017). Nueva mirada sobre antiguas cuestiones de las Comisiones de investigación parlamentarias: el deber de comparecer de las autoridades y funcionarios del Estado en las Asambleas legislativas autonómicas, la obligación de decir la verdad y el rol de las minorías en las comisiones creadas preceptivamente a su instancia. Revista de Las Cortes Generales, (100-102), 101-129.

Rodríguez-Arana, Jaime; Vivancos Comes, Mariano y Ahedo Ruiz, Josu (Coords.) (2016). Calidad democrática, transparencia e integridad. Madrid: Thomson Reuters-Aranzadi.

Sánchez Navarro, Ángel J. (1995). Control parlamentario y minorías. Revista de Estudios Políticos (88), 223-255.

Santolalla López, Fernando (1982). El Parlamento y sus instrumentos de información. (Preguntas, interpelaciones y Comisiones de Investigación). Madrid: Edersa.

Soriano Hernández, Enrique (2002). Crónica Parlamentaria de las Cortes valencianas (Enero-diciembre de 2001). Corts: Anuari de Dret Parlamentari (12), 249-270.

Soriano Hernández, Enrique (2022). Las Corts Valencianes en la jurisprudencia del Tribunal Constitucional. Corts: Anuari de Dret Parlamentari (36), 61-90.

Villoria Mendieta, Manuel; Gimeno Feliú, José María y Tejedor Bielsa, Julio (Dirs.) (2016). La corrupción en España: ámbitos, causas y remedios jurídicos. Barcelona: Atelier

Visiedo Mazón, Francisco J. (2001). Actividad parlamentaria en las Cortes Valencianas (Enero-diciembre de 2000). Corts: Anuari de Dret Parlamentari (11), 203-224.

Visiedo Mazón, Francisco J. (2013). Artículo 22. En Garrido Mayol, Vicente (dir): Comentarios al Estatuto de Autonomía de la Comunitat Valenciana. València: Tirant lo Blanch, 411-436.

Visiedo Mazón, Francisco J. y Soriano Hernández, Enrique (2010). Crónica parlamentaria de Les Corts Valencianes (septiembre 2009-junio 2010). Corts: Anuari de Dret Parlamentari (23), 353-420.

Capítulo 10

Les corts y el control de su actividad por parte de la ciudadanía

JORGE CASTELLANOS CLARAMUNT

Profesor de Derecho constitucional

Universitat de València

I. EL CONTROL DE LA CIUDADANÍA COMO PRINCIPIO DEMOCRÁTICO

La ciudadanía debe controlar la actuación de los poderes públicos ya que estos tienen la responsabilidad de tomar decisiones que afectan a toda la sociedad y deben hacerlo de manera transparente y participativa. El control de la ciudadanía sobre la actuación de los poderes públicos permite garantizar que estos actúen de manera responsable y en beneficio de la sociedad, y también permite detectar y corregir posibles errores o irregularidades.

Existen diferentes mecanismos a través de los cuales la ciudadanía puede controlar la actuación de los poderes públicos, como la participación ciudadana en el proceso de elaboración de normas[1], el derecho de acceso

---

1 Martínez-Pujalte, A.L. "Algunas notas sobre la participación ciudadana en el procedimiento de elaboración de las leyes", *Corts: Anuario de derecho parlamentario*, núm. 23, 2010, págs. 257-274.

a la información pública[2] o la rendición de cuentas de los poderes públicos[3].

Debemos destacar que la ciudadanía tiene un papel fundamental en el control de la actuación de los poderes públicos y que es necesario que sea activa y participativa en este proceso para garantizar una democracia sana y efectiva. La democracia se nutre, necesariamente, de una ciudadanía que ejerza su derecho y deber de participación de manera responsable[4]. Y este control guarda una estrecha relación con el propósito de instaurar una gobernanza democrática basada en los principios del llamado 'gobierno abierto'[5]. Es más, el gobierno abierto es un concepto que se refiere a una forma de gobierno en la que se fomenta la transparencia, la participación ciudadana y la rendición de cuentas de los poderes públicos. Se trata de un enfoque que busca mejorar la efectividad y la eficiencia de la gestión pública y garantizar que esta se realice en beneficio de la sociedad.

Por tanto, el control de los ciudadanos sobre la actuación de los poderes públicos es un elemento fundamental del gobierno abierto ya que permite garantizar la transparencia y la rendición de cuentas de los poderes públicos y aumentar la confianza de la ciudadanía en el sistema democrático. Al mismo tiempo, el gobierno abierto proporciona a los ciudadanos las herramientas necesarias para perfeccionar el escenario democrático en el que se desarrolla la actividad de los poderes públicos, por lo que los mecanismos

---

2 Cotino Hueso, L., y Boix Palop, A. (coords.). *Los límites al derecho de acceso a la información pública,* Tirant lo Blanch, Valencia, 2021; Guichot Reina, E., y Barrero Rodríguez, C. *El derecho de acceso a la información pública,* Tirant lo Blanch, Valencia, 2020; Fernández Ramos, S., y Pérez Monguió, J.M., *El derecho al acceso a la información pública en España,* Thomson Reuters Aranzadi, Cizur Menor (Navarra), 2020.

3 Villoria Mendieta, M. "La rendición de cuentas en la democracia", *Temas para el debate,* núm. 204 (nov.), 2011 (Ejemplar dedicado a: Democracia y participación política), págs. 32-34; Garrido Mayol, V. "Retos de la transparencia y rendición de cuentas", en J. Rodríguez-Arana, M. Vivancos Comes, y J. Ahedo Ruiz, coords., *Calidad democrática, transparencia e integridad,* Thomson Reuters Aranzadi, Cizur Menor (Navarra), 2016, págs. 129-148.

4 Castellanos Claramunt, J. *Participación ciudadana y buen gobierno democrático: posibilidades y límites en la era digital,* Marcial Pons, Madrid, 2020; Castellanos Claramunt, J. *La participación ciudadana en el ámbito local: la integración democrática de lo local y de lo global en la era digital,* Corts Valencianes, Valencia, 2020.

5 Montero Caro, M.D. "Nuevas oportunidades de participación en el marco del modelo de gobierno abierto", *Estudios de Deusto: revista de Derecho Público,* vol. 68, núm. 1, 2020 (Ejemplar dedicado a: Five Centuries Sailing The Legal World (II)), págs. 425-447.

de control, sea a *Les Corts* o a cualquier otra institución pública, lo que da lugar es a la realización de un principio democrático sobre el que edificar el resto de actuaciones e instituciones públicas.

1. Participación en la elaboración de las normas

En el proceso de elaboración de normas en la Comunidad Valenciana participan diferentes órganos y entidades de carácter institucional. También pueden participar otros órganos consultivos y asesores[6], así como los ciudadanos a través de la participación ciudadana.

El proceso de elaboración de normas en la Comunidad Valenciana se divide en dos fases: la fase de iniciación y la fase de elaboración. Durante la fase de iniciación, se estudia la conveniencia y oportunidad de la norma y se determina la entidad competente para su elaboración. También se pueden realizar consultas a los diferentes órganos y entidades involucrados en el proceso. Durante la fase de elaboración, se redacta el borrador de la norma y se somete a un proceso de consulta pública para recoger las aportaciones y sugerencias de los ciudadanos y las entidades interesadas. Una vez finalizado este proceso, se somete el borrador a la aprobación de los órganos competentes, que pueden aprobar, modificar o rechazar la norma.

Una vez aprobada la norma, se publica en el Diario Oficial de la Generalitat Valenciana y entra en vigor a partir de la fecha de su publicación.

Lo más reseñable a destacar es que el proceso de elaboración de normas en la Comunidad Valenciana es transparente y participativo, y tiene como objetivo garantizar la participación de los ciudadanos en el proceso de toma de decisiones y la transparencia en la elaboración de las normas que rigen en el territorio valenciano.

El primer paso es el de la consulta pública previa, cuyo objeto es recabar la opinión de ciudadanos, organizaciones y asociaciones antes de la elaboración de un proyecto normativo. Con ello se garantiza la participación de los ciudadanos en el proceso de toma de decisiones y mejora la calidad de las normas que se elaboran.

---

6 Garrido Mayol, V. "La función consultiva en la Comunitat Valenciana reconocimiento y evolución normativa", *Revista valenciana d'estudis autonòmics,* núm. 63, 2018, págs. 102-131.

Una vez finalizado el plazo de consulta pública previa, se procede a analizar las aportaciones y sugerencias recibidas y, en su caso, se modifica el borrador de la norma en función de ellas. Aunque en principio la primera consulta debería responder a un 'lienzo en blanco' sobre el que construir la normativa, lo cierto es que el ámbito gubernamental que promueve la regulación sobre alguna materia parte de una idea previa y un enfoque sobre el que trabajar. Lo contrario sería ciertamente imprudente y estar sometidos a la improvisación. Así que el hecho de que haya un borrador no 'atenta' contra la puridad del proceso de escuchar a la ciudadanía con carácter previo a la redacción de un texto normativo. Existe un borrador y sobre él se trabaja con la consulta a determinados ciudadanos que presenten algún interés o conocimiento especial sobre la materia. También se pueden realizar otras consultas a otros órganos y entidades involucrados en el proceso de elaboración de la norma.

Con posterioridad pasamos a la fase de audiencia e información pública. El objeto del trámite de audiencia e información pública es recabar la opinión de los ciudadanos titulares de derecho e intereses legítimos afectados por un proyecto normativo ya redactado, pero en fase de elaboración, directamente o a través de organizaciones o asociaciones que los representan, así como las aportaciones adicionales puedan realizar otras personas o entidades.

El trámite de información pública tiene por objeto recabar alegaciones de los ciudadanos, organizaciones y asociaciones, de conformidad con lo previsto en el artículo 133.2 de la Ley 39/2015, de 1 de octubre, del Procedimiento Administrativo Común de las Administraciones Públicas (en adelante, Ley 39/2015).

De este modo, la audiencia a los ciudadanos es una fase del proceso de elaboración de normas en la que se recogen las aportaciones y sugerencias de los ciudadanos sobre el borrador de la norma que se está elaborando. La audiencia a los ciudadanos se realiza mediante la publicación del borrador de la norma en la página web de la entidad competente para su elaboración y el establecimiento de un plazo de al menos 15 días hábiles durante el cual los ciudadanos pueden presentar sus aportaciones y sugerencias. También se pueden realizar otros tipos de actividades de participación, como foros, mesas de trabajo o encuestas.

Por motivos obvios la audiencia a los ciudadanos es una fase fundamental del proceso de elaboración de normas en la Comunidad Valenciana, ya que permite garantizar la participación de los ciudadanos en el proceso de toma de decisiones y mejorar la calidad de las normas que se elaboran.

A continuación se produce la fase de información pública. La información pública de una norma es aquella que se hace disponible para el conocimiento de todos los ciudadanos y que tiene como objetivo garantizar la transparencia y la participación ciudadana en el proceso de elaboración de las normas. La información pública de una norma incluye, entre otras cosas, el texto íntegro de la norma y los antecedentes y justificaciones que se han tenido en cuenta para su elaboración. También se hace pública la información sobre el proceso de elaboración de la norma, como la fase de iniciación, la consulta pública y la aprobación por parte de los órganos competentes.

La información pública de una norma se hace disponible en la página web de la entidad competente para su elaboración y también se publica en el Diario Oficial de la Generalitat Valenciana, donde se encuentra el texto íntegro de todas las normas aprobadas en la Comunidad Valenciana.

Los ciudadanos son quienes conocen de primera mano los problemas o cuestiones que van a ser objeto de regulación, lo que exige una correcta comunicación entre éstos y los poderes públicos, para así lograr el acierto de la norma y su adecuación a la realidad en la que debe aplicarse. Además, desde la perspectiva de la aplicación de las normas y su cumplimiento, la participación de los potenciales destinatarios en su elaboración ayuda a su mejor comprensión y, por ende, también contribuye a su cumplimiento voluntario y a una menor impugnación. De modo que este proceso mejora la información que reciben las Cámaras, intensifica la transparencia y publicidad de la actividad legislativa y potencia la legitimidad de las leyes y su eficacia.

1.1. Una mirada estatal previa

La normativa de referencia es la Ley 39/2015, que ha regulado la participación de la ciudadanía en la elaboración normativa a nivel estatal. Aunque ya la Ley 50/1997, de 27 de noviembre, del Gobierno prevé en su artículo 26 la posibilidad de que los ciudadanos, organizaciones y asociaciones participen en el proceso de elaboración de las leyes, tal y como observamos con su artículo 26, relativo al "Procedimiento de elaboración de normas con rango de Ley y reglamentos".

En cualquier caso, vamos a centrar nuestro análisis desde el prisma estatal con el estudio del artículo 133 de la Ley 39/2015, que trata sobre la "participación de los ciudadanos en el procedimiento de elaboración de normas con rango de Ley y reglamentos", y dispone lo siguiente:

1. *Con carácter previo a la elaboración del proyecto o anteproyecto de ley o de reglamento, se sustanciará una consulta pública, a través del portal web de la Administración competente en la que se recabará la opinión de los sujetos y de las organizaciones más representativas potencialmente afectados por la futura norma acerca de: a) Los problemas que se pretenden solucionar con la iniciativa. b) La necesidad y oportunidad de su aprobación. c) Los objetivos de la norma. d) Las posibles soluciones alternativas regulatorias y no regulatorias.*
2. *Sin perjuicio de la consulta previa a la redacción del texto de la iniciativa, cuando la norma afecte a los derechos e intereses legítimos de las personas, el centro directivo competente publicará el texto en el portal web correspondiente, con el objeto de dar audiencia a los ciudadanos afectados y recabar cuantas aportaciones adicionales puedan hacerse por otras personas o entidades. Asimismo, podrá también recabarse directamente la opinión de las organizaciones o asociaciones reconocidas por ley que agrupen o representen a las personas cuyos derechos o intereses legítimos se vieren afectados por la norma y cuyos fines guarden relación directa con su objeto.*
3. *La consulta, audiencia e información públicas reguladas en este artículo deberán realizarse de forma tal que los potenciales destinatarios de la norma y quienes realicen aportaciones sobre ella tengan la posibilidad de emitir su opinión, para lo cual deberán ponerse a su disposición los documentos necesarios, que serán claros, concisos y reunir toda la información precisa para poder pronunciarse sobre la materia.*
4. *Podrá prescindirse de los trámites de consulta, audiencia e información públicas previstos en este artículo en el caso de normas presupuestarias u organizativas de la Administración General del Estado, la Administración autonómica, la Administración local o de las organizaciones dependientes o vinculadas a éstas, o cuando concurran razones graves de interés público que lo justifiquen. Cuando la propuesta normativa no tenga un impacto significativo en la actividad económica, no imponga obligaciones relevantes a los destinatarios o regule aspectos parciales de una materia, podrá omitirse la consulta pública regulada en el apartado primero. Si la normativa reguladora del ejercicio de la iniciativa legislativa o de la potestad reglamentaria por una Administración prevé la tramitación urgente de estos procedimientos, la eventual excepción del trámite por esta circunstancia se ajustará a lo previsto en aquella.*

Ahora bien, observando la STC 55/2018, de 24 de mayo, hay que tener presente que el artículo 133 ha sido declarado contrario al orden constitucional de competencias en los términos del fundamento jurídico 7 b)[7], sal-

---

[7] STC 55/2018. FJ 7. b) «Los Estatutos de Autonomía reconocen la iniciativa legislativa a los gobiernos autonómicos, no a sus administraciones. A diferencia de lo que ocurre con la potestad reglamentaria, que también corresponde al Gobierno, el ejercicio de esta prerrogativa se inserta en el ámbito de las relaciones del Gobierno con las cámaras parlamentarias. El procedimiento de elaboración

vo el inciso de su apartado primero "Con carácter previo a la elaboración del proyecto o anteproyecto de ley o de reglamento, se sustanciará una consulta pública" y el primer párrafo de su apartado 4, en los términos del fundamento jurídico 7 c), de modo que el resto del artículo no regirá para el ámbito legislativo autonómico, siendo lo que se aplica a las CCAA con relación a su potestad reglamentaria, no a la iniciativa legislativa.

El art. 133 de la Ley 39/2015 se refiere al ejercicio, por parte de los gobiernos nacional y autonómico, tanto de la potestad reglamentaria como de la iniciativa legislativa. Se aplican, por tanto, a las iniciativas de rango legal de las Comunidades Autónomas. Así que se invade por ello las competencias que estas tienen estatutariamente atribuidas en orden a organizarse y regular la elaboración de sus leyes.

1.2. La perspectiva valenciana

Aterrizando en la normativa autonómica valenciana nos remitimos al artículo 47 de la Ley 2/2015, de Transparencia, Buen Gobierno y Participación Ciudadana de la Comunitat Valenciana, que versa sobre la "participación ciudadana en la elaboración de normas, planes, procedimientos y otros instrumentos de planificación".

> Sin perjuicio del trámite de audiencia e información pública previsto en la legislación, la Administración de la Generalitat y su sector público podrá someter, simultánea o consecutivamente a aquél, a consulta pública las normas, planes, procedimientos, instrumentos de planificación o políticas públicas relevantes, de acuerdo con el siguiente procedimiento:
>
> 1. *Los órganos administrativos o entidades competentes que consideren oportuno abrir un proceso de participación pública, publicarán en el Portal de Transparencia el proyecto de norma, plan, procedimiento o instrumento administrativo, junto a la documentación complementaria necesaria para su comprensión y valoración.*
> 2. *Se informará sobre los plazos y mecanismos de participación que serán preferentemente electrónicos, así como sobre el estado de tramitación del proyecto.*

---

y aprobación de proyectos de ley es la vía que permite al gobierno autonómico participar en la función legislativa y, por tanto, articular sus políticas públicas a través de normas con rango de ley. Consecuentemente, el ejercicio de la iniciativa legislativa por parte de las Comunidades Autónomas, en general, y la elaboración de anteproyectos de ley, en particular, quedan por completo al margen del artículo 149.1.18 CE en lo que se refiere tanto a las «bases del régimen jurídico de las administraciones públicas» como al «procedimiento administrativo común».

> 3. *La participación en este proceso de consulta no conferirá a los participantes la condición de interesados prevista en la legislación sectorial o sobre procedimiento administrativo.*
> 4. *A través del mismo portal el órgano o entidad impulsor del proceso informará sobre el resultado mediante una valoración global*

Dicha regulación se complementa con el artículo 25 del Decreto 105/2017, de 28 de julio, del Consell, de desarrollo de la Ley 2/2015, de 2 de abril, de la Generalitat, en materia de transparencia y de regulación del Consejo de Transparencia, Acceso a la Información Pública y Buen Gobierno[8], bajo la rúbrica de publicidad activa y participación ciudadana en la elaboración de normas con rango de ley y reglamentos.

> *Artículo 25. Publicidad activa y participación ciudadana en la elaboración de normas con rango de ley y reglamentos*
> 1. *Las subsecretarías de los departamentos del Consell publicarán una relación actualizada de las normas que estén en proceso de elaboración, indicando su objeto, los trámites exigibles y el estado de los mismos, así como los mecanismos de participación ciudadana previstos. Se entenderá que una norma está en trámite de elaboración cuando se haya dictado la resolución de inicio del procedimiento de elaboración del proyecto normativo.*
> 2. *Se publicarán los textos de los anteproyectos de ley, de los proyectos de decreto legislativo y proyectos de reglamento en los que fuera preceptiva la solicitud de dictámenes a los órganos consultivos. Como mínimo, se tomará como referencia para realizar la publicación la fecha de remisión de la solicitud al primer órgano consultivo que deba dictaminar. A dichos efectos se entenderá por órgano consultivo todo aquel que, dotado de autonomía y con base en las competencias que desarrolle, haya de ser consultado con carácter preceptivo durante la tramitación de un texto normativo.*
> 3. *Asimismo se publicarán las memorias e informes que conformen los expedientes de elaboración de normas contemplados en los artículos 42 y 43 de Ley 5/1983, de 30 de diciembre, del Consell, así como aquellos que sean preceptivos conforme a la normativa vigente en la materia que le sea de aplicación.*
> 4. *En todo caso se sustanciarán los procesos de participación ciudadana establecidos en el art. 133 de la Ley 39/2015, de 1 de octubre, y se publicará el resultado de la valoración global de los mencionados procesos».*

---

[8] Que se mantiene vigente en virtud de la Disposición final segunda de la ley 1/2022. *Desarrollo y marco legal. 1. Se faculta al Consell para que desarrolle reglamentariamente las disposiciones contenidas en esta ley. 2. Permanecerán en vigor, en todo lo que no se oponga a esta ley y hasta que no se deroguen expresamente, el Decreto 105/2017, de 28 de julio, del Consell […].*

Por tanto, el artículo 25.4 del Decreto indicado, si bien con el inicial motivo de recordatorio de la normativa básica estatal, lo que ha hecho realmente es introducir en el ordenamiento de la Comunitat Valenciana, por remisión al estatal, haciéndolo regulación propia, lo que preceptúa el artículo 133 de la LPACAP.

2. El derecho de acceso a la información pública

Otro de los métodos de control que mencionamos *supra* es el relativo al derecho de acceso a la información pública, claramente relacionado con la transparencia de la actuación pública y que viene recogido en el artículo 105 b) de la Constitución española: "La ley regulará: [...] b) El acceso de los ciudadanos a los archivos y registros administrativos, salvo en lo que afecte a la seguridad y defensa del Estado, la averiguación de los delitos y la intimidad de las personas."

El derecho de acceso a la información pública es un derecho fundamental reconocido en muchos países, incluyendo España, que consiste en el derecho de todas las personas a obtener información sobre la actividad de los poderes públicos y de otras entidades que presten servicios públicos o que tengan una relación contractual con ellos. Este derecho se basa en la idea de que la información que generan y poseen los poderes públicos es de dominio público y debe estar disponible para el conocimiento de todos los ciudadanos, salvo en los casos en los que se haya establecido una reserva por motivos de interés público.

El derecho de acceso a la información pública se puede ejercer a través de la solicitud de información a los poderes públicos o a otras entidades que presten servicios públicos o que tengan una relación contractual con ellos. Estas entidades tienen la obligación de facilitar la información solicitada, siempre y cuando no se encuentre reservada por motivos de interés público.

A nivel autonómico destacamos el capítulo III "Derecho de acceso a la información pública" de la Ley 1/2022, de 13 de abril, de Transparencia y Buen Gobierno de la Comunitat Valenciana (en adelante, Ley 1/2022), que dispone lo siguiente:

> *Artículo 27. Derecho de acceso a la información pública.*
> *1. Cualquier ciudadano o ciudadana, a título individual o en representación de cualquier organización constituida legalmente, tiene derecho de acceso a la información pública, mediante solicitud previa y sin más limitaciones que las establecidas en la ley. Para el ejercicio de este derecho no será necesario motivar la solicitud ni invocar la ley.*

> *2. El derecho de acceso a la información pública se entenderá sin perjuicio de otros derechos o procedimientos. Así, no tendrán esta consideración otro tipo de comunicaciones con la administración como el derecho de petición, las consultas de información general por los canales de atención a la ciudadanía, las quejas y sugerencias, los derechos regulados en la normativa sobre protección de datos. En estos casos, se derivará la solicitud al procedimiento o canal específico correspondiente, lo que se comunicará a la persona solicitante.*
> *3. Para las materias en que haya un régimen específico de acceso a la información, se aplicará lo previsto en disposición adicional primera de esta ley.*

Lo cierto es que garantizar el derecho a la información pública ha sido una de las constantes de las diferentes regulaciones autonómicas recientes que han tenido como objetivo principal favorecer un clima propio a la transparencia. Y, quizás, la senda marcada como garantía de proporcionar la información solicitada por los ciudadanos ha sido la referencia y el impulso principal que ha propiciado el constante avance autonómico en este sentido.

3. La rendición de cuentas

Aunque redunde en cuestiones ya comentadas, el tercer elemento de control de la actividad de *Les Corts* es el que tiene que ver con la rendición de cuentas de los poderes públicos, que es el proceso a través del cual estos dan cuenta de su gestión y actividad a la ciudadanía y a las instituciones democráticas. Se trata de un mecanismo de control y transparencia que permite conocer y evaluar la gestión de los poderes públicos y garantizar su responsabilidad y transparencia.

La rendición de cuentas de los poderes públicos puede realizarse de diferentes maneras, dependiendo del ámbito en el que se desarrolla. Por ejemplo, en el ámbito político, la rendición de cuentas se realiza a través de la rendición de cuentas política, que consiste en la explicación y justificación de la política pública llevada a cabo por el gobierno.

En el ámbito administrativo, la rendición de cuentas se realiza a través de la presentación de informes de gestión, de la publicación de datos y estadísticas sobre la actividad de la administración, y de la realización de auditorías y evaluaciones de la gestión pública.

La piedra angular de la democracia es, precisamente, la posibilidad de sustituir pacíficamente a los gobernantes en las periódicas elecciones que se convocan. Y para tener elementos de juicio para afianzar una decisión adecuada el ciudadano se vale de los elementos de transparencia que se ponen a su disposición para poder participar en el orden político y, en último término, en la posibilidad de solicitar, mediante esa fiscalización connatural a la figura del ciudadano, una rendición de cuentas. Que los que ostentan el poder político expliquen los motivos que les llevan a tomar determinadas decisiones en el contexto de su responsabilidad. Y esa exigencia de cuentas, de explicaciones, es lo que puede fundamentar decantarse por una alternativa o seguir depositando la confianza en los actuales gobernantes. Se trata de un juego de confianza, de manera que poder acceder a información y, sobre todo, a explicaciones, refuerza el vínculo de confianza o lo destruye, dependiendo de la significación de esas explicaciones.

No se entiende un espacio democrático sin la posibilidad de solicitar explicaciones a quien ha recibido la confianza de los ciudadanos. Precisamente el ámbito antidemocrático, cualquier espacio autoritario, dictatorial, se caracteriza por tomar cualquier tipo de decisión sin 'encomendarse' a nadie. Eso es, en puridad, antidemocrático, porque el cargo público lo es por dar respuesta a una actuación que represente a la ciudadanía. Ante la imposibilidad técnica de participar de todas las decisiones la democracia representativa aparece como un remedio técnico que permite cumplir con la ficción democrática de que son los ciudadanos los que ostentan el *cratos*, el poder. No es una ficción en tanto que la solución que se adopta es la de seleccionar a unos representantes que participen en el día a día de la gestión en nombre de la ciudadanía. Pero esa entrega de poder, esa confianza, no es ilimitada y no debe desnortarse en tanto que lo que se ostenta es la encomienda de la realización de determinadas actuaciones públicas. De las que hay que poder responder. Dar explicaciones. Rendir cuentas. Todo ello nutre el componente democrático que debe barnizar a toda sociedad democrática que se precie de serlo. Y ante alguna situación que implique esa pérdida de confianza, poder establecer una elección diferente que garantice que el sentir popular queda consagrado de manera conveniente en los representantes libremente elegidos.

II. LA INFLUENCIA DE LOS OBJETIVOS DE DESARROLLO SOSTENIBLE EN LA CREACIÓN DE ELEMENTOS DE CONTROL DE LA ACTIVIDAD PÚBLICA. ESPECIAL ATENCIÓN AL ODS 16

Como se desliza de toda la argumentación que se ha ido hilvanando en este trabajo, la transparencia es un elemento crucial en el desenvolvimiento democrático de toda sociedad. Así, también afirmamos que la transparencia es un elemento fundamental para el logro de los Objetivos de Desarrollo Sostenible (en adelante, ODS) ya que permite garantizar la responsabilidad y la rendición de cuentas de los poderes públicos y de otras entidades que participan en la consecución de los ODS. Y es que la transparencia, además, permite a la ciudadanía conocer y evaluar la gestión de los poderes públicos y otras entidades y contribuye a fomentar la confianza y la participación ciudadana en el proceso de toma de decisiones.

Por lo antedicho podemos afirmar que la transparencia es un elemento clave para garantizar la integridad y la lucha contra la corrupción, que son factores fundamentales para el logro de un desarrollo sostenible y justo. En este sentido, podemos relacionar la transparencia con varios ODS, principalmente con el ODS 16 (Promover sociedades pacíficas e inclusivas para el desarrollo sostenible), pero también con el ODS 17 (Fortalecer los medios de implementación y revitalizar la alianza mundial para el desarrollo sostenible). La transparencia es, por tanto, un elemento fundamental para el logro de los ODS y para la consecución de un desarrollo sostenible y justo para todos.

Centrándonos en el ODS 16, debemos decir de él que es uno de los 17 Objetivos de Desarrollo Sostenible que forman parte de la Agenda 2030 de las Naciones Unidas para el Desarrollo Sostenible y que tiene como meta promover sociedades pacíficas e inclusivas para el desarrollo sostenible, facilitar el acceso de todos a la justicia y a instituciones sólidas y crear condiciones para una vida segura y sostenible para todos en todas partes.

El ODS 16 se divide en diez metas específicas, que son las siguientes:

1. Reducir significativamente todas las formas de violencia y las correspondientes tasas de mortalidad en todo el mundo
2. Poner fin al maltrato, la explotación, la trata y todas las formas de violencia y tortura contra los niños
3. Promover el estado de derecho en los planos nacional e internacional y garantizar la igualdad de acceso a la justicia para todos
4. De aquí a 2030, reducir significativamente las corrientes financieras y de armas ilícitas, fortalecer la recuperación y devolución de los activos robados y luchar contra todas las formas de delincuencia organizada
5. Reducir considerablemente la corrupción y el soborno en todas sus formas
6. Crear a todos los niveles instituciones eficaces y transparentes que rindan cuentas

7. Garantizar la adopción en todos los niveles de decisiones inclusivas, participativas y representativas que respondan a las necesidades
8. Ampliar y fortalecer la participación de los países en desarrollo en las instituciones de gobernanza mundial
9. De aquí a 2030, proporcionar acceso a una identidad jurídica para todos, en particular mediante el registro de nacimientos
10. Garantizar el acceso público a la información y proteger las libertades fundamentales, de conformidad con las leyes nacionales y los acuerdos internacionales
    a) Fortalecer las instituciones nacionales pertinentes, incluso mediante la cooperación internacional, para crear a todos los niveles, particularmente en los países en desarrollo, la capacidad de prevenir la violencia y combatir el terrorismo y la delincuencia
    b) Promover y aplicar leyes y políticas no discriminatorias en favor del desarrollo sostenible

El logro del ODS 16 es fundamental para el logro de los demás ODS debido a su carácter transversal. En concreto la meta 6 aborda la cuestión sobre la que estamos reflexionando en este trabajo al especificar "Crear a todos los niveles instituciones eficaces y transparentes que rindan cuentas". Sin duda, sin transparencia en las instituciones y capacidad de rendir cuentas a la ciudadanía no podemos construir un escenario democrático. Los ODS refuerzan ese compromiso con una gestión clara y transparente que, por su propia naturaleza, deseche cualquier conato de corrupción en su seno, tal y como expresa la meta número 5.

Y es que la corrupción reduce las posibilidades democráticas de las sociedades porque tiene un impacto negativo en la democracia. La corrupción implica el abuso del poder o la influencia para obtener beneficios personales o de grupo, y socava la confianza en las instituciones democráticas y en el sistema político en general. Cuando los ciudadanos pierden confianza en sus líderes y en las instituciones encargadas de tomar decisiones en su nombre, pueden sentirse desmotivados para participar en la vida política y para ejercer su derecho al voto. Esto puede llevar a una menor participación ciudadana y a un debilitamiento de la democracia. Además, la corrupción puede distorsionar el funcionamiento de los mecanismos democráticos, como las elecciones, y puede favorecer a ciertos candidatos o grupos en detrimento de otros. Esto puede llevar a una falta de representatividad y a una menor legitimidad del sistema democrático. Por lo tanto, es importante tomar medidas para prevenir y combatir la corrupción y proteger la integridad de las instituciones democráticas, tal y como promueve el ODS 16. Algunas medidas que pueden ayudar a reducir la corrupción incluyen la transparencia en la toma de decisiones, el fortalecimiento de los mecanismos de rendición de cuentas y la promoción de la ética y la integridad en la política, cuestiones sobre las que apoyamos el presente trabajo para ejercer el control de los ciudadanos sobre las instituciones en general y sobre *Les Corts* en particular.

III. LES CORTS Y SU REGULACIÓN PIONERA EN MATERIA DE TRANSPARENCIA ALGORÍTMICA

La transparencia y explicabilidad de la inteligencia artificial[9] es un elemento imprescindible para el correcto conocimiento de la actuación pública por parte de los ciudadanos. Se han desarrollado ya trabajos prolijos sobre la materia[10], aunque conviene recalcar la idea de que en la actualidad las administraciones públicas emplean una ingente cantidad de algoritmos para realizar las políticas públicas[11], por lo que los ciudadanos deben tener conocimiento, o posibilidad de solicitar explicaciones al respecto, de los motivos por los que la administración toma una decisión y no otra, no pudiéndose amparar en la opacidad de ningún sistema informático.

En esta línea, la Comunidad Valenciana ha establecido una regulación pionera en cuanto a la información a proporcionar a la ciudadanía, también respecto de los algoritmos que emplea. Así, la Ley 1/2022 determina lo siguiente en su artículo 16:

> *Artículo 16. Información de relevancia jurídica.*
>
> *1. Las administraciones públicas del artículo 3.2 deben publicar:*

---

9 La explicabilidad de la inteligencia artificial se refiere a la capacidad de comprender y explicar cómo funcionan los sistemas de inteligencia artificial y cómo toman sus decisiones. Es importante porque muchos sistemas de inteligencia artificial utilizan algoritmos complejos y procesos de aprendizaje automático, lo que puede hacer que sea difícil comprender cómo funcionan y cómo toman sus decisiones.

10 Cotino Hueso, L., y Castellanos Claramunt, J. (coords.). *Transparencia y explicabilidad de la inteligencia artificial*, Tirant lo Blanch, Valencia, 2022.

11 Castellanos Claramunt, J. "Democracia, administración pública e inteligencia artificial desde una perspectiva política y jurídica", *Revista catalana de dret públic*, núm. 60, 2020 (Ejemplar dedicado a: La lluita contra la corrupció des de l'Administració pública), págs. 137-147.

a) La normativa vigente en su ámbito de aplicación, incluyendo la versión consolidada de la norma.
b) Las directrices, instrucciones, acuerdos, circulares y respuestas a consultas planteadas que tengan incidencia sobre la interpretación y la aplicación de las normas.
c) Los informes de evaluación de la normativa vigente.
d) El plan anual normativo.
e) La relación actualizada de los proyectos normativos que estén en proceso de elaboración, con indicación del objeto, los trámites exigibles y el estado de estos, así como los procedimientos de participación ciudadana previstos.
f) El resultado de las consultas y audiencias públicas planteadas durante la elaboración de normas, incluyendo la valoración de las alegaciones formuladas.
g) Los anteproyectos de ley, proyectos de decretos legislativos y proyectos de reglamento que se encuentren en tramitación, así como las memorias, informes y dictámenes que conforman el expediente de elaboración de las normas. El texto de los proyectos normativos se tiene que publicar desde el momento en que se soliciten informes preceptivos.
h) Las memorias, informes y dictámenes que conforman el expediente de elaboración de las normas a las que hace referencia el apartado anterior que han sido aprobadas una vez finalizada su tramitación.
i) Los documentos que se sometan a consulta pública o en un periodo de información pública durante su tramitación, así como las alegaciones que se realicen durante este trámite y el informe de valoración de las alegaciones formuladas.
j) Las resoluciones administrativas y judiciales que puedan tener relevancia pública y las resoluciones judiciales definitivas que afecten a los sujetos del artículo 3, por razón del ejercicio de las funciones y las responsabilidades que tengan atribuidas.
k) El inventario de actividades de tratamiento en aplicación del artículo 31 de la Ley orgánica 3/2018, de 5 de diciembre, de protección de datos personales y garantía de los derechos digitales.
l) La relación de sistemas algorítmicos o de inteligencia artificial que tengan impacto en los procedimientos administrativos o la prestación de los servicios públicos con la descripción de manera comprensible de su diseño y funcionamiento, el nivel de riesgo que implican y el punto de contacto al que poder dirigirse en cada caso, de acuerdo con los principios de transparencia y explicabilidad.

2. Además, la administración de la Generalitat y su sector público instrumental tienen que publicar la información siguiente, adaptada a sus particularidades organizativas:

a) Aquellos informes jurídicos de la Abogacía General de la Generalitat que den respuesta a consultas planteadas, en la medida que suponen una interpretación del derecho, es decir, que tengan incidencia sobre la interpretación y la aplicación de las normas. Tiene que ser necesaria consulta previa a la Abogacía General de la Generalitat con carácter preceptivo.

> *b) El informe de participación de los grupos de interés en los procesos de elaboración de normas, cuando exista, a fin de determinar su huella normativa, de acuerdo con lo dispuesto en la normativa que regula la actividad de los grupos de interés.*

En cualquier caso, es importante que, en la medida de lo posible, las administraciones publiquen los algoritmos que emplean para sus decisiones[12]. Especialmente si estos algoritmos tienen un impacto significativo en la vida de las personas o en la toma de decisiones de la administración. En este sentido, la transparencia en el uso de algoritmos por parte de las administraciones públicas es reseñable porque ayuda a garantizar la justicia y la equidad, de modo que si los ciudadanos saben cómo se toman las decisiones, pueden evaluar si estas decisiones son justas y equitativas; igualmente mejora la confianza, puesto que la transparencia puede mejorar la confianza de los ciudadanos en las instituciones públicas y en el sistema democrático, asimismo, facilita la rendición de cuentas ya que si se conocen los algoritmos que se utilizan, es más fácil evaluar la eficacia y la eficiencia de los procesos de toma de decisiones y hacer una rendición de cuentas adecuada; y, por último, ayuda a evitar el sesgo en la medida en que la publicación de los algoritmos puede ayudar a identificar y corregir posibles sesgos o discriminación en el proceso de toma de decisiones.

---

[12] Hay algunos ejemplos de algoritmos que han sido publicados por diferentes administraciones, como a) el algoritmo de detección de fraudes en el seguro de salud: La Tesorería General de la Seguridad Social (TGSS) ha publicado el algoritmo que utiliza para detectar posibles fraudes en el seguro de salud. Este algoritmo se basa en el análisis de datos y utiliza técnicas de aprendizaje automático para identificar patrones sospechosos; b) el algoritmo de evaluación del riesgo de incendios forestales: La Agencia de Medio Ambiente de España ha publicado el algoritmo que utiliza para evaluar el riesgo de incendios forestales y para tomar medidas preventivas. Este algoritmo se basa en el análisis de datos meteorológicos y de la vegetación para predecir la probabilidad de incendios; c) el algoritmo de optimización del tráfico: El Ministerio de Transporte, Movilidad y Agenda Urbana ha publicado el algoritmo que utiliza para optimizar el tráfico en las carreteras y autopistas españolas. Este algoritmo se basa en el análisis de datos de tráfico y utiliza técnicas de inteligencia artificial para mejorar la fluidez del tráfico; y d) el algoritmo de evaluación del riesgo de enfermedad cardíaca: El Servicio Nacional de Salud (SNS) ha publicado el algoritmo que utiliza para evaluar el riesgo de enfermedad cardíaca de los pacientes y para tomar decisiones sobre el tratamiento a seguir. Este algoritmo se basa en el análisis de datos clínicos y de estilo de vida para predecir el riesgo de enfermedad cardíaca.

De todos modos hay que tener en cuenta que, en algunos casos, puede ser necesario proteger la confidencialidad de ciertos algoritmos debido a razones de seguridad o de propiedad intelectual. En estos casos, es importante establecer un equilibrio entre la transparencia y la protección de los intereses legítimos de las partes involucradas.

IV. CONCLUSIONES

El control ciudadano a *Les Corts* y, en general, a cualquier administración pública es clave para el desarrollo democrático de la sociedad. En primer lugar, el control ciudadano es una de las garantías fundamentales de la democracia. En una democracia, los ciudadanos tienen el derecho y el deber de participar en la vida política y de influir en las decisiones que afectan a sus vidas. El control ciudadano es una forma de ejercer ese derecho y de garantizar que los poderes públicos actúan de forma transparente y responsable.

En segundo lugar, el control ciudadano puede ayudar a prevenir y combatir la corrupción. La corrupción es un grave problema que afecta a muchos países y que puede socavar la confianza en las instituciones democráticas y en el sistema político en general. El control ciudadano puede ayudar a identificar y denunciar casos de corrupción y a promover la transparencia y la rendición de cuentas por parte de los poderes públicos.

Además, el control ciudadano puede contribuir a la mejora de la calidad de los servicios públicos. Los ciudadanos tienen derecho a recibir servicios de calidad y a participar en la toma de decisiones sobre cómo se prestan estos servicios. El control ciudadano puede ayudar a identificar problemas y a proponer soluciones para mejorar la calidad de los servicios públicos.

Por último, el control ciudadano es esencial para garantizar la transparencia y la rendición de cuentas por parte de los poderes públicos. La transparencia y la rendición de cuentas son fundamentales para la democracia y para garantizar que los poderes públicos actúan de forma responsable y en el interés público. El control ciudadano puede ayudar a promover la transparencia y la rendición de cuentas al exigir que los poderes públicos proporcionen información y expliquen cómo se toman sus decisiones.

Con todo ello se da cumplimiento, al mismo tiempo, con el ODS 16, lo cual redunda en la importancia de la generación de una sociedad en la que prime la transparencia y la rendición de cuentas. No hay que olvidar que los ODS persiguen un desarrollo que satisfaga las necesidades de las personas de hoy sin comprometer las posibilidades de las generaciones futuras de satisfacer sus propias necesidades, por lo que abordan los principales desafíos globales que enfrenta la humanidad, estableciendo metas ambiciosas pero alcanzables para abordar estos desafíos y mejorar la calidad de vida de las personas en todo el mundo.

Este control se expande al desarrollo tecnológico que se va sucediendo a una velocidad vertiginosa y para la que *Les Corts* ya presenta una regulación pionera a nivel internacional. Sin duda la regulación de la inteligencia artificial es importante para salvaguardar los derechos fundamentales de las personas ya que la inteligencia artificial puede tener un gran impacto en la vida de las personas y en la sociedad en general, y es esencial garantizar que se utiliza de manera responsable y ética. En este sentido la publicidad de los algoritmos que emplee la Generalitat Valenciana es un avance en las tareas de control ciudadano sobre la gestión pública y una materia sobre la que profundizar en el futuro para acrecentar los espacios democráticos y, precisamente, protegerse de una posible regresión democrática que propiciaría la imposibilidad de solicitar la rendición de cuentas por parte de los ciudadanos.

En conclusión, el control ciudadano es esencial para garantizar la democracia y para proteger los derechos y el bienestar de los ciudadanos. Los ciudadanos tienen el derecho y el deber de participar en la vida política y de influir en las decisiones que afectan a sus vidas, por lo que la fiscalización de las políticas y normativas desarrolladas por *Les Corts* con una muestra más de progreso y avance democrático. Elementos sobre los que construir un futuro armonizado con el respeto a los ODS y a los avances tecnológicos que seguirán implementándose.

Bibliografía

Castellanos Claramunt, J. *Participación ciudadana y buen gobierno democrático: posibilidades y límites en la era digital,* Marcial Pons, Madrid, 2020.

Castellanos Claramunt, J. *La participación ciudadana en el ámbito local: la integración democrática de lo local y de lo global en la era digital,* Corts Valencianes, Valencia, 2020.

Castellanos Claramunt, J. "Democracia, administración pública e inteligencia artificial desde una perspectiva política y jurídica", *Revista catalana de dret públic,* núm. 60, 2020 (Ejemplar dedicado a: La lluita contra la corrupció des de l'Administració pública), págs. 137-147.

Cotino Hueso, L., y Boix Palop, A. (coords.). *Los límites al derecho de acceso a la información pública,* Tirant lo Blanch, Valencia, 2021.

Cotino Hueso, L., y Castellanos Claramunt, J. (coords.). *Transparencia y explicabilidad de la inteligencia artificial,* Tirant lo Blanch, Valencia, 2022.

Fernández Ramos, S., y Pérez Monguió, J.M., *El derecho al acceso a la información pública en España,* Thomson Reuters Aranzadi, Cizur Menor (Navarra), 2020.

Garrido Mayol, V. "Retos de la transparencia y rendición de cuentas", en J. Rodríguez-Arana, M. Vivancos Comes, y J. Ahedo Ruiz, coords., *Calidad democrática, transparencia e integridad,* Thomson Reuters Aranzadi, Cizur Menor (Navarra), 2016, págs. 129-148.

Garrido Mayol, V. "La función consultiva en la Comunitat Valenciana reconocimiento y evolución normativa", *Revista valenciana d'estudis autonòmics,* núm. 63, 2018, págs. 102-131.

Guichot Reina, E., y Barrero Rodríguez, C. *El derecho de acceso a la información pública,* Tirant lo Blanch, Valencia, 2020.

Martínez-Pujalte, A.L. "Algunas notas sobre la participación ciudadana en el procedimiento de elaboración de las leyes", *Corts: Anuario de derecho parlamentario,* núm. 23, 2010, págs. 257-274.

Montero Caro, M.D. "Nuevas oportunidades de participación en el marco del modelo de gobierno abierto", *Estudios de Deusto: revista de Derecho Público,* vol. 68, núm. 1, 2020 (Ejemplar dedicado a: Five Centuries Sailing The Legal World (II)), págs. 425-447.

Villoria Mendieta, M. "La rendición de cuentas en la democracia", *Temas para el debate,* núm. 204 (nov.), 2011 (Ejemplar dedicado a: Democracia y participación política), págs. 32-34.